불교 입문

불교 입문

동국대학교 불교대학 지음

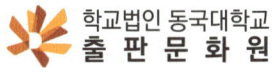
학교법인 동국대학교
출판문화원

머리말

　불교는 한 권의 책으로 쉽게 설명할 수 있는 종교가 아니다. 불교는 인도에서 시작되어 아시아 전역으로 퍼져 나가면서 다양한 민족의 종교와 문화를 흡수했다. 불교는 장소와 시대를 달리하며 변화하는 환경에 적응해 왔고 다양한 형태로 발전을 거듭했다. 불교는 오늘날 아시아 대륙 전체를 하나로 묶을 수 있는 유일한 종교가 되었고, 아시아 각국의 전통문화와 함께하며 각양각색의 불교문화를 만들어 왔다.

　『불교 입문』은 기본적으로 동국대학교에 입학한 신입생들에게 불교를 소개하기 위한 책이다. 오랫동안 이 역할은 1980년대에 동국대학교 출판부에서 간행되어 중판을 거듭해 온 『불교학 개론』이 해 왔다. 하지만 30여 년의 세월이 흐르면서 이 책의 많은 내용이 시대에 뒤처지게 되었고, 한자 위주의 어투 또한 한글 세대의 불교 접근을 막아 왔다.

　동국대학교 서울캠퍼스 불교대학은 공통교양 교재개발연구위원회를 설치하고 『불교학 개론』을 개선하기 위해 노력해 왔다. 이를 위해 최신 불교학 연구 성과를 반영하여 오래된 내용을 바로잡고, 복잡하고 어려운 교리적 내용을 단순화했으며, 한자 위주의 어투를 최대한 한글화하고, 산스끄릿과 빨리어 용어의 한글 표기를 현재 사용되는 표기 형태로 수정했으며, 다양한 사진을 추가하여 내용을 쉽게 이해할 수 있도록 하였다.

  이 책을 접하는 대상은 불교 전공자뿐만 아니라 불교에 관심이 있는 일반 학생이다. 따라서 이 책은 좀 더 포괄적인 『불교 입문』이란 이름으로 출판하기로 했다. 그리고 이 책의 내용 또한 동국대학교 서울캠퍼스와 경주캠퍼스가 협력하고 교수와 학생들의 의견을 반영하여 정기적으로 수정과 개정을 반복하기로 했다. 따라서 올해 출판되는 책이 조금은 부족하고 일부 문제점을 가지고 있다고 해도, 시간이 지나면서 정기적인 수정과 개정을 통해 더욱 좋은 『불교 입문』으로 거듭날 수 있도록 할 예정이다.

동국대학교 불교대학
2021년 2월 5일

차례

머리말 / 5
들어가는 말 / 11
서론 / 14

1장 • 부처님의 일생 _____ 27

1. 인도적 배경 / 29
   1) 브라만 사상 • 29   2) 사문들의 사상 • 33
2. 부처님의 탄생, 어린 시절, 그리고 출가 / 39
3. 부처님의 고행과 깨달음 / 49
4. 부처님의 교화와 열반 / 62

2장 • 불교의 철학과 사상 _____ 87

1. 초기불교와 부파불교 / 89
   1) 초기불교의 교리 • 89   2) 부파불교의 철학 • 108   3) 초기 부파불교의 수행 • 117
2. 대승불교의 기원과 발전 / 123
   1) 대승불교의 기원 • 123   2) 지혜의 완성 • 126   3) 보살의 길 • 130
   4) 중관과 유식 • 137   5) 밀교사상 • 151
3. 동아시아 대승불교 / 160
   1) 동북아불교의 성립과 특징 • 160   2) 천태사상 • 167   3) 화엄사상 • 174
   4) 정토와 염불 • 184
4. 선 수행 / 192
   1) 선의 시작 • 192   2) 조사선 • 195   3) 묵조선 • 205   4) 간화선 • 214

3장 • 불교의 역사 _____ 231

1. 인도의 불교 역사 / 233
   1) 불멸후의 교단 • 233   2) 부파불교와 대승불교 • 240
   3) 밀교와 인도불교의 쇠퇴 • 252
2. 중국의 불교 역사 / 257
   1) 불교의 전래와 지역화 • 257   2) 불전의 번역과 이해 • 263
   3) 불교의 중국화 • 267   4) 중국 불전의 성립과 전승 • 270
3. 한국의 불교 역사 / 276
   1) 삼국시대와 통일신라의 불교 • 277   2) 고려 시대의 불교 • 281
   3) 조선 시대의 불교 • 284   4) 근대 한국불교 • 287
4. 세계의 불교 역사 / 289
   1) 남방불교 • 289   2) 일본불교 • 297   3) 티베트불교 • 303   4) 서구의 불교 • 311

4장 • 불교와 현대의 만남 _____ 315

1. 불교와 현대 윤리 / 317
   1) 연기와 무아의 윤리적 관점 • 317 2) 인권에 대한 불교적 쟁점 • 320
   3) 다종교 사회와 종교 갈등 • 323 4) 불교적 가치와 전망 • 326
2. 불교와 명상 / 328
   1) 명상과 마음의 훈련 • 328 2) 초기불교의 명상법 • 331
   3) 대승불교의 명상법 • 336 4) 치유와 힐링 • 339
3. 불교와 양성평등 / 343
   1) 부처님과 여성 • 343 2) 여성 수행자들 • 348 3) 불교와 젠더 • 353
4. 불교와 경제 활동 / 361
   1) 불교의 노동관 • 363 2) 불교의 생산론 • 366 3) 불교의 소비론 • 371
   4) 불교의 분배론 • 375
5. 불교와 생태 환경 / 381
   1) 생명공학과 불교 • 381 2) 환경과 연기적 생태학 • 383
   3) 죽음과 불이적 생명 담론 • 386 4) 자비와 평화 • 389
6. 불교와 4차 산업 / 392
   1) 4차 산업을 보는 불교적 시각 • 394 2) 4차 산업과 불교 연구 • 398
   3) 4차 산업과 불교 수행 • 402 4) 4차 산업과 불교 신앙 • 406

추천도서 / 413
부록 | 불상 • 419 불탑과 사원 • 434
찾아보기 / 447

들어가는 말

인류의 미래 희망, 불교

20세기의 가장 위대한 역사학자인 영국의 아놀드 토인비는 금세기의 가장 큰 사건으로 "동양의 불교가 서양에 알려진 것"이라고 하며, 인류의 미래 희망을 불교에서 찾았다. 불교란 무엇인가? 불교는 우리에게 어떤 의미가 있는가?

불교는 우리가 일반적으로 생각하는 것처럼 허무적이지도 않고, 미신적이지도 않으며, 오히려 진취적이고 삶에 활력을 가져다준다. 우리가 불교를 올바로 알게 되면 삶에 대한 의욕이 생기고, 인간으로 태어나 최선을 다해 살아 보자는 각오를 다지도록 한다.

인간은 어떻게 하면 인간답게 살 수 있을까? 인간이란 어떤 존재이고, 무엇을 갈구하며, 어떤 상태로 살아가고 있는가? 우리는 인간 자체를 어떻게 이해해야 하는가? 인간이 불완전한 존재라는 것은 많은 종교에서 공유하고 있다. 불교는 인간이 불완전한 이유와 불완전함을 극복하는 방안을 철저하게 인간 자체에서 찾는 종교라고 할 수 있다. 비록 인간은 지혜롭지 못한 상태에 있지만, 불교의 지혜와 스스로의 노력으로 자기 자신과 세계의 참모습을 알아차려서 삶의 고통에서 벗어날 수 있다고 불교는 가르친다. 우리 인간에게 과연 이러한 능력이 있을까?

그림 1 해인사 대비로전 옆면 삼보륜, 경상남도 합천

불교는 인간이 완전하지 못하기 때문에 오히려 충분한 가능성과 능력을 갖추고 있다고 역설한다.

   그렇다면 불교는 어떻게 이해될 수 있을까? 불교는 부처님(Buddha, 佛), 부처님의 가르침(dharma, 法), 부처님께서 만든 승단(saṅgha, 僧)이란 삼보三寶를 중심으로 설명된다. 불교의 중심에는 부처님이 있다. 부처님께서 스스로의 노력으로 깨달음을 얻고, 포교에 나서고, 몸소 가르침을 실천하면서 불교가 생겨났다. 부처님의 가르침은 시작도 좋고 중간도 좋고 끝도 좋으며, 말과 의미에 있어서 완벽했다. 사람들이 부처님께서 걸어가신 길을 따르면서 승단이 생겨났다. 그리고 승단을 중심으로 부처님의 가르침이 유지되고 보존되고 확장되면서 불교는 사회 전반으로 퍼져 나가게 된다.

   불교의 승단은 단순히 부처님의 가르침을 있는 그대로만 전승하지 않았다. 변화하는 시대적·지리적 환경에서 불교는 정체되지 않고 끊임없이 적응하고 변화하고 발전하며 아시아 각 지역으로 뻗어 나갔다. 인도에서 시작하여 아시아 전역으로 퍼져 나가면서 아시아의 모든 민족과 문화를 관통하고 이들을 하나로 묶을 수 있는 종교로 발전했다. 즉 불교는 아시아의 꿈과 희망과 정서를 대변하는 종교가 된 것이다.

『불교 입문』은 이렇게 복잡다단한 불교를 인도적 기원과 교리적 발전, 그리고 역사적 변천과 현대적 변화를 중심으로 단계적으로 설명하려 한다. 먼저 1장 '부처님의 일생'에서는 불교가 인도에서 생겨난 배경과 부처님의 삶을 통해 '불교란 어떤 것인가'를 살펴보고, 2장 '불교의 철학과 사상'에서는 불교가 부파불교와 대승불교 그리고 밀교와 선불교로 발전하는 과정을 알아보며, 3장 '불교의 역사'에서는 불교가 아시아 전역으로 확장해 나가는 모습을 종합적으로 파악하고, 4장 '불교와 현대의 만남'에서는 현대적 문제에 대한 불교적 해법을 살펴볼 것이다.

서론
현대와 인간

　현대 사회의 형성은 르네상스(Renaissance)까지 소급된다. 서구인들은 이 르네상스 이래 중세적 암흑의 근원이었던 신본주의神本主義 사상의 굴레를 벗고 인본주의人本主義 사상을 바탕으로 하는 새 생활을 추구하게 되었다. 인본주의란 인간에 대한 자각을 뜻하는 것이고, 인간의 자각은 인간 신뢰의 사상이자 인간성 존중의 사상이다. 인간 신뢰와 인간성 존중의 정신은 인간 이성의 해방을 동반하였고, 인간 이성의 해방은 자유로운 인간 생활의 추구에 박차를 가하여 왔다. 이러한 인본주의 사상은 근세 이래 인류사상의 밑바닥에 일관하여 줄기차게 흐르고 있는 정신적 주류이기도 한데, 이 인본주의 사상이 서구의 현대 문명사회를 형성하였고, 이 새로운 문명이 전 세계에 큰 영향을 미치고 있다.
　인간성 존중을 내용으로 하는 자아의 자각은 그 무엇에도 견줄 수 없이 귀중한 것임은 두말할 필요가 없다. 인간이 인간 이외의 그 어떤 것에 예속된 것이라는 생각과 비교하면 더욱 그러하다. 그러나 이것은 자아의 실제 모습을 올바로 자각하는 일이 전제될 때에 한하여서 할 수 있는 말이다. 인간은 고립적으로, 독자적으로 존재할 수 없다. 인간은 항상 타인과의 상의相依·상관相關의 관계 속에서 존재한다. 현대인은 이러한 인간의 실제 모습을 올바로 파악하지 못하고 개별 인간의 독자성을 지나치게 과신하는 경향이 짙다. 현대인의 자아의식의 밑바닥에는 이러한 과신이 깊이 뿌리내리고 있다. 인간의 실제 모습에 대한 이와 같은 관념은 자기중심적인 경향을 낳게 하고, 이러한 자기중심적인 경향은 자신의 편리와 이익을 우선하려는 집착을 낳는다. 그리고 이러한 집착은 인간을 이기적인 존재로 만들어 버리고 있다.

| 과학문명과 현대 |

이기심은 자연스럽게 경쟁심을 불러일으킨다. 이기적인 경쟁심은 찬양할 수도 없지만, 미워하고 부정해 버릴 것만도 아니다. 이기심이나 경쟁심은 인간을 생산적 행동으로 몰고 가는 원동력이기 때문이다. 오늘의 과학문명을 쌓아 올린 기반도 인간의 이기적 욕망 추구에 연유한다. 그러나 이기심과 경쟁심은 긍정적인 면이 있지만 지나치면 인간 사회를 막다른 비극의 구렁으로 몰고 갈 위험을 내포하고 있다. 경쟁을 통한 목적 달성을 도모하는 경우 공존은 성립할 수 없다. 상대를 패망시킬 때만 자존自存이 보장될 수 있기에 경쟁사회에서는 동료의식이 사라지고 모두가 적이 되며, 개체로서의 자기 자신은 고립되기 십상이다. 경쟁이 반복된다면 사회의 조화는 허물어진다. 인간이 고독해지고 사회의 조화가 무너진다면 이야말로 인류 사회의 막다른 비극이다. 뿐만 아니라 이기적 경쟁 원리가 바탕이 된 현대의 과학문명은 많은 문제를 낳고 있다. 고도로 발달한 과학문명이 우리의 현대 생활을 화려하게 꾸며 놓은 것은 사실이다. 능률적인 문명시설 속에서 현대인들은 지난

날 선인들이 경험은 고사하고 상상조차도 하지 못한 찬란한 생활을 하고 있다. 이러한 의미에서 현대인은 분명히 외면상으로는 행복스러워 보인다. 그렇지만 현대를 사는 사람들이 옛날 사람들에 견주어 행복한 생활을 하고 있다고 할 수 있을까. 이에 대한 대답은 반드시 긍정적이라고만 할 수 없을 것이다. 현대는 옛날 사람들이 꿈에도 생각할 수 없었던 공해·자원 고갈·식량 부족 등의 해결하기 어려운 갖가지 문제를 안고 있기 때문이다. 그러므로 현대의 과학문명은 인류 사회를 행복스럽게만 하였다고는 할 수 없고, 어떤 의미에서는 인류 사회에 어두운 그림자를 드리우게 하고 있음을 부정할 수 없다.

더욱이 현대 문명의 주축을 이루고 있는, 고도로 발달한 과학과 기술은 사회 각 분야에서 직능職能의 세밀한 분화를 초래하였다. 현대 문명이 인간 상호 간의 물리적 장벽을 적게 하고 공간적 거리를 좁혀 준 것은 사실이지만, 직능의 세분화로 말미암아 옛날에 없던 새로운 현상을 가져오고 있다. 사회 구성원 상호 간의 심정적 융화가 깨지고 마음과 마음의 거리가 멀어진 것이다. 현대 사회에서 인류애·평화·인도人道 등의 아름다운 낱말들이 소리 높이 외쳐지고 있기는 하나, 이러한 간절한 외침은 항상 허공에서 공전을 되풀이하고 있을 뿐 지상에서는 추악한 갈등이 끊임없이 전개되고 있는 것이 오늘의 실정이다. 현대인은 같은 시대, 같은 하늘 아래에 살고 있으면서 이기적인 경쟁심 때문에 서로의 마음을 이해하지 못하고 대립과 적대의 감정만을 앞세우고 있다. 그리하여 인간 사회는 불신 풍조가 팽배해지고 이러한 불신 풍조는 인류 사회의 큰 위기를 조성하고 있다. 현대적 위기는 인간의 마음 깊은 곳에 도사리고 있는 불안과 공포를 더욱 깊게 만들고 있다. 현대인은 새로운 고독과 불안과 공포에 떨며 그 탈출구를 찾지 못하고 방황

그림 2 현대와 전통이 함께하는 봉은사, 서울 강남구

하고 있다. 현대인은 이러한 불행에서 벗어날 수 있는 것일까. 아니면 인간은 고독과 불안과 공포 등으로 말미암은 불행의 도가니 속에서 영원히 벗어날 수 없는 것일까.

| 인간 해석의 두 가지 유형 |

모든 사람은 행복을 추구한다. 여기에 예외가 있을 수 없다. …… 인간의 의지라고 하는 것은 행복을 추구한다는 목적이 아니고서는 최소의 행동마저도 하려고 하지 않는다. 이것이야말로 목을 매어 죽고자 하는 사람을 포함한 모든 사람의 행위 동기인 것이다.

이것은 파스칼(Pascal)의 말이다. 파스칼의 말을 빌리지 않더라도 인간의 모든 사유와 행위는 궁극적인 의미에서 보면 행복을 향하지 않는

서론 17

것이 없다. 한 조각의 의지라 할지라도 행복을 추구함이 없이 움직이는 일은 있을 수 없다. 그러므로 인간이 사유하고 행위를 하며 살아가고 있는 것은 행복을 추구하려는 목적을 위해서이다. 다시 말하면, 인간의 삶은 그 모든 것이 불행에서 벗어나려는 목적을 위한 사유이고 행위에 지나지 않는다. 앞에서 말한 것처럼 현대인은 고독과 불안과 공포 등의 불행을 안고 있다. 따라서 현대인은 이러한 불행에서 벗어나고자 끊임없이 노력한다. 그런데 과연 이러한 노력으로 그 목적을 달성할 수 있는 것일까.

그렇다면 그 길은 어떠한 것일까. 이에 대한 해답을 얻기 위하여 우리는 먼저 인간은 무엇인가, 인간은 어떠한 일을 할 수 있는 것인가를 알아볼 필요가 있다. 인간은 무엇이며 무엇을 할 수 있는 것인가의 문제는 유사 이래 긴 세월을 지나오면서 인간들이 끊임없이 그 해답을 구해 온 문제이다. 그러면서도 인간은 그에 대한 명쾌한 해답을 아직 얻지 못하고 미지未知의 심연에서 헤매고 있다. 어쩌면 이러한 문제는 인간이 영원히 안고 살아가야 할 운명인지도 모르겠다. 그러나 이 문제의 해결을 위하여 고뇌하고 필사의 노력을 기울여 온 철학자나 종교가들은 몇 가지 유형의 인간 해석을 인류의 정신적 유산 속에 남기고 있다.

먼저 인간을 중간적 존재로 규정하는 인간 해석이 있다. 인간은 선으로 향하려는 성품이 있음과 동시에 악으로 향하려는 성품이 있는 존재라는 것이다. 인간을 신과 악마의 혼혈이라고 하는 것이나 인간을 하늘과 땅의 중간적인 존재라고 하는 것이 이러한 유형의 인간 해석이다. 인간은 이성적이고 합리적으로 삶을 영위하려는 성향이 있는가 하면, 이와 동시에 감성적이고 쾌락을 지향하려는 성향도 있다. 이것이 인간의 참모습이기에 인간은 선과 악 사이에서 방황하는 중간적 존재라고 이야기한다. 인간을 중간적 존재로 본다는 것은 인간 속에 이성적 측면과 감성적 측면이 공존한다는 것을 의미한다. 이렇게 양자가 공존하는 인간의 삶 속에서 어느 쪽이 더 큰 비중을 차지하는가에 따라서 인간 해석은 두 갈래로 갈라진다. 이것은 동양 정신사 속의 성선설性善說과 성악설性惡說로 나타나고, 서양 정신사 속의 헬레니즘(Hellenism)과 헤브라이즘(Hebraism)으로 나타난다.

　동양의 성선설과 서양의 헬레니즘은 이성주의理性主義적인 인간 해석이다. 이성이야말로 인간이 지니는 최고의 가치이고, 그것만이 인간의 최후의 의지처이며, 인간을 고귀한 존재로 끌어올릴 수 있는 유일한 것이라는 확신을 바탕으로 하는 인간 해석이다. 이러한 인간 해석을 주장하는 사람들은 인간의 본질을 이성과 사유 능력에서 파악하려고 한다. 이성과 사유 능력이 인간과 동물을 구별할 수 있는 유일한 근거이고 여기에 인간의 고귀성이 있는 것이라고 한다. 비록 인간에게는 말처럼 빨리 달릴 수 있는 능력이 없고 새처럼 공중을 자유스럽게 날 수 있는 능력도 없지만, 인간은 사유할 수 있는 능력이 있다. 바로 이것에 의하여 만물 가운데 가장 존귀한 위치를 차지하고 있다고 생각하는 것이다. 즉 인간은 갈대와 같이 약한 존재이기는 하지만, 생각하는 갈대라는 점에 있어서 그 무엇보다도 고귀하다는 것이다. 이처럼 인간의 가치와 위엄은 인간이 이성을 통하여 훌륭한 활동을 할 때 비로소 실현되는 것이라는 인간 해석의 신봉자들은 이성을 신뢰함은 물론, 이성에 의하여 모든 일을 처리하고 또 그렇게 모든 일이 이루어질 것이라고 확신한다. 그것은 바르게 알고 바르게 생각할 때 거기에 비로소 인간의 즐거움이 있고 인간의 자랑이 있으며 인간의 향상이 있다고 보는 것이다. 따라서 그들은 인간이 불행에서 벗어나 행복을 얻을 수 있는 것도 오직 이성에 의해서만 가능할 뿐, 다른 길이 있을 수 없다고 결론짓는다. 이렇게 이성주의적 인간 해석을 신봉하는 사람들은 인간의 본성이 착하다는 견해를 고수하고 인간 이성의 우월성을 확신하면서 밝은 인생의 여로를 향하여 전진해 나가려 한다.

이성주의적 인간 해석과는 완전히 대조적인 또 하나의 해석이 있다. 전자가 인간 이성의 능력을 긍정적으로 보는 데 반해 후자는 부정적으로 본다. 전자가 인간의 본질을 이성과 사유 능력에서 파악하려는 것과는 달리 후자는 인간의 감성과 유한성을 인간의 실존으로 파악한다. 그 유한성이란 죽음 앞에 떨고 있는 인간, 또는 운명적으로 죄업을 짊어지고 있는 인간을 뜻한다. 즉 인간이란 죽을 수밖에 없는 한계를 가진 존재로 파악하는 것이다. 인간을 이렇게 보면, 인간의 취약함과 허무함과 인간의 죄업만이 강조되며 스스로에 대한 자신감과 혼자 힘으로 일어서려는 용기와 신념이 설 자리를 잃게 된다. 따라서 인간의 이성적 능력은 의심되고, 인간이 이성적으로 할 수 있는 일은 줄어들며, 인간이 하는 일은 대부분 그릇된 것이 되어 버린다. 또한, 무한하고 절대적인 것은 인간의 이성으로 헤아릴 수 없는 것이 되어 버린다. 결국, 인간은 스스로에 의지할 수 없고 스스로 할 수 있는 일이 없는 존재가 되어 버린다. 따라서 인간이 구원받기 위해서는 자신의 한계를 깊이 자각하고 참회하는 속에서 새로운 삶을 찾아야 하는 것이다.

이러한 인간 해석에 입각할 때 인간 이성의 우월성에 대한 확신은 사라지고 단념될 수밖에 없다. 이러한 인간 해석을 우리는 동양의 성악설과 서양의 헤브라이즘에서 찾아볼 수 있다.

| 불교의 두 가지 길 |

　인간은 더 이상 괴롭지 않고 즐거우며 행복한 삶을 살아가고자 한다. 이는 인류 공통의 근원적 염원으로 종교는 이를 성취시키는 것을 스스로의 본령本領으로 하고 있다. 따라서 종교의 가르침은 인간에게 현재의 불행에서 벗어나 행복의 세계로 가는 길을 제시함을 중심으로 한다. 불교의 가르침도 여기에서 예외가 아니다. 부처님의 가르침은 삶의 실제 모습을 바로 통찰하고 이를 통해 어떻게 행복한 삶을 구현할 수 있는가, 즉 영원한 자유로움인 열반涅槃(nirvāṇa)을 실현할 수 있는 것인가에 대한 해답으로 요약될 수 있다. 부처님은 인간의 실제 모습을 결코 만족스럽지 못한 괴로운 상태에 있는 것으로 파악하고 이에서 벗어나 열반으로 가는 길을 가르친다.

　우리는 어떻게 열반으로 갈 수 있을까? 불교는 여기에 대하여 깨달음의 길과 구원의 길이라는 두 가지 길을 가르친다. 깨달음의 길이란 인간이 자신의 이성을 신뢰하고 일체의 문제를 이성에 의지하여 해결할 수 있다는 견해에 입각하고 있다. 따라서 현재의 괴로움을 벗어나 피안彼岸의 세계로 향하는 어렵고도 무거운 임무를 인간 스스로의 능력을 통해서 해결하려 한다. 여기에서는 불교의 지혜에 더욱 큰 비중을 두게 되고 지혜를 통해서 깨달음으로 향하게 된다. 지혜에 의하여 모든 미망迷妄을 제거하고 지혜에 의하여 번뇌煩惱를 극복하며, 지혜에 의하여 올바른 길을 실천해서 해탈 열반解脫涅槃의 이상 세계인 피안으로 갈 수 있다고 한다. 『대지도론大智度論』에 '지위능도智爲能度'란 말이 있다. 이 말은 인간이 괴로움의 현실 세계인 차안을 벗어나고 건너서 열반의 이상 세계인 피안에 이르게 하는 최대의 받침대가 지혜임을 확

그림 3 아와야기리위하라 삼매 불상, 스리랑카 아우라다푸라

신하는 말이다. 또한, 초기 경전에 '자등명自燈明 법등명法燈明'이란 이성적이고 인간적인 가르침이 있다. 부처님은 입멸入滅 직전에 아난다(Ānanda)에게 "스스로를 등불로 삼고 스스로를 의지처로 할 것이며, 가르침을 등불로 삼고 가르침을 의지처로 하라."라고 했다. 부처님의 사후에 남겨진 사람들은 부처님이 아니라 자기 자신을 등불로 삼아야 하며, 부처님이 아니라 부처님께서 가르쳐 주신 지혜를 의지처로 해야 한다는 것이다. 즉 자기 자신을 바르고 행복한 길로 인도할 수 있는 유일한 등불과 유일한 의지처는 자기 자신과 부처님의 가르침 이외의 그 무엇도 될 수 없음을 간명하면서도 강력하게 선언한 것이라 하겠다.

이와 같은 이성주의적 인간 해석을 바탕으로 하는 깨달음의 길에서 부처님과 인간은 이성을 가지고 있다는 점에서 평등한 존재가 된다. 깨달음의 길이 아무리 어렵고 먼 것이라 하여도 모든 인간은 이성을 가지고 있다는 점에서 깨달음의 가능성을 보장받는다. 그러므로 부처님과 중생과의 사이에 건널 수 없는 심연沈淵은 인정되지 않는다. 부처님은 절대자도 아니고 절대타자絶對他者도 아니다. 인간은 누구나 자신의 마음을 어둡게 가리고 있는 무명無明을 걷어 버리고 청정심淸淨心을 되찾으면, 그에게는 부처님의 지혜가 가득 차게 되고 깨달음의 문이 훤히 열리게 된다고 가르친다. 따라서 깨달음의 길은 번뇌 망상으로 대표되는 인간의 괴로움을 직시하고 분석하여 그 진상과 원인을 밝히고 마침내 이를 퇴치하는 길로써 인간 이성의 능력을 중심으로 한다고 할 수 있다. 즉 인간 이성의 궁극적 승리를 확신하며 인간의 본질을 성선性善으로 보는 관점이다.

불교에서는 이러한 깨달음의 길과 함께 구원의 길도 가르치고 있다. 이는 인간 이성의 신뢰를 바탕으로 인간의 괴로움에서 벗어나는 해탈의 길을 모색하는 것이 아니라, 인간의 유한성과 이성의 한계에 대한 자각을 바탕으로 구원을 받을 수 있는 길을 제시한다. 인간은 남의 어리석음을 발견하기는 쉬우나 자신의 어리석음을 깨닫기는 어렵고, 남의 죄업이 깊고 무거움을 말하기는 쉽지만, 자신의 죄업이 깊고 무거움은 결코 알아차리지 못하는 존재이다. 인간은 이러한 약점을 가지고 있는 존재임을 자각하고 이를 과감하게 인정하며 인간의 무력함과 죄업의 깊고 무거움에 대한 자기 성찰을 전제로 구원의 길이 시작된다. 사실상 이렇게 처절한 자기 성찰이 있을 때 이성을 앞세워 선악을 논하고 시비를 가리려는 인간의 모습은 어리석고 가련해진다. 그리고 이성에 대한 확신이 사라지고 지혜는 힘을 잃게 된다. 인간이 이성에 대해 가지고 있는 자만과 기대가 무너지고 지혜에 대한 신념이 사라지게 되면 어떤 심오한 진리도 어떤 뛰어난 설법도 깨달음의 길로 이끌어 주지 못

그림 4 금산사 미륵장륙상, 전라북도 김제시

한다. 여기에는 불안하고 공포에 떨며 고독하고 눈물짓는 처량한 모습의 인간이 초연히 서 있을 뿐이다.

인간의 초라함을 자각한 사람들에게 구원의 길이 있다면 그것은 대자대비한 부처님에게 의지하는 것이다. 이는 절대적 신앙의 길로서 여기에서는 자신 앞에 펼쳐진 자비의 손길을 믿을 것인가 믿지 않을 것인가 하는 판단마저도 사라지게 된다. 이를 통해 불교가 신앙에 바탕을 둔 종교로 거듭나게 되고, 신도들은 대자대비한 부처님의 구원의 손길을 통해 열반의 세계로 가는 큰 배에 올라탈 수 있다. 이는 개개인의 이성에 의존한 깨달음의 길보다 쉽고 평탄하며 넓고 편안하게 모두가 함께 열반의 세계로 가는 길이다. 비록 인간에게 이성적 한계와 감성적 문제가 있다고 해도 모두가 함께한다면 능히 극복할 수 있다는 것으로 큰 돌이 홀로 있으면 물속으로 가라앉지만, 큰 배 위에 올려놓으면 절대 가라앉지 않고 물 위에 뜰 수 있는 것과 같다. 대승불교의 정토신앙에서는 인간의 번뇌와 죄업이 아무리 깊고 무거워도 절대타자인 아미타불阿彌陀佛의 자비의 손길에 의하여 모두가 구원될 수 있다고 가르친다. 이러한 구원의 길은 인간 이성의 한계와 성악설에 바탕을 두고 있다고 할 수 있다.

현대인의 삶은 겉으로 드러나는 호화스러움과 달리 해결하기 어려운 깊은 고뇌에 싸여 있다. 불교는 스스로가 이성적인 인간인가 아니면 감성적인 인간인가에 따라 인간의 한계를 자각하고 결코 만족스럽지 못한 이 지긋지긋한 괴로움을 극복하는 방법으로 각자의 근기에 따라 두 가지 길을 제시하고 있다고 할 수 있다.

1장

부처님의 일생

1
인도적 배경

1) 브라만 사상

불교의 개조開祖인 샤꺄무니(Śākyamuni) 부처님이 태어나실 무렵인 기원전 6~5세기경 인도 사상계는 매우 복잡하였다. 인도의 북서부에서는 브라만 사제(Brāhmaṇa)들이 브라만 사상(Brahmanism)을 체계화했고, 인도의 북동부 강가강 중하류 지역에서는 출가수행을 중심으로 하는 사문(śramaṇa)들이 자신들의 독특한 우주관과 인생관을 제시하였다.

인도 사상계는 크게 두 계통으로 나뉘어 각기 발전하고 있었다. 부처님은 바로 이러한 시기에 인도에서 탄생하여, 다양한 종교적인 경험을 몸소 겪으면서 진지한 구도의 길에 나서 마침내 위대한 깨달음을 성취하고 그것을 전 인류를 향해 설하신 분이다. 따라서 부처님의 일생과 가르침을 살피기 전에 먼저 당시 인도의 사상계를 되돌아볼 필요가 있다.

먼저 브라만 전통은 웨다(Veda), 브라흐마나(Brāhmaṇa), 아란야까(Āraṇyaka), 우빠니샤드(Upaniṣad)라는 문헌들을 통해서 자신들의 사상을 전개한다. 웨다에는 리그웨다(Ṛgveda), 사마웨다(Sāmaveda), 야주르웨다(Yajurveda), 아타르와웨다(Atharvaveda)의 넷이 있는데, 이 중에서 가장 대표적이고 오래된 것은 리그웨다로서 기원전 1000년경에 성립된 것으로 추정된다. 이 시기에 자연계의 다양한 현상들이 신격화되어 숭배의 대상이 되었다. 신화가 발달하며 여러 자연현상을 관장하는 신들이 나타나게 되면서 한편으로 다양한 신들은 하나의 신(唯一神)에 붙여진 다른 이름에 불과하다는 관념이 발생했다. 리그웨다의 우주 창조에 관한 찬가에서는, "모든 것은 위스와까르만(Viśvakarman)이 집을 짓듯이 만들어진 것이다."라고 하거나, "쁘라자바띠(Prajāpati)가 스스로 우주를 생성시켰다."라고 한다.

리그웨다의 이러한 우주론은 브라흐마나 문헌에 이르면 더욱 발전하여 범신론(汎神論)적 우주론으로 변하고 있다. 브라흐마나는 기원전 800년경에 성립된 것으로 추정되며, 원래 웨다 상히따(Saṃhitā)의 주석서로서 제사에 관한 규정을 자세히 설명하는 문헌이었다. 여기에서는 브라만(Brahman) 신을 중심으로 우주 창조를 설명한다. 태초에 브라만 신이 있어서 일체의 우주를 생성시킨 후 그 우주 전체에 고르게 편재되었다는 것이다. 따라서 브라만은 우주를 창조한 인격신이며 동시에 우주의 본질이다. 그리고 브라만 사제는 브라만 신의 아들이고 브라만 신은 브라만 사제의 제사를 통해서 드러난다. 따라서 우주를 창조하고 지배하는 것은 브라만 신이지만, 브라만 신은 브라만 사제의 제사를 통해서 조절될 수 있다. 즉 브라만 사제의 역할과 지위가 보장되는 것이다. 이를 중심으로 카스트(Cast)라는 신분제도가 만들어지는데, 브라만

그림 5 브라만 신상, 인도네시아 욕자카르타 프람바난

(Brāhmaṇa), 끄샤뜨리야(Kṣatriya), 와이샤(Vaiśya), 수드라(Śūdra)의 네 가지 계층이 확립된다. 이들은 각각 사제 계층, 귀족 계층, 평민 계층, 하인 계층이 되어 각각의 사회적 의무를 충실하게 수행했고 여기에도 속하지 못하는 사람들은 불가촉천민으로 차별받게 된다.

아란야까는 숲에 속하는 문헌으로서 제식祭式에 관한 설명과 함께 철학적 문제를 다루는 문헌으로 기원전 600년경에 성립된 것으로 추정된다. 인도 북서부를 중심으로 했던 브라만 전통은 강가강 중부로 세력을 확장하면서 울창한 숲과 만나게 된다. 인도적 환경에서 숲은 시원하고 조용한 사색의 공간으로서 삶을 재충전할 수 있는 장소로 받아들여졌다. 브라만 사제들이 자신의 사회적 활동을 정리하고 숲으로 물러나 조용히 자신의 삶을 되돌아보고 정리하며 도덕적이고 철학적인 이야기를 전개한 것으로 볼 수 있다.

한편, 아란야까에서 시작된 철학적 사색이 체계화되어 나타난 문헌을 우빠니샤드라고 한다. 기원전 400년경부터 성립된 것으로 추정되는 우빠니샤드에서는 브라흐마나의 지나친 종교적 색채가 반성되고 철학적 사색이 더욱 심화되어 나타난다. 우빠니샤드에 나타나는 우주 창조는 추상적이다. 태초에 단일한 것(sat)이 있었는데 스스로 욕심을 일으켜 지地·수水·화火·풍風의 네 가지 요소가 만들어지고, 이들이 화합하여 복합물이 만들어지고, 이를 통해서 우주의 모든 것이 형성되었다고 설명한다.

우빠니샤드는 인간의 자아인 아뜨만(ātman)과 우주적 원리인 브라만(Brahman)이 본질적으로 동일하다는 범아일여梵我一如의 지혜를 통해서 수행하고 올바르게 제사를 지내면 괴로운 생사生死의 윤회輪廻로부터 해탈할 수 있다고 주장한다. 이들에 의해서 아뜨만은 윤회의 주체가 되고, 제식 행위(karman)는 윤회의 동력이 되며, 브라만은 윤회의 목표가 되어 해탈解脫(mokṣa)을 추구하게 된다.

바로 이 시기에 강가강 중하류 지역에서 불교가 생겨나게 된다. 당시의 브라만 사상은 다음과 같이 요약된다. 하나(一)가 전변轉變하여 많은 것(多)이 되고, 그 하나가 또 그 많은 것 속에 들어가 본질이 되었다. 이를 인도철학에서는 '전변설轉變說(pariṇāma-vāda)'이라고 부르고 원인(一) 속에 결과(多)가 이미 존재한다는 뜻에서 '인중유과론因中有果論'이라고도 부른다. 현대의 철학적 용어로 말하면 '일원론적 범신론'이라고 할 수 있다.

2) 사문들의 사상

브라만 사제들이 우빠니샤드를 통해 자신들의 철학적 입장을 체계화하는 시기에 강가강 중하류 지역에서는 출가수행을 중심으로 하는 사문(śramaṇa)들이 다양한 우주론과 인생관을 제시하며 나타나게 된다. 중국의 제자백가에 비견되는 많은 사상가가 출현하여 다양한 이야기를 했을 것으로 추정되지만, 현재 불교와 자이나교의 문헌에서 그들의 일부만이 전해지고 있을 뿐이다.

이러한 자료를 통해서 보면, 이들은 우주의 궁극적 존재를 물질적인 것으로 보고, 이들의 화합을 통해서 자연과 인간과 우주의 모든 것이 형성된다는 견해를 선호하는 것으로 나타난다. 이러한 우주론을 인도철학에서는 '적취설積聚說(ārambha-vāda)'이라고 부르며, 수행에 있어서도 고행苦行(tapas)을 주요한 방법으로 택하고 있다. 불교의 초기 경전은 당

시의 사상가들 중에서 대표적인 6인을 들고 그들을 '육사외도六師外道'
라고 부르고 있다. 이들의 생각을 간략히 소개하면 다음과 같다.

(1) 뿌라나 까샤빠(Pūraṇa Kāśyapa)의 도덕부정론

뿌라나 까샤빠는 하층계급 출신으로 세상의 모든 도덕을 부인했다.
그에 의하면 선악의 구별이란 인간이 마음대로 정한 것이라 실제로는
존재하지 않는다. 따라서 인간의 행위(業)에 대한 응보應報는 없다고 하
여 도덕관념을 부정했다.

(2) 빠꾸다 깟짜야나(Pakudha Kaccāyana)의 칠요소설七要素說

빠꾸다 깟짜야나는 인간이 일곱 가지 요소, 즉 지地·수水·화火·풍
風·고苦·낙樂·생명生命으로 구성되어 있다고 주장한다. 그는 괴로움
(苦)과 즐거움(樂)이 단순한 느낌이 아니라 실재하는 요소로 보고 있다.
일곱 가지 요소는 만들어진 것도 창조된 것도 아니며 다른 것으로 변화
하지도 않는다. 인간은 각각 이러한 요소로 구성되어 있으므로 한 사람
이 다른 사람을 괴롭히거나 즐겁게 할 수도 없다. 인간의 생명 또한 자
유의지의 작용이 불가능한 물질적 요소에 불과하다고 주장했다.

(3) 막칼리 고살라(Makkhali Gosāla)의 아지위까(Ājivika)

막칼리 고살라는 일체의 구성 요소로서 지地·수水·화火·풍風·허공
虛空·득得·실失·고苦·낙樂·생生·사死·영혼靈魂(jīva)의 12종이 있다고

한다. 이 중에서 허공은 다른 11종의 요소를 성립시키고 있는 장소이다. 득·실·고·낙·생·사의 여섯 가지는 이들의 이름으로 불리는 현상 작용을 가능하게 하는 원리를 생각하여 이것을 실체시한 것이다. 그는 영혼을 원자와 같은 물질적 요소로 생각했으며, 세상의 모든 것들에 영혼이 있다는 물활론物活論적 견해를 가지고 있었다. 인간과 모든 생류들의 운명은 이미 정해져 있다는 결정론決定論(akriyā-vāda)적 입장을 취하며, 생사윤회도 무인무연無因無緣이고 해탈도 무인무연이다. 생존의 여러 가지 상태는 스스로 만들어 내는 것도 아니며 또 다른 이가 만들어 내는 것도 아니다. 인간의 의지는 무력한 것이며, 운명과 우연의 만남과 본성에 지배되어 고락을 받게 된다는 것이다. 따라서 인간의 의지에 근거하는 행위(業)는 성립되지 않는다. 인간을 포함한 모든 생류들은 무수한 윤회를 거듭하게 되며 최종적으로 모두가 자유로워진다. 윤회의 기간은 이미 결정되어 있어서 늘리거나 줄이는 것이 불가능하므로 수행을 통해서 해탈에 도달할 수도 없다. 그는 윤회는 받아들이되 자유의지에 의한 개개인의 행위와 그 결과를 부정하는 철저한 결정론을 주장했다. 비록 아지위까는 인도에서 사라졌지만 불교가 성립될 무렵 아주 강력한 사문 전통의 하나였던 것으로 추정된다.

(4) 아지따 께사깜발린(Ajita Kesakambalin)의 유물론

아지따 께사깜발린은 지地·수水·화火·풍風의 4원소(四大)만이 참된 실재이며 독립하여 항상 존재한다고 하였다. 또 이들의 원소가 존재하고 활동하는 장소로서의 허공의 존재도 인정하였다. 인간은 이들 4원소에 의해 구성되어 있다고 한다. 그에 의하면 인간이 죽게 되면 그를 구성하고 있던 지·수·화·풍은 분산되어 생명 기능 또한 소멸한다. 다시 말하면 죽음과 함께 무無가 되는 것으로서 사후에 존재하는 영혼과 같은 것은 없다는 것이다. 따라서 현세도 내세도 없고, 선악에 대한 과보도 없다. 이 세상에는 부모도 없고 또 사람들을 가르치는 사문이나 브라만 사제도 존재하지 않는다고 주장한다. 이렇게 그는 철저한 유물론자였으며, 생의 가치는 쾌락에 있다는 쾌락론의 입장에 서 있었다.

(5) 산자야 웰랏티뿟따(Sañjaya Velaṭṭhiputta)의 회의론

진리를 있는 그대로 인식하고 서술하는 것이 불가능하다는 불가지론不可知論은 인도에 있어서도 오래전부터 나타났는데, 그 대표적인 사상가는 산자야 웰랏티뿟따이다. 그는 인도 사상사에 처음으로 회의론자로서 등장한 인물이다. 그는 "내세來世가 존재하는가?" "선악의 과보는 존재하는가?" "인격 완성자(如來)는 사후에 존재하는가?" 등의 형이상학적인 문제에 관하여 질문을 받았을 때, 뜻 모를 애매한 답변을 하여 확정적인 대답을 주지 않았다고 한다. 그러한 그의 입장은 '뱀장어처럼 미끄러워 잡기 어려운 의론議論'으로 불렸는데, 또 형이상학적 문제에 관하여 확정적인 지식을 주지 않는다고 하는 점에서 '불가지론'이라고도 일컬어진다. 이는 인도 사상사에서 처음으로 형이상학적 문제에 관한 판단을 중지하는 태도로 나타나고 있다. 그는 마가다(Magadha)국의 수도 라자그리하(Rājagṛha, 王舍城)에 살았고, 부처님의 쌍수제자였던 사리뿟따(Sariputta)와 목갈라나(Moggallana)가 한때 그의 아래에서 수행했던 것으로 유명하다.

(6) 니간타 나따뿟따(Nigaṇṭha Nātaputta)의 자이나교

니간타 나따뿟따의 본명은 와르다마나(Vardhamāna)로서 마하위라(Mahāvīra, 大雄)라고 존칭되었고, 그가 개창한 종교를 승리자(jina)의 가르침이란 의미에서 자이나교(Jaina)라고 한다. 그는 우선 산자야 웰랏티뿟따의 회의론을 극복하기 위해 상대주의적 인식론인 시야와다(syād-vāda)를 수립한 후 여기에 따라서 이원론적 우주론을 제시하였다. 즉 모든 존재는 영혼(jīva)과 비영혼(ajīva)으로 구성되었다는 것이다. 이때 영혼이 지地·수水·화火·풍風·초목草木·동물動物·인천人天 등의 모든 것에 하나하나 존재한다는 물활론物活論적 입장에 서 있다. 비영혼은 영혼 이외의 것을 총칭하는데, 다시 허공과 물질(pudgala)과 운동(dharma)과 정지(adharma)의 네 가지를 포함하고 있다. 이 네 가지와 영혼을 포함하

그림 6 자이나교 사원, 인도 사르나트

면 다섯 가지 실체(dravya)가 된다.

　자이나교에서는 영혼이 원래 상향성을 가지고 있지만, 무게를 가지고 있는 물질(pudgala)인 업業(karma)에 속박되어 위로 올라가지 못하고 현재에 머물러 있다고 한다. 우주의 꼭대기에 있는 영원한 안식처인 지복至福의 상태에 도달하기 위해서는 고행을 통해 나온 열기로 영혼을 속박하고 있는 업 물질을 태워 없애고 모든 행동을 중지하여 새로운 업의 유입을 막아야 한다. 자이나교의 수행자는 출가하여 처자와 모든 욕망을 떠나 독신의 유행 생활을 하며 엄격한 계율戒律을 지켰다. 일반 신자들은 불살생不殺生·진실어眞實語·부도不盜·불음不婬·무소유無所有(無執着)의 다섯 가지 계율을 지켜야 한다. 자이나교는 점차 두 가지 종파로 갈라지게 된다. 고대 자이나로서 철저한 무소유를 실천하고 알몸으로 고행하며 남인도를 중심으로 하는 디감바라(Digambara)와 새로운 자이나로서 비폭력(ahiṃsā)을 실천하고 흰옷을 입고 고행하며 서인도 구자라트(Gujarat)를 중심으로 하는 스웨땀바라(Śvētāmbara)가 그것이다. 자이나교는 불교와 거의 동시대에 같은 지역에서 개창되었고 교리와 용어 및 신화 전설에서 많은 공통점을 가지고 있다.

2
부처님의 탄생, 어린 시절, 그리고 출가

히말라야의 남쪽 산기슭, 강가강의 한 지류인 로히니(Rohini)강 주변은 고대 인도 꼬살라(Kosala)국의 영역으로 꼴리야(Koliya)족과 샤꺄(Śākya)족이 동서로 흩어져 살고 있었다. 샤꺄족의 수도는 까삘라왓투(Kapilavatthu, 迦比羅城)로서 오늘날 네팔 남부 타라이(Tarai)에 자리 잡고 있었으며 쌀 생산을 중심으로 하는 농업국이었다. 기원전 500년경 까삘라왓투는 숫도다나(Śuddhodana, 淨飯王)왕이 다스리고 있었고, 그의 부인인 마야摩耶(Māyā) 왕비와의 사이에서 태어난 아들이 샤꺄무니(Śākyamuni), 즉 '샤꺄의 성인'이다. 이를 한자로 석가모니釋迦牟尼라고 하며, 가장 존귀하신 샤꺄인이란 의미에서 석가세존釋迦世尊 또는 석존釋尊이라고 한다. 깨달음을 얻은 후의 그를 붓다(Buddha)라고 하며 우주와 인생의 궁극적 진리를 올바르게 깨달아 증득證得한 사람을 뜻한다. 이를 한자로 불타佛陀라고 하며 우리말로는 '부처님'이라고 한다. 부처님의 이름은 싯다르타(Siddhārtha)이고 성은 고따마(Gotama)로서 일반적

그림 7 마야당과 아쇼까 석주, 네팔 룸비니

으로 '고따마 싯다르타'라고 부른다. 그가 까삘라왓투의 태자였기 때문에 깨달음을 얻어 부처님이 되기까지는 한자로 '실달태자悉達太子' 또는 '태자'로 통칭하기도 한다.

숫도다나왕과 마야 왕비의 사이에는 40세가 넘도록 아이가 없었다고 한다. 뒤늦게 아이를 가지게 된 마야 왕비는 만삭이 되어 해산할 때가 촉박해 오자 자신의 친정인 꼴리야족의 라마가마(Ramagama)로 향했다. 그녀는 고향으로 가는 중간에서 아이를 낳게 되는데 그곳을 룸비니(Lumbini)라고 한다. 이때가 인도에서 새해가 시작되는 첫 달인 웨사카(Vesākha)의 보름날이라고 한다. 부처님의 탄생에 대해서 부처님의 전기(佛傳)는 각기 조금씩 다르지만, 동아시아에서는 다음과 같이 설명한다. 즉 마야 왕비가 아쇼까(Aśoka)나무 아래에 서서 나뭇가지를 손으로 잡은 순간에 오른쪽 옆구리에서 아기가 태어났다. 갓 태어난 아기 태자는 일

그림 8 까삘라왓투로 추정되는 틸라우라콧의 궁전터, 네팔

곱 발걸음을 걷고는 사방을 둘러보고 또렷한 발음으로 "하늘 위나 하늘 아래에서 내가 가장 존귀하다(天上天下唯我獨尊)."라고 외쳤다는 것이다. 부처님 탄생에 관한 신화적인 부분은 성인의 탄생을 종교적으로, 문학적으로 아름답게 엮어 보려는 시도로 볼 수 있다. 사실 인류의 영원한 스승으로서 부처님의 탄생에 어떠한 신비적인 부분도 없다는 것 또한 자연스럽지 않다.

비록 늦었지만, 국가를 이을 태자가 태어나자 온 국민이 환호했다. 숫도다나왕은 관례에 따라 성인들을 초청하여 새로 태어난 아이의 미래를 알아보려 했다. 이때 아시따(Asita) 선인仙人이 태자의 범상치 않은 모습을 보고 "이 아이는 자라나서 세속에 머문다면 전륜성왕轉輪聖王이 되어 천하를 통일하고 다스리게 될 것이고, 출가하여 사문(śramaṇa)이 된다면 깨달음을 얻어 세상을 구할 부처님이 될 것입니다."라고 예언했다. 새로 태어난 아들이 자신의 뒤를 이어 왕이 되기를 원했던 숫도다나왕은 태자가 종교적인 방향으로 가지 않도록 자신이 할 수 있는 모든 노력을 기울이게 된다. 태자가 태어나고 7일 만에 그 어머니 마야왕비가 세상을 떠났고, 태자는 마야 왕비의 동생이자 이모인 빠자빠띠(Pajāpati)를 새어머니로 모시고 까삘라왓투에서 자라게 되었다.

태자는 어린 시절에 부족함이 없는 삶을 살게 된다. 왕은 아들을 위해 의복과 음식에 부족함이 없고 삶의 온갖 기쁨과 행복을 느낄 수 있도록 배려했다. 또한, 태자를 위해 세 개의 궁전을 지었는데 하나는 봄과 가을에 머무르고 하나는 여름에 머무르며 다른 하나는 겨울에 머무르도록 했다. 태자는 철마다 궁전을 옮겨 다니면서 호화로운 나날을 보냈다고 한다.

태자는 쟁기축제가 있었을 때 처음으로 궁전 밖으로 나올 수 있었다. 새해가 시작되고 쟁기축제가 벌어지면 모든 사람이 기쁘고 즐거워했기 때문에 왕은 아무런 걱정 없이 태자를 동반하고 나왔다. 어린 태자는 농부가 쟁기질하는 것을 바라보고 있었다. 이때 쟁기가 지나가면서 일구어진 흙덩이에 벌레들이 꿈틀거리자 새가 쏜살같이 날아와서 쪼아 물고 날아가는 것을 보았다. 곧이어 또 다른 새가 날아와서 벌레를 쪼아 먹었다. 그러한 광경을 보고 있던 태자는 깊은 생각에 잠기게 된다. 그는 축제로 기쁨에 넘친 사람들 사이에서 벗어나 잠부(Jambu)나무 그늘에 앉아 처음으로 선정에 들게 된다. 땅속에 사는 벌레와 하늘을 나는 새와 농사짓는 농부는 아무런 관련이 없지만, 쟁기질하면서 모두가 서로 연관되고 모두가 서로 고통받게 되었다. 이때 태자는 선정 속에서 이 세상의 일들이 수없이 많은 인연에 의해서 성립된다는 것을 알아차렸고, 그 속에서 죄 없는 생류들이 고통받는 것을 보면서 무한한

그림 9 꼴리야족의 라마가마 불탑, 네팔 라마가마

자비심을 느끼게 되었다고 한다. 숫도다나왕은 기쁘고 행복해하는 사람들과 달리 잠부나무 아래에서 명상에 잠겨 있는 태자의 모습을 보면서 아들이 종교적인 방향으로 가는 것이 아닌가 하는 걱정에 잠기게 된다.

태자가 성장하자 숫도다나왕은 아들을 세속에 붙잡아 놓기 위해 꼴리야족의 아름다운 공주인 야쇼다라(Yaśodharā)와 결혼시킨다. 결혼과 함께 태자는 안정을 찾았고 말타기, 활쏘기 등에 열중하면서 왕을 흐뭇하게 했다. 하지만 태자는 끊임없이 궁전 밖 사람들의 삶을 궁금해했고 성 밖으로 한 번 나가 보고 싶었다. 태자의 간청을 이기지 못한 숫도다나왕은 결국 태자에게 네 번 성 밖으로 나갈 수 있도록 허락했다. 부처님의 전기(佛傳)는 태자의 성 밖 여행을 사문유관四門遊觀이라 하여 자세하게 설명하고 있다.

그림 10 보경사 팔상도의 사문유관, 대한민국 포항

태자는 먼저 성의 동문 밖으로 마부 찬다까(Chandaka)를 앞세워 나가게 된다. 여기에서 태자는 백발에 허리가 굽은 노인을 처음으로 보게 된다. 노인에 대한 태자의 물음에 찬다까는, 모든 사람은 나이가 들면서 늙고 백발이 된다고 답한다. 두 번째로 태자는 성의 남문 밖으로 나갔다가 병이 들어서 고통에 신음하는 환자를 처음으로 보게 된다. 환자에 대한 태자의 물음에 찬다까는, 모든 사람은 병들고 고통에 신음하게 된다고 답한다. 세 번째로 태자는 성의 서문 밖으로 나갔다가 죽은 사람을 처음으로 보게 된다. 죽은 사람에 대한 태자의 물음에 찬다까는, 모든 사람은 결국 죽게 마련이고 이러한 죽음은 한 번이 아니며 끝없는 윤회에서 끊임없이 괴롭고 고통받는 것이 사람의 운명이라고 답한다.

우리는 머리로 사람은 태어나서 나이가 들고 병이 들어서 죽게 된다는 것을 잘 알고 있다. 하지만 그렇게 죽게 되는 존재가 바로 나 자신이라는 것은 잊고 살고 있다. 왕가에서 최고의 교육을 받은 태자가 사람이 늙고 병들고 죽는다는 것을 몰랐을 리는 없다. 따라서 이 이야기는 바로 이렇게 죽음에 직면한 존재가 바로 나 자신이라는 태자의 실존적인 자각을 효과적으로 설명하고 있다고 할 수 있다.

마지막으로 태자는 성의 북문 밖으로 나갔다가 출가수행자인 사문을 처음으로 보게 된다. 사문에 대한 태자의 물음에 찬다까는 삶의 진리를 찾기 위해 세상의 형식적인 속박에서 벗어나 걸식하는 수행자라고 답한다. 태자는 이 이야기를 듣고 기뻐하며 언젠가는 자신도 출가하여 사문이 되어서 늙고 병들고 죽어야만 하는 인간의 운명에 대한 해답을 찾아 이 지긋지긋한 괴로움을 소멸시키겠다고 결심하게 된다. 당시 인도에서 출가는 삶의 진리를 찾기 위한 수행의 방식으로 종교적인 길을 가는 사람들에게 널리 받아들여졌다. 사람이 가정에 있으면 자신의 한정

그림 11 태자의 연회와 고민, 벨란윌라(Bellanwila) 사원 벽화, 스리랑카 콜롬보

된 능력을 부모와 부인과 자녀들에게 써야 하므로, 궁극적인 진리가 들어올 공간이 없다. 따라서 궁극적인 진리를 얻기 위해서는 우리 안에 공간을 만들어야 하고 이를 위해서는 정든 집과 사랑하는 가족들을 뒤로할 수밖에 없다는 것이다.

궁전으로 돌아온 태자는 우리 삶 전체에 널리 퍼져 있는 괴로움의 문제에 직면하고 어떻게 하면 늙음과 병듦과 죽음을 극복할 수 있을까를 고민하게 된다. 태자가 종교적인 방향으로 나가려는 것을 알아차린 숫도다나왕은 크게 염려하였다. 왕은 태자의 마음을 잡기 위하여 매일 연회를 베풀어 아름다운 여인들과 더불어 인생을 즐기도록 배려하였다. 항상 태자가 먼저 잠이 든 후에 태자를 둘러싼 여인들이 잠들었고, 태자가 잠이 깨기 전에 여인들은 잠에서 깨어나 아름답게 치장하고 있었다. 하루는 태자가 깊은 고민 속에서 새벽 무렵에 문득 잠에서 깨어나게 되고 아름답게 치장을 하고 선녀처럼 예쁘게 꾸며서 자신을 즐겁게 해 주던 여인들이 잠자는 모습을 보게 된다. 어떤 여인은 머리를 풀어 헤치고 잠자고 있고, 어떤 여인은 북을 끌어안고 잠자고 있으며, 어떤 여인은 코를 골며 잠자고 있고, 어떤 여인은 침을 흘리며 잠자고 있었다. 태자는 자신이 이때까지 보아 왔던 아름다운 여인들의 모습이 결코 영원하지 않다는 것을 알아차리게 되었고 인생의 보잘것없음을 절감하게 되었다.

부처님의 출가는 유교적인 색채가 강했던 조선 시대에 부모의 뜻에 반하는 행동으로 불효라고 비판받았다. 따라서 한국적인 정서에서 출가를 위해서는 숫도다나왕의 허락이 필요했다. 태자는 출가하여 수도할 것을 결심했고 왕에게 그 허락을 간청했지만, 왕은 결단코 출가를 허락하지 않았다. 하루는 출가를 간청하는 태자에게 왕이 "아들이라도 하나 낳으면 모를까 결코 출가를 허락하지 않겠다."라고 답했다. 사실

그림 12 태자의 출가, 마하쭐라롱콘대학 장경각 벽화, 태국 아윳타야

상 왕위를 이을 손자를 낳는 것을 조건으로 왕이 출가를 허락한 것이 되었고, 태자는 기뻐했다. 그리고 야쇼다라 태자비와의 사이에서 아들 라훌라(Rāhula)가 태어나자 태자는 출가를 결행하게 된다.

태자의 출가에는 분명한 이유가 있었다. 자애에 넘친 아버지와 새어머니의 간곡한 만류와 그 뜨거운 모정의 힘, 아리따운 아내와 새로 태어난 아들에게로 쏠리는 말할 수 없는 연민의 마음, 뼈와 살을 저미는 듯 쓰리고 아픈 그 모든 것에 등을 돌리고 그가 훌쩍 가정이라는 테두리에서 뛰쳐나오기는 쉽지 않았을 것이다. 초기 경전에서 부처님은 자신의 출가 이유를 다음과 같이 술회하고 있다. "내가 출가한 것은 병듦이 없고, 늙음이 없고, 죽음이 없고, 근심 걱정 번뇌가 없고, 불순함이 없는 가장 안온하고 행복한 열반涅槃을 얻기 위해서였다." "세상에 만약 늙고 병들고 죽는다는 세 가지가 없었다면 여래如來는 세상에 출현하지 않았을 것이다."

3
부처님의 고행과 깨달음

　부처님의 전기(佛傳)는 태자의 출가를 신화적으로 아름답게 묘사한다. 태자가 출가할 것을 걱정한 숫도다나왕은 500여 명의 군사를 태자궁 주변에 배치하여 지키고 도시의 성문은 자신만이 여닫을 수 있도록 했다고 한다. 태자의 굳은 결심을 알아차린 천신들이 도시 전체를 깊이 잠들게 하자, 태자는 조용히 마부 찬다까를 불러 자신의 애마인 깐타까(Kaṇthaka)를 준비시킨다. 태자가 말에 올라타자 말발굽 소리에 군사들이 잠에서 깰 것을 걱정한 사천왕이 나타나 태자의 말을 들어 올리고, 태자는 말을 타고 하늘을 날아서 까삘라왓투의 동문을 넘어 출가했다고 한다.

　태자는 성을 나와 동남쪽으로 향한 후 아침 무렵에 강가에 이르게 된다. 이곳에서 그는 머리를 깎고 옷을 바꾸어 입어 출가수행자, 즉 사문이 된다. 출가수행자가 된 그를 우리는 '사문 고따마(Gotama)'라고 부른다.

그림 13 태자의 출가, 산치 대탑 토라나 부조, 인도 산치

출가하여 혼자가 된 사문 고따마는 동남쪽으로 마가다(Magadha)국으로 이동했다. 그는 그곳에서 당대의 유명한 현인 두 분을 스승으로 모시게 된다. 한 사람은 알라라 깔라마(Āḷāra Kālāma)이고, 다른 한 사람은 웃다까 라마뿟따(Uddaka Rāmaputta)였다. 불교 전통에서 전자는 고대 상키야(Saṃkhya)의 수행자로, 후자는 요가(Yoga) 수행자로 알려져 있다. 사문 고따마는 이들 아래에서 선정禪定을 수행했으며 각각 무소유처정(ākiṃcanya)과 비상비비상처정(naivasaṃjñānāsaṃjñānā)을 배웠다고 한다. 훗날 불교의 선정이 9차 제정의 형태로 체계화될 때 이들은 각각 일곱 번째와 여덟 번째 선정으로 자리를 잡게 된다. 각각의 선정은 수행자가 정신을 통일하여 생각을 하나로 모으고 점차 정신적인 작용을 중지시켜 적정寂靜한 경지에 도달하는 것으로 이야기된다. 사문 고따마는 이들에게 각각 지도를 받아 수행했고 그들이 해탈의 경지라고 인정하는 최고 수행의 단계에까지 이르렀다. 그러나 그 경지도 일단 선정에서 깨어나면 다시 이전과 같이 되기 때문에 결코 만족할 수 없었다. 그는 이

그림 14 머리를 자르는 태자, 보로부두르 부조, 인도네시아 욕자카르타

들의 만류를 뿌리치고 다른 훌륭한 스승을 찾아 떠나게 된다.

사문 고따마는 마가다국의 수도인 라자그리하를 지나 남서쪽으로 이동하다가 네란자라(Nerañjarā)강을 만난다. 그는 강을 따라 이동하다가 가야(Gayā)와 우루웰라(Uruvelā) 마을 사이에 있는 강 동쪽의 숲과 언덕에 머무르게 된다. 불교 전통에서 이 숲은 고행림苦行林으로, 이 언덕은 전정각산으로 알려져 있으며 이곳에서 그는 육체적 고행을 하게 된다. 사문 고따마에게는 고향에서부터 따라온 꼰단냐(Koṇḍañña), 밧디야(Bhaddiya), 왓빠(Vappa), 마하나마(Mahānāma), 앗사지(Assaji)라는 다섯 명의 동료가 있었다. 5비구로 알려진 이들은 6년간 그와 함께 고행림과 전정각산 일대에서 고행을 하게 된다. 사문 고따마는 하루에 쌀 한 톨만 먹고 진지하게 생사를 넘나드는 고행을 했다. 고행을 통해 신체를 학대하면 정신이 밝고 맑아진다고 믿었기 때문이다. 마치 인도에서 빨래할 때 강가의 돌에 물이 젖은 옷을 세게 내리치면 칠수록 옷이 깨끗해지는 것과 같은 것이다. 초기 경전은 훗날 자신의 고행을 회고하는

그림 15 네란자라 강가의 고행림과 전정각산, 인도 보드가야

부처님을 다음과 같이 묘사하고 있다.

> 내가 너무 적게 먹었기 때문에 나의 신체는 극도로 말라붙었다. 나의 사지는 마르고 뻣뻣한 대나무의 마디같이 되었고, 나의 엉덩이는 소의 발굽처럼 되었으며, 나의 튀어나온 척추는 목걸이의 구슬처럼 되었다. 나의 갈비뼈는 무너져 내리는 헛간에서 앙상하게 드러난 서까래 같아 보였다. 마치 깊은 우물의 물 표면이 깊은 곳에서도 반짝이듯이, 나의 눈동자는 안구 깊은 곳에서 반짝이고 있었다. 마치 쓴 조롱박을 자르면 금방 말라붙어 쭈글쭈글해지듯이, 나의 머리도 말라붙어 쭈글쭈글해졌다. 나의 배를 누르면 등뼈에 닿았다. 너무 말라붙었기 때문이다.

사문 고따마는 죽어 가면서 생각했다. 우리의 삶이 이미 괴로움으로 가득하여 있는데 여기에 더하여 신체를 괴롭히는 것에 무슨 의미가 있겠는가. 이렇게 고행을 이어 가게 되면 늙음과 병듦과 죽음을 극복하겠다던 출가의 목적을 이루지도 못하고 그냥 죽어 버리는 것이 아닌가.
 고행을 포기한 사문 고따마는 네란자라강에서 목욕했다. 인도에서 고행자들은 육체를 편하게 하거나, 신체를 깨끗하게 하지 않았다. 먹는 것이나 입는 것에도 신경을 쓰지 않았고 몸의 때를 씻거나 머리를 감는 것은 물론 세수도 하지 않는다. 따라서 사문 고따마가 강물에 목욕한다는 것은 고행주의와의 결별을 뜻한다고 볼 수 있다. 그리고 그는 강가에 있는 큰 나무 아래에 조용히 앉았다. 그런데 이 나무는 우루웰라 마을의 수자따(Sujātā)가 나무의 신령에게 제사 지내던 나무였다. 남방불교 전통에 의하면 수자따는 이 나무에게 만일 자신이 아들을 얻게 되면 크게 보답하겠다고 기원했고, 아들을 얻었다고 한다. 수자따는 자신의 맹세를 지키기 위해 소 1000마리에게 달콤한 풀을 먹여서 젖을 짜서 응축한 후 500마리에게 먹이고, 이를 다시 응축한 후 250마리에게 먹이

그림 16 수자따의 공양, 왓콩까람 벽화, 태국 랏차부리

고 …… 결국, 마지막 한 마리의 소에게 먹인 후 젖을 짜서 우유죽을 만들게 된다. 수자따는 정성껏 준비한 달콤한 우유죽을 들고 나무가 있는 곳으로 갔고 나무 아래 앉아 있는 사문 고따마를 보게 된다. 수자따는 나무의 신령이 인간의 모습을 하고 자신을 기다리고 있는 것으로 생각하고 준비한 우유죽을 올렸고, 사문 고따마는 이 수자따의 공양을 받게 된다. 함께 수행했던 5비구는 그 광경을 보고 실망했다. '고행하는 수행자가 목욕하고 맛있는 음식을 받아먹다니……. 사문 고따마는 더 이상 고행을 하는 수행자가 아니다'라고 생각하고 그를 떠났다.

비록 5비구는 떠났지만, 수자따의 공양은 부처님께서 깨달음으로 가는 여정의 출발점이 된다. 당시 자이나교와 같이 고행을 중심으로 하는 종교에서 해탈은 죽음을 통해서만 가능했다. 고행의 목적은 결국 정신적 자유를 얻는 것이었다. 사람이 항상 고뇌와 괴로움에 시달려 정신적 자유를 얻지 못하는 까닭은 모든 욕심의 근본인 육체가 있기 때문이라고 보고, 모든 욕망에서 벗어나려면 무엇보다도 먼저 육체를 학대하여 육체적 제약을 극복해야 한다고 보았기 때문이다. 그러나 진정으로 완전한 정신적 자유를 얻자면 육체가 완전히 없어져야 하므로, 결국 죽은 뒤가 아니고는 불가능한 것이 된다.

사문 고따마는 늙음과 병듦과 죽음을 극복했다는 앎을 가지지 못한 채 육체를 학대하며 죽는 것보다, 살아서 자신이 늙음과 병듦과 죽음을 극복했다는 앎과 확신을 먼저 얻어야 한다고 생각했다. 따라서 수자따의 공양을 받은 것은 그가 고행에 의한 의미 없는 죽음이 아니라 삶을 선택했고, 기존의 방식이 아니라 자신만의 새로운 방식을 찾아 나선다는 것을 뜻했다. 사람은 누구나 전통이라는 굴레와 과거의 타성에 얽매이기 쉽다. 그리하여 전통과 타성의 부조리와 모순 속에 스스로 빠져들고 만다. 그리고 그 속에 한번 휘말려 들게 되면 모순과 부조리를 합리화하여 그것만을 절대적 진리로 신봉해 버리기 쉽다. 거기에 비판을 가하거나 자성自省하는 것을 오히려 죄악시하기도 한다. 그는 전통과 타성에 의한 종래의 수행 방법을 스스로 실천해 보고 이것이 자신에게 필요한 길이 아님을 알아차렸다. 그리고 그는 지금까지의 길을 과감하게 버리고 새로운 길을 찾기로 한 것이다.

수자따의 공양으로 기력을 회복한 사문 고따마는 찬찬히 어린 시절 새해 쟁기축제 때 자연스럽게 선정에 들었던 기억을 떠올렸다. 군중들에서 멀어져 홀로 앉은 자리에서 깊은 생각에 사로잡힌 어린 태자의 선정에는 기쁨과 행복이 함께했다. 지난 6년간 자신이 행했던 처절한 고행과는 전혀 다른 인간적인 경험이었다. 이전에 느끼지 못했던 자신감과 패기가 그의 마음속에 불타기 시작했고, 스스로의 힘으로 한번 해보자는 용기와 깨달음에 대한 열정을 느끼게 되었다. 그는 깨끗해진 몸과 맑아진 마음으로 누구의 부축도 받지 않고 혼자의 힘으로 꿋꿋이 자리를 박차고 나섰고 대지를 굳게 딛고 한 발 한 발 걸어가기 시작했다.

사문 고따마는 네란자라강을 건넌 후, 강 서쪽 강둑을 따라 남쪽으로 보드가야(Bodhgayā)를 향해 내려갔다. 가는 길에서 그는 솟티야(Sotthiya)란 이름의 가난한 농부를 만났고 여덟 묶음의 꾸사(Kusa)풀을 얻었다. 그는 강둑 위에 잘 자라난 보리수나무 아래로 가서 꾸사풀을 깔고 앉았다. 그는 자리에 앉으며 조용히 다짐했다. "내 몸이 죽어서 피부와 뼈와 살이 썩어 버린다고 할지라도, 나는 깨달음을 얻기 전까지는 이 자리에서 절대 움직이지 않으리라." 다시 말해서, 늙음과 병듦과 죽음을 극복하겠다던 출가의 목적을 달성하지 못한다면 차라리 이 자리에서 죽을지언정 절대로 이 자리를 뜨지 않겠다는 굳은 결심이었다. 실

그림 17 보리수나무를 향하는 부처님, 8세기 드와라와띠, 태국 방콕 국립박물관

그림 18 마하보디 대탑과 보리수나무, 인도 보드가야

로 오랫동안 방황했던 사문 고따마는 이제 방황과 배회의 미로迷路에서 벗어나 자신의 목표를 이루고야 말겠다고 다짐했다.

사문 고따마는 보리수나무 아래에 앉아서 조용히 생각을 집중했다. 어떻게 하면 끊임없이 반복되는 늙음과 병듦과 죽음이란 괴로움의 고리를 끊을 수 있을 것인가? 이러한 경지는 신에 의해서 주어질 수도 없고 고행을 통해서 획득될 수도 없었다. 그는 이러한 경지가 어느 누군가가 주는 것도 아니고, 아무에게서 얻어 낼 수도 없는 것이므로, 스스로의 힘에 의해서만 얻을 수 있다고 확신했다. 따라서 형이상학적으로 우주의 근원으로서 절대적인 원리를 찾거나, 현상의 근거로서 물질적 요소들을 탐구하는 것은 더 이상 의미가 없었다. 인간이 번뇌에 빠지고 괴로워하고 자유를 잃어버리게 되는 원인은 결코 외부에 있는 것이 아니라 우리들의 내면에 있기 때문이었다.

부처님의 깨달음이 어떤 것이었는지에 대해서는 불교 전통마다 조금씩 다른 이야기를 하고 있다. 현대 학자들조차도 혹자는 연기법을, 혹자는 사성제를, 혹자는 삼명三明을, 혹자는 무아를 말하는 등 수많은 견해를 제시하고 있다. 다만 한 가지 확실한 것은 그가 보리수나무 아래에서 선정에 들었고 선정 속에서 조용히 그리고 치열하게 자신의 내면을 탐구하였다는 것이다. 그리고 그는 인간이 끊임없이 고통받는 이유로 이성적인 측면에서 우리에게 지혜가 부족하다는 무명無明(avidyā)과 감성적인 측면에서 우리를 집착과 탐욕에 빠지게 하는 끊임없는 욕망(tṛṣṇā, 渴愛)을 알아차렸다. 따라서 올바른 지혜를 통해 우리의 내면을 통찰하고 우리 안에 있는 수많은 집착과 탐욕을 제거할 수 있다면 우리는 더 이상 고통받지 않아도 된다는 것을 확신하게 된다.

그는 우리의 내면에서 움직이는 다양한 원인과 조건을 살펴보면서 우리 안에 있는 무명과 끊임없는 욕망을 원인으로 우리의 슬픔과 비탄과 괴로움과 우울함과 불안이 생겨나는 것을 보았다. 즉 인간이란 존재가 이 때문에 온갖 괴로움으로 가득 차게 되는 것이다. 따라서 우리 안에 있는 무명과 끊임없는 욕망을 소멸한다면, 우리의 슬픔과 비탄과 괴로움과 우울함과 불안이 소멸할 것이고 인간 존재를 가득 채운 이 모든 괴로움도 소멸할 것이다. 부처님의 이러한 인간 내면에 대한 관찰은 연기緣起(pratītyasamutpāda)란 이름으로 교학적으로 체계화되었다. 불교 전통에 의하면 부처님께서는 깨달음에 이르렀던 밤에 이 연기를 생성의 측면에서 자연적인 순서로 관찰하시고 소멸의 측면에서 그 반대 순서로 관찰하시는 일을 반복하시면서 자기 안에 있는 모든 무지를 제거할 수 있었고, 탐욕과 성냄과 어리석음으로 대표되는 우리의 모든 집착과 번뇌를 극복할 수 있었다고 한다.

그림 19 수하항마도, 왓콩카람 벽화, 태국 랏차부리

초기 경전은 부처님의 깨달음을 저녁 무렵과 한밤중 그리고 새벽 무렵으로 나누어서 각각 세 가지 지혜를 얻으면서 순차적으로 이루어졌다고 설명한다. 즉 저녁 무렵에는 과거를 기억하는 지혜(宿命通)를 얻었고, 한밤중에는 모든 행위와 그 결과를 보는 지혜(天眼通)를 얻었으며, 새벽 무렵에는 자신에게 더 이상 집착과 번뇌가 남아 있지 않다는 확신(漏盡通)을 얻게 된다. 즉 '윤회가 파괴되었고 종교적인 삶이 완성되었으며, 해야 할 일은 다했고 이제 더 이상 다시 태어나지 않는다'는 것을 온몸으로 알아차렸다고 한다.

부처님의 전기(佛傳)는 부처님의 깨달음을 수하항마樹下降魔라는 설화를 통해 설명한다. 죽음의 왕인 마라(Māra)는 부처님께서 깨달음을 얻게 되면 자신의 힘이 줄어들 것을 걱정하여 부처님의 선정을 방해하기로 한다. 보리수나무 아래 앉은 부처님의 자리는 수많은 공덕을 쌓은 사람만이 앉을 수 있는 자리라며, 마라는 부하들과 함께 부처님에게 가

그림 20 촉지인을 한 석굴암 본존불, 대한민국 경주

자리에서 일어날 것을 요구한다. 부처님께서는 명상에서 깨어나 조용히 오른손을 무릎 위에 올리고 손가락으로 땅을 가리키며 이 대지가 나의 수많은 공덕을 증명할 것이라고 선언한다. 부처님의 이러한 모습을 촉지인觸地印(bhūmisparśamudra)이라고 하며 수없이 많은 불상이 촉지인의 모습으로 부처님의 깨달음을 표현하고 있다. 그리고 이러한 부처님의 깨달음을 두루 완전한 깨달음(samyaksaṃbodhi, 正等覺)을 얻었다고 표현한다.

이렇게 해서 사문 고따마는 '두루 완전한 깨달음'을 얻었다는 의미에서 부처님이 되었다. 이를 오도悟道 또는 성도成道라고 하는데, 스스로의 노력으로 올바른 지혜와 올바른 선정과 올바른 집중을 통해 최고의 완전한 지혜를 증득했다는 의미이다. 또한, 탐욕과 성냄과 어리석음으로 대표되는 번뇌의 불이 꺼졌다는 의미에서 이를 열반涅槃(nirvāṇa)이라고 한다. 훗날 부처님께서는 바라나시로 5비구를 만나러 가는 길에서 아지위까(Ājivika) 교도 우빠까(Upaka)의 질문을 받고, 깨달음을 얻은 자신을 다음과 같이 당당하게 시로써 표현한다.

나는 모든 것을 극복했으며 모든 것을 알아차렸다.
이 세상에 머물면서 세상의 어떠한 얼룩도 묻지 않았다.
모든 것을 버렸고 끊임없는 욕망이 소멸했으며 자유로워졌다.
스스로 이 모두를 알아차렸는데 누구를 향한단 말인가!

나에게는 스승도 없고, 나와 동등한 사람도 없다.
신을 포함함 전 우주에서 나와 경쟁할 만한 사람은 없다.

실로 나는 이 세계에서 존경받을 만하고, 최고의 스승이다.
홀로 두루 완전한 깨달음을 얻었으며, 고요해졌고 행복해졌다.
나는 처음으로 법륜을 굴리기 위해 까시(Kāsi)족의 마을로 간다.
나는 보지 못하는 이 세계에 불사의 북을 둥둥 울릴 것이다.

4
부처님의 교화와 열반

부처님은 깨달음을 얻은 후 한동안 우루웰라(Uruvelā)에 머물렀다고 한다. 자신이 성취한 깨달음의 형언할 수 없는 기쁨(法悅)을 보리수나무 아래에 앉아 느끼고 자신이 깨달음을 얻을 수 있도록 든든한 버팀목이 되어 준 보리수나무에 감사하면서 앞으로의 방향에 대해서 고민했다.

사실 부처님은 불교를 알리는 것을 거의 포기할 뻔했다. '기쁨에 집착하고 쾌락에 집착하고 희열에 집착하는' 보통 사람들은 모든 것들이 서로 의존해 있다는 연기緣起(pratītyasamutpāda)와 탐욕과 성냄과 어리석음으로 대표되는 번뇌의 소멸인 열반涅槃(nirvāṇa)을 이해하기 어렵기 때문이었다. 그는 고민했다. "실로 내가 어렵게 알아차린 것을 이제 다른 사람들에게 알리지 않으리라. 탐욕과 성냄에 빠진 사람들은 이 가르침을 쉽게 이해하기 어렵다. 이 가르침은 힘이 들고 미묘하며 심오하고 난해하며 미세하다. 어둠에 덮인 채 쾌락에 물든 이들은 결코 이를 이해할 수 없다."

그림 21 범천권청, 조계사 대웅전 벽화, 대한민국 서울

초기 경전에 의하면 이렇게 고민에 휩싸인 부처님 앞에 창조신인 범천 브라만(Brahman)이 나타나 불교의 가르침을 널리 세상에 알려 달라고 간청한다. 일반적으로 범천권청梵天勸請이라고 알려진 이 이야기에서 브라만 신은 부처님에게 그래도 이 세계에는 부처님의 가르침을 알아듣는 사람이 있을 것이고, 부처님께서 가르침에 나선다면 불교의 가르침이 널리 퍼져 나갈 수 있다고 설득한다. 비록 부처님께서는 깨달음을 얻으셨지만, 이 세상의 생류들은 끝없이 반복되는 늙음과 병듦과 죽음의 고통에 허덕이고 있으며, 무엇이 행복이며, 어떤 것이 괴로움인지조차도 모른 채 고통의 바다(苦海)에서 허우적대고 있었다. 진리도 아닌 것을 진리인 줄 알고 평생을 매달려 있는가 하면, 괴로움에서 벗어나겠다는 몸부림이 도리어 헤어날 수 없는 고통의 수렁에 빠져 헤매게 하는 경우도 허다하다. 생류들의 그러한 아픔과 슬픔은 자신과 전혀 무관한 것이 아니었다. 중생의 아픔이 바로 부처님의 아픔이었다. 이 모든 속박과 괴로움에서 벗어나 혼자만의 안락을 누리는 것은 부처님의 도리가 아니었다. 결국, 부처님은 이 세계와 생류들에 대한 무한한 자비심으로 불교의 전파에 나서기로 결심하고 당당하게 자리를 박차고 일어선다.

부처님께서는 처음으로 불교를 가르치기 위해 바라나시(Bārāṇasī) 근교의 사르나트(Sarnath)에 있는 현인들의 사슴공원인 녹야원鹿野苑(Isipatane migadāya)으로 향했다. 그곳에는 사문 고따마가 고행을 포기했다며 떠났던 5비구가 머무르고 있었다. 이들은 부처님께서 자신들에게 다가오는 것을 보고 부처님을 무시하기로 했다. 하지만 부처님이 다가오자 부처님의 카리스마에 압도된 5비구는 부처님의 의복을 받고, 앉을 자리를 준비하고, 발을 씻을 물을 준비하며 환영했다.

그림 22 부처님과 5비구의 재회, 마하출라롱콘대학 장경각 벽화, 태국 아윳타야

부처님은 이곳에서 5비구에게 최초로 불교의 가르침을 설했는데, 이를 초전법륜경初轉法輪經(Dhammacakkappavattana sutta)이라고 한다. 이때 부처님은 5비구에게 출가수행자는 욕망의 대상들 사이에서 쾌락과 기쁨에 빠져 이를 추구하거나 자발적으로 괴로움을 추구하는 두 가지 극단을 멀리하고 중도(mijjhima paṭipadā)를 취해야 한다고 가르친다. 그는 계속해서 괴로움(苦), 괴로움의 생성(集), 괴로움의 소멸(滅), 괴로움의 소멸로 가는 길(道)이라는 성인들의 네 가지 진리(四聖諦)를 설하면서 불교의 시작을 알렸다. 그리고 5비구 중에서 존자 꼰단냐(Koṇḍañña, 憍陳如)가 그 자리에서 불교의 진리를 처음으로 깨우쳤고, 5비구 모두가 차례대로 깨달음을 얻게 된다.

비로소 부처님(Buddha, 佛), 부처님의 가르침(dharma, 法), 부처님께서 만든 승단(saṅgha, 僧)이란 불교의 세 가지 보배인 삼보三寶가 세상에 출현하게 된 것이다. 당시 바라나시는 강가강 중류의 신흥도시로서 부유

1장 | 부처님의 일생 65

그림 23 초전법륜, 1~2세기 아마라와티 부조, 인도 뉴델리 국립박물관

한 도시 상인들이 사회의 주류로 떠오르고 있었다. 부유한 도시 상인의 아들인 야사(Yasa)가 사르나트(Sarnath)에서 부처님을 만나 부처님께 출가하여 비구가 되었고, 그의 부모와 아내가 불교에 귀의하여 재가 신자로서 불교 승단을 뒷받치게 된다. 최초의 불교 신자는 부처님께서 5비구를 만나기 전 우루웰라에 머무르실 때 공양을 올렸던 따뿟사(Tapussa)와 발리까(Ballika)였다. 하지만 당시에는 아직 승단이 만들어지지 않아서 이들은 부처님(佛)과 부처님의 가르침(法)에만 귀의했었다. 따라서 야사의 부모와 아내는 불법승 삼보에 귀의한 최초의 남자 신도(upāsaka, 優婆塞)와 여자 신도(upāsikā, 優婆夷)가 된다. 그리고 야사의 출가에 감화받은

그림 24 야사와 가족들의 불교 귀의, 붓다이사완 벽화, 태국 방콕 국립박물관

야사의 친구 50여 명이 부처님 앞에서 출가하여 비구가 되면서 불교 승단은 규모를 갖추게 된다. 그리고 이들 대부분이 바라나시와 그 주변의 부유한 상인들의 아들이라는 점에서 도시 상인 계층이 불교 승단의 든든한 후원자가 된다.

불교 승단이 커지면서 부처님의 자신감은 충만해졌다. 부처님은 여전히 늙음과 병듦과 죽음으로 고통받고 있는 세상의 수많은 생류들을 위해서 자신의 제자들이 여러 지역으로 흩어져서 불교의 가르침을 전해야 한다고 생각했다. 따라서 부처님은 비구들을 모아 놓고 유명한 불교 전도선언을 하게 된다.

    비구들이여, 세상을 불쌍히 여기는 마음으로부터 신과 인간의 이익과 번영과 행복을 위해서 많은 사람의 번영과 많은 사람의 행복을 위한 길을 떠나라! 둘이 가지 말고 홀로 가라! 비구들이여, 처음도 아름답고 중간도 아름답고 마지막도 아름다우며 말과 의미를 갖춘 가르침을 설해라! 완전히 성취되고 두루 청정한 종교적인 삶을 널리 알려라!

부처님은 제자들을 사방으로 흩어져서 세상 사람들의 번영과 행복을 위해 불교를 알리고 교화하도록 한 후에 자신도 홀로 많은 사람을 구제하기 위한 길에 나선다. 부처님은 다시 우루웰라로 향했는데, 그곳에는 까샤빠(Kāśyapa) 3형제가 1000여 명의 제자를 거느리고 수행하고 있었다. 부처님은 인내심과 신통력과 가르침을 통해 까샤빠 3형제와 이들을 따르는 1000여 명의 수행자를 불교에 귀의시킨다.

그리고 부처님은 이 거대한 비구들의 무리를 거느리고 서서히 마가다국의 수도인 라자그리하를 향하게 된다. 당시 마가다국은 빔비사라(Bimbisāra)왕이 통치하고 있었고 많은 국민들의 존경을 받고 있었다. 왕은 신하를 보내서 수도를 향해 오는 출가수행자 집단의 지도자인 부처님이 어떤 사람인지 알아보게 했다. 신하들은 부처님이 샤꺄족 출신으로 출가사문 고따마라고 하면서 다음과 같이 왕에게 말했다.

실로 그분은 존귀합니다. 왜냐하면, 그분은 존경받을 만한 분(應供)이고, 두루 완전한 깨달음을 얻은 분(正等覺)이며, 지혜와 덕행을 갖춘 분(明行足)이고, 잘 가실 분(善逝)이며, 세상을 아는 분(世間解)이고, 위없이 높은 분(無上士)이며, 사람을 잘 길들일 분(調御丈夫)이고, 신과 인간의 스승(天人師)이시며, 깨달은 분(佛)이고, 존귀한 분(世尊)이십니다.

훗날 세존 10호 또는 여래 10호로 알려진 부처님의 호칭이 이때 만

그림 25 우루웰라 까샤빠, 산치 대탑 토라나 부조, 인도 산치

들어진 것이다. 빔비사라왕은 이 이야기를 듣고 직접 부처님의 가르침을 들어보기로 했다. 왕은 부처님을 따르는 사람들이 마가다국의 유명한 출가수행자들이고, 특히 이들의 지도자인 까샤빠 3형제가 부처님보다 훨씬 연상임에도 젊은 사문 고따마의 제자가 되었다는 점에 놀랐다. 왕과 신하들은 부처님의 가르침에 감화를 받고 불교에 귀의하여 재가

그림 26 빔비사라왕의 죽림정사 보시, 죽림정사 벽화, 인도 라지기르

신자가 되었다. 그리고 왕은 부처님이 머물면서 가르침을 펼 수 있도록 성 북쪽의 대나무 숲을 보시하게 되는데, 이곳이 죽림정사竹林精舍(Veḷuvana)로서 최초의 불교 사원이 된다. 불교가 마가다국 왕가의 든든한 후원을 얻게 된 것이다.

빔비사라왕의 귀의로 불교 교단은 마가다 지역에서 든든한 토대를 구축하게 된다. 강가강 유역의 신흥도시를 중심으로 부유한 도시 상인들의 지지를 받게 되었고, 까샤빠 3형제의 귀의로 마가다 지역 출가사문들 사이에서 알려지기 시작했으며, 빔비사라왕의 귀의로 든든한 왕가의 후원과 함께 죽림정사라는 교권의 중심지를 얻게 되었기 때문이다. 다만 아직까지 부처님에게는 교단을 믿고 함께 운영할 쌍수제자가 나타나지 않고 있었다.

수많은 부처님의 제자들 중에서 가장 훌륭한 열 사람을 '10대 제자'라고 하는데, 그중에서도 가장 뛰어난 인물이 지혜가 가장 뛰어난 사리

그림 27 사리뿟따와 목갈라나의 사리함이 발견된 산치 3번 불탑, 인도 산치

뿟따(Sāriputta, 舍利弗)와 신통력이 가장 뛰어난 목갈라나(Moggallāna, 目犍連)였다. 사리뿟따와 목갈라나는 당시 육사외도六師外道의 한 사람인 산자야 웰랏티뿟따(Sañjaya Velaṭṭhiputta)의 제자였다. 이들은 매우 총명하고 학문과 식견이 뛰어나서 스승의 인정을 받고 있었다. 다만 이들은 회의론에 만족하지 못했고 새로운 스승을 찾아 떠나기로 한다. 두 사람은 "먼저 불사를 얻은 사람은 다른 사람에게 꼭 알려 줘야 한다."라는 출가 수행자의 약속을 하고 헤어진다. 그리고 사리뿟따가 라자그리하 근처에서 5비구 중의 한 명인 앗사지(Assaji)를 만나게 되었다. 사리뿟따가 앗사지에게 스승의 가르침에 대해 묻자 그는 스승의 가르침을 요약해서 게송으로 답한다.

원인에 의해 생성되는 것들에 있어서 여래(Tathāgata)께서는 그 원인을 말씀하셨다. 그들의 소멸에 대해서도 말씀하셨으니, 이것이 바로 대사문(Mahāsamaṇa)의 가르침이다.

사리뿟다는 이 게송을 듣자마자 불교의 가르침을 이해하게 되었고 불사의 길이 열렸음을 확신했다. 그는 앗사지에게 부처님이 지금 죽림정사에 계신다는 이야기를 듣고 먼저 목갈라나에게 간다. 출가수행자의 약속을 지키기 위해서였다. 목갈라나 또한 이 게송을 듣자마자 불교의 가르침을 이해하게 되었고 부처님의 제자가 되기로 결심한다. 사리뿟다와 목갈라나는 부처님과 평생을 함께한 도반이자 쌍수제자로서 초창기 불교의 발전을 이끌었다.

불교 교단이 안정되자 부처님은 자신의 고향이자 샤꺄족의 수도인 까삘라왓투를 방문한다. 이곳에서 부처님께서는 자신이 출가하여 종교적인 방향으로 갈 수밖에 없었던 이유와 자신이 깨달음을 얻기까지의 과정을 부모님에게 설명하고 인정을 받게 된다. 또한 부인 야쇼다라와 아들 라훌라를 만났고 아들을 출가시킨다. 이때 많은 부처님의 친척들이 출가하게 되는데 난다(Nanda), 아난다(Ānanda, 阿難), 데와닷따(Devadatta), 아누룻다(Anuruddha) 등이 대표적인 샤꺄족 불제자가 되었다. 그리고 아버지인 숫도다나왕이 돌아가시자 빠자빠띠 왕비는 500여 명의 여인들과 함께 부처님에게 여성의 출가를 간청했다. 부처님은 처음에 이를 거절했지만, 빠자빠띠 왕비의 세 번에 걸친 간청과 아난다의 설득으로 여성의 출가를 하락하게 된다. 다만 여성 출가자들의 안전을 위해 여자 스님들로 구성된 비구니 승단(bhikkhunī sangha)을 남자들로 구성된 비구 승단(bhikkhu sangha) 교단 아래에 위치시켜 남자 스님들의 보호를 받을 수 있도록 했다. 그리고 이를 통해 남자 스님(bhikkhu, 比

丘), 여자 스님(bhikkhunī, 比丘尼), 남자 신도(upāsaka, 優婆塞), 여자 신도(upāsikā, 優婆夷)로 구성된 사부대중이 완성되게 된다.

불교는 부처님의 끊임없는 유행을 통해 점차 주변 지역으로 퍼져 나가게 된다. 당시 마가다국의 서쪽에는 꼬살라국이 있었고 이곳의 수도인 사왓티(Sāvatthī, 舍衛城)는 라자그리하에 버금가는 군사 종교 문화의 중심지였다. 이곳의 부유한 상인인 아나타삔디까(Anāthapiṇḍika)는 마가다국의 라자그리하에 왔다가 부처님을 만나게 된다. 그는 부처님에게 자신의 나라인 꼬살라도 방문해 줄 것을 요청했고 부처님께서 침묵으로 허락한다. 그는 급히 사왓티로 돌아가 부처님과 제자들이 머물 장소를 물색한다. 그는 제따(Jeta) 왕자의 후원이 적당하다고 생각하고 제따 왕자에게 후원을 구입하겠다고 한다. 제따 왕자가 자신의 후원을 황금으로 뒤덮으면 모를까 팔지 않겠다고 하자, 아나타삔디까는 하인들을 보내 제따 왕자의 후원에 황금을 깔기 시작했다. 깜짝 놀란 제따 왕자가 자초지종을 듣고 자신의 후원을 불교 교단에 보시하는 일에 동참하기로 한다. 이곳이 유명한 기원정사祇園精舍(Jetavana)가 되었고 빠세나디(Pasenadi)왕과 말리까(Mallikā) 왕비가 불교에 귀의하면서 꼬살라국 교권의 중심지가 된다.

계속해서 불교는 바라나시(Bārāṇasi), 웨살리(Vaiśāli), 꼬삼비(Kosambī) 등으로 퍼져 나가면서 강가강 중하류 지역의 중심적인 종교로 발전하게 된다.

부처님은 깨달음을 얻고 열반에 들기까지 약 45년에 걸쳐 불교를 널리 알리기 위해 노력했다. 그는 신분이나 계층의 차별 없이 국왕, 왕비, 귀족, 부호, 평민, 천민 등 모든 사람들을 불교에 귀의시켰다. 그리고 일단 부처님의 제자가 되면 계급의 귀천도 빈부의 차별도 인종

그림 28 제따와나(기원정사) 보시, 바르후트 부조, 인도 꼴까다 인도박물관

의 구별도 없었다. 오직 화합과 평등과 가르침에 의한 질서만이 존중되었다고 한다. 후대 인도에서는 부처님의 45년에 걸친 교화를 라자그리하(Rājagṛha), 사왓티(Sāvatthī), 산깟사(Sankassa), 웨살리(Vaiśāli)라는 네 곳의 성지와 연결하고 네 개의 전설을 동원해서 아름답게 설명하고 있다. 여기에 부처님이 탄생한 룸비니(Lumbini), 깨달음을 얻은 보드가야(Bodhgayā), 첫 설법을 한 사르나트(Sarnath), 열반에 든 꾸시나가라(Kuśinagara)를 합하면 8대 성지가 된다.

부처님의 네 가지 기적은 인도의 다양한 조각과 동남아시아의 사원

그림 29 8대 성지를 표현한 부처님의 8상도, 빨라 왕조 10세기, 대한민국 서울 용산국립박물관

그림 30 라자그리하 기적, 붓다이사완 벽화, 태국 방콕 국립박물관

그림 31 **사왓티 기적, 마하출라롱콘대학 장경각 벽화, 태국 아윳타야**

벽화를 통해 우리들에게 잘 알려져 있다. 먼저 라자그리하 기적은 데와닷따의 사주를 받은 미친 코끼리가 부처님께 돌격하자 모든 사람들이 코끼리를 피해 도망쳤지만 부처님께서는 침착하게 자리를 지켰고 코끼리는 부처님의 카리스마에 압도되어 부처님 앞에 무릎을 꿇고 정중하게 인사했다는 것이다.

사왓티 기적은 부처님의 신통력에 대한 것이다. 꼬살라국의 사왓티는 마가다국의 라자그리하와 달리 외도들이 아주 강했다고 한다. 이들

1장 | 부처님의 일생 77

그림 32 천상세계에서 아비담마 강의, 붓다이사완 벽화, 태국 방콕 국립박물관

은 불교에 도전할 기회를 노리고 있었다. 그런데 한 스님이 신통력을 써서 사왓티 시민들의 인기를 얻자 부처님은 불교 교단에 신통력을 쓰는 것을 금지시킨다. 그러자 때가 왔다고 판단한 외도들이 불교 교단에 신통력 대결을 하자고 도전했다. 부처님의 불교 교단에는 신통력을 금지시켰지만 자기 자신에게는 금지시키지 않았으므로 자신이 신통력을 선보이겠다고 한다. 외도들이 방해했지만 부처님은 사왓티성 밖 망고나무 위로 날아올라 몸을 두 개로 보이게 하는 쌍신변을 펼쳐 보여서 꼬살라국의 모든 외도들을 굴복시킨다.

산깟사 기적은 남방 테라와다(Theravāda) 교단에서 특히 중요하게 이야기된다. 사왓티 기적을 통해 꼬살라국에서 불교를 반석 위에 올려놓은 부처님은 자신을 낳아 주고 일주일 만에 돌아가신 어머니 마야부인에게 효도를 하지 못한 것을 아쉬워했다. 그는 신통력으로 마야부인이

그림 33 산깟사 기적, 붓다이사완 벽화, 태국 방콕 국립박물관

천상세계 따와띰사(Tāvatiṃsa)에 동자로 다시 태어난 것을 알아차리고 안거 기간에 천상세계로 올라가게 된다. 그리고 천상세계에서 마야부인과 인드라(Indra) 신을 포함한 수많은 신들을 대상으로 자신이 이때까지 인간 세계에서 펼친 가르침을 요약하고 해설하며 석 달 동안 설명했다. 사리뿟따가 매일 천상세계로 올라와 부처님의 해설을 듣고 인간 세계로 내려와 제자들에게 이를 가르쳤는데, 이것이 부처님의 가르침에 대한 해설(abhidhamma, 論)이 된다고 한다. 즉 남방불교는 산깟사 전설을 통해서 경(sutta), 율(vinaya), 논(abhidhamma)으로 구성된 빨리 삼장(tipiṭaka)을 부처님의 말씀으로 받아들이는 것이다.

한편 인간 세계에서 부처님의 부재가 지속되자 많은 사람들이 부처님에게 인간 세계로 내려올 것을 간곡하게 청한다. 부처님은 석 달간 마야부인에게 아비담마 강의를 마치고 천상세계로부터 산깟사까지 사다리를 펼친 후 인간 세계로 내려가게 된다. 이때 부처님의 좌측에서는 범천 브라만(Brahman)이 부처님의 일산을 받쳐 호위하고 우측에서는 제석천 인드라(Indra)가 고동나팔을 불며 인간 세계로 내려오게 된다. 인간 세계의 생류들은 신들을 직접 볼 수 없었지만 이때만큼은 부처님의 신통력으로 인간들이 신들과 천상세계를 볼 수 있었다고 한다. 따라서 이때 부처님께서는 진정한 의미에서 신과 인간들의 스승(天人師)이 되셨다고 할 수 있다.

웨살리 기적은 불교 교단의 분열의 전주곡 같은 것이다. 부처님이 웨살리에 머무를 때 불교 교단 내에서 분란이 일어나 시끄러워졌고 부처님조차도 이 다툼을 말릴 수 없었다고 한다. 부처님은 아무도 자신을 따라오지 못하게 하고 홀로 숲에 들어간다. 이때 숲에 있던 코끼리가 드디어 자신에게 부처님을 모실 기회가 왔음을 알아차리고 물병에 물을 길어 코로 잡고 부처님에게 올린다. 옆에서 보고 있던 원숭이도 밀랍에서 꿀을 짜서 부처님에게 올렸다고 한다. 원후봉밀로 잘 알려진 이 이야기는 부처님의 위대함이 단순히 인간들에만 미치는 것이 아니라 자연세계의 모든 만물에 미친다는 것을 상징적으로 표현한다고 할 수 있다.

부처님은 45년에 걸친 포교 기간에 최대한 상대방에 다가가서 상대방의 입장에서 이야기를 시작하여 자신이 원하는 방향으로 이끄는 대기설법對機說法을 행했다. 그는 형이상학적이고 철학적인 이론과 지식을 주입하거나 전파하려고 하지 않았다. 현실 생활에 보다 진실하고 이익 되게 하였으며, 행복을 창조하는 삶을 갖도록 일깨웠다. 인생 문제

그림 34 웨살리 기적, 왓 푸타팟, 태국 사라부리

로 고민하는 젊은이에게는 삶의 진실을 일깨워 주고, 시집살이하는 여성으로 하여금 올바른 부도婦道를 걷게 하였다. 진리를 갈구하는 사상가와 종교인에게는 무엇이 진리이며 어떤 것이 바른 신앙인가를 가르쳤으며, 나라를 다스리는 제왕에게는 정법에 의한 선정善政을 베풀게 하였다. 부처님은 상대방의 이해 정도와 문제에 맞추어서 거기에 적절한 가르침을 주어서 모든 사람들을 이익 되고 행복하게 했다. 따라서 부처님은 당시에 누구에게나 존경을 받았고 어디에 가나 환영을 받았다.

그러나 부처님은 만년에는 몇 가지의 불행스러운 일을 겪어야 했다. 꼬살라(Kosalā)국의 새 왕이 된 위루다까(Virūdhaka)는 어렸을 때 샤꺄족에게 당한 수모를 앙갚음하기 위하여 까삘라왓투로 쳐들어간다. 부처님은 대군이 진군해 가는 길목에 나아가 한 고목枯木 밑에 일부러 햇볕을 받고 앉아 있었다. 왕은 그러한 부처님을 발견하고는 수목이 우거진 그늘을 두고 일부러 고목 밑에 앉아 있는 그 뜻이 무엇인가를 헤아리고 곧 군사를 거두어 되돌아갔다. 그 뒤 위루다까왕은 또 군사를 거느리고 진격해 갔으나, 역시 그 자리에 앉아 있는 부처님을 발견하고는 회군하였다. 세 번째도 그러하였다. 그러나 네 번째는 부처님도 인과응보를 피할 수 없음을 아시고 그곳에 나가지 않았다. 그리하여 그의 조국 까삘라왓투는 멸망하고 많은 샤꺄족이 죽임을 당했다고 한다. 또한 부처님의 평생 도반이자 쌍수제자였던 사리뿟따와 목갈라나가 부처님보다 먼저 열반에 들게 된다. 이 또한 인과응보로서 부처님이 어떻게 할 수 없는 일이었다.

부처님은 깨달음을 얻고 약 45년이 지난 80세가 되어 라자그리하에 머무르고 있을 때 문득 마지막으로 고향인 까삘라왓투를 보고 싶었다. 부처님은 강가강을 건너 웨살리를 지나 북서쪽으로 천천히 올라갔다.

그림 35 **부처님의 열반, 왓보로완 열반당 벽화, 태국 방콕**

그러다가 꾸시나가라에 도착했을 때 마을의 가장 부유한, 금은을 세공하는 대장장이 쭌다(Cunda)의 공양을 받는다. 일설에는 썩은 돼지고기라는 이야기도 있고 일설에는 독버섯이라는 이야기도 있다. 쭌다의 공양 후 부처님은 급격히 기력을 잃으셨고 마을 외곽의 샬라(Sāla)나무 숲을 향했다. 나무 두 그루 사이에 자리를 잡은 부처님께서는 얼굴과 몸을 정면으로 하여 마치 사자처럼 옆으로 누워서 아난다를 비롯한 여러 제자에게 "스스로를 귀의처로 하고 가르침을 귀의처로 하라."고 유언을 한다. 이는 부처님이 자기 스스로가 깨닫고 설법한 가르침 앞에서 마지막 순간까지 겸손했다는 것을 의미한다. 거친 숨을 몰아쉬면서 부처님께서는 "모든 생겨난 것은 본성적으로 파괴되게 마련이다. 너희들은 게으름 피우지 말고 꼭 목표를 이루어라."라는 말을 마지막으로 선정에 드신다. 부처님은 북쪽으로 머리를 두고 서쪽을 향해 누워 조용히 눈을 감았는

그림 36 보경사 팔상도의 쌍림열반, 대한민국 포항

데 이를 '반열반般涅槃(parinirvāṇa) 또는 열반涅槃(nirvāṇa)이라고 한다.

  부처님의 사후 부처님의 신체는 꾸시나가라에서 화장되었고 주변의 여덟 나라에서 신하들을 보내 부처님의 사리를 분배해서 불탑(stūpa)을 만들어 모셨다고 한다. 부처님은 까삘라왓투의 왕자로 태어나 종교적인 길을 걷기 위해 출가했고, 보드가야에서 깨달음을 얻은 후 45년간 불교를 널리 알린 후 꾸시나가라에서 열반에 드셨다. 후세의 사람들은 부처님을 다양하게 표현한다. '천상천하 유아독존天上天下唯我獨尊'이라고 하여 부처님을 온 세상에서 그 누구와도 비견比肩할 수 없는 제일인자第一人者로 보았고, '천중천天中天'·'천존天尊'·'천인사天人師'라고 하여 부처님을 천상세계의 신들보다도 더 존귀하다고 보았으며, '성중성聖中聖'이라고 하여 부처님을 성인들 중에서 가장 뛰어난 성인으로 보았다.

2장

불교의 철학과 사상

1
초기불교와 부파불교

1) 초기불교의 교리

붓다는 "만일 연기를 보면 법을 보고, 법을 보면 연기를 본다."(『상적유경象跡喻經』, 『중아함경中阿含經』)라고 하였다. 연기란 '쁘라띠띠야삼우뜨빠다(pratītyasamutpāda)'를 옮긴 것이다. 여기서 '쁘라띠띠야(pratītya)'에는 '조건으로부터' 또는 '원인에 의해'라는 뜻이 있다. '삼(sam)'은 '함께'라는 의미이며, '우뜨빠다(utpāda)'는 '일어나다' 또는 '생겨나다'의 뜻이다. 따라서 연기는 '조건으로부터 함께 일어나다' 또는 '원인에 의해 함께 생겨나다'를 의미한다. 이는 당대 만연했던 양극단인 상주론과 단멸론에서 벗어나 모든 것이 서로 인과관계를 맺고 생성된다는 것을 강조한 것이다.

경전에서는 연기의 원리를 통해 존재의 생성과 소멸을 설명하고 있다. "이것이 있으므로 저것이 있고(此有故彼有), 이것의 생성으로부터 저

것이 생성한다(此起故彼起). 이것이 없으므로 저것이 없고(此無故彼無), 이것의 소멸로부터 저것이 소멸된다(此滅故彼滅)."는 연기 공식을 통해 앞부분은 존재의 생성을 해명하고 뒷부분은 존재의 소멸을 해명하고 있다. 또한, 각각의 앞부분은 연기의 관계성, 즉 상의성相依性 또는 상호 의존성을 이야기하고 있고 뒷부분은 연기의 차연성此緣性, 즉 일반적인 원인과 결과의 연속인 인과율을 이야기하고 있다. 이 연기법은 업설業說에 의해 해명되며 그것은 중도中道의 실천으로 나아간다. 가장 올바른 길인 중도는 사성제의 네 번째 진리인 도성제의 구체적인 실천으로 나타난다.

붓다가 본 진리는 사성제四聖諦와 팔정도八正道이며 그것은 곧 중도中道와 연기緣起로 확장된다. 중도는 불교의 실제이며 연기는 불교의 이론이다. 연기의 이론은 불교의 세계관인 삼법인 및 사법인에 의해 설명된다. 그리고 중도의 실제는 사성제와 팔정도 및 십이연기의 교리로 해명된다.

(1) 현상세계의 세 가지 특징(三法印)

삼법인은 우리가 사는 현상세계의 세 가지 특징을 가리킨다. 혹은 '진리를 드러내는 세 가지 특징'을 일컫는다. 삼법인은 우리 눈앞에 나타난 사물들의 세 가지 존재 방식이다. 삼법인은 불교의 기본 세계관으로서 세상에 존재하는 것(諸法)이 가지고 있는 세 가지 특징(三法相)이다.

원인과 조건에 의해 만들어진 것은 모두 변화한다는 '제행무상諸行無常', 형성된 것은 모두 고통이다라는 '일체개고一切皆苦', 세상에 나라고

그림 37 초전법륜이 설해진 장소에 세워진 담마케 불탑, 인도 사르나트

할 만한 것이 없다는 '제법무아諸法無我'가 그것이며, 일체개고 대신에 모든 번뇌의 불길을 다 끊어 버리고 고요와 평화에 든 '열반적정涅槃寂靜'을 더하여 삼법인으로 보기도 한다. 또 제행무상과 제법무아와 열반적정에다 '일체개고'를 덧붙여 사법인으로 보기도 한다.

가) 현상세계는 결코 영원할 수 없다

붓다는 원인과 조건에 의해 만들어진 것은 모두 변화하며 결코 영원할 수 없다(anicca)고 하였다. 즉 타자와의 관계 속에서 형성된 것 중에서 변화하지 않는 것은 없다. "'조건에 의해 생겨난 모든 현상(諸行)은 영원하지 않다'라는 지혜를 통해 보면, 괴로움을 싫어하여 떠나게 된다. 이것이 청정에 이르는 길이다." 원인과 조건에 의해 이루어진 존재는 조건이 바뀌면 원인도 바뀌게 된다. 그러므로 어떠한 원인과 조건에 의해 이루어진 것은 변화하지 않을 수 없다. 굳이 변화하지 않는 것이 있다면 '변화하지 않는 것은 없다'는 그 가르침만이 변화하지 않는다. 그러므로 우리의 삶은 언제나 '찰나 생', '찰나 멸'하는 순간의 변화 속에서 이루어지고 있다.

서양의 철학자 헤라클레이토스는 "같은 강물에 두 번 발을 담글 수 없다."라고 하였다. 동양의 철학자 공자는 『논어』「자한」에서 "가는 것이 물 같구나, 밤낮을 그치지 않는구나."라고 하였다. 두 사람의 발언은 모두 끝없이 변화하는 삶에 대한 정의이자 통찰의 내용이다. 여기에 무엇이 '있다'는 것은 시간적으로 변화하고 공간적으로 점유하고 있다는 것을 의미한다. 변화하고 점유하는 속성을 지닌 존재는 색상과 형태를 가지고 있다. 우리가 변화를 인식하는 방법은 어떤 존재가 지닌 색상의 변화와 그 존재의 물리적인 '이동' 과정 그리고 생명체가 '성장'하는 것을 통해서이다.

우리의 육안으로 인식할 수 있는 색깔 수는 현미경을 동원하면 800종이 된다고 한다. 그런데 이들 색깔들은 빛을 차단시킨 캄캄한 공간 속에서 흑백 두 색으로만 환원된다. 그렇다면 우리의 육안으로 볼 수 없는 자외선과 적외선과 달리 볼 수 있는 빛(가시광선)은 존재하는가 존재하지 않는가? 물리적으로 공간을 점유하는 속성이 없으므로 존재한다고 할 수 없다. 하지만 사물을 인식하게 하는 근거라는 점에서 존재가 아니라고도 할 수 없다.

현대 물리학에서 물질의 최소 단위로 규정한 '쿼크' 역시 '빛'이요 '에너지'며 '파동'이다. 즉 존재이면서 존재가 아니다. 따라서 모든 존재는 실체가 아니라 불교에서 말하는 '공(śūnya)'이자 '공한 상태에 있는 것(śūnyatā)'임을 알게 된다. '형성된 것은 모두 변화한다'는 명제에서 우리가 깨닫게 되는 것은 '멸집滅執'이라는 통찰이다. 즉 집착을 소멸하는 것이다. 모든 고통은 변화를 인정하지 않는 것에서 비롯된다. 해서 변화하기 때문에 "모든 것이 항상 새롭다."라는 적극적인 자세를 끌어내야 한다. 변화가 곧 기회이기 때문이다. 변화에 대한 인식 위에서 능동적이고 주체적인 삶을 창출할 수 있다. 따라서 '무상'은 나쁜 것이 아니다. 변화하기 때문에, 즉 결코 영원하지 않기 때문에 어제보다 나은 오늘이 있고 오늘보다 나은 내일이 있을 수 있는 것이다.

나) 현상세계는 결코 만족스럽지 못하다

우리가 사는 현상세계는 영원할 수 없으므로 우리에게 괴로움을 줄 뿐이며 따라서 우리는 절대로 만족할 수 없다(dukkha). "일체는 모두 괴로움일 뿐이다." 또는 "무상하므로 괴로운 것이다."라고 이야기한다. 조건에 의해 형성된 현상은 모두 변화한다는 것이므로 인간이 욕망을 가지고 대하게 되면 결국 괴로움에 빠지게 된다. 나와 관계 맺고 있는 것, 즉 내가 가지고 있는 것과 내가 누리고 있는 것이 끊임없이 변화하며 결코 영원하지 못하다는 것은 결국 괴로움일 뿐이다.

조건에 의해 형성된 모든 것을 제행諸行이라고 하는데, 이들은 결코 영원하지 못하며 결국 괴로움을 줄 뿐이다. 초기 경전에서 "세상에 태어나고, 늙어 가고, 병들어 가고, 죽어 가는 것은 괴로움이다. 미워하는 것과 만나고, 사랑하는 것과 헤어지고, 구하는 것을 얻지 못하는 것은 괴로움이다. 즉 인간이라는 유기체에 집착하는 것(五取蘊)은 괴로움이다."라고 한다. 우리는 인간이라는 유기체(5蘊)를 단일한 실체(自我)로 보기도 하고, 인간이라는 유기체 안에 단일한 실체가 있다고 보기도 하며, 단일한 실체 안에 인간이라는 유기체가 있다고 생각하기도 하고,

단일한 실체와 인간이라는 유기체가 각기 별개의 실체라고 생각하기도 한다. 이러한 그릇된 견해 속에서 우리는 자아와 같은 단일한 실체에 집착하게 되고 괴로움에 빠지게 된다. 즉 육체적인 괴로움(苦苦)과 인연에 조건 지워진 괴로움(行苦)과 파괴되는 괴로움(壞苦)이다.

우리는 살아가며 다양한 현상들에 부딪치고 여러 가지 느낌(vedanā)을 받게 된다. 이러한 느낌에는 괴로운 느낌(苦受)과 즐거운 느낌(樂受)과 괴롭지도 즐겁지도 않은 느낌(不苦不樂受) 세 가지가 있다. 어떤 경기에서 챔피언 벨트를 땄을 때의 즐거운 느낌은 챔피언 벨트를 잃는 순간 더는 지속하지 않는다. 어떤 시험에서 기대에 못 미치는 점수가 나와 괴로운 느낌이 들었지만, 다음 시험에서 기대에 넘치는 점수가 나온다면 즐거운 느낌이 들 것이다. 이처럼 즐거운 느낌과 괴로운 느낌은 고정되거나 지속하는 것이 아니다. 동시에 괴로운 느낌도 즐거운 느낌도 들지 않는 상태도 지속하는 것은 아니다.

다) 세상에 '나'라고 할 만한 것이 없다

우리를 구성하고 있는 것들은 모두 원인과 조건에 의해 이루어졌다. 인간이란 유기체는 머리와 몸통 및 팔과 다리와 수많은 장기와 핏줄 및 세포와 피부 등으로 이루어져 있으며 우리는 이를 '나'라고 부른다. 따라서 머리와 몸통과 팔과 다리만을 '나'라고 할 수 없다. 동시에 장기와 핏줄 및 세포와 피부 등만을 '나'라고 할 수도 없다. 우리가 일상에서 타는 자동차는 수만 개의 부품으로 구성되어 있다. 자동차의 핸들과 범퍼 및 시트와 클러치 등만을 자동차라고 할 수 없는 것과 같다.

또 우리의 머리에는 무수한 기관과 핏줄 및 세포와 피부 등이 있다. 따라서 그 어느 하나만을 머리라고 할 수 없다. 마찬가지로 자동차의 어느 부품 하나만을 가지고 자동차라고 할 수 없다. 모든 것들은 저마다 각각의 요소들을 지니고 있고 그 요소들의 결합으로 완결된 하나의 유기체가 된다. 이 유기체는 타자를 떠나 홀로인 '나'와 '나의 것'으로 있을 수 없다. 모두가 상호 관계 속에서만 존재할 뿐이다. 따라서 나는 나를 둘러싼 여러 관계 속에서 비로소 '나'일 수 있고 '나의 것'일 수 있는 것이다.

『반야심경』에서 "인간이라는 유기체(5蘊)가 모두 실체가 아님을 비추어 보고 모든 괴로움에서 벗어났다."라고 설하는 것은 '무아'에 대한 통찰로부터 모든 괴로움에서 벗어날 수 있음을 보여 준다. 반면 나에게 괴로움이 있다는 것은 내가 실체로서 존재하고 있다고 생각하기 때문이다. 나라는 것이 실체가 아니라는 것을 명확히 이해하기 위해서는 존재하는 모든 것들의 관계들을 환원해 보는 통찰이 요청된다. 인연과 관계들의 결합은 새로운 인연과 관계들의 결합으로 옮겨 갈 수 있음을 의미한다. 그러므로 인연화합에 의한 것은 결코 영원할 수 없다고 한다. "'세상에 나라고 할 만한 것이 없다'는 지혜를 통해 보면, 괴로움을 싫어하여 떠나게 된다. 이것이 청정에 이르는 길이다."

우리는 어떤 존재에게 상일성과 주재성이 있을 때 비로소 존재한다고 말한다. 하지만 우리가 나라고 말하는 여섯 가지의 감관(六根)이나 인간이라고 집착하는 유기체(五取蘊)에는 상일성과 주재성이 없다. 즉 내게는 태어나서 죽을 때까지 시시각각 변해 가면서도 처음부터 끝까지 한결같이 존재하는 상일성이 없다. 동시에 내 것은 내 마음대로 하고 내 마음대로 소유할 수 있는 주재성도 없다. 이러한 상일성과 주재성이 없으므로 인연화합에 의해 형성된 것들에는 '나'라고 할 만한 것이 없는 것이다.

라) 열반은 참으로 고요하다

경전에서는 "모든 행은 무상하고, 모든 법은 무아이며, 열반은 적정이다."라고 설한다. 즉 삼법인은 조건에 의해 형성된 것은 결코 영원할 수 없고(諸行無常), 이들은 '나'라고 할 수 없으며(諸法無我), 모두가 결국 괴로움일 뿐(一切皆苦)인데, 일체개고 대신에 열반은 참으로 고요이다(涅槃寂靜)라는 항목을 덧붙여 삼법인으로 보기도 한다. 그리고 앞의 삼법인에다 열반적정을 추가하여 사법인으로 보기도 한다. 열반이란 끊임없는 욕망(渴愛)으로 대표되는 번뇌의 불길이 꺼진다는 의미에서 '취멸吹滅', '소진消盡'의 상태를 가리킨다. 다시 말해서 탐욕(貪)과 성냄(瞋)과 어리석음(癡)을 비롯한 모든 선하지 못한 것(不善法)의 뿌리를 완전히 뽑아 버린 상태를 일컫는다. 경전에서는 탐욕과 성냄과 어리석음을 탐진치 삼독三毒이라고 한다.

열반을 체득한 성인에게는 욕망의 세계에 묶어 놓는 다섯 가지 속박(五下分結)과 형상의 세계 및 형상이 없는 세계에 묶어 놓는 다섯 가지 속박(五上分結)이 없다. 성인은 이 열 가지의 속박에서 완전히 벗어났으므로 윤회세계를 벗어나게 된다. 열반에는 모든 번뇌와 집착이 완전히 소멸되었지만 인간이란 유기체(5蘊)가 남아 있는 열반인 유여열반有餘涅槃과 성인이 죽으면서 인간이란 유기체마저 소멸하는 열반인 무여열반無餘涅槃이 있다. 따라서 열반은 두 가지 단계로 진행된다. 양자 사이에 어떠한 질적인 차이도 없다.

경전에서는 "탐욕과 성냄과 어리석음을 버릴 때, 사람들은 자신을 파멸로 이끌지 않으며, 다른 이들을 파멸로 이끌지 않고, 자신과 다른 이 둘 다를 파멸로 이끌지 않아서 정신적인 고통과 슬픔을 겪지 않는다. 이처럼 현세에서 증득될 수 있는 이 열반은 시간을 지체하지 않는

그림 38 갈위하라의 열반상, 스리랑카 뽈론나루와

것이며, 살아서 눈으로 확인할 수 있는 것이며, 매력이 있는 것이며, 현자들이 경험할 수 있는 것이다."라고 말한다. 또 경전에서 말한다.

"실로 땅도 물도 바람도 없는 곳(無地水火風), 공간의 무한함도 없고(空無邊處), 의식의 무한함도 없고(識無邊處), 어떠한 소유도 없고(無所有處), 생각이 아니고 생각이 아닌 것도 아닌 것(非想非非想處)과 같은 곳, 이 세상도 아니고 저 세상도 아닌 곳, 해도 달도 없는 곳이 있다. 그것은 오는 것도 아니고, 가는 것도 아니고, 머무는 것도 아니고, 태어나는 것도 아니며, 죽는 것도 아니다. 발을 딛고 설 곳도 없고, 나아갈 곳도 없으며, 대상도 가지고 있지 않다. 이것이야말로 괴로움의 끝이라고 한다. 비구들이여, 태어나지 않은 것, 생겨나지 않은 것, 만들어지지 않은 것, 형성되어지지 않은 것이 있다. 만일 태어나지 않은 것, 생겨나지 않은 것, 만들어지지 않은 것, 형성되어지지 않는 것이 없다면 태어난 것, 생겨난 것, 만들어진 것, 형성되어진 것에서 벗어나는 것은 알려지지 않을 것이다. 하지만 비구들이여, 태어나지 않은 것, 생겨나지 않은 것, 만들어지지 않은 것, 형성되어지지 않은 것이 있기 때문에, 태어난 것, 생겨난 것, 만들어진 것, 형성되어진 것에서 벗어나는 것이 알려지는 것이다."

열반은 사성제 가운데에서 도성제, 즉 여덟 가지 바른 길(八正道)의 완성을 통해 탐욕(貪)과 성냄(瞋)과 어리석음(癡)을 소멸하는 순간 도달하게 된다. 경전은 계속해서 말한다.

"비구들이여, 신체·느낌·언어·의도·의식을 즐기고 있는 사람은 괴로움을 즐기고 있는 사람이다. 괴로움을 즐기고 있는 사람은 괴로움에서 벗어날 수 없는 사람이라고 나는 말한다." "비구들이여, 그대들은 오랫동안 생사를 거듭하면서, 괴로움을 겪어 왔고, 슬픔을 겪어 왔고, 불행을 겪어 왔으며, 죽음을 계속해서 반복해 왔다. 그러므로 비구들이여, 바로 지금이 모든 형성된 것에 대해서 싫어하는 생각을 내기에 적당한 때이며, 탐욕을 버리기에 적당한 때이며, 이 모든 괴로움에서 벗어나 해탈을 얻기에 적당한 때이다."

이처럼 탐욕과 성냄과 어리석음의 삼독을 소멸하여 열반에 이르면 참으로 고요하게 된다. 따라서 열반은 우리의 일상과는 전혀 다른 차원의 세계이다.

(2) 성인들의 네 가지 진리(四聖諦)

초기불교에서 가장 많이 제시되는 교설인 사성제는 성인들의 네 가지 진리를 가리킨다. 좁혀서 말하면 불교는 성인들의 네 가지 진리에 대한 가르침이라고 할 수 있다. 성자인 아라한들이 공유하므로 '성聖'이라고 하였고, 어느 시간과 공간에서든지 보편성과 타당성을 얻고 있는 '진리' 혹은 '진실'이므로 '제諦'라고 하였다. "코끼리의 발자국이 넓고 커서 모든 짐승의 발자국 가운데서 제일인 것처럼 선한 모든 것(善法)이 사성제 안으로 들어오기 때문에 이를 모든 가르침 중에서 제일이라고 한다."라고 하였다.

붓다는 마치 의사가 환자를 대하는 것처럼 사람들의 병에 대해 자각시키고(當知), 진단하고(當斷), 치유하고(當證), 처방하는(當修) 방식을 취하였다. 사성제는 괴로움(苦), 괴로움의 생성(苦集), 괴로움의 소멸(苦滅), 괴로움의 소멸에 이르는 길(苦滅道)이다. 네 가지 가운데 특히 괴로움과 괴로움의 생성은 현실 세계에 대한 자각과 진단이라 할 수 있으며, 괴로움의 소멸과 괴로움의 소멸에 이르는 길은 치유와 처방이라고 할 수 있다.

사성제는 불교의 목표인 해탈에 도달하는 가장 구체적이면서도 제일 간단한 가르침이다. 괴로움이란 내게 주어진 현실에 대한 불만족과 내가 짊어진 존재에 대한 불안정의 다른 표현이다. 즉 자기가 하고자 하는 대로 이루어지지 않는 것에 대한 불만족과 현재와 미래에 대한 불안정이다. 괴로움에는 태어나는 괴로움, 늙어 가는 괴로움, 병들어 가는 괴로움, 죽어 가는 괴로움이 있다. 또한, 좋아하는 것과 멀어져야 하는 괴로움(愛別離苦), 싫어하는 것과 함께해야 하는 괴로움(怨憎會苦), 원하는 것을 얻을 수 없는 괴로움(求不得苦), 인간이라고 집착하는 유기체 자체의 괴로움(五陰盛苦, 五取蘊苦)이라고도 분류한다.

붓다는 성인들의 네 가지 진리(四聖諦)를 통해 괴로움에 대한 자각, 괴로움에 대한 진단, 괴로움에 대한 치유, 괴로움에 대한 처방의 지혜

그림 39 초전법륜상, 인도 사르나트

를 제시해 주었다. 붓다가 괴로움에 대해 이렇게 철저히 분석하고 있는 것은 우리의 삶 자체가 괴로움(苦)으로 가득 차 있다는 통찰 때문이다.

가) 괴로움의 진리(苦諦)

괴로움이란 만족스럽지 못함(dukkha)을 지칭한다. 붓다는 알라하바드 근처에 자리했던 꼬삼비국의 신사파 숲에 머물며 사성제의 의미와 가치에 대해 역설하였다. 그는 지금까지 설한 것(신사파 잎)은 자신이 깨달은 것(신사파 숲)의 극히 일부분에 지나지 않는다고 하였다. 붓다는 자신이 극히 일부분에 지나지 않는 사성제를 설한 까닭에 대해 이렇게 역설하고 있다. "이 진리들은 실로 유익하고 청정한 삶에 반드시 필요한 것이기 때문이다. 이 진리들은 세상을 싫어하면 떠남(厭離), 탐욕을 멀리함(離慾), 멸진滅盡, 적정寂靜, 뛰어난 지혜, 완전한 깨달음, 열반으로 이끌어 주기 때문에 이 진리들을 설한다." 따라서 이것이 괴로움이고, 이것이 괴로움의 생성이고, 이것이 괴로움의 소멸이고, 이것이 괴로움의 소멸에 이르는 길임을 깨닫기 위해 모든 노력을 기울여야 한다고 강조하고 있다. 붓다는 사성제를 통해 괴로움이란 무엇이며, 괴로움은 어떻게 발생하며, 괴로움은 어떻게 소멸할 수 있으며, 그것을 소멸할 방법은 무엇인지에 대해 해명해 주었다.

괴로움은 우리의 삶에 광범위하게 펴져 있다. 우리가 느끼는 기쁨은 괴로움의 마디를 잠깐 끊어 주는 것일 뿐이다. 따라서 괴로움에 대한 정확한 자각은 진리에 대한 자각이 된다. 우리는 괴로움과 괴로움의 소멸에 대한 통찰을 통해서 괴로움을 벗어날 수 있다. 붓다는 "나는 단지 괴로움과 괴로움의 소멸(열반)만을 가르칠 뿐이다."라고 설하였다. 괴로움이 성스러운 진리가 될 수 있는 것은 괴로움이 우리의 삶을 지배하고 있기 때문이다. 불교의 모든 지향이 괴로움에 대한 자각과 괴로움의 소멸에 겨냥된 것도 이러한 이유 때문이다.

나) 괴로움의 생성에 대한 진리(集諦)

괴로움에 대한 정확한 자각은 괴로움의 원인에 대한 탐구로 이어진다. '집'이란 산스끄릿어 '사무다야(samudaya)'를 번역한 것으로 '모아서 일어난다(集起)'는 뜻이다. 생성生成으로도 번역되었다. 즉 괴로움의 생성에 대한 성인들의 진리이다. 괴로움의 생성에 대한 진리는 그 원인으로서 끊임없는 욕망(渴愛)을 지적한다. 끊임없는 욕망에는 세 가지가 있는데, 감각적 쾌락에 대한 끊임없는 욕망(慾愛), 존재에 대한 끊임없는 욕망(有愛), 비존재에 대한 끊임없는 욕망(無有愛)이 있다.

"끊임없는 욕망이란 무엇에서 생겨나며, 어디에 머물러 있는가. 이 세상에서 즐거운 대상, 즐길 만한 대상이 있는 곳이면 그 어디에서나 끊임없는 욕망이 생겨나고 그곳에 머문다. 눈, 귀, 코, 혀, 몸, 마음(六根)이 즐겁고 즐길 만한 대상이라면 그곳에서 끊임없는 욕망은 생겨나고 거기에 머문다. 보이는 것, 들리는 것, 냄새, 맛, 육체의 촉감, 마음속의 현상들(六境)이 즐겁고 즐길 만한 대상이라면 그곳에서 끊임없는 욕망은 생겨나고 거기에 머문다. 그리고 각각 여섯 가지 의식(六識), 여섯 가지 접촉(六觸), 여섯 가지 접촉에서 생긴 느낌(六受), 여섯 가지 지각(六想), 여섯 가지 의지(六思), 여섯 가지 갈애(六愛), 여섯 가지 향하는 생각(六尋), 여섯 가지 머무는 생각(六伺)이 즐겁고 즐거운 대상이라면 그곳에서 끊임없는 욕망은 생겨나고 거기에 머문다. 이것을 괴로움의 생성에 대한 진리라고 한다."

"오 비구들이여, 괴로움의 생성(苦集)이란 성인들의 진리(聖諦)는 무엇인가? 기쁨과 탐욕에 휩싸여 여기저기에서 쾌락을 찾아 계속해서 다시 태어나게 하는 끊임없는 욕망이다. 감각적 쾌락에 대한 끊임없는 욕망, 존재에 대한 끊임없는 욕망, 비존재에 대한 끊임없는 욕망이다."

윤회 환생의 원인으로 끊임없는 욕망이 지칭되고 이로부터 모든 번뇌가 생겨나는 것이다.

다) 괴로움의 소멸의 진리(滅諦)

멸성제는 괴로움의 소멸에 대한 성인들의 진리를 가리킨다. 괴로움의 소멸이란 탐욕을 버려서 끊임없는 욕망을 남김 없이 소멸하고 떠나고 완전히 파괴하는 것으로 욕망과 집착에서 벗어나는 것을 말한다. 괴로움의 원인인 끊임없는 욕망의 소멸로부터 집착이 소멸하고, 집착의 소멸로부터 재생을 일으키는 힘이 소멸한다. 재생을 일으키는 힘의 소멸로부터 태어남이 소멸하고, 태어남의 소멸로부터 모든 괴로움이 소멸한다고 말한다.

"탐욕이 사라지고 끊임없는 욕망이 남김없이 소멸되면 집착이 소멸한다. 집착의 소멸로부터 재생을 일으키는 힘이 소멸한다. 재생을 일으키는 힘의 소멸로부터 태어남이 소멸한다. 태어남의 소멸로부터 늙음, 죽음, 절망, 비탄, 괴로움, 우울함, 불안이 소멸한다. 이와 같이 모든 괴로움의 덩어리들이 소멸된다." 또한 "오 비구들이여, 괴로움의 소멸(苦滅)이란 성인들의 진리(聖諦)는 무엇인가? 탐욕의 완전한 소멸을 통해서, 탐욕을 파괴함으로, 탐욕을 버림으로, 탐욕에서 벗어남으로, 탐욕이 남을 수 없으므로 끊임없는 욕망(渴愛)이 소멸하는 것이다."라고 경전에서 설명한다.

끊임없는 욕망의 소멸에 의해 괴로움이 소멸된다. "바다는 한 가지 맛, 그것은 짠맛이다. 마찬가지로 붓다의 가르침도 한 가지 맛, 그것은 괴로움의 소멸의 맛(苦滅)이다." 괴로움의 소멸, 즉 열반은 육신을 지닌 현생에서도 성취할 수 있다. 즉 끊임없는 욕망은 소멸하였지만, 인간이라는 유기체(5蘊)가 남아 있는 유여열반이다. 유여열반에 이른 성인은 죽으면 더 이상 다시 태어나지 않는다. 이것을 인간이라는 유기체조차 남아 있지 않은 열반, 즉 무여열반이라고 한다. 무여열반에서 정신적 괴로움과 육체적 괴로움이 완전히 소멸한다고 한다.

괴로움의 소멸로서의 열반은 머리로 이해할 수 없다. 한번도 땅 위에 올라보지 못한 물고기에게 땅 위를 다녀온 거북이가 땅 위에서는 헤엄칠 수 없다고 가르쳐 주어도 물고기가 그것을 이해하지 못하는 것과 같다. 실제로 도달해 보지 못한 사람은 열반을 이해하기 어렵다고 한다.

라) 괴로움을 소멸하는 길의 진리(道諦)

도성제는 괴로움의 소멸로 이끄는 길이다. 이것은 양극단을 떠난 중도의 길이다. 붓다는 「소나경」에서 거문고와 유사한 인도 악기의 명인인 소나에게 중도를 일깨워 주고 있다. 악기의 줄이 너무 팽팽하면 줄이 끊어지기 쉽다. 줄이 너무 느슨하면 연주하기 어렵다. 줄을 제일 적당한 상태로 유지하고 있을 때 가장 좋은 소리를 낼 수 있다. 마찬가지로 극단적인 고행 수행과 지나친 쾌락 생활을 피하고 몸과 마음의 조화를 유지할 수 있는 가장 적당한 상태의 길에서 중도를 실천할 수 있다.

"오 비구들이여, 이것이 괴로움의 소멸로 가는 길에 대한 성인들의 진리(道諦)이다. 즉 바른 견해(正見), 바른 사유(正思惟), 바른 언어(正語), 바른 행위(正業), 바른 생업(正命), 바른 노력(正精進), 바른 기억(正

念), 바른 집중(正定)으로 구성된 여덟 가지 올바른 길(八正道)이다."

이 여덟 가지 바른 길(八正道)은 세 가지 수행 체계와 연관된다. 즉 지혜(慧)는 바른 견해와 바른 사유이고, 선정(定)은 바른 노력과 바른 기억과 바른 집중이며, 지계(戒)는 바른 언어와 바른 행위와 바른 생업이 된다.

(3) 여덟 가지 올바른 길(八正道)

성인들의 네 가지 진리(四聖諦)의 네 번째 항목인 도성제는 여덟 가지 바른 길(八正道)로 구체화된다. 여덟 가지 올바른 길은 초기불교의 가장 실천적인 방법에 대한 가르침이다. 이는 지계(戒), 선정(定), 지혜(慧)로 이루어진 삼학三學으로 구성되며 대승불교에서 이상적 인간상인 보살의 실천적 덕목인 여섯 가지 완성(六波羅密)과 유기적으로 연관되어 있다. 이것을 도표로 그려 보면 아래와 같다.

	팔정도八正道	삼학三學
1	바른 견해(正見)	지혜(慧學)
2	바른 사유(正思惟)	
3	바른 언어(正語)	지계(戒學)
4	바른 행위(正業)	
5	바른 생업(正命)	
6	바른 노력(正精進)	선정(定學)
7	바른 기억(正念)	
8	바른 집중(正定)	

이 도표가 보여 주는 것처럼 바른 견해(正見)로부터 바른 사유(正思)가 이루어지고 바른 언어(正語)와 바른 행위(正業)와 바른 생업(正命), 바른 노력(正精進)과 바른 기억(正念)과 바른 집중(正定)이 이루어질 수 있다. 따라서 처음의 바른 견해가 중요하며 나머지 일곱 가지 덕목을 실천하기 위한 바른 노력도 중요하다. 그래야만 바른 기억과 바른 집중이 이루어져 탐냄(貪)과 성냄(瞋)과 어리석음(癡)을 소멸시킬 수 있다.

(4) 열두 가지 조건에 의한 생성(十二緣起)

열두 가지 조건에 의한 생성을 일반적으로 12연기라고 한다. 연기의 형식은 몇 갈래로 발전되어 왔는데, 최종적으로 확정된 것이 생멸 변화하는 세계와 인생의 모든 현상을 설명하는 12연기이다. 12연기의 시설 목적은 인생의 근원적인 문제인 괴로움의 생성 과정과 괴로움의 소멸 과정을 통해 괴로움에서 벗어나는 방도를 제시하는 것이다. 여기에는 괴로움의 생성 과정을 순차적으로 관찰하는 순관順觀과 역순으로 관찰하는 역관逆觀이 있다. 순관은 물이 순류하듯 연기하는 각 지支가 생사의 바다를 흘러가는 순서를 차례대로 관찰하는 관점이다. 역관은 물이 역류하듯 연기하는 각 지支가 생사의 바다를 거스르는 순서를 역순으로 관찰하는 관점이다.

즉 순관은 무명無明에 의해서(緣) 행行이 생기고(生), 행에 의해서 식識이 생긴다. 식에 의해서 명색名色이 있고, 명색에 의해서 육입六入이 있고, 육입에 의해서 촉觸이 있고, 촉에 의해서 수受가 있고, 수에 의해서 애愛가 있고, 애에 의해서 취取가 있고, 취에 의해서 유有가 있고, 유에 의해서 생生이 있고, 생에 의해서 노사老死가 있다고 관찰하는 것이

그림 40 부처님께서 연기를 순관 역관으로 관조하며 앉았던 보리수나무, 인도 보드가야

다. 마지막의 노사는 고통의 다른 표현이다. 이것은 존재가 무명과 욕망 등에 의해 윤회의 세계에서 생사의 바다를 흘러 굴러가는(流轉) 연기이다.

반면 역관은 노사에 의해서(緣) 생을 멸하고(滅), 생에 의해서 유를 멸하고, 유에 의해서 취를 멸하고, 취에 의해서 애를 멸하고, 애에 의해서 수를 멸하고, 수에 의해서 촉을 멸하고, 촉에 의해서 육입을 멸하고, 육입에 의해서 명색을 멸하고, 명색에 의해서 행을 멸하고, 행에 의해서 무명을 멸하고, 무명에 의해서 명으로 나아간다. 이렇게 각 지를 연해서 멸함으로써 윤회의 세계에서 생사의 바다를 거슬러 멸해 가는(還滅) 연기이다. 십이연기의 각 지는 각 지들 사이에서 연생緣生과 연멸緣滅의 공능을 통해 윤연潤緣의 역할을 한다.

무명無明은 정법 즉 진리에 대한 무지이며, 연기의 이치에 대한 무지이자 사성제에 대한 무지이다. 무명은 궁극적으로는 괴로움의 뿌리인 끊임없는 욕망(渴愛)을 가리키기도 한다. 행은 행위 즉 몸과 말과 생각으로 짓는 세 가지 업을 가리킨다. 식은 표층의식(六識)과 심층의식을 가리킨다. 명색은 정신적인 개념(名)과 물질적인 대상(色)을 아우른다(六境). 육입 즉 육처는 여섯 가지 감각기관(六根)을 가리킨다. 촉은 육식과 육경과 육근 등 세 가지가 화합하여 지각을 일으키는 심적인 힘이다. 수는 즐거운 감정과 괴로운 감정과 괴롭지도 않고 즐겁지도 않은 감수 또는 감각 작용을 가리킨다. 애는 끊임없는 욕망 즉 증오심과 애착심을 아우르는 욕망을 가리킨다. 취는 맹목적인 애증에서 발생하는 강력한 애착을 가리킨다. 유는 애와 취를 조건으로 해서 존재하려는 강력한 업을 가리킨다. 생은 유有 즉 업유에 의해 이루어지는 탄생을 가리킨다. 노사(老死와 憂悲苦愁惱)는 생을 조건으로 해서 이루어지는 삶의 고통들이다.

2) 부파불교의 철학

부파불교의 철학은 그들이 전승했던 '아비다르마(Abhidharma)' 논서를 토대로 발전해 간 사상 체계이다. 남방 상좌부 전통에 따르면, 붓다가 깨달음을 얻은 직후 22일이 지났을 때, 그는 일주일간 고심해서 아비다르마를 정립했다고 한다. 따라서 최초의 아비다르마 논사는 바로 붓다이며, 아비다르마 철학은 그 범위와 깊이가 무한하고 측량할 수 없다.
어느 날 붓다는 천안통으로 자신의 어머니가 천상세계에 태어난 것을 본 후, 선정을 통해 육체를 이탈하여 천상계로 건너간다. 그리고 어머니를 중심으로 한 수많은 천신들을 대상으로 아비다르마를 설했다.

이때 붓다는 3개월의 천상설법이 이루어지는 동안 인간계의 몸을 유지시키기 위해 자신의 형상을 본뜬 분신(nimmita Buddha)을 만든다. 그리고 천상에서는 설법을 지속했고, 동시에 인간계에서는 목욕과 식사를 하며 몸을 유지했는데, 몇몇 천신들조차도 이를 알아차리지 못했다.

붓다가 인간계로 내려와 육체를 다스릴 때, 그의 곁을 지키던 제자는 사리뿟따였다. 붓다는 자신의 제자들 중 가장 뛰어난 지혜를 지녔던 사리뿟따에게 천상설법을 전수해 주었다. 이후 사리뿟따는 자신이 거느리던 500명의 제자들과 그 가르침을 공유하는 한편, 난해한 가르침을 인간의 언어로 바꾸어 총 일곱 권의 논서로 만든다. 이 일곱 권의 논서들이 바로 현재까지 동남아시아 상좌부 불교국가들에서 전승되고 있는 아비다르마 논장이다. 이러한 논장에 언급된 다양한 철학적 담론들 중 대표적인 것들만을 간략히 정리해 보면 다음과 같다.

(1) '있는 것'

각각의 부파 및 학파들은 자신들의 아비다르마 문헌들을 통해 현상적인 존재로서 '있는 것'의 최소 단위인 법法(dharma)의 분류를 시도한다. 초기 경전에서도 이러한 법 분류는 지속적으로 시도되어 왔는데, 그 결과물이 바로 오온五蘊 십이처十二處 십팔계十八界이다. 그러나 이 분류 체계는 어디까지나 조건지어 발생한 법들인 유위법有爲法(saṃskṛta)에만 해당될 뿐, 열반을 포함하는 무위법無爲法(asaṃskṛta)은 포함하지 못하고 있다. 이는 부파가 추구했던 아비다르마 철학의 정밀성에 위배되는 것으로서, 모든 법을 포괄하는 분류 체계에 대한 요구가 생겨나게 되었다.

불교 부파들은 자신들의 독자적인 교학 체계를 세우기 위한 일종의 기초 작업으로서 이러한 분류를 위해 많은 노력을 기울였다. 실제로 상좌부, 설일체유부, 경량부 등 대부분의 부파들에서 이러한 작업이 진행되었으며, 그 결과 남방 상좌부는 4위 82법의 분류 체계를 오랜 시간에 걸쳐 발전시켰으며, 북방 설일체유부는 5위 75법의 분류 체계를 다양한 시행착오를 거치면서 정립하게 된다.

〈상좌부의 4위 82법〉

法(dhammas)	유위(saṅkhata)	1. 물질(rūpa) : 28 dhammas 2. 정신현상(cetasika) : 52 dhammas 3. 마음(citta) : 1 dhamma
	무위(asaṅkhata)	4. 열반(nibbāna) : 1 dhamma

〈설일체유부의 5위 75법〉

法(dharmas)	유위(saṃskṛta)	1. 물질(rūpa) : 11 dharmas 2. 마음(citta) : citta, manas, vijñāna 3. 정신현상(caitta) : 46 dharmas 4. 정신과 무관한 힘(cittaviprayuktasaṃskāra) : 14 dharmas
	5. 무위(asaṃskṛta)	허공(ākāśa) 지혜에 의한 소멸(pratisaṃkhyānirodha, nirvāṇa) 지혜와 무관한 소멸(apratisaṃkhyānirodha)

(2) 존재론

불교가 추구하는 모든 논의의 시작은 바로 '지금 여기'이다. 이는 곧 '있는 것(法)', 즉 현재 내가 경험하고 있는 현상과 변화를 의미한다. '있는 것'은 지금 내 눈앞에서 일어나고 있는 부정될 수 없는 현실이다. 불교는 이것을 부정하지 않는다. 그렇다면 다음과 같은 의문이 제기된다. '일어나고 있는 것은 그 자체로 있는 것인가?' 바로 이러한 의문이 부파들의 존재론적 논쟁거리가 된다.

기원전 2세기를 전후하여 인도에서는 '있는 것(法)'들이 영원한 것이 아니라 매순간 생성과 소멸을 반복한다는 찰나설이 유행하게 되었다. 모든 '있는 것'들이 영원하지 않다고 주장했던 불교 역시 이러한 찰나설을 적극적으로 수용하며 이를 불교적 세계관에 적용시켰다.

부파불교는 무상無常과 무아無我 속에서 행위의 윤리성에 대해 도전을 받을 수밖에 없었다. 예컨대 불교의 대전제에 따르면 내가 훔친 망고 열매가 그 열매를 가꾼 자의 망고 열매와 동일하지 않다는 결론에 도달하므로 현실적인 윤리성에 심각한 문제가 발생할 수 있다. 물론 망고 열매의 고정된 실체는 없다. 그러나 주인이 뿌리고 가꾼 망고 씨앗의 인과관계 속에서 훔친 열매는 현실적으로 분명히 존재한다.

설일체유부說一切有部(Sarvāstivāda)는 찰나설하에서 불교의 인식론과 인과론이 필연적으로 부딪치게 될 문제를 해결하기 위해서 삼세실유三世實有라는 그들만의 독특한 견해를 제시했다. 설일체유부의 논리에 따르면, 현재 '있는 것'은 자체로 소멸되지 않고 그저 과거로 지나간 것일 뿐이다. 그렇다고 해서 이 과거로 지나간 '있는 것'이 고정불변한 것은 아니다. 이것은 오직 한 찰나에만 머물 뿐이기 때문이다. 그러므로 붓다가 제시한 무상이라는 대전제에 위배되지 않는다. 또한 우리가 경험하는 '지속성'이란 '있는 것'들의 거듭되는 흐름 속에서 고정된 것처럼 보이는 현상에 불과하다.

한편 경량부經量部(Sautrāntika)는 설일체유부의 주장을 찰나설의 입장에서 비판했다. 경량부에 따르면, 오직 '현재'만이 존재한다. 과거란 이미 있었던 것이고, 미래란 앞으로 있을 것이지만, 현재와 같이 실제로 과거와 미래가 있는 것은 아니다. 찰나란 비유컨대 앞부분도 없고 뒷부분도 없는 원자가 자기만큼의 길이를 이동하는 데 걸리는 시간이다. 따라서 '있는 것'들은 기본적으로 생성되자마자 소멸된다. 하지만, 결과로서 생성된 것이 동시에 다음 찰나의 원인이 되어 직접적인 인과관계를 통해 계속해서 이어지게 된다고 경량부는 주장한다.

경량부의 극단적인 찰나설에 의하면 우리가 외부 대상을 인식한 순간에 그 외부 대상은 이미 파괴되고 없다. 따라서 우리의 인식은 외부 대상으로부터 직접 일어날 수 없는 것이다. 외부 대상을 원인으로 우리의 의식이 외부 대상과 비슷한 영상을 우리의 의식에 남기며 이렇게 의식에 의해 만들어진 영상을 통해 우리는 외부에 대상이 존재한다고 믿게 된다. 즉 우리의 의식은 기존에 믿어져 왔던 것과 같은 아무런 내용도 없는 순수의식이 아니라 영상들로 가득 찬 것으로 생각되었다. 그리고 이러한 경량부의 극단적인 존재론하에서 새롭게 형성된 인식론은 이후 불교가 관념론으로 가는 길을 만들게 되었으며, 대승불교 유가행파 교학의 토대가 된다.

(3) 윤리관

부파불교는 자신의 행위에 대해서는 반드시 자기 스스로 책임을 져야 한다고 믿었다. 따라서 주어진 순간에 최선을 다해야만 한다는 불교의 행위 이론에 입각한 윤리관을 체계적으로 발전시켜 왔다.

붓다는 의도(cetanā, 思)를 행위(kamma, 業)로 규정했다. 그리고 먼저 의도한 후에 모종의 행위를 하게 된다고 역설했다. 이는 행동에 앞서 이루어진 의도가 그 행위의 결과를 결정한다는 것을 의미한다. 이는 윤리학적으로 동기주의(motivism)적 입장에 가깝다고도 볼 수 있을 것이다. 그리고 부파불교는 초기불교의 이러한 윤리관을 다분히 결과주의(consequentialism)적 입장에서 재검토했다.

설일체유부는 '드러나지 않는 행위', 즉 무표無表(avijñapti)라는 개념을 도입했는데, 이는 향후 북방 계열의 여러 부파들에서 많은 동기 부여를 제공해 준 사유였다. 설일체유부는 행위 이전의 의도만으로 그 행위의 결과가 산출된다면, 의도 이후에 행위자가 실제로 그 의도를 실천하는지 실천하지 못하는지는 그 의도의 결과와 무관한 것이 되어 버린다고 비판한다.

만약 A가 B에게 C를 살해하라고 명령한 경우를 가정해 보자. A가 B에게 살인을 명령할 때, 그는 '명령'이라는 언어적 행위(口業)를 한 것이지 살인이라는 실질적인 신체적 행위(身業)를 한 것은 아니다. B가 A의 명령에 따라서 C를 죽였을 때, 살인이라는 신체적인 행위(身業)는 A가 아니라 B가 한 것이 되므로 A는 살인이라는 악한 행위로부터 벗어나게 된다. 이것은 살인이라는 악한 행위를 다른 사람이 행함으로써 자기 자신은 행위의 과보를 받지 않게 될 가능성이 있게 되는 것이다. 또한 A

는 B가 C를 실제로 살해하기 전까지는 현실적으로 살인과는 무관하다. B는 A에게 살인 명령을 받았을 때, 실제로 C를 살해할 수도 있고 C를 살해하지 않을 수도 있다. 따라서 A는 B의 살인 명령 수행 여부에 따라서 살인자가 될 수도 있고 되지 않을 수도 있다. 그러나 행위에 선행하는 의도(cetanā)를 중요시하는 초기불교 행위 이론은 C의 살해 여부라는 그 결과를 외면하게 된다는 문제점을 가지게 된다.

설일체유부는 이러한 문제점을 해결하기 위해서 행위(業)를 드러난 것(vijñapti, 表)과 드러나지 않은 것(avijñapti, 無表)으로 구분해야 한다고 주장했다. 이들에 의하면 B가 C를 살해하는 순간에 A는 다른 일을 하고 있더라도 드러나지 않은 행위(無表業)를 통해서 살인자가 된다고 설명한다. 즉 A가 B에게 살인을 명령했을 때, 언어적으로 드러나는 행위를 하게 되지만 아직까지 살인자는 아니다. B가 C를 살해했을 때, A는 신체적으로 드러난 행위를 한 것이 아니기 때문이다. 따라서 설일체유부는 무표無表라는 독특한 개념을 도입하여 다른 사람을 통해 행위의 결과를 피할 가능성을 막고, 행위의 결과에 따라서 행위의 선하거나 악한 정도가 달라질 수 있음을 설명하고자 했다.

(4) 연속성

부파불교의 학파들은 무아無我라는 대전제 속에서 인간의 연속성과 정체성을 설명해야만 했었다. 이에 그들은 저마다의 아비다르마적 세계관을 바탕으로 이전에는 찾아볼 수 없었던 새로운 개념들을 정립하여 이 문제를 해결하고자 했다. 따라서 연속성에 대한 논의를 통해 우리는 당대의 부파들이 지녔던 그들만의 독특한 세계관을 엿볼 수 있으며, 더 나아가 부파들 간의 차이점을 확인할 수 있다.

붓다는 인간이 정신과 물질의 더미들로 이루어져 있다고 주장했다. 이를 오온五蘊, 즉 다섯 가지 더미 혹은 무더기라 한다. 여기서 온蘊(khandha)이란 '모임' 혹은 '무더기'라는 뜻이다. 오온은 인간 혹은 일반적인 존재를 가리키는 표현으로서, 인간은 물질(色)과 정신(受想行識)으로 이루어진 다섯 가지 요소로 구성되어 있다. 그리고 이러한 오온을 바탕으로 불멸하는 자아의 존재를 부정한다. 우리가 '자아'라고 인식하는 것은 단지 정신적·물질적 더미들의 흐름에 붙여진 이름으로서 명칭으로 존재할 뿐, 실제로 존재하는 것은 아니라는 것이다.

경량부는 종자설을 통해 행위의 메커니즘을 설명한다. 행위는 생성되자마자 파괴되기 때문에 직접 결과를 생성시킬 수 없다. 행위의 결과를 이끌어 내는 힘은 행위를 한 순간에 행위자에게 스며든다. 이후 행위자를 의지하여 지속되는 이 힘은 결국 특정한 결과를 산출하게 된다. 행위자가 이처럼 결과를 낳을 수 있는 힘을 가지고 있는 것은 마치 과일 나무의 씨앗이 줄기, 잎, 꽃 등을 거쳐 과일을 낳을 수 있는 힘을 가지고 있는 것에 비유된다. 이를 '종자(bīja) 이론'이라 한다. 경량부는 이러한 종자 이론을 통해 마음을 중층적으로 나누어 분석했으며, 마음의 모든 작용들이 소멸된 순간에도 종자가 이 단절의 기간을 이어 준다고 주장했다. 이후 경량부의 이러한 종자 이론은 대승 아비다르마라 불린 유가행파의 알라야식(ālayavijñāna)과 동일시된다.

독자부犢子部(Vātsīputrīya)와 정량부正量部(Saṃmatīyas)는 뿌드갈라(pudgala, 個我)라는 개념을 통해 행위의 연속성을 설명한다. 이들은 개아론자(Personnalistes)로서 사실상 자아(ātman)와 유사한 뿌드갈라의 존재를 주장했다. 그들은, 이 개아는 오온五蘊과 같은 것도 아니고 다른 것도 아니라고 주장하며 자신들의 견해를 합리화했다. 뿌드갈라는 그것의 의지처인 오온五蘊과 동일하지도 않고 다르지도 않은 것으로(不一不異), 행위와 과보 사이의 자기동일성을 유지하면서 윤회하고, 열반에 도달할 때까지 존재한다.

남방 테라와다(Theravāda)는 바왕가(bhavaṅga)라는 독특한 개념을 도입하여 그들만의 세계관 속에서 행위의 연속성을 변호한다. 바왕가는 전생을 인식 대상으로 삼고 있는 정신적 현상(心法)으로서, 현생에서는 어떠한 인식 대상도 취하지 않는다. 따라서 우리가 현생에서 정신적인 공백 상태에 있을 때에는 우리의 마음이 바왕가 상태로 전환되어 마치 깊은 잠에 빠져 꿈도 꾸지 않는 것처럼 고요히 유지될 수 있다는 것이다.

(5) 무위와 열반

부파불교에서는 열반涅槃(nirvāṇa)과 동의어로서 무위無爲(asaṃskṛta) 또는 택멸擇滅(pratisaṃkhyānirodha)이란 용어들을 사용했다. 남방의 상좌부가 오직 열반만을 무위법으로 규정했다면 북방 계열의 학파들은 여러 가지 법法(dharma)들을 무위로 받아들였다. 설일체유부는 허공, 택멸, 비택멸이란 세 가지 법을 무위로 받아들이며, 이 중에서 택멸을 열반에 상응하는 개념으로 설명했다.

실제로 부파불교의 학파들은 여러 가지 방식으로 열반을 설명하고자 노력했다. 열반은 초기에 요가를 통해 도달한 신비적이며 변화하지 않는 영역 혹은 경지로 묘사되었다. 설일체유부는 열반이 유일하게 가치 있는 실체(dravya)임에는 틀림없지만, 열반에 도달한 사람은 더 이상 존재하지 않는다고 주장했다. 경량부는 모든 번뇌와 재생으로 이끄는 요소들이 파괴된 후 더 이상 번뇌로 인한 윤회가 이어지지 않는 것이 열반이라고 보았다.

독자부(Vātsīputrīya)와 정량부(Saṃmatīyas)는 개아를 설명하는 것과 동일한 어법으로 열반을 설명했다. 즉 열반은 존재하는 모든 것과 동일하기도 하고, 완전히 다르기도 하다는 것이다. 따라서 열반은 진실로 있다고도 없다고도 할 수 없다고 한다. 하지만, 개아(pudgala)의 경우와 같이 이들은 열반을 실체(dravya)로서 받아들인 듯하다.

설일체유부는 무위를 허공(ākāśa), 지혜를 통한 소멸(pratisaṃkhyā-nirodha, 擇滅), 지혜를 통하지 않는 소멸(apratisaṃkhyānirodha, 非擇滅) 등으로 규정했다. 허공은 손에 잡히지 않으므로 변화할 가능성이 없기에 무위로 분류되었다. 지혜를 통한 소멸이란 사성제의 지혜에 의한 소멸, 즉 열반을 지칭하고 있으며, 이를 통해 '번뇌'는 지혜에 의해 순차적으로 소멸되는 것으로 정의되고 있음을 알 수 있다.

반면, 상좌부는 무위를 열반으로만 규정한다. 상좌부를 비롯한 인도 남부 지방은 주로 신비주의적·초월주의적 성향이 강한데, 이러한 성향은 열반의 개념에도 영향을 미치고 있다. 열반은 순차적 소멸이 아닌 한순간, 한 찰나의 '넘어감'이다.

3) 초기 부파불교의 수행

(1) 색계 사선

초기불교의 깨달음은 종종 열반이란 용어로 표현된다. 초기 경전에서 열반은 괴로움의 소멸을 뜻한다. 인도불교에서 우리들의 현실을 인식하는 출발점은 이러한 괴로움이 우리 삶의 도처에 광범위하게 퍼져 있다는 것이다. 그렇다면 우리는 어떻게 괴로움의 세계를 벗어나 열반에 도달할 수 있을까? 초기 경전에 언급된 가장 대표적인 세 가지 방법은 다음과 같다.

첫째, 색계色界와 무색계無色界의 네 가지 선정, 즉 '색계 사선四禪'과 '무색계 사선四禪'을 거쳐서 개념과 느낌이 소멸되는 멸진정에 도달할 때 모든 번뇌로부터 벗어나 윤회와 괴로움에서 자유로워진다. 둘째, 지혜(paññā, 般若)를 통해서 자기 스스로를 다섯 가지 유기체(pañcaskandha, 五蘊)로 분석하여 고정불변의 실체가 없음, 즉 무아無我를 통찰할 때 모든 욕망에서 벗어나 윤회와 괴로움에서 자유로워진다. 셋째, 색계 사선을 통해서 사성제를 인식하고 실천할 때 모든 번뇌로부터 벗어나 윤회와 괴로움에서 자유로워진다.

물론 초기 경전에는 이 외에도 수많은 방법들이 깨달음을 향해 가는 길로서 언급되고 있다. 아마도 초기 경전에서 깨달음으로 향하는 길이 보여 주는 이러한 다양성은 당시 불교가 인도의 다양한 종교적·문화적 환경에 노출되면서 서로 영향을 주고받은 결과로 보아야 할 듯하다.

초기 경전은 붓다가 자신의 극단적인 고행의 체험을 담담하게 회상한 후, 유년 시절 쟁기축제에서 조용히 잠부나무 그늘에 앉아 자연스럽게 기쁨과 즐거움이 동반하는 초선에 들어갔던 경험을 회상하는 이야기를 전하고 있다. 붓다는 이 명상의 기억을 바탕으로 색계 사선이란 형태로 정형화된 명상의 단계들을 차례로 거치면서 해탈과 직결되는 통찰에 이를 수 있는 굳건한 토대를 이룰 수 있었다.

실제로 대다수 서구의 학자들은 초기불교의 가장 일반적이고 특징적인 수행의 방법으로 색계 사선을 지적하고 있다. 색계 사선은 기쁨(pīti)과 즐거움(sukha) 그리고 평정(upekṣaka)과 같은 느낌이 함께하는 명상으로서, 고행을 통해 이전의 행위를 소멸시킨다고 하는 초기 자이나의 괴로움을 동반하는 수행과 대비된다. 초기불교의 수행자들은 단식을 하거나 마음을 억제하거나 호흡을 중단하려는 대신, 모든 감각적인 경험들 앞에서 평정을 유지하려 했다.

색계 사선에 도달하는 과정은 다음과 같이 요약될 수 있다. 수행자는 감각적 대상에 무관심하게 되고 다섯 장애를 떨쳐 버리면서 심사(vitarka)와 숙고(vicāra)를 동반한 기쁨(pīti)과 즐거움(sukha)의 상태인 첫 번째 선정의 단계(初禪)에 도달하고 그곳에 머문다. 이후 심사와 숙고가 사라지면서 내적 고요와 마음의 집중이 일어나고 기쁨과 즐거움의 상태인 두 번째 선(第二禪)에 도달하고 그곳에 머문다. 다음으로는 기쁨이 사라지면서 평정하며(upekkhaka) 주의집중하고(sata) 두루 지각하고(sampajāna) 신체를 통해 즐거움을 경험하는 세 번째 선(第三禪)에 도달하고 그곳에 머문다. 끝으로 이미 기쁨과 고통이 없는 상태에서 즐거움과 괴로움이 사라지면서 완전한 평정과 주의집중의 상태인 마지막 네 번째 단계(第四禪)에 도달하게 된다. 이러한 색계 사선은 앞서 언급한 사성제 중 괴로움의 소멸로 이끄는 길인 '팔정도'에 포함된다. 따라서 열반은 사성제와 색계 사선을 정점으로 팔정도를 실천함으로써 가능해지는 것이다. 초기불교에서 이렇게 모든 염오된 것(漏)에서 벗어나는 것 또는 모든 번뇌가 소멸되는 상태를 유여열반有餘涅槃(sopadhiśeṣanirvāṇa)이라 지칭한다. 그리고 유여열반을 성취한 사람은 존경받을 만하다는 의미에서 아라한阿羅漢(arahant)이라 불리며 죽음과 함께 무여열반無餘涅槃(anupadhiśeṣanirvāṇa)에 들게 되어 더 이상 윤회하지 않을 것이란 앎, 즉 깨달음을 얻게 된다.

깨달음이란 목표를 정하고 종교적인 신앙과 수행으로 접근하는 사람들에게 있어서 초기 경전의 깨달음에 이르는 방법이 가지는 다양성은 큰 문제가 되지 않는다. 아마도 깨달음을 언어적으로 표현하거나 설명하기 어려운 신비적인 영역에 남겨 두는 것이 차라리 실용적이며 종교적으로 더욱 중요성을 지닌다고 볼 수 있다. 하지만 이러한 태도는 객관적이고 합리적인 사유가 지배하는 오늘날의 다종교 사회에서는 큰 호소력을 지닐 수 없다. 현대 과학이 제공하고 있는 명확하고 투명한 설명에 길들여진 현대인들은 점차적으로 종교적인 영역에서까지 좀 더 과학적이고 체계적이며 객관적인 설명을 요구하고 있다. 불교의 깨달음 또한 예외는 아닐 것이다. 초기 경전은 색계 사선과 사성제를 중심으로 깨달음에 이르는 길을 종종 언급하고 있다. 이 방법은 다른 곳에서 유례를 찾기 어려운 불교의 고유적이고 본래적인 방법으로서 깨달음에 이르는 길에 대한 현대인들의 의문에 조금이나마 답을 줄 수 있을 것으로 보인다.

(2) 사마타와 위빠사나

사마타(Samatha)와 위빠사나(Vipassanā)는 초기 부파불교의 대표적인 수행법이라고 할 수 있다. 남방불교 빨리어 문헌은 일반적으로 사마타를 삼매 수행으로, 위빠사나를 지혜로 규정한다.

사마타 수행은 평온이나 고요함을 목적으로 집중을 계발하기에 '사마디 수행(Samādhi-bhāvanā)'이라고 한다. 빨리어 '사마타(samatha)'는 고요하다라는 의미를 지닌 어근 śam에서 파생된 남성명사이다. 사마타 수행은 집중력을 통해 마음을 한곳으로 모아 관찰의 대상이 한곳에서 다른 곳으로 동요되는 것을 막는 수행법이다. 그리고 이 과정에서 다섯 가지 장애(pañcanīvaraṇa), 즉 ① 감각적 욕망(kāmāchanda, 貪慾), ② 악의(vyāpāda, 瞋恚), ③ 해태 혼침(thīna-middha, 懈怠 昏沈), ④ 들뜸과 후회(uddhacca-kukucca, 掉悔 掉擧惡作), ⑤ 회의적 의심(vicikichā, 疑)이 사라진다.

사마타(止) 수행은 집중을 통하여 고요함과 평온함을 계발하고 그로 인해 장애가 제거된 선정을 성취하는 수행이며, 또한 다음 단계인 위빠사나 수행을 위한 준비 과정이기도 하다. 사마타는 수행자가 고요한 상태에 도달하기 위해서는 고도의 집중력을 필요로 하기에 일반적인 의미의 편안함보다는 정진을 통해 도달한 마음의 고요함을 뜻한다고 볼 수 있다. 그리고 고요함에 도달하기 위한 과정에서 모든 해로운 상태(不善法)가 '가라앉고', '그친다'는 의미에서 지止, 멸滅, 적지寂止 등으로 한역되었고, 'calm(고요, 평온)', 'tranquility(고요함, 평정)', 'peace(평화, 평온)' 또는 'serenity(평온, 맑음, 청명)' 등으로 영역되고 있다.

위빠사나 수행(Vipassanābhāvanā, 觀)은 내적 통찰과 지혜를 계발하기에 '반야 수행(Paññābhāvanā, 慧)'이라고 부른다. '위빠사나(vipassanā)'는 vi와 passanā의 합성으로 이루어진 여성명사로서 접두사 'vi'는 '뛰어나다(visesa)'는 의미로 '보다(passanā)'와의 합성을 통해 '뛰어난 봄', '특별한 관찰' 등을 의미하거나 혹은 vi(분리해서)의 의미와 결합해 '분리해서 다르게 보다', '분명하게 보다', '꿰뚫어 보다' 등을 의미한다. 중국에서는 관觀으로 한역했으며, 현대 학자들은 '보다'라는 의미를 강조하여 '통찰(insight)', '직관적 통찰(intuition)', '내적 관찰(inward-vision)', '내적 성찰(introspection)' 등으로 영역하고 있다.

사마타 수행은 마음의 집중을 통해 장애를 제거해 고요함·평온함을 계발하는데, 이는 마음 계발의 다음 단계인 위빠사나 수행을 위한 준비 과정으로 묘사되곤 한다. 그러나 사마타와 위빠사나는 순차적 단계라기보다는 상호 조화를 이루어야 하는 관계로 이해하는 것이 더 적절하다. 사마타 수행을 이끄는 사마디(집중)가 없으면 대상을 있는 그대로 보는 지혜는 생기지 않기에, 집중은 지혜를 이끄는 중요한 기반이 된다. 따라서 사마타 수행을 통해 번뇌를 억제하고 위빠사나 수행을 통해 지혜와 함께 번뇌를 제거하는 것이다.

사마타 수행의 대상은 표상表象(nimitta)이고, 위빠사나의 대상은 가르침(dhamma, 法)이다. 이것이 사마타와 위빠사나를 구분 짓는 가장 중요한 잣대이다. 즉 오랜 집중 수행에 의해서 표상이 흩어지지 않고 오롯이 마음이 모두 표상에 고도로 집중되어 고요해진 상태가 바로 사마타이다. 그러나 고요함만으로는 탐욕과 성냄과 어리석음 등 근본 번뇌들을 소멸할 수 없다. 이들은 고요함에 억눌려 잠복되어 있을 뿐이기에, 사마타 수행을 멈추는 순간 마음은 다시 탐·진·치의 영향을 받게 된다. 그러므로 위빠사나라는 강력한 지혜(반야)를 극대화하여 지혜의 힘을 통해서 번뇌들을 통찰하고 이들의 뿌리를 소멸해야만 번뇌가 다시는 일어나지 않게 된다.

2
대승불교의 기원과 발전

1) 대승불교의 기원

부처님의 가르침은 합송을 형태로 진행된 결집(saṅgīti)을 통해서 초기 경전의 형태로 전승되었다. 불멸후佛滅後 행해진 제1 결집結集에서 율장(vinaya)과 함께 부처님의 가르침이 경장(sutta)으로 편찬되었다. 오늘날 한역漢譯으로 전해지는 4아함阿含(āgama)과 남방불교 빨리(Pāli) 삼장(tipiṭaka)의 5부 니까야(nikāyā)는 바로 이러한 부처님의 가르침을 결집한 것이다. 일반적으로 그것을 '아함의 교설'이라고 부른다.

불교 교단은 부처님의 입멸入滅 후 약 100여 년간은 일미화합一味和合하여 아무런 동요가 없었다. 그러나 점차적으로 교단 내부에서 이견이 생기면서 보수적인 상좌부上座部(Sthaviravāda)와 진보적인 대중부大衆部(Mahāsaṃghika)로 분열한다. 이것을 '근본분열'이라고 하는데, 일단 이렇게 분열이 생기자 이로부터 다시 세부 분열이 뒤따라 먼저 대중부에

그림 41 제1 결집이 행해진 곳으로 알려진 칠엽굴, 인도 라지기르

서 8파, 계속해서 상좌부에서 10파가 갈려 나가면서 18부파 또는 20부파를 형성하게 된다.

부파불교 시대의 각 부파는 아함의 교설을 중심으로 전문적인 연구를 하였다. 부처님의 가르침(dharma)은 사람들의 근기를 살펴 그에 알맞은 법을 설해 갔으므로 언뜻 보기에는 산만하고 단편적인 면이 없지 않았다. 이제 그러한 교설을 분석하여 체계화할 필요가 생긴 것이다. 부파불교 시대의 그러한 연구를 '아비다르마(abhidharma, 阿毘達磨) 교학'이라고 부른다. 아비(abhi)는 '~에 관한'이란 뜻으로 가르침이란 의미의 다르마(dharma)에 붙어서 '부처님의 가르침에 관한 문헌'이란 의미를 지닌다. 이러한 의미에서 '대법對法'이라고도 번역된다. 각각의 부파는 자신들의 아비다르마 교학의 성과를 결집하여 경經(sūtra)·율律(vinaya)과 함께 논論(abhidharma)으로 간직하게 되었다. 우리는 이러한 경·율·논을 삼장三藏(tripiṭaka)이라고 칭한다.

부파불교의 이러한 아비다르마 교학은 아함의 교설을 체계화하는 데에 크게 이바지하였지만, 반면에 부처님의 가르침을 너무 학문적이고 훈고학訓詁學적으로 해석하여 불교를 난해하고 무미건조한 종교로 만들어 갔다. 불교의 궁극적 목적은 열반涅槃에 있는 것으로 해석되고, 이상적인 인간상은 그러한 열반을 증득하는 아라한阿羅漢으로 인식되었다. 전문적으로 교학을 연구하여 철저하게 수행하는 출가승이 아니고는 이제 불교를 제대로 하기가 어렵게 된 것이다.

부파불교가 이렇게 심오한 학문으로 성장하고 있을 때, 불교계의 한편에서는 아라한(arahat)이 아니라 붓다(buddha)가 되겠다는 사람들이 생겨나기 시작했다. 이들은 보살菩薩(bodhisattva) 사상을 중심으로 교학 체계를 정비하기 시작했고 우리에게 '대승불교大乘佛敎(mahāyāna)'란 이름으로 알려졌다. 대승불교에 적극적으로 참여한 사람들이 누구인가에 대해서는 다양한 견해가 있다. 혹자는 대중부 계통이라고 하기도 하고, 혹자는 불탑(stūpa)을 관리하는 재가자들이라고 하기도 하고, 혹자는 부파불교 교단 내부의 생각이 다른 스님들이라고 하기도 한다. 한 가지 확실한 것은 이들이 대승불교란 이름을 쓰면서 중생을 제도하는 자리이타自利利他적인 보살을 이상적인 인간상으로 부각시켰다는 것이다. 그들은 열반을 추구하는 아라한의 길을 '소승小乘(hīnayāna)'이라고 비판하고, 불교의 궁극적 목적은 열반에 있는 것이 아니라 성불에 있다고 역설했다.

그리고 문자의 도입과 함께 대승 경전들이 편찬되고 유통되기 시작했다. 이러한 대승 경전으로 『반야경般若經』·『법화경法華經』·『십지경十地經』·『무량수경無量壽經』·『유마경維摩經』 등이 대표적이다. 다만 이 경전들이 언제 어디서 누구에 의해 편찬되었는지는 확실하지 않다. 이러한 경전들은 보수적인 부파불교의 입장에서 보면 일종의 광설廣說이었다. 대승불교는 인도 북서부를 중심으로 실크로드를 통해 동아시아로 퍼져 나갔으며 다양한 경전들이 계속해서 성립·유통·증광增廣되었다.

그렇다면 우리는 대승 경전을 어떻게 보아야 할까? 불교는 기본적으로 역사적인 부처님의 가르침을 중심으로 하지만 오랜 역사에서 전혀 변화 없이 정체되어 있지 않았다. 또한, 불교는 다양한 지역으로 전파되면서 각각의 지역 문화와 전통을 흡수하면서 발전했다. 따라서 대승 경전이 기본적인 부처님의 가르침을 따르고 이를 전승 발전시키고 있다면, 대승 경전을 부처님의 가르침이 아니라고 하기도 힘들다. 비록 대승 경전이 부처님이 직접 말씀하신 친설親說은 아니지만, 큰 범위에서 부처님의 가르침이라고 보아도 되는 것이다.

2) 지혜의 완성(般若波羅蜜多)

(1) 있는 것들은 모두 공하다(諸法皆空)

아함에 설해진 열반涅槃(nirvāṇa)은 탐냄(貪)과 성냄(瞋)과 어리석음(癡)으로 대표되는 번뇌가 소멸하고 인간이라는 유기체(五蘊)마저도 사라지는 것을 의미한다. 만일 이러한 열반이 불교의 궁극적 목적이라면 불교는 출세간出世間적인 종교가 된다. 삶과 죽음이 우리들의 현실인데, 열반은 그것을 넘어서는 것이기 때문이다. 불교는 흔히 '사회 윤리를 무시한 허무적멸虛無寂滅의 도'라고 비판받기도 한다. 대승불교는 바로 이러한 열반관涅槃觀을 반성하고 있다. 아함에 설해진 열반은 과연 어떤 것일까? 생사와 열반, 유위有爲와 무위無爲는 어떻게 연관되는 것일까? 대승불교는 이 양자가 '상의상관相依相關'의 관계에 있다고 보고 서로가 서로의 조건이 된다고 본다. 즉 생사가 있음으로써 열반이 있고 열반이 있음으로써 생사가 있다는 것이다.

생사와 열반이라는 양자가 이렇게 서로 조건이 되는 상의상관의 관계 속에 있다면, 양자는 홀로 있을 수 없다. 마치 두 개의 막대기가 서로 의지해서 서 있는 것과 같기 때문이다. 따라서 양자는 기본적으로 하나라고 할 수 있다. 즉 양자는 하나의 존재에 대한 두 가지 존재 양식으로 볼 수 있다. 그리고 이렇게 평등한 양자를 두고 그 독자성을 인정한다면, 그것은 식별識別이요, 분별分別(vikalpanā)이라고 말한다. 이러한 실상을 보지 못하는 것을 대승불교에서는 망념妄念이라고 하며, 우리 마음의 이런 그릇된 생각을 조건으로 생사의 괴로움이 일어난다고 한다.

상의상관의 관계 속에 있는 생사와 열반에 대해서도 같은 말을 할 수 있을 것이다. 생사는 곧 열반이요, 열반은 곧 생사이다. 그런데도 생사와 열반을 분별하여 그중의 열반을 절대시한다면, 이것을 과연 여실한 견해라고 말할 수 있을까? 생사의 괴로움을 근본적으로 해결하기 위해서는 다시 그러한 분별적인 생각을 극복하지 않으면 안 될 것이다. 대승불교는 바로 이러한 자각과 반성에서부터 비롯되었다는 것이다.

그리하여 대승불교의 초기 경전 중에서도 성립이 빠른 것은 반야부 계통의 남전이다. 그중의 하나인 『금강경金剛經』에는 다음과 같은 가르침이 설해지고 있다.

> 보살菩薩은 마땅히 이렇게 그 마음을 다스려야 하나니, 있는 바의 모든 중생의 무리를 내가 모두 무여열반無餘涅槃에 들게 하여 멸도滅度하

리라. 이렇게 무량무변 중생을 멸도하지만 실로 중생으로서 멸도된 자는 없느니라. 왜냐하면, 보살에게 아상我相·인상人相·중생상衆生相·수자상壽者相이 있으면 보살이 아니기 때문이니라.

『반야경』에는 "있는 모든 것(dharma, 法)은 자성自性(svabhāva)을 결여하고 있다."라는 말이 수없이 되풀이되고 있다. 아함에서는 있는 모든 것(一切)을 인연에 의해 생성되는 유위有爲로 한정하고 이들 모두가 영원하지 않고 괴로우며 '나'라고 할 만한 것이 없다고 말한다. 『반야경』은 있는 모든 것(諸法)의 범위를 유위법은 물론 열반과 같은 인연을 떠난 무위無爲도 포함하고 있다. 그리하여 그들은 모두 자성을 결여하고 있으며, 따라서 공한 상태에 있다(śūnyatā)고 한다. 아함에서 개개의 인간(pudgala)에게 자아가 결여되어 있다는 '인무아人無我'의 개념을 있는 모든 것에 자성이 결여되어 있다는 '법무아法無我'의 개념으로 확대한 것이다.

자성이 빈 것은 '공한 상태에 있다(śūnyatā)'고 말할 수가 있다. 여기에서 공을 허공虛空(ākāśa)이나 무無와 혼동해서는 안 된다. 허공은 물체가 없는 공간空間(space)을 의미하고, 무는 있던 것이 없어졌을 때 그 상태를 가리키는 말이다. 그러나 공은 그러한 뜻이 아니다. 현재 우리 눈앞에 있는 존재 그것이 여실하게 보는 입장에서 바로 공인 것이다. "색이 곧 공이요, 공이 곧 색이다(色卽是空 空卽是色). 신체를 떠나 공이 없고 공을 떠나 신체가 없다. 느낌, 언어, 의도, 의식 또한 그와 같다."라고 『반야심경』은 설하고 있다.

있는 모든 것들이 이렇듯 공한 특징(空相)을 가지는 것을 더욱 철저하게 인식시키기 위해 『반야경』은 여러 가지 미묘한 표현을 구사하고 있다. 있는 모든 것들은 생성된 적도 없고 소멸된 적도 없다고도 하고, 오지도 않고 가지도 않는다고도 한다. 『금강경』의 "모든 것(法)은 꿈과 같고 거품과 같고 번개와 같다."와 같은 맥락이다. 그 본의는 우리의 분별하는 생각을 철저히 타파하려는 것이지 다른 뜻이 아니다.

(2) 지혜의 완성(般若波羅蜜多)

분별적인 생각인 망념의 부정이 행行을 일으키고 행은 경계를 얻는다. 그러나 그런 경계에 집착하면 그것은 또 하나의 분별적인 생각이다. 다시 망념의 부정이 일어나고 그것은 행을 일으키고 행은 경계를 얻는다. 그리하여 무한한 자기 부정적 실천이 계속된다. 이러한 변증법적 공관空觀의 실천은 마침내 일체의 분별을 타파한 진여眞如(tathātā)의 세계에 도달할 것이다. 그러나 그러한 궁극적 경지를 말로는 표현할 수가 없다. 생각으로 헤아릴 수도 없다. 일체의 분별을 떠나 있기 때문이다. 불가설不可說 불가사의不可思議라고 할 수밖에 없다.

그러나 중생 교화를 위해 어떻게라도 언어적인 표현을 시도하지 않을 수가 없다. 『반야경』에 널리 사용되고 있는 쁘라즈냐빠라미따(prajñāpāramitā, 般若波羅蜜多)라는 술어는 그러한 경지를 '지혜의 완성'이란 의미를 통해 언어적인 표현을 꾀한 것이다. 쁘라즈냐(prajñā, 般若)는 모든 것(法)의 자성이 공한 상태에 있음을 보고 사물의 실상을 직관하는 지혜를 가리킨다. 일체의 분별을 떠난 것이므로 '무분별지無分別智'라고도 해석된다. 그리고 빠라미따(pāramitā, 波羅蜜多)는 '건너편(pāra, 彼岸)에 도달하는 것'으로서 '완성'을 의미한다. 따라서 '쁘라즈냐빠라미따'는 기본적으로 '지혜의 완성'이라는 뜻이 된다.

지혜의 완성은 이렇게 삶과 죽음을 반복하는 윤회의 바다를 건너기 위해 모든 분별적인 생각을 멸하여 궁극적인 피안彼岸에 도달한 것을 가리킨다. 하지만 아함의 열반과 같이, 분별적으로 생각해서는 안 된다. 즉 생사와 열반을 분별하고 그러한 경계로 본다면, 아직도 분별의 세계를 벗어나지 못한 것이기 때문이다. 공관의 실천에서는 "모든 법은 무변無邊이니 전제前際도 얻을 수 없고 중제中際도 얻을 수 없고 후제後際도 얻을 수 없다. 연緣이 무변이기에 쁘라즈냐빠라미따도 무변인 것이다."라고 할 수 있다.

따라서 보살은 마땅히 지혜를 완성해야 한다고 설하지만, 보살이라고 부를 만한 대상도 없고, 쁘라즈냐빠라미따라고 부를 만한 대상도 없다. 일체는 공이요, 공이라는 것도 또한 공(空亦復空)이다. 일체는 얻을 수 없으며, 얻을 수 없다는 것도 불가득不可得이다. 이런 경계를 도대체 어떻게 표현할 수가 있을까? 절대적 부정은 곧 절대적 긍정이 된다는 주장도 있고, '진공묘유眞空妙有'라고 표현하기도 한다.

3) 보살의 길

(1) 보살의 서원

언어가 사라지고 생각이 끊긴 경계는 그것을 직접 수행하는 사람만이 체험할 수 있다. 이런 자내증自內證의 체험을 불교에서는 '보디(bodhi, 菩堤)'라고 한다. '깨달음(覺)'이라는 우리말에 해당한다. 깨닫기 전에는 도저히 알 수 없는 경계요, 깨달은 뒤에는 너무나도 명백한 진실계이므로 '깨달음'이라고 하는 것이다.

이러한 깨달음을 구하는 사람을 '보디삿뜨와(bodhisattva, 菩提薩埵)', 또는 줄여서 일반적으로 '보살菩薩'이라고 한다. 보디는 깨달음을, 삿뜨와는 중생 또는 생류를 뜻하므로 보살이란 '깨달음을 구하는 존재' 또는 '깨달음을 얻은 존재'라는 말이 된다.

보살이 깨달음을 구하는 것은 아라한阿羅漢이 열반을 구하는 것과는 다르다. 세간과 열반을 분별하고 열반을 구하는 것이 아라한의 수행이므로 그것은 자연히 출세간出世間적인 방향이 될 수밖에 없다. 그러나 보살은 '생사와 열반', '번뇌와 보리', '나와 남' 등의 모든 분별을 떠나 평등한 수행을 할 뿐만 아니라, 궁극적인 경계를 얻는 일도 없다. 따라서 보살의 수행은 아라한과는 달리 중생계에 회향廻向된다.

모든 보살이 국토를 정화하고 중생을 제도하고자 커다란 서원을 세움은 이 때문이다. 가령 불교 의식에 흔히 사용되고 있는 사홍서원四弘誓願을 예로 들어 보면 그 내용이 다음과 같이 되어 있다.

중생이 가없어도 건지고야 말겠습니다.　衆生無邊誓願度
번뇌가 끝없어도 끊고야 말겠습니다.　　煩惱無盡誓願斷
법문이 한없어도 배우고야 말겠습니다.　法門無量誓願學
불도가 위없어도 이루고야 말겠습니다.　佛道無上誓願成

부처님과 같은 깨달음을 얻는 것이 보살의 지상 과제이겠지만, 그보다도 먼저 중생을 제도하겠다는 뜻을 뚜렷하게 보여 주고 있다. 보살의 수행은 흔히 "위로는 깨달음을 구하고 아래로는 중생을 교화한다(上求菩提下化衆生)."라는 말로 표현된다. 이 말에 대해 먼저 깨달음을 얻은 다음에 중생을 교화한다고 해석해서는 안 된다. 깨달음을 구하는 일이 곧 중생을 교화하는 일이요, 중생을 교화하는 일이 깨달음을 구하는 것이다. 따라서 지장보살地藏菩薩은 지옥에서 고통받고 있는 모든 중생을 제도하기 전에는 절대 성불하지 않겠다고 서원하고 있으며, 법장비구法藏比丘의 서원에는 자신이 비록 부처가 된다고 하더라도 괴로운 중생에게 깨달음을 열어 줄 수 없다면 결코 깨달음을 얻지 않겠노라는 뜻이 반복되고 있다.

(2) 여섯 가지 완성(六波羅蜜)

보살은 이처럼 사회와 중생을 망각할 수가 없다. 따라서 그는 지혜의 완성을 행할 때 그와 함께 보시布施(dāna)·지계持戒(śīla)·인욕忍辱(kṣānti)·정진精進(vīrya)·선정禪定(dhyāna)의 다섯 가지 완성도 함께 행하게 된다. 이것을 보살이 닦아야 할 여섯 가지 완성(六波羅蜜)이라고 한다.

보시의 완성(dānapāramitā, 布施波羅蜜)은 자기의 것을 다른 필요한 사람에게 베풀어 주는 것을 뜻한다. 아함에서도 보시는 큰 공덕功德이 있는 종교적 행위로 설해지고 있다. 그러나 대승불교에서의 보시는 공덕을 바라고 남에게 시여施與하는 것이 아니다. 베풀어 주어도 준다는 생각이 없는 것이다. 그러므로 보살의 보시에는 주는 자(施者)와 받는 자(受者)와 주는 물건(施物)의 세 가지가 청정淸淨하고 이들 세 가지에 구분이 없다고 한다.

계율의 완성(śīlapāramitā, 持戒波羅蜜)은 계율을 잘 지니는 것을 뜻한다. 국가에는 법률이 있고 사회에는 도덕이 있다. 불교인이 지켜야 할 가장 기본적인 계로서 불살생不殺生·불투도不偸盜·불사음不邪婬·불망어不妄

語·불음주不飮酒의 오계五戒가 있고, 출가한 비구比丘와 비구니比丘尼에게는 각각 250계·348계라는 구족계具足戒가 있다. 계율의 완성은 이러한 법과 계율들을 잘 지키는 것인데, 이때도 계율을 지킨다는 부담감이나 자만심이 있어서는 안 된다. 죄罪와 부죄不罪를 얻을 수 없는 불가득不可得의 공관空觀에서 자연스럽고 자율적인 계의 실천이 이루어져야 한다.

인욕의 완성(kṣāntipāramitā, 忍辱波羅蜜)은 괴로움을 받아들여 참는 것이다. 우리는 조금만 욕된 일을 당하면 분을 참지 못하고, 조금만 어려워도 곧 좌절하기 쉽다. 그러나 보살은 그런 경우에도 마음의 동요가 없는 것이니, 있는 모든 것(諸法)이 본래 생겨난 것이 아님(不生)을 보기 때문이라고 한다. 『금강경』에서는 부처님의 전생 이야기를 다음과 같이 전한다. "옛날 깔링가(Kaliṅga)의 왕이 내 몸을 마디마디 잘랐을 때 만일 내게 아상·인상·중생상·수자상이 있었더라면 마땅히 원통하고 화나는 마음이 일어났을 것이다. 그러나 내겐 그러한 상이 없었느니라."

노력의 완성(vīryapāramitā, 精進波羅蜜)은 부지런히 노력하여 방일放逸하지 않는 것을 뜻한다. 선한 행위를 많이 하기 위해서 정진은 필수불가결의 요소이다. 아함에서도 37조도품助道品을 설명할 때 정진이 커다란 비중을 차지한다. 부처님께서는 열반에 임하였을 때 "모든 생겨난 것은 본성적으로 파괴되게 마련이다. 너희들은 게으름 피우지 말고 꼭 목표를 이루어라."라고 하여 불방일不放逸을 강조했다. 공관을 실천하는 것에 있어서 무사안일에 빠져서는 안 된다.

선정의 완성(dhyānapāramitā, 禪定波羅蜜)이란 산란한 마음을 가라앉히고 고요히 사색하여 마음을 집중하는 것이다. 불교는 존재의 실상을 밝혀 인간의 마음속에 깃들어 있는 무지를 타파하려고 한다. 따라서 선정은 특히 중요한 행법이 된다. 초기불교에서도 4선禪의 행법이 설해져 있으며, 대승불교에서도 육바라밀의 하나로 등장하고 있다. 그러나 이 것 또한 '머무름이 없는 법(不住法)' 속에서 행해져야 함은 물론이다.

지혜의 완성(prajñāpāramitā, 般若波羅蜜)에 대해서는 다시 더 설명할 필요가 없다. 여섯 가지 완성에서 지혜의 완성은 보시에서 선정에 이르는 다섯 가지 완성을 주도하며 그들의 성립 기반이 된다. 나머지 다섯 가지 완성이 모두 반야공관般若空觀의 입장에서 행해져야 하기 때문이다.

예를 들면 대지에 씨앗을 뿌리면 인연 화합하여 성장하게 되는 것과 같다. 이때 땅을 의지하지 않고는 성장할 수가 없을 것이다. 이처럼 다섯 가지 완성은 지혜의 완성에 머물러 성장한다.

여섯 가지 완성(六波羅密)은 이렇게 지혜의 완성을 중심으로 행해지기 때문에 아낌없는 보시(施與), 자율적인 지계持戒의 생활, 끝없는 인내, 굽힐 줄 모르는 정진, 한없이 심오한 선정이 가능해지는 것이다. 간심慳心·범계심犯戒心·진심嗔心·해태심懈怠心·산란심散亂心·무지심無智心이 있을 때 자비慈悲(maitrīkaruṇā)는 일어날 수가 없다. 그러나 지혜의 완성은 있는 모든 것이 공한 상태에 있다는 것에 상응하기 때문에 능히 대자대비大慈大悲를 일으킬 수 있다고 한다.

지혜의 완성은 이렇게 모든 분별하는 생각을 초월하여 말할 수 없이 청정한 것이며, 모든 선법을 유감없이 발휘하는 것이며, 일체의 괴로움을 제거해 주는 것이다. "지혜의 완성에 의지할 때 마음에 걸림이 없고, 마음에 걸림이 없으므로 놀람이 없고 거꾸로 된 헛된 생각(顚倒夢想)을 멀리 떠나 궁극적인 열반에 이른다."라고 『반야심경』은 설한다. 삼세의 모든 부처가 무상無上의 바른 깨달음을 얻는 것도 지혜의 완성에 의해서라고 한다.

(3) 대자대비

불교는 있는 모든 것들(諸法)을 있는 그대로 잘 아는 지혜(如實知見)를 매우 중요하게 생각한다. 그러한 지혜가 있음으로써 올바른 종교적 행위가 가능해지기 때문이다. 믿음만 있고 앎이 없으면 미신에 흐르기 쉽고, 앎만 있고 믿음이 없으면 오만하게 되기 쉽다. 불교도 종교인만큼 믿음의 중요성을 충분히 인식한다. 그러나 그러한 믿음과 함께 지혜의 중요성을 또한 크게 강조하고 있다. 이런 견지에서 불교는 매우 지적인 종교라고 할 만하다.

그렇다고 해서 인간의 정적인 면을 전혀 등한시하는 것은 아니다. 지智를 강조하면 정情은 약해진다고 생각될지 모른다. 그러나 순수하고 따뜻한 정은 오히려 이기적인 자신에 대한 집착(我執)이 사라질 때 아무런 구애를 받지 않고 솟아오를 수 있다. 그러기에 『반야경般若經』은 "보살이 공空을 익힐 때 능히 대자대비가 발생하나니 범계심·진심·해태심·난심·무지심이 사라지기 때문이니라."라고 밝히고 있다.

지혜를 바탕으로 발생하는 이러한 인간애를 불교에서는 '자비慈悲(maitrīkaruṇā)'라고 한다. '자慈(maitrī)'는 어원적으로 '친구(mitra)'라는 말에서 파생한 말로, '함께 기뻐하는 마음'을 의미한다. 이에 대해서 '비悲(karuṇā)'는 '함께 슬퍼하는 마음'의 뜻으로 보통 쓰인다. 따라서 자비는 '함께 기뻐하고 함께 슬퍼하는 마음'이라는 지극히 인간적인 마음을 의미한다. 대자대비란 마하마이뜨리(mahāmaitrī) 마하까루나(mahākaruṇā)로서 이렇게 함께 기뻐하고 함께 슬퍼하는 마음이 자기와 친한 사람, 자기가 좋아하는 사람들에게만 그치는 것이 아니라 세상의 모든 생류들에게 확장되는 것을 의미한다.

자비는 아함에서부터 강조되고 있다. 그곳에 '사무량심四無量心'이라는 교설이 있는데, 자慈·비悲·희喜·사捨의 네 마음을 모든 생류들에 대해서 무한히 가지라는 것이다. 자와 비는 위에서 설명한 바와 같고, 희喜는 남이 즐거움을 얻었을 때 그것을 흔연히 기뻐해 주는 것이며, 사捨는 다른 사람에게 애증원친愛憎怨親의 마음을 갖지 않고 항상 평정을 유지하는 것이다.

대승불교에 이르면 지혜의 심화와 함께 자비도 더욱 강렬해진다. 보살이 무상無上의 깨달음을 구함은 아라한이 열반을 구하는 것과는 다르다. 보살의 서원에서 살펴본 바와 같이, 보살은 중생을 구제하기 위해 깨달음을 구하는 것이다. 어떤 경우에는 깨달음을 구하는 일을 보류하고서라도 중생 제도에 나아간다. 여섯 가지 완성(六波羅密)이 보시의 완성(dānapāramitā)으로 시작하는 것에 주의할 필요가 있다. 무상의 깨달음을 이룬 부처에게 있어서 자비는 다시 말할 필요가 없다. 이미 깨달음을 이루었으니, 그의 모든 공덕은 오로지 중생에게 회향廻向될 수밖에 없다. 이를 부처님의 자비 실천이라고 할 수 있다. 따라서 『법화경』에서 말씀하셨다.

> 너희는 모두 나의 아들이요 나는 너희의 아버지니, 너희는 무수한 겁에 한없는 괴로움을 겪고 있노라. 내 너희를 모두 건져 삼계를 벗어나게 하리라.

부처님은 깨달음을 이룬 뒤 중생 속에 몸을 던져 열반에 들 때까지 45년간 한시도 쉬지 않고 사람들을 가르쳤다. 얼마나 많은 사람이 그의 가르침 속에서 눈을 뜨고 감사하였는가. 그러나 부처님을 비방하고 가해하려는 자도 없지 않았다. 부처님의 사촌 동생 데와닷따(Devadatta)를 예로 들 수 있다. 그러나 부처님은 그러한 사람도 용서하고 성불의 수기까지 주고 있다.

대자대비함은 어떻게 가능할까? 한마디로 말해서, 고통받고 있는 생류들을 한시도 잊을 수가 없으므로 가능하다. 비록 스스로는 집착과 번뇌와 괴로움을 여의었다고 하더라도, 무수한 중생들이 괴로워하는 모습을 보고만 있을 수 없기 때문이다. 따라서 불교에서는 대자대비의 범위는 참으로 크고 크다 한다. 괴로움을 여의고 깨달음을 열어 남을 위해 사는 보살에게 바로 이 대자대비가 충만해 있는 것이다.

4) 중관과 유식

중관中觀사상과 유식唯識사상은 아비다르마(abhidharma) 철학을 기반으로 더 발전된 대승의 철학이다. 중관사상은 아비다르마 불교 중에서도 설일체유부와 같은 학파가 주장한 '현상은 실체가 아니지만 현상을 구성하는 요소들은 실재한다'라고 하는 삼세 실유實有와 같은 철학에 대응하여 요소들 역시 실체가 아니라는 데까지 발전시킨다. 사실은 현상이든, 요소든 모두 중도中道의 진리로 봐야 한다고 주장하며, '중관'이라는 이름도 여기서 나온 것이다. 유식사상은 불교의 기초적인 심리心理 사상을 심층심리까지 확장하고 인식과 기억 등 정신현상과 정신작용이 어떻게 구성되어 있고 형성되었는지를 탐구했다. 중관사상과 유식사상은 대승불교 철학의 기반이며 이 두 가지를 이해해야 대승불교의 사상을 이해했다고 할 수 있는 만큼 중요한 사상이다.

(1) 중관사상

중관中觀(madhyamaka)은 나가르주나(Nāgārjuna, 龍樹)가 주장한 사상이다. 그는 불멸후 6, 7백 년경 남인도 출신으로 알려졌다. 처음에 불교 이외의 여러 학문들을 공부한 후에 부파불교 교단에 귀의하였으나 만족스럽지 못했던 그는 어느 날 나이 든 스님을 만나서 대승 경전을 배우고 대승불교 교단으로 전향했다고 전한다. 그는 여러 대승사상에 다양하게 통달하여 책을 쓰고 발전시켰기 때문에 '제2의 샤꺄무니'나 '여덟 학파의 스승(八宗祖師)'과 같은 찬탄을 받았다. 저서로는『대지도론大智度論』100권,『십주비바사론十住毘婆沙論』17권,『중론中論』4권,『십이문론十二門論』1권 등이 있다. 이 가운데『중론』과『십이문론』은 그의 제자인 아리야데와(Āryadeva)가 지은『백론百論』2권과 함께 중관사상의 핵심을 이루고 있다. 이는 인도에서는 물론 티베트불교에서도 계속 전승되었으며 중국에서는 삼론종三論宗이라는 독립적인 학파로까지 발전하게 되었다.

중관사상은 현상계를 좋고 싫음, 옳고 그름, 중생과 부처 등의 둘로 보려는 우리의 분별심分別心(vikalpa)이 잘못된 인식이라고 본다. 현상은 이렇게 둘로 나눠지지 않으며 그 둘 사이의 관습적인 경계를 제거함으로써 현상은 둘이 아니라는 진리관을 정립해 주는 사상이다. 분별심은 곧 대상을 인식할 때 집착하는 마음을 가리키며 한쪽으로 치우치는 마음, 편견偏見과 잘못된 이해인 사견邪見 등을 의미한다. 사물을 볼 때 이런 그릇된 시각이 아니라 있는 그대로 여실하게 보아야 한다는 것이 중관사상이다. 중관은 다른 말로는 정관正觀이나 중도中道라고도 표현된다. 모든 것은 다 허무하며 의미가 없다고 보는 견해(단멸론), 모든 것은 영원하며 실체적이라고 보는 견해(상주론), 모든 것이 무조건 존재한다고 보는 견해(有), 모든 것은 절대로 존재하지 않는다고 보는 견해(無) 등 한쪽의 극단에 치우쳐 보는 것은 잘못된 견해(邪見)이며 주관적인 판단이다. 이러한 극단을 떠나 현상을 있는 그대로 보는 지혜가 중관이다. 치우친 견해와 생각은 잘못이며 있는 그대로 보는 것은 제대로 보는 것이라는 의미에서 '잘못된 것을 깨뜨리고, 올바름을 드러낸다'는 의미의 파사현정破邪顯正이라고도 한다.

특히 나가르주나는 이런 철학의 여덟 가지 치우친 견해와 올바른 견해라는 팔부중도八不中道를 제시하였다. 팔부중도는 나가르주나의 『중론中論』이란 대표적인 저작에서 설명하고 있는 사상으로 생성(生)과 소멸(滅), 항상함(常)과 단멸론(斷), 동일한 것(一)과 다른 것(異), 어떤 간다(去)거나 온다(來)고 하는 등의 8종이며 이런 편견에 대응하기 위하여 불생不生과 불멸不滅, 불상不常과 부단不斷, 불일不一과 불이不異, 불거不去와 불래不來와 같이 부정접두어를 붙여서 팔부중도라는 이론을 세웠다.

가) 불생과 불멸

생멸이라는 극단적인 양쪽 측면을 부정하는 것으로, 모든 현상의 생성은 원인과 조건(因緣)에 의하여 일어난 것이며 소멸하는 것도 이런 원인과 조건이 달라져서 사라지는 것뿐이다. 생성이라는 현상과 소멸이라는 현상은 이렇게 일시적인 것에 불과하지만 우리는 원인과 복잡한 조건을 생각하지 않고 생성과 소멸이라는 현상이 항구불변하는 실질적인 것이라고 착각하고 여기에 집착하여 고통받기 때문에 불생과 불멸이라고 말하는 것이다.

나) 불상과 부단

먼저 '불상不常'은, 범부들이 현상계의 모든 것이 인연이 화합하여 성립된 내용임을 모르고 겉모습만 믿으며, 또 윤회 도상에 있는 중생의 몸과 마음은 항상 생멸의 가능성을 가지고 존재하는 것인 줄을 잘 모르고 영원히 머물(常住) 것이라고 기대하며 집착하는 그 생각을 부정한다. 더욱이 마음도 생멸을 되풀이하면서 윤회하는 주체가 되고 있음에도 불구하고 상주 불멸한다고 고집하는 사상을 타파한 것이다.

다음으로 '부단不斷'은, 사람이 죽고 현상이 변하고 사라지는 것은 조건들이 성립하여 흩어진 현상인 것처럼 다시 비슷한 조건이 주어지면 새롭게 생성과 변화를 반복하지만, 그 현상은 완전히 단절되어 버렸다고 생각하는 잘못된 견해(邪見)를 부정한 것이다. 현상계는 무상한 것으로서 변천하면서 존재하며 없어질 수 있는 가능성을 내포하고 있고, 또 어떤 현상이란 다시 나타나고 생성될 가능성을 갖고 있다. 그럼에도 불구하고 영원히 상주하거나 단멸한다는 한쪽의 극단적 견해를 갖기 때문에 이렇게 영원히 상주하는 것도, 허무하게 단멸하는 것만도 아니라는 중도사상을 설하는 것이다.

다) 불일과 불이

일체 모든 법은 진리의 본체에서 보면 동일한 원리이지만 현상계의 사물이 서로 다른 것을 일시적인 것이 아니라 영원히 다른 현상인 것처럼 집착하는 견해를 부정한 것이다. 다시 말하면 내면적인 원리와 현상계의 모습이 영원히 다르다는 극단적인 편견을 버리게 하고 진리는 하나이면서 다르고, 다르면서도 하나인 원리를 밝히는 중도사상을 가르쳐 준다.

라) 불거와 불래

'불거不去'는 마음을 닦고 복잡한 번뇌를 끊음으로써 삼계윤회를 해탈하여 본원의 진여眞如 세계로 돌아감을 망각한 중생들을 깨우쳐 준다. 즉 본래 진리의 당체當體는 가고 오는 체성體性이 아니며 한결같이 변함이 없는 체성을 지니고 임시로 왔다가 가는 것을 실제의 현상으로 집착함을 타파하는 사상이다. 그리고 '불래不來'는 모든 유정들이 진리를 망각하여 무명 등 번뇌 망상으로 업력을 쌓아 욕계欲界, 색계色界, 무색계無色界 등 삼계와 지옥地獄, 아귀餓鬼, 축생畜生, 아수라阿修羅, 인간人間, 천상天上 등 육도六道의 윤회를 하는 도중에 이 세상에 왔음에도 불구하고 영원히 온 것처럼 고집하는 것을 부정한다.

이상과 같이 나가르주나의 팔부중도사상은 범부들의 편견을 정화하기 위한 것으로 중도를 다섯 가지로 분류하여 밝히기도 한다. ① 실제로 생하고 실제로 멸한다(實生實滅)는 견해는 '단속單俗'이라 하고, ② 생하지도 않고 멸하지도 않는다(不生不滅)는 견해는 '단진單眞'이라 하며 이들을 진과 속에 치우친 편견이라고 한다. ③ 생과 멸은 임시이며 거짓(假生假滅)이라고 하는 견해는 '세제중도世諦中道'라 하고, ④ 생하지도 않고 멸하지도 않는다는 것도 임시(假不生假不滅)로서 이를 '진제중도眞諦中道'라 하며, ⑤ 생멸도 아니고 생멸이 아님도 또한 아닌 것(不生滅非不生滅)이라는 사상은 '이제합명중도二諦合明中道'라고 한다.

이와 같이 나가르주나의 중관사상은 마음의 집착을 불식拂拭하며, 얻을 바가 없고(無所得) 머무름이 없는(無所住) 공空사상으로서 집착과 구속된 마음을 해방시켜 준다. 나가르주나의 공사상은 현상계의 존재에 대한 집착인 유有의 고정관념을 타파하는 것이다. 그리하여 현상계는 여러 인연이 화합한 존재로서 그 이면을 관찰하면 무자성無自性이고 무아無我이며 무소유無所有인 진리성이 존재하므로 이를 '공한 상태에 있다(śūnyatā)'고 표현하였다. 다시 말하면 존재한다는 것은 실체로서 있는 것이 아니라 원인과 조건이라는 배경 위에서 임시로 생성된 것(假有)이다. 그러나 인연이 모여 흩어질 때까지는 비록 존재하지만 이것을 없다고 할 수는 없으므로 다만 그 성질은 진짜가 아니라(空)는 것이다.

이에 대하여 유식사상은 우리의 의식활동 내용을 중도사상에 맞추어 설명한다. 세 가지 현상계의 성질(三性)이 있고 이를 논리적으로 부정하는 삼무성三無性을 말하고 있다. 먼저 삼성은 ① 원래 진리를 알고 있지만 이에 대한 망각 상태이므로 번뇌에 집착하게 된다고 하는 변계소집성遍計所執性이 있다. 그러나 변계소집이라는 잘못된 생각은 마치 눈을 비비면 공중에 무엇인가 떠다니는 것처럼 보이는데 이를 허공꽃(空華)이라고 한다. 하지만 그것은 눈을 비빈 행위에 의해서 일어난 잠깐 동안의 현상일 뿐, 보이기는 하지만 그것의 진짜 모습은 없다고 하는데 이것이 현상에 진짜는 없다라고 하는 상무성相無性이다. ② 현상계는 다양한 원인과 조건이 서로 연결되어서 일어난다고 하는 의타기성依他起性이다. 역시 의타기성과 같이 조건에 따라 성립된 현상계는 생겨나긴 했으나 고유한 자신만의 성질은 없다고 하는 생무성生無性, ③ 그 바탕에는 완전한 진리라고 할 수 있는 성질이 있다고 하는 원성실성圓成實性이 있다. 그러나 이런 진리적인 성격조차도 결국에는 깊은 의미에서 현상계의 원천이 되는 역할을 설명하려는 것이므로 모든 현상계는 원성실성조차도 그 실체에 대해서 집착하지 말라는 의미에서 승의무성勝義無性 등을 말한다. 변계소집성, 의타기성, 원성실성을 3성이라고 하고 이에 대응하는 상무성, 생무성, 승의무성은 3무성이라고 표현하고 있다.

중관사상은 나가르주나에 의해 성립되었고 그의 제자인 아리야데와와 라후라바드라(Rāhulabhadra) 등에 의해 계승되었으며 후대의 아상가(Asaṅga, 無着)의 유식사상에까지 영향을 끼치게 된다.

(2) 유식사상

유식唯識(vijñaptimātratā)사상은 주관과 대상의 관계에서 대상보다는 주관에 의해서 현상계가 나타나며 그것이 '인식되지 않은' 객관적 대상보다 훨씬 중요하고 의미가 있다고 주장한다. 또한 주관에 의해서 똑같이 인식된 현상세계는 전혀 다른 의미로 받아들여지기 때문에 주관의 중요성과 생각, 인식의 구조가 어떻게 형성되어 있는지를 설명하는 사상이다. 때문에 명칭도 '(대상은 없고) 오직 인식만이 있다'라는 의미에서 불려진 이름이다. 이 사상은 마이뜨레야나타(Māitreyanātha), 아상가(Asaṅga, 無着)와 와수반두(Vasubandhu, 世親) 등에 의하여 성립되었다. 유식사상의 중요 문헌으로는 『해심밀경解深密經』, 『유가사지론瑜伽師地論』, 『섭대승론攝大乘論』, 『유식삼십론唯識三十論』, 『성유식론成唯識論』 등을 들 수 있다.

'유식唯識'이란 말은 인간을 중심한 정신과 물질 등 내외의 모든 것은 오직 마음과 인식(心識)에 따른다는 뜻이다. 즉 정신과 객관세계가 따로 떨어져 있는 것 같지만 평등하게 관계를 유지하고 있으며, 정신이 주도적으로 만들어 낸 객관세계에 지나지 않는다는 것이다.

유식사상에 대한 중요한 내용을 분류해 보면, ① 현상계(現相), ② 중생의 본성(眞如性), ③ 보살의 수행(菩薩道) 등 세 가지로 나누어 설명할 수 있다.

가) 현상계

인간을 비롯한 모든 중생은 본성이 원래 진리의 세계 그대로(眞如性)이다. 그러나 우리는 이를 망각하고 진짜 자아(眞我)에 대한 잘못된 견해를 추구함으로써 자아에 집착(我執)하고 대상에 집착(法執)하게 된다. 아집은 나에 대한 집착이고, 법집은 대상, 또는 현상계에 대한 집착을 뜻한다. 이러한 아집과 법집을 근본으로 하여 많은 종류의 번뇌를 야기하는 잘못된 행위로 업을 짓게 된다. 그리하여 청정하고 지혜로운 마음이 가려지게 되어 있는 그대로 진리의 세계를 관찰하지 못하고 번뇌라는 마음(心識)으로 전환하고 만 것이다. 이를 '중생의 마음(凡夫心)'이라 하고 동시에 그 주체를 '알라야식(ālayāvijñāna)'이라고 한다. 이 알라야식을 중심으로 하여 주관계와 객관계가 전개된다고 해서 '아뢰야연기阿賴耶緣起'라고도 한다. 이와 같은 아뢰야연기설을 이해하기 위해서는 마음과 육체의 구성 그리고 인식의 대상인 객관계를 연결하여 이해하지 않으면 안 된다. 그러므로 여섯 가지 감각기관(根), 여섯 가지 인식 대상(境), 여덟 가지 인식 구조(識) 등을 먼저 살펴보기로 한다.

① 육근六根 : 육근은 인간의 정신적 의지처이며 활동기관(根)을 6종으로 분류한 것이다. 그 내용은 시각기관(眼根)·청각기관(耳根)·후각기관(鼻根)·미각기관(舌根)·신체(身根)·정신기관(意根)이며 의근을 제외한 나머지 5근은 육체의 기관이다. 의근은 정신적인 기관으로서 정신활동의 무대가 되는 것이다.

② 팔식八識 : 유식사상에서는 우리의 마음을 8종으로 구분하여 설명한다. 즉 시각적 인식(眼識)·청각적 인식(耳識)·후각적 인식(鼻識)·미각 인식(舌識)·촉각(身識)·의식意識·마나스(manasvijñāna, 末那識)·알라야식(ālayāvijñāna, 阿賴耶識) 등이다. 구유식학파舊唯識學派에서는 불성佛性에

해당하는 아마라식阿摩羅識(amala-vijñāna)을 더하여 구식九識으로 설명하기도 한다. 신유식학파新唯識學派에서는 아마라식은 식식의 실성實性이며 진여성眞如性이기 때문에 이를 제외하고 범부의 정신계인 팔식八識만을 설명하고 있다. 후세에는 신유식학파의 학설이 지배적으로 강하였다. 여기서도 신유식학설에 의하여 차례로 심식의 내용을 살펴보기로 한다.

- 시각의식(眼識) : 시각기관(眼根)에 의지하여 인식의 대상인 물질(色境)을 구별하는 마음.
- 청각의식(耳識) : 청각기관(耳根)에 의지하여 인식의 대상인 소리(聲境)를 듣는 마음.
- 후각의식(鼻識) : 후각기관(鼻根)에 의지하여 인식의 대상인 냄새(香境)를 맡는 마음.
- 미각의식(舌識) : 미각기관(舌根)에 의지하여 모든 음식 등의 맛(味境)을 식별하는 마음.
- 신식身識 : 신체(身根)에 의지하여 촉감(觸境)을 식별하는 마음.
- 의식意識 : 의근意根에 의지하여 유형·무형의 현상계(法境)를 구별하는 마음.

이 의식意識은 앞의 '안이비설신'의 다섯 개의 인식인 '전5식前五識'에 대하여 제6식이라고 불린다. 그러나 '앞의 5식'이라고 부르는 이유는 다섯 개를 모두 묶어서 부르기 위해 지어진 이름이다. 또한 6식은 여섯 번째로 제6식이라고 불린다. 제6식인 의식은 전5식보다는 매우 광범위하고 전5식과 연관된 내부의 마음에 속한다.

유식은 의식과 마음에 관한 이론이기 때문에 신체에서의 기관은 특별히 '부진근扶塵根'이라고 부른다. 전5식은 이 부진근에 따라 기능하지만 제6식의 특징은 순수하게 정신적인 기관인 의근의 정보에 의지한다. 그리고 인식의 대상에서도 전5식은 객관세계의 대상만을 인식하지만, 제6식인 의식은 앞의 전5식과 함께 객관계를 인식하며 또한 내면의 경계까지도 인식한다고 '오구의식五俱意識'이라고 한다. 그리고 전5식은 대상의 성질만을 분간하는 자성분별自性分別의 기능만 하지만, 제6식은 과거를 회상하고 미래를 계획하며 사유하는 '수념분별隨念分別'과 착각과 더불어 오류를 범하는 '계탁분별計度分別' 등 모두 세 가지의 분별작용을 한다.

이와 같이 제6식 의식은 물질계와 정신계를 포함한 모든 대상인 법경法境을 인식 대상으로 삼는다. 그리하여 전5식과 함께 객관세계를 인식하며 대상의 선성善性과 악성惡性과 선성도 아니고 악성도 아닌 무기성無記性 등 삼성의 내용을 결정할 때 이런 경우의 의식을 특히 오구의식五俱意識이라 한다. 또 객관계의 대상과는 관계없이 개념작용(名相)만을 대상으로 하여 작용할 때는 '독산의식獨散意識'이라고 한다. 또 의식은 꿈 가운데도 활동하는 식識이기 때문에 '몽중의식夢中意識', 그리고 선정禪定 가운데에 마음의 안정은 의식이 안정된 결과이므로 '정중의식定中意識'이라는 등 제6식 의식에는 여러 가지 기능에 따른 별명이 있다. 이상과 같이 의식은 현재의 사물을 분석하고(現量), 여러 가지를 비교하여 판단하고(比量), 또 그릇되게 판단(非量)하는 등 광범하게 작용하므로 '광연의식廣緣意識'이라고도 한다.

■ 제7식 마나스(manasvijñāna, 末那識) : 이 의식은 제6식의 의지처인

의근의 역할을 하며 자체와 제8식 알라야식에 의지하여 활동하는 식이다.

특히 이 마나스는 마음의 근본이며 주체가 되는 알라야식과 관계하며 활동한다. 이 제7식은 대상을 분석하고 판단하는 기능을 넘어 자신을 '자아'라고 판단하는 자아에 대한 집착(我執)과 대상에 대한 집착(法執) 등 근본적인 번뇌를 야기하기도 하는 의식이다. 이로써 잘못된 대상을 자아라고 이해하고(我癡), 자아에 대한 잘못된 견해를 내며(我見), 자신이 특별히 뛰어나다고 여기며(我慢), 자신에 대한 애착으로 상대에 대한 배타적인 차별심을 내는(我愛) 등의 근본적인 번뇌를 항상 야기하게 된다.

이러한 근본적인 번뇌는 제6식 등에 다양한 번뇌를 일으키게 하는 영향을 주기도 한다. 이와 같이 제7식 마나스는 마음의 여러 가지 작용(心所)을 지속적으로 발생시키는 주도적인 의식이다.

- 알라야식(ālayavijñāna, 阿賴耶識) : 제8식 알라야식은 위 7식에 대하여 뿌리와 같은 역할을 하므로 '근본식根本識'이라고 한다.

알라야(ālaya)는 산스끄릿으로 창고, 또는 포함하고 있다는 의미이다. 여러 가지 정보를 담고 있다는 의미에서 장식 또는 함장식含藏識이라고도 번역한다. 오늘날엔 대개 잠재의식과 같은 것으로 보기도 한다. 앞에서 말한 모든 인식을 통한 행위의 업은 잠재 상태로 알라야식에 보존된다.

제7식 마나스가 만들어 내는 근본적인 번뇌가 수도심修道心이라는 수행하는 의지에 따라서 정화될 때까지 제8식은 번뇌들을 보존하게 된다. 정신과 육체의 행위가 만들어 낸 업은 결과로 이어질 때까지는 가능태이므로 '종자' 상태라고도 하는데 이런 업의 종자들이 심식과 더불어 완전히 정화되지 않는 한 알라야식도 계속적인 번뇌의 창고로서 항상 있게 된다. 그리고 이 식은 모든 업력을 보존하면서 다른 의식에 공급한다. 그러므로 잠재의식처럼 나타나지는 않지만 우리는 제8식의 영향 아래 살고 있으며, 이 세상에 태어날 때도 과거세의 업력을 보존한 이 식을 중심으로 최초로 태어난 것이다. 내생來生으로 떠날 때도 금생의 업력을 보존하고 있다가 육체로부터 최후에 떠난다. 그리하여 지옥·아귀·축생·아수라·인간·천상 등 육도 가운데에 어디론가 강한 업력에 따라 최초의 생명체가 되어 출생하게 된다. 그러므로 알라야식은 현재의 생명체로서 내외의 현실을 전개하는 주체가 되며 동시에 윤회의 주체로서의 역할을 하게 된다. 이 식은 기타 식에 비하여 그 체성體性이 단절되지 않고 과보를 받는다는 뜻에서 '과보식果報識'이라 하고, 또 종자로서의 행위와 결과로서의 과보의 양상이 달라지기 때문에 숙성된다는 의미에서 '이숙식異熟識'이라고도 이름한다. 이 식에는 자신이 짓고 자신이 받는 단독으로 행한 행위(不共業)도 있으며 다수의 주체들이 함께 연관된 공업共業도 있다. 이렇게 유식철학에서 전5식, 제6식 의식, 제7식 마나스, 제8식 알라야식 등과 관련하여 현상계에서 일어나는 것을 '아뢰야식연기阿賴耶識緣起'라고도 한다. 전반적으로 '연기'라는 구도로 불교철학의 여러 가지 이론들을 하나의 카테고리로 분류하려는 방식인 '법계연기', '진여연기', '아뢰야식연기' 등은 그러나 오늘날은 잘 쓰이지 않는다.

나) 번뇌의 마음, 깨달음의 마음

위에서 설명한 마음 또는 의식(心識)들은 조건에 따라 생성된 대상을 열심히 분석함으로써 사실은 진리를 올바로 관찰하지 못하고 가상假相만을 대하기 때문에 인식도 또한 잘못된 인식(妄識)들이다. 그 인식과 인식 기관들의 작용 역시 일시적인 현상이며 영원한 것은 아니다. 그것은 곧 소멸할 수 있으니, 오히려 그 본성은 번뇌가 아니라 성인의 마음이기 때문이다. 이 본성은 모든 중생에게 있는 아주 청정하고 오염됨이 없는, 있는 그대로(眞如)의 마음이다. 이는 중생이라는 형태로 있으면서 여러 조건에 따라 임시로 번뇌에 의하여 묻혀 있을 뿐이며, 항상 환하게 빛나는 광명으로 비유되는 지혜를 나타내고 있는 열반의 성품(涅槃性), 부처님의 성품(佛性)을 보존하고 있다. 즉 윤회와 변화 속에 있으면서도 선악의 상태를 떠난 절대불변의 성품이다. 이 본성은 중생이 마음을 청정하게 하면 모든 진리를 진실 그대로 관찰할 수 있는 지혜로 바뀌어서 나타난다. 인식 주체나 인식 작용을 버리고 깨달음을 구하는 것이 아니라 번뇌의 기능을 그대로 깨달음으로 전환하는 것을 유식에서는 전식득지轉識得智라고 한다. 유식사상의 핵심은 전식득지에 있다. ① 안식·이식·비식·설식·신식 등 전5식을 청정하게 전환하면 성소작지成所作智로 전환되고, ② 제6 의식을 청정하게 하면 묘관찰지妙觀察智로 전환되며, ③ 제7 마나스를 청정하게 하면 평등성지平等性智로 전환되고, ④ 제8 알라야식이 청정하게 전환되면 대원경지大圓鏡智가 된다. 구유식학파에서는 이러한 지혜와 본성의 측면은 제9식으로 봐서 '아마라식阿摩羅識'이라고도 하며, 이는 '무구식無垢識'이라고 번역된다. 이처럼 인간의 본성은 무한한 가능성이 있으며, 절대의 진여성으로서 태양이 환하게 빛나는 것처럼 모든 것을 다 비추어 관찰할 수 있는 지혜가 보존되어 있다고 보는 것이 유식사상의 입장이다.

다) 보살의 수행

유식사상에서 인간은 청정무구한 성인의 마음인 진여성과 함께 이런 지혜를 방해하는 번뇌성을 가지고 있다고 한다. 그러나 번뇌는 물거품과 같이 일시적인 현상이기 때문에 이를 진여성으로 돌리기만 하면 바로 부처님의 성품(佛性)인 진실성을 회복할 수 있다고 한다. 이는 지식이나 이론만으로는 불가능하며 오직 수행을 통해서만 가능하다.

수행의 방법은 보살의 수행으로서 십주十住, 십행十行, 십회향十廻向의 삼현三賢의 단계를 밟아야 한다고 하였다. 그리고 그 수행 과정을 지나서, ① 환희지歡喜地, ② 이구지離垢地, ③ 발광지發光地, ④ 염혜지焰慧地, ⑤ 난승지難勝地, ⑥ 현전지現前地, ⑦ 원행지遠行地, ⑧ 부동지不動地, ⑨ 선혜지善慧地, ⑩ 법운지法雲地 등 십지十地의 수행위를 닦아야 원만한 수행 과정을 마칠 수 있다고 한다. 이와 같은 삼현과 십지위十地位는 유식종의 빼놓을 수 없는 수행 과정이며, 이는 대승불교의 전형적인 수행론인 것이다.

삼현은 기초적 수행 과정이라 할 수 있고, 십지는 진리의 세계에 도달하여 성불을 성취하는 최고의 수행 과정이다. 보살의 수행은 자리自利적인 수행일 뿐만 아니라 이타利他적인 수행으로서, 자기 정화는 물론 다른 중생과 사회를 깨끗이 한다는 의무와 책임을 진 수행을 뜻한다. 이는 자신과 중생의 모든 본성이 평등함을 깨달은 동체대비심同體大悲心의 발로인 것이다. 보살의 수행은 시간적으로 삼아승기겁三阿僧祇劫을 닦아야 한다. 수행의 내용으로는 ① 보시布施, ② 지계持戒, ③ 인욕忍辱, ④ 정진精進, ⑤ 선정禪定, ⑥ 지혜智慧, ⑦ 방편方便, ⑧

원願, ⑨ 역力, ⑩ 지智 등 십바라밀(daśapāramitā)이 있다. 바라밀波羅密(pāramitā)은 '도피안到彼岸'으로 번역되며, 최고 완성의 상태 또는 번뇌망상을 끊고 이상의 경지인 진리의 세계에 도달한다는 뜻이다.

보살은 십바라밀의 실천 수행에 의하여 다시는 번뇌의 세계로 돌아오지 않고 다양한 번뇌들은 물론 근본 번뇌까지도 제거하고 절대의 진리를 증득(斷惑證理)하여 성불할 때까지 끊임없이 정진한다. 보살의 이타적인 수행은 자신을 위한 수행보다 공덕이 더욱 크고 무한하다고 할 수 있다. 특히 유식은 구체적으로 8개의 중생의 기능을 하는 의식이 수행을 통해 그대로 지혜로 전환되는 전식득지가 큰 특징이다.

이상과 같이 유식사상을 정리하자면, 첫째로 번뇌에 젖어 있는 중생이 각자 자신의 마음의 구조를 알고, 둘째로 자신의 본성이 원래는 성인의 마음임을 깨닫게 하여 스스로 수행을 통해 마음을 정화하고, 본래적인 진여세계에 도달하여 최종적으로는 마음의 의식구조를 성인의 지혜로 바꾸는 데 있다.

5) 밀교사상

(1) 밀교의 성립 배경

밀교密教는 곧 부처님이 모두 말씀하지 않은 비밀스러운 전승, 비밀불교祕密佛教 또는 딴뜨라불교(Tantric Buddhism)라고도 한다. 인도에서 밀교는 정토신앙과 함께 대승불교의 중요한 사상 중 하나였다. 힌두교는 밀교적인 성향이 강하지만, 불교 내에서는 독특한 전통인 밀교가 기원후 7세기쯤에 인도에서 성립되기까지 교학적으로나 교단사적으로 매우 복합적인 원인과 배경을 갖고 있었다.

역사적 입장에서 보면, 불교가 성립되었던 기원전 6세기 전까지만 해도 인도는 브라만교(Brahmanism)의 독무대였다. 그러나 불교를 중심으로 한 사문 전통의 출현으로 인하여 브라만교의 종교에서 철학, 사상적인 방향으로의 가속화가 이루어졌다. 다른 사문 전통에서 불교로 전향한 사리뿟따(Sāriputta), 목갈라나(Moggallāna)의 사례와 같이 불교는 빠르게 번성했다. 이렇게 1세기 반 동안 발전을 거듭한 불교도 부처님께서 열반하신 후 100년경부터 교단이 분열되고 기원전 1세기경까지 부파 간의 대립이 계속되었다. 그 과정에서 불교 교단은 철학이 꽃피는 동시에 대중과의 거리도 멀어졌다. 브라만교는 점차 종교와 철학의 조화를 경험하면서 한편으로는 철학을 확장시키고 대중들을 향해서는 다양한 종교들을 포용하면서 종교적인 활동의 외연을 넓혔다. 이른바 힌두교(Hinduism)라고 불리는 거대한 종교로의 발전을 이루어 냈다.

이런 전통에서 불교도 완전히 독립적이지는 않았다. 불교 역시 힌두교 전통을 수용하였고 불교적인 신격을 내세우면서 재정립한 것이 '불교 딴뜨라(tantra), 밀교'의 출발이었다. 진언眞言·관음신앙觀音信仰을 위시한 보살菩薩(bodhisattva)사상 등은 모두가 이러한 영향 속에서 불교가 창안했거나 수용한 사상들인 것이다. 특히 진언은 밀교의 중심 교학을 이루고 있는데, 그 연원은 멀리 리그웨다(Rg-Veda)에까지 소급된다. 브라만교의 성전인 웨다(Veda)에서 나타나는 많은 주문과 의례들에 대해서 불교는 원래 부정적이었다. 초기불교 계율에서는 "세속의 주술비법 呪術祕法을 행하면 바일제波逸提(pāyattika)에 해당하는 잘못을 범犯하는 것이다." 또는 "세속의 명주밀법明呪密法은 축생의 학學이다."라고 하여 금지하고 있는 대목들이 발견된다. 그러나 교단 구성원 중에서 비구니, 우바새, 우바이 등이 이러한 주문呪文을 외우고 밀법을 행하는 자가 점점 늘어 가게 되었다. 그러자 『십송률十誦律』・『사분율四分律』 같은 데서는 뱀이나 곤충에게 물렸을 때 종교적인 치료 방법으로 치독주治毒呪, 배가 아플 때 외는 복통주腹痛呪와 같은 주문을 일상적으로 행해도 좋다는 선별 승인을 하게 되었고, 이후에는 더 넓어져서 다라니, 진언이라는 이름으로 불교 고유의 다양한 주문들도 생겨남으로써 불교 내 밀교의 성립 기반이 이루어졌다.

이상과 같은 역사적 상황이 밀교 성립의 외형적 조건이 되었던 것은 사실이지만, 그것이 결코 근본적인 동기나 배경은 아니었다. 밀교가 성립하게 된 보다 근원적인 동기는 불교 자체의 교학적인 발전에 있었다.

초기 대승불교의 시기에는 『반야경般若經』계통의 공사상空思想을 주축으로 하는 나가르주나계의 중도사상이 나타났는데, 이 학파를 '중관中觀학파'라고 한다. 중관학파에서는 인간의 심성이 본래 맑고 깨끗하다는 '심성본정설心性本淨說'과 '공사상'의 입장을 조직적으로 밝히고 있다. 그러나 이 중관계에서는 아직 개인의 심식에 관한 연구는 나타나지 못하고 있었다. 그리하여 대승불교의 중기쯤에 오면, 『해심밀경解深密經』의 '유사상有思想'을 주축으로 한 아상가(Asaṅga)・와수반두(Vasubandhu) 등이 중심이 되어 중생의 일심一心을 중요시하는 '심식설心識說'을 발전시켰다. 이러한 학파를 '유가유식파瑜伽唯識派'라고 하는데, 밀교는 중관학파와 유식학파의 중심 사상을 동시에 계승 발전시켰으며 아울러 그 양 학파의 결합을 보완하여 성립된 것이다. 따라서 밀교는 『화엄경華嚴經』이나 『법화경法華經』의 사상을 계승하고 『기신론起信論』의 진여연기설眞如緣起說을 더욱 발전시켰다는 점에서 그 사상적 특성과 가치가 있는 것이다.

(2) 밀교의 기본 교리

밀교는 중생에서 부처를 향해 깨달음으로 가는 과정이 아니라 이미 깨달은 그 깨달음의 세계에서 모든 교리와 사상을 전개하고 있다. 뿐만 아니라 그러한 교리와 사상의 전개에서도 보다 시각적이고 상징적인 방법을 동원하고 있는데, 이것을 '만달라(Maṇḍala)'라고 한다. 만달라는 원래 부처님께서 깨달으신 그 세계를 현상적으로 표현한 것이지만 수행의 도량, 불상과 보살상(諸尊)을 봉안한다는 뜻으로도 쓰이게 되었다. 그리하여 밀교에서는 끊임없이 상호 관계하며 중첩되는 '중중무진重重無盡의 세계'를 다양한 만달라로 구축하였다. 대표적으로는 '태장계만달라胎藏界曼茶羅'와 '금강계만달라金剛界曼茶羅'로 체계화하였다.

『대일경大日經』과 『금강정경金剛頂經』은 밀교의 중요한 두 문헌으로 태장계만달라는 『대일경』 사상을, 금강계만달라는 『금강정경』 사상을 상징적으로 묘사한 것이다. 태장계만달라는 중생에게 원래 갖추어져 있는 맑고 깨끗한 본성(淨菩提心)을 나타낸 것으로 '이법신理法身' 또는 '이만달라理曼茶羅'라고도 한다. 또한 금강계만달라는 중생이 아직 깨닫지 못한 무명의 상태에서 수행을 하여 그 본성인 보리심을 깨달아 가는 수행의 공덕을 나타낸 것으로서 이를 '지법신智法身' 혹은 '지만달라智曼茶羅'라고도 한다. 이처럼 밀교가 두 종류의 만달라를 건립하여 교리적 체계를 세우고는 있지만, 그것이 결코 이원론적 입장을 표방한 것은 아니다. 밀교적 교의에 따르면 태장계만달라와 금강계만달라, 곧 이법신(色法)과 지법신(法法)은 서로 다른 별개의 것이 아니라 본래 둘로 나눌 수 없는 관계(不二)에 있다.

밀교에서는 연기의 근원이 되고 우주와 모든 존재를 구성하는 본체를 지地·수水·화火·풍風·공空·식識의 6대大로 파악하고 있다. 지는 그 성질이 견고부동하여 만물을 생성하고 보호하는 덕성과 그 작용을 의미하고, 수는 그 성질이 습윤濕潤하여 만물을 능히 포용하고 거두어들이는 작용을 한다. 화는 그 성질이 따뜻하여 만물을 성숙시키는 작용, 풍은 유동성이 있어 만물을 길러내고 유지시키는 작용이다. 공은 그 성질이 다른 어떤 것들에 구애받지 않기 때문에 모든 것을 포섭하며 걸림이 없는 작용을 말하고, 식은 명료하게 아는 성질이 있어 결단하고 판단하는 작용을 가리킨다.

이와 같은 의미를 상징하고 있는 6대에서 지·수·화·풍·공 등 앞의 5대大는 현상계(色法)의 요소들로서 물질적 근원을 의미하고, 식대는 마음의 요소(心法)로서 정신적인 본질들을 가리킨다. 이 현상계와 마음의 세계는 둘의 관계에 있어서 유기적이기 때문에 서로 연결되어 있으며 독립적으로 존재할 수 없다. 색법과 심법이 서로 걸림 없는 연기적 관계에 있을 수 있는 원리는 6대 각각이 다른 나머지 5대를 갈무리(互具含藏)하고 있기 때문이다. 곧 지대地大는 단순한 지대일 뿐 아니라 그 자체에 수·화·풍·공·식 등 다른 5대를 포함하고 있고, 수대水大 또한 여타의 지·화·풍·공·식을 자체 내에 포함하고 있다. 때문에 지대는 지대끼리 수대는 수대끼리 같은 종류(同類)가 서로 걸림이 없고, 지대와 수대 등 서로 다른 종류(異類)와 함께 서로 자유롭게 융화될 수 있게 되어 6대는 끝없이 서로에게 영향을 미치면서도 자신의 성질을 유지하고 동시에 어울릴 수도 있는 연기의 세계를 전개하게 된다. 따라서 현상세계(5大)를 나타낸 태장계만달라와 마음의 세계(識大)를 체계화한 금강계만달라도 서로 무관한 관계가 아니라, 서로 무애한 연기적 불이의 관계일 수밖에 없는 것이다.

밀교에서는 우주와 인생을 형성하는 본체를 6대로 파악하고, 그 6대의 연기에 의하여 생성된 모든 현상계(相)를 다시 마하(大)만달라(māha-maṇḍala)·삼마야만달라(samaya-maṇḍala)·까르마만달라(karma-maṇḍala)·다르마만달라(dharma-maṇḍala)의 4종으로 구분한다. 모든 현상계의 실상으로서의 4종 만달라는 종교적 의미와 철학적인 뜻이 있는데, 먼저 종교적 의미를 보면 다음과 같다.

마하만달라는 회화조각 등으로 표현되는 불상의 집대성과 그 각각의 불상과 보살상이 갖추고 있는 모습(相好)의 여러 가지 특징을 말한다. 삼마야만달라는 관음보살觀音菩薩이 연꽃을 가지고 있음은 동체대비同體大悲와 물들지 않는 것을 상징하고, 문수보살文殊菩薩이 날카로운 칼(利劍)을 가지고 있음은 큰 지혜로써 범부의 어리석음을 끊는 것을 상징하는 것처럼 모든 불상과 보살상이 가지고 있는 물건과 그 수인手印(mudrā) 등의 특성을 가리킨다. 까르마만달라는 모든 부처님과 보살이 중생구제를 위하여 행하는 일체의 활동을 의미하고, 다르마만달라는 모든 부처님과 보살의 이름과 그 가르침의 내용을 의미한다. 4종 만달라는 이와 같은 종교적 의미 외에도, 철저한 현실 긍정의 철학적 의미도 있다. 곧 마하만달라는 6대로 구성된 우주와 인생의 전체적인 모습을 말하고, 그러한 전체는 개체가 모여서 형성되는데 이렇게 전체를 이루는 개체들의 독립된 모습을 삼마야만달라라고 한다. 까르마만달라는 일체의 존재와 사물의 활동 작용을 말하고, 독립된 개체가 각기 그 특수한 활동 작용에 따라 나타내는 언어·문자·음성·명칭 등을 다르마만달라라고 한다.

이상과 같은 만달라를 통칭해서 '사만실상四曼實相'이라고 한다. 이것을 철학적 의미에서 보면, 이 우주 중의 모든 존재는 그것이 생물이든 무생물이든 간에 모두가 사만四曼의 구현이다. 하나의 티끌에서부터 우주에 이르기까지 모두가 마하만달라이고 산천초목과 국토 그것은 모두가 삼마야만달라이다. 우리들이 사용하고 있는 모든 언어·명칭·문자와 새소리·바람 소리에 이르기까지 다르마만달라이고, 인간들의 일상적 활동 작용을 위시하여 자연의 변화에 이르기까지 그것은 모두가 까르마만달라이다.

우주와 인생의 진리와 참모습이 이와 같음에도 불구하고, 우리들 인간은 무지의 구름에 가리어져 그러한 진리를 깨닫지 못하고 갖가지 불행과 악을 자아내고 있다. 그러므로 밀교에서는 육대의 체體와 사만의 상相에 대한 작용의 세계를 설명함과 동시에, 중생으로 하여금 육대로 구성된 동체同體와 사만의 세계를 깨닫고 체득하게 하기 위하여 그 실천 수행의 방법으로써 삼밀작용三密作用을 교설하고 있다. 인간의 행위를 신체상의 행위·언어상의 행위·정신상의 행위 등으로 구분한다.

밀교에서는 밀교 이외의 불교 영역을 밀교의 반대되는 개념으로 '드러난 가르침'이란 의미로 '현교顯敎'라고 한다. 현교에서는 신체적 행위(身)·언어적 행위(口)·생각으로 하는 행위(意)의 '삼업三業'이라고 하지만, 밀교에서는 특히 '삼밀가지三密加持' 또는 '삼밀상응三密相應'이라고 한다. '가지加持'나 '상응相應'이라는 말은 남으로부터 받은 힘(力)이 나에게 더해져 동화되고, 나의 것이 남에게 더해져 동화되는 현상을 가리킨다. 삼밀에도 부처님의 3밀과 중생의 3밀이 있으며, 중생의 3밀은 다시 유상삼밀有相三密과 무상삼밀無相三密의 작용이 있다.

부처님은 이미 진리의 성질 그대로이기 때문에 6대로 구성된 형상(體

相) 그대로 신밀身密이라 하고, 모든 음성·명칭 등 다르마만달라를 어밀語密로 하며, 모든 것을 알아차리는 인식인 식대識大를 의밀意密로 하기 때문에 이것을 부처님의 3밀密이라고 한다. 그러나 중생은 성불하려는 이상과 염원은 가지고 있으면서도 아직은 무명의 존재로 머물러 있다. 따라서 무명의 존재인 중생으로서 성불의 염원을 성취하기 위해서는 수행의 노력이 필요하다. 이때 중생이 수행하는 방법, 그것을 중생 삼밀 중에서 '유상삼밀'이라고 한다. 중생은 지혜가 없고 어리석기 때문에 늘 몸으로는 살생·도둑질·부정한 이성관계를 하고, 입으로는 허망하고 악하고 진실하지 못하며 이간하는 말을 하고, 생각으로는 탐내고 어리석고 성내는 일을 한다. 인간이 이와 같이 몸으로 나쁜 일을 행하는 대신 불·보살의 행위인 수인手印을 하고, 입으로는 진리를 상징하는 언어인 진언을 염송하며, 마음으로는 언제나 부처님과 같이 삼매(samādhi)에 들어 본존인 법신法身 대일여래大日如來의 여러 가지 특징을 생각하는 것을 유상삼밀이라고 한다. 이렇게 밀교의 수행자가 삼밀을 행하는 동안 부처님(대일여래)의 좋은 특징과 같아지게 되고, 그 삼밀 수행의 힘이 부처님의 삼밀과 같이하게 되는데 이를 '부처님의 삼밀을 얻어 갖게 된다(加持)'라고 한다.

그리하여 중생의 삼밀 수행은 부처님의 삼밀과 동일하게 되어 중생과 부처가 서로 깨달음을 계기로 만나게 되고 중생과 법신法身이 둘이 아니게 된다. 이런 경지를 밀교에서는 '가지성불加持成佛'이라고 한다.

중생이 삼밀가지의 수행을 닦아 일단 가지성불을 하고 나면, 더 이상 별도의 결인과 특수한 진언의 지송持誦이 필요 없다고 한다. 성불의 입장에서는 육대법신과 사만상대四曼相大가 깨달은 자의 실체이므로 일체의 행위가 결인 아님이 없고, 모든 언어와 음성이 그대로 진언이요,

일체의 마음이 그대로 삼매인데, 이러한 경지를 '무상삼밀'이라고 한다. 따라서 중생은 그때부터 내는 모든 소리는 진언이고, 마음을 일으켜 생각을 내면 그것이 곧 묘관삼매妙觀三昧이며, 모든 행위가 모두 밀인密印을 이룬 것이다. 그리하여 깨달은 자의 일신삼밀一身三密 위에 우주만유의 덕상德相이 모두 갖추어져 우주법계와 한몸을 이루게 된다고 말한다. 이를 밀교에서는 대아大我라고 부른다. 밀교는 바로 이러한 즉신성불卽身成佛을 목적으로 하여 수행함을 원칙으로 삼는다.

3
동아시아 대승불교

1) 동북아불교의 성립과 특징

(1) 동북아불교의 원융사상

불교가 성립하고 대승으로 전개한 인도불교와는 달리, 우리나라를 비롯한 동북아 삼국의 불교는 대승불교를 일승불교로 확립하였다. 인도의 불교를 받아들여 한자문화권에서 대성시킨 점에서 동북아의 불교를 단순히 인도불교의 모방이나 형식적인 전승이라고 보아서는 안된다. 그들의 고유한 사상을 융합시켜 불교를 완전히 변모시켰으므로, 선종禪宗을 중심으로 하는 사상적 특색은 인도불교에서 그 기반을 구하기보다는 오히려 한역불교漢譯佛敎에 찾아야 하는 것이다.

동북아불교는 인도불교와는 사상적으로 커다란 차이를 보인다. 그 사상적 특색은 원융圓融이다. 원융이란 사물을 격력隔歷적인 관점으로 보는 것이 아니라 융합적으로 보는 태도이다. 이것은, 사물을 개별적으로 구별하는 방식이 아니라 하나로 통합하는 중도적 관점이다. 다른 말로 상즉불이相卽不二라고도 한다. 원융도 중도사상이지만 동북아에서는 그것을 궁극적으로 몰고 갔다. 그로 인해 동북아불교를 원융으로 대표시키기도 하고 일승불교라고도 일컫는 것이다. 사실 동북아의 불교사상은 무척이나 비非현실적이다. 그러나 그런 세간의 비판에도 아랑곳 하지 않고 오히려 현실을 제대로 담았다고 자평하면서 원융적 세계에 빠져 들어갔다. 그러한 태도는 '생사가 열반', '번뇌가 보리', '사바가 불토'라는 실상론實相論을 전개시키기에 이른다. 이런 실상론적 관점은 사물을 단순하게 파악하지 않고 양면적으로 또는 다면적으로 보는 것이다. 생사를 그대로 생사로 보는 곳이 아니라 오히려 반대로 열반으로 보는 것이다. 또한 번뇌를 그대로 번뇌로 보는 것이 아니라 도리어 보리로 보는 것이다. 이처럼 정반대로 보는 관점은 이전의 불교에서는 찾아보기가 힘들다. 따라서 인도의 정통적인 불교를 추구하는 불교도들 사이에서는 납득이 안되는 사상으로 외면받기도 하였다. 그러나 동북아에서는 불교가 그들의 노장老莊이나 유가儒家의 철학과 자연스럽게 융화되면서 이전과는 전혀 다른 사상을 만들게 된 것이다. 그들은 현실 제법을 상식적으로 풀어내는 것이 아니라 불가사의不可思議라 하며 비정상적으로 해석해 갔다. 하나의 사물을 다면적으로 조명하는 원융사상은 천태사상을 비롯하여 화엄사상 그리고 선사상 및 정토사상에 이르기까지 동북아불교의 사상적 기초가 된다.

그림 42 요진 삼장법사 구마라집의 부도탑, 중국 시안

(2) 불전佛典의 번역

중국에서는 오랜 세월 동안 온갖 부류의 불전을 적극적으로 번역하였다. 특히 후대에 성립된 진언眞言이나 다라니(dhāraṇī) 등 밀교계통의 전적을 제외하고는 거의 모두 번역하였다. 번역된 경전은 막대한 양에 이르고 그 내용도 흔히 8만 4천 법문이라고 할 정도로 풍부하고 복잡하다.

구마라집을 비롯한 여러 삼장三藏들의 노력으로 인하여 한문불교는 그 어느 불전보다도 많은 양을 보존할 수 있었다. 또 어떤 언어의 불전보다 거의 모든 부류의 불전을 다 망라한다고 해도 과언은 아니다. 원전의 본 뜻을 제대로 담기 위하여 불전을 역장에서 공동으로 번역하는 등 엄격하게 하였으므로 다른 불전과 비교해 보아도 질적으로 손색이 없다. 비록 범어梵語를 한문으로 번역한 것이기는 해도 불교를 이해하는 데에는 별다른 장애가 없었고, 이렇게 번역된 한적漢籍에 대해 수많은 찬술이 양산되면서 한문불교의 가치는 더욱 빛나게 되었다.

(3) 교상판석敎相判釋

중국의 경전 전래는 오랜 세월에 걸쳐 이루어졌다. 경전의 성립과정을 알 수 없었던 중국에서는 경전의 수입이 일정한 계획 아래서 이루어진 것도 아니고 번역도 산발적으로 이루어졌기 때문에 경전의 체계적인 분류가 요구되었다. 그리하여 남북조南北朝 시대부터 경전을 계획적으로 정리하고 분류하였는데, 이것을 '교상판석敎相判釋'이라고 한다. 이것은 불교경전을 연구하고 해석하는 중국 특유의 방법론이다. 이것은 단순히 외형적인 분류만이 아니고, 어느 경전이 불타의 근본적인 뜻을 나타내고 있는가를 결정하는 것이 주안이었다. 경전 하나하나를 말씀한 시기, 그 대상, 설법한 목적, 방법, 그리고 사상의 깊고 얕음 등을 연구한 끝에, 불타의 본뜻을 말씀한 경전을 선택하고 이를 기본으로 하여 다른 경전의 지위도 판정하였다. 이렇게 하여 경전을 몇 개의 부문으로 분류함과 동시에, 경전의 내용을 단계적으로 분류하였다. 따라서 불교 교리의 서열적 분류가 이루어지고, 마침내 불교의 교상이 조직적으로 체계를 갖추게 되었다. 교상판석은 극히 주관적인 견해로서 입교개종立敎開宗의 교리적인 근거로서 없어서는 안 될 정도로 중국불교에서는 큰 특색이 되었다. 그러므로 교판은 중국의 모든 종파에서 다투어 만들었지만, 후대로 내려가면서 자종自宗의 우월성을 입증하기 위한 수단으로 전락하여 교판의 본래 의미가 다소 훼손되기도 하였다.

  교상판석은 기본적으로 석존의 본의를 파악하려는 것이지 대승경전의 성립연구와는 무관한 것이다. 경전성립에 기반을 두는 근대적 불교 연구와는 결정적인 차이를 보인다. 따라서 근대적인 방법으로 불교학을 시작한 이래로 많은 비판을 받기도 하였다. 그럼에도 교판은 일체경을 석존의 진설로 보면서 종교적 진실을 파헤쳤고 각고의 노력 끝에 상당한 교학적 성과를 거둔 것도 부인할 수 없는 사실이다.

(4) 천태와 화엄의 교판

  중국의 교상판석을 대표하는 것은 오시팔교五時八敎이다. 이것은 천태종天台宗의 실질적인 확립자인 천태지의(天台智顗, 538~597)에 의하여 이루어졌다. 이 교판은 당시의 교판과 같이 일체의 경교를 붓다의 진설로 보고 그것을 체계적으로 분류한 것이다. 그러나 이것은 당시에 쓰이고 있던 교판을 보충하고 보완한 것으로서 독창이라고 단언할 수는 없다. 그렇지만 일찍이 중도사상의 가치를 깨달은 천태대사가 오시五時와 팔교八敎를 가지고 불교를 종횡으로 조직하면서 원융적인 중도사상으로 뚜렷하게 내세운 것이다. 이것으로 인하여 중국에서는 불교이해를 새롭게 하게 되었고, 그로 인해 동북아불교는 인도불교의 권역에서 벗어나 그들만의 고유한 방식으로 불교를 새롭게 창출해가게 되었다.

오시팔교는 경전을 부류, 교화방법, 교화내용 등 세 가지 측면을 구성된다. 오시란 불교의 모든 경교經敎를 전체적으로 총괄하면서 석존의 설법을 설법시기에 따라 다섯 단계로 배열한 것이다. 오시는 화엄경을 설하는 제1 화엄시華嚴時, 아함경을 설하는 제2 아함시阿含時, 유마경과 같은 대승경전을 설하는 제3 방등시方等時, 반야경을 설하는 제4 반야시般若時, 법화경과 열반경을 설하는 제5 법화열반시法華涅槃時로 나뉜다. 이것은 붓다의 교화과정을 서술한 것으로서 역사적인 사실과는 무관하다. 천태는 이런 별오시別五時의 관점외에도 통오시通五時를 함께 설명하였다. 오시를 단계적으로 순서적으로 보는 것이 별오시라면, 통오시는 각각의 시기에 다른 시기가 포함되어 있다고 공통으로 보는 것이다. 가령 화엄에 법화가 설해지고, 법화에 화엄이 설해진다는 식이다. 비록 경전의 부류를 다섯 시기로 나누었지만 결론적으로 보면 모든 경전은 각각의 역할이 있지만 하나도 빠짐없이 다 중요하다는 뜻이다. 이것은 학파나 종파에 따른 우열의식으로 인해 자칫 범할 수 있는 교학적인 치우침을 보정하는 구조적인 장치인 셈이다.

다음으로 팔교는 화의사교化儀四敎와 화법사교化法四敎를 합한 것으로서 일체의 교설을 교화방법과 내용에 따라 분류한 것이다.

교화방법의 분류인 화의사교는, 단박에 깨우치게 하는 돈교頓敎, 점차적으로 깨우치게 하는 점교漸敎, 이 두 가지를 함께 설하지만 대중들이 그것을 아는 경우인 부정교不定敎, 두 가지를 다 함께 설하지만 대중들이 그것을 알지 못하는 경우인 비밀교祕密敎의 넷으로 이루어져 있다. 결국 돈, 점, 비밀, 부정의 사교는 모든 경우의 교화방식을 망라하는 구성이다.

석존의 교화내용을 분류한 화법사교는, 기본교설로서 초기법문인 장교藏敎, 대승의 초급법문인 통교通敎, 대승의 중급법문인 별교別敎, 대승의 고급법문인 원교圓敎로 단계적으로 이루어져 있다. 화법의 네 가지 가르침 가운데 원교를 불승佛乘이라 하면서 불교사상의 극치로 평가한다. 일승의 원교는 일체 경교가 모두 가치가 있다는 제법실상의 이치를 바로 구현한 것으로서, 이로 인해 장통별원은 우열을 떠나 모두 최고의 가치를 지니게 된다.

이처럼 천태의 교판은 기본적으로 붓다의 교설을 완전하게 본다. 오시를 비롯하여 화의사교와 화법사교는 유기적인 관계를 가지면서 중도적으로 이루어져 있다는 점을 역설하면서 대승경전은 붓다의 진설로 완전히 보증받았다. 이것은 천태대사의 중도적 깨달음을 그대로 반영한 것이다. 이로 인해 단지 우열판정에 지나지 않던 교판의식을 붓다의 본의로 되돌리게 되었다. 당시까지의 교판은 경교의 높낮이를 판정함으로써 자신이 소의로 하는 경교가 우월하다는 점을 내세우는 것에 목적이 있었으므로, 이러한 왜곡된 교판을 시정코자 한 것이 천태의 의도인 셈이다. 이러한 오시팔교가 고려 제관법사의 『천태사교의』에 의해서 완성되었다는 사실과, 조선 초에 『월인석보』나 『석보상절』과 같은 석존의 일대를 엮은 불교개론서가 오시로 구성되었다고 하는 점은 우리에게 각별한 의미를 갖는다.

교상판석은 화엄사상에서도 이루어졌다. 중국의 화엄사상은 지엄(智儼, 602~668)의 제자인 현수법장(賢首法藏, 643~712)에 이르러 발전하게 되었다. 법장은 불교를 『화엄경』을 중심으로 체계적으로 조직하면서 오교五教의 교상판석을 세웠다. 그 오교란 소승교小乘教·대승시교大乘始教·대승종교大乘終教·돈교頓教·일승원교一乘圓教이다. 이 가운데 일승원교가 석존의 가장 구극적인 교설이라 구분하면서 이 원교를 『화엄경』이라고 보았다. 이 판정은 『화엄경』의 위상을 유일무이한 경전의 반열로 올려놓았던 것이다. 따라서 화엄의 교판은 석존의 진의를 찾고자 하는 점보다 『화엄경』의 위상에만 치중하게 된 것인데, 이것은 후대에 성립하여 『화엄경』을 소의로 하는 종파적 입장으로서는 어쩔 수 없는 선택이기도 하다.

이처럼 천태나 화엄의 교판은 대체적으로 성문승, 연각승, 보살승, 불승으로 나눈 가운데 불승을 원교로 명명하면서 그 극설로 삼고 있는데, 원교는 중도의 세계로서 대승의 극치로 인정된 것이다. 비현실성을 띄고 있는 원교圓敎가 비현실적인 교설임에도 불구하고 천태와 화엄을 비롯하여 중국의 모든 종파에서는 이것을 불교의 중심사상으로 삼는 것이다.

2) 천태사상

(1) 원융과 제법실상諸法實相

동북아 불교사상의 기반은 원융사상이다. 천태사상을 비롯하여 화엄사상 및 선수행과 정토신앙은 모두 원융사상을 기반으로 한다. 원융이란 일체의 사물을 융합적으로 보는 태도이다. 일체를 이원론적으로 보는 것이 아니라 일원적으로 보는 것이다. 천태사상은 화엄사상과 더불어 가장 대표적인 대승사상으로서, 중도를 기초로 하여 조직하고 체계화한 것이다.

천태의 대표적인 사상인 원융삼제와 일념삼천 등은 모두 원융사상임은 말할 것도 없고, 화엄의 십현연기나 육상원융도 모두 그러하다. 나아가 정토사상과 선사상 그리고 동북아의 진언밀교나 계율도 모두 그러한 것이다. 원융사상이란 대승사상의 귀결로서 중도론의 구극적 결말이다.

천태사상은 『법화경』을 그 소의경전으로 삼는데, 『법화경』은 모든 것에 절대의 가치를 부여하는 경전이다. 달리 말하면, 만물에 절대의 가치를 인정하는 제법즉실상諸法卽實相의 사상을 천명한 것이다. 제법실상이란 만물이 그대로 절대이며 실재라는 것이다. 현상 그대로가 본체라고 하는 말도 된다. 삼라만상의 그대로 모습은, 그대로가 현상차별의 모습이지만, 이 현상차별의 모습이 그대로 본체의 평등상이라고 하는 것이다. 평등 중에 차별을 포섭하고 차별 중에서 평등을 포섭하고 있는 것이다.

그런데 이런 중도실상이라고 해도 격력의 입장에서 고찰하는 중도와, 원융의 입장에서 고찰하는 중도로 나뉜다. 격력적 중도는 유무有無와 대립하는 상대적 중도로서, 유무와 함께 할 수 있는 절대적 중도가 아니다. 이에 반해 원융적 중도는 유무를 포섭하는 중도로서, 유무와 대립하는 상대적 중도가 아니다. 이 두 가지는 같은 중도지만 매우 판이한 것이다. 쉽게 말하면 격력적 중도는 비중도非中道가 결코 아니지만 원융적 중도는 바로 비중도이다. 비중도를 절대 허용하지 않는 격력적 중도는 인도불교에 일관하는 것이라면 비중도를 수용하는 원융적 중도는 동북아시아불교를 관통하고 있는 것이다.

(2) 원융삼제圓融三諦

원융삼제圓融三諦란 천태사상의 대표적인 근간이다. 이것은 불교를 구성하는 공가중 삼제가 원융하다는 것으로서, 세 가지 진리가 하나라는 뜻이다. 세 가지 진리란 공空·가假·중中의 삼제를 말한다. 그 어떤 존재의 본질도 인정되지 않는 것을 공제空諦라고 한다. 공제의 입장은 존재를 본질적으로 부정하고 그 부정을 통하여 모든 것을 동일하게 보게 된다. 그러나 그것만으로는 사물을 제대로 보는 것이 아니다. 왜냐하면 공임에도 불구하고 현상적으로는 다양한 차별상을 분명히 드러내기 때문이다. 이 무시할 수 없는 천차만별의 현상적인 측면을 가제假諦라고 한다. 이처럼, 한편으로 모든 존재를 공이라 부정하고 또 한편으로는 모든 존재를 가라고 긍정하는, 이 두 가지 입장에서 자연스럽게 중제가 자리 잡게 된다. 이처럼 삼제로 정립되는 가운데 격별적인 삼제는 원융의 의미로 바뀌어진다. 공제 가운데 가제와 중제를 포함하고, 가제 가운데 공제와 중제를 포함하며, 중제 가운데 공제와 가제를 포함하고 있는, 세 가지 측면이 혼연일치가 된 곳에 원융삼제의 경지가 드러나는 것이다. 이것은 일경一境에 삼제三諦가 갖춰진 상태를 달리 표현한 것이다. 이것을 즉공卽空·즉가卽假·즉중卽中의 삼제라고 한다. 이런 삼제를 일념심에서 관찰하는 것을 '일심삼관'이라 하여 우리들의 일념심을 그대로 원융삼제로 관찰하는 것이다.

(3) 일념삼천―念三千

   화엄의 일체유심조―切唯心造와 같은 원융사상을 가지고 세운 교설이 천태의 일념삼천―念三千이다. 일념삼천에서, 일념은 한순간 혹은 한 찰나의 마음을 의미하는데, 그 일념 가운데 삼천의 세계가 갖춰진다는 세계론이다. 한 생각[―念心]이란 범부의 순간적인 마음 즉 느끼고[受] 생각하고[想] 작용하고[行] 분별하는[識] 마음을 가리킨다. 여기에 삼천이라고 하는 삼라만상이 한 순간에 갖추어져 있다는 것이다. 삼천이라는 수는 십법계十法界와 십여시十如是 및 삼세간三世間을 곱한 것이다. 우주만상을 삼천이라고 숫자화한 것은 다음과 같다. 먼저 지옥地獄·축생畜生·아귀餓鬼·수라修羅·인간人間·천상天上 등 미혹된 여섯 세계와 성문聲聞·연각緣覺·보살菩薩·불佛 등 깨달음의 세계를 합해 십계十界가 된다. 가장 수승한 세계를 비롯하여 가장 하열한 세계를 순차적으로 배열한 것이다. 그런 십계에 다시 십계가 겹쳐 있으므로 합하여 백계가 이루어진다고 한다. 이것이 십계호구十界互具이다. 말하자면 인간계人間界에는 인간을 비롯하여 천상·지옥·아귀·축생·수라 그리고 성문·연각·보살·부처가 존재하고, 불계佛界에도 불계뿐만 아니라 지옥계도 존재하며, 지옥계에도 지옥뿐만 아니라 일체가 다 존재한다는 뜻이다. 쉽게 말하면 어떤 사람이라도 선심과 동시에 악심이 다 갖추어져 있다는 것이고, 심지어는 불보살, 연각, 성문의 깨달음의 세계도 다 갖추어져 있다는 것이다. 어떤 세계라고 해도 일방적으로 단정할 수 없다는 것이다.

   그런데 이 백계百界는 하나하나마다 열 가지 범주[十如是]로 이루어져 있다고 한다. 이 열 가지 범주는 상相·성性·체體·력力·작作·인因·연

(如是緣)·과과果·보보報·본말구경등本末究竟等이다. 십법계의 주체는 형상을 비롯한 일체를 다 갖추고 있다는 것이다. 이 열 가지 범주가 말하는 것은, 불계에서 지옥까지의 열 가지 세계가 독자적인 상·성·체·역·작·인·연·과·보·본말구경등을 가진다는 것이다. 구체적으로 말하면 십계의 중생은 인간처럼 다 생존하면서 활동한다는 것이다. 우리가 생각하는 인간위주의 세계관을 근저에서 부정하면서 경전에 기초한 구성으로 세계를 재건립한 것이다.

또 이러한 십여시十如是가 백계 하나하나에 갖추어져 있으므로 천여千如가 된다. 또 이 천여千如는 오온세간五蘊世間·중생세간衆生世間·국토세간國土世間 등 삼종세간三種世間이 있으므로 합하여 삼천이 이루어지게 된다. 세계를 구성하는 기본 요소인 오음五陰과 그것으로 이루어진 주체적인 중생 그리고 그 중생이 살고 있는 환경인 국토 등 세 가지 세간이 백계천여百界千如에 갖추어져 있다는 것이다. 이것은 우리의 현실과는 커다란 차이가 있다. 비현실적인 세계관인 것이다. 찰나의 일념에 삼라만법이 존재하고 게다가 일사불란한 상태에서 정연하게 개별적인 모습을 가진다는 것이다. 대자연의 미묘한 불가사의한 작용을 삼천이라는 숫자에 의해 표현한 것이다. 단순하게 말하면 자신이 그대로 우주라는 얘기다. 이것은 깨달은 이만이 실현할 수 있는 세계가 아니라 일체중생이 모두 그렇게 구현하고 있다는 것이다. 따라서 일체중생은 모두 무한한 능력을 가지고 있는 존재인 셈이다. 우주의 창조와 소멸을 바로 당신이 이루어낸다는 것이다. 이런 무한한 자유로 인해 순식간에 부처님세계에도 올라갈 수 있고 또 지옥세계에도 떨어질 수 있다고 한다. 이것이 바로 우리 삶의 진면목이라는 것이다. 행자라면 이것을 이해하고 믿고 따라야 하는 것임에도 불구하고 이런 일념삼천의 놀라운 세계를 우리 범부로서는 쉽게 다가가지 못한다. 그러므로 천태는, 반드시 수행을 필요로 한다고 한다. 이런 점에서 천태에서는 수행에 대해 특히 강조하는 것이다.

(4) 천태지관天台止觀

천태는 이론과 실천을 모두 중시하고 있다. 대개는 이론만을 중시하거나 혹은 실천하는 데만 치중하지만 천태는 교상문과 관심문을 '새의 두 날개' 또는 '수레의 두 바퀴'라고 일컬을 만큼 교상과 지관의 일치를 그 기치로 삼고 있다. 이런 교관일치는 천태대사의 일생 가운데 비교적 늦은 시기에 나타나지만 이것은 천태의 특성으로 인정되고 있다. 사실 천태대사의 전반기에는 교상은 전혀 나타나지 않고 오로지 지관止觀이나 선禪만 나온다. 그 가운데에서도 초기에는 실천법을 '선(禪, dhyāna)'이라고 하였으나, 후기에는 '지관止觀'이라고 바뀐다. 지관의 지(止, śamatha)는 모든 심상心想을 정지하고 무념無念에 머무르는 것이고, 관(觀, vipaśyanā)은 망상妄想의 산란한 마음을 멈추고 참된 지혜가 나타나서 존재의 참모습을 관찰하는 것이다.

그런데 인도에서 중국으로 넘어오면서 교상과 같이 지관도 격력적 지관에서 원융적 지관으로 변모한다. 지관도 동북아에서는 대승화되고 일승화되는 것이다. 천태는 대승의 교관을 삼종교상三種敎相과 삼종지관三種止觀으로 나누고 있다. 즉 돈·점·부정의 삼종교상과 돈·점·부정의 삼종지관이 그것이다. 점차지관은 점차적으로 닦아가는 지관법이고, 원돈지관은 단박에 깨닫는 지관법이며, 부정지관은 양자를 교대로 또는 교차로 닦아가는 방식이다. 천태대사는 세 가지 모두를 중시하였으나 이후에는 원돈지관만이 동북아의 대표적인 선관으로 자리잡게 된다.

천태에 의하면, 원돈의 지止와 관觀으로 원융삼제의 진리가 바로 드러나게 되며, 또 일념삼천이라는 원융적 세계를 깨달을 수 있다고 한다. 지관은 마음을 관찰하는 것이고, 마음을 관찰하는 방법에는 사종삼매四種三昧가 있다. 또 그것을 구체적으로 닦는 방법으로 이십오방편二十五方便과 십승관법十乘觀法이 마련되어 있다고 한다.

사종삼매란 마음을 하나의 대상에 오로지 집중하여 바른 지혜를 얻기 위한 실천의 방법이다. 그것을 동작의 형식에 따라 네 가지로 나눈 것이다. 말하자면 상좌常坐, 상행常行, 반행반좌半行半坐, 비행비좌非行非坐의 삼매三昧이다. ① 상좌삼매常坐三昧는 일정 기간 앉은 채로 진리를 관찰하는 좌선의 방법을 말한다. ② 상행삼매常行三昧는 일정 기간 도량 안의 불상의 주위를 걸으면서 아미타불阿彌陀佛의 명호를 염창念唱하는 경행經行의 방법을 말한다. ③ 반행반좌삼매半行半坐三昧는 일정 기간 불상의 주위를 돌기도 하고 좌선도 하는 두 가지 수행을 병행하는 방법을 말한다. ④ 비행비좌삼매非行非坐三昧는 위의 세 가지 삼매 이외에 어떤 동작 즉 행行·주住·좌坐·와臥, 즉 다니고 머물고 앉고 눕는 어느 동작이든 관계없이 닦는 경우와 일정한 경전에 의거하여 닦는 경우가 있다.

인도의 선정은 고요한 나무 밑이나 굴속에서 행하는 좌선坐禪이었고, 여기에 결가부좌結跏趺坐라는 특수한 좌법坐法까지 발전되었지만, 중국적 선관은 행주좌와行住坐臥·어묵동정語默動靜에 구애받지 않고 언제 어디서나 또는 무엇을 하거나 간에 수행을 가능케 한 것이다. 어떤 동작에서도 마음을 응시하여 지혜가 나타나도록 하는 것이 사종삼매의 조직이다. 사종삼매는 원융중도에 기반을 두는 것으로서 구체적인 행법으로 제시한 것이 십경十境과 십승관법十乘觀法이다. 현실적인 십경을 이상적인 십승관법으로 관찰하는 관법이 바로 천태의 대표적인 원돈지관이다. 번뇌덩어리로서의 삶을 광대무변한 우주법계로 부사의하게 관찰하는 것이다. 하찮은 것을 그대로 하찮게 보는 것이 아니라 상상이상으로 고귀하게 관찰하는 경이로운 시각이다. 이것이 바로 붓다의 안목이어서 그렇게 바라봐야만 붓다의 세계를 온전히 드러낼 수 있다고 한다.

3) 화엄사상

(1) 법계연기法界緣起

화엄사상華嚴思想은 중국불교에서 『화엄경』을 소의경전으로 하여 종파로 전개된 사상을 말한다. 우리나라에서도 삼국시대를 비롯하여 통일신라기와 고려시대 및 조선시대에 그 빛을 성대하게 발하였고, 일본에서도 적지 않은 사상적 영향을 발휘하였다.

화엄사상도 천태사상과 마찬가지로 중국의 사상적 특성인 원융사상을 유감없이 발휘하고 있다. 원융이란 대승경전 가운데에서도 특히 『화엄경』의 사상을 가리키는 것으로서 『화엄경』의 고유한 사상이라고 한다. 원융사상은 하나에 하나이외의 다른 것이 모두 융합되어 있다는 사상으로서 법계연기나 "일즉다一卽多 다즉일多卽一" 또는 "하나 속에 일체가 있고 일체 속에 하나가 있으며, 하나가 곧 일체요 일체가 곧 하나라[一中一切 一切中一 一卽一切 一切卽一]"는 경설에 기반하고 있다.

화엄의 교판인 오교십종판五教十宗判에 의하면, 구극적 교설을 원교로 보고 있다. 물론 이때에는 『화엄경』만의 세계를 원교로 보고 있는 것은 천태교판과의 차이이다. 천태교판에서는 모든 대승경전에 다 원교가 있다고 하지만 화엄사상에서는 오직 『화엄경』만이 원교로 되어 있다고 하기 때문이다. 어찌 되었든 간에 천태나 화엄은 모두 원교라는 명칭으로 대승의 궁극적인 교설을 표시하고 있다.

중중무진의 법계연기(重重無盡의 法界緣起)는 화엄사상의 특징이다. 중중무진의 법계연기에 의하면, 이 현상세계現象世界는 법신인 비로사나불毘盧舍那佛이 현신顯身한 것이기에 그대로 법계라고 한다. 그리고 법계는 한 티끌[一微塵] 속에 세계 전체를 담고 있으며, 한 순간은 영원하다는 상즉상입의 구조로 설명하고 있다. 즉 하나만 들어도 전 우주가 다 들리고, 전체가 개개의 사물 속에 포함되며, 서로 주종主從이 되어 무한히 관계를 맺고 융합되며 서로 작용을 주고받는다는 것이다.

(2) 사종법계四種法界

화엄사상은 세계관을 사종법계四種法界라 하여 법계를 네 가지로 설명하고 있다. '법계(法界, dharma-dhātu)'란 의식意識의 대상이고, 이것을 현상과 본체의 양면으로 구별하면 네 가지로 나누면, 사법계事法界·이법계理法界·이사무애법계理事無礙法界·사사무애법계事事無礙法界로 된다고 한다.

첫째는 사법계事法界로서 우주의 현상으로서 차별있는 세계를 가리킨다. 온 우주의 사물은 낱낱이 인연에 의하여 화합된 것이므로 제각각 구별되는 것이다. 둘째는 이법계理法界이다. 우주의 본체로서 평등한 세계를 말한다. 우주의 사물은 그 본체가 모두 진여(眞如, tathātā)라는 것이다. 셋째는 이사무애법계理事無礙法界이다. 이理와 사事, 즉 본체계本體界와 현상계現象界가 관계없는 것이 서로 떨어져 있는 것이 아니라 상호 관계 속에 있음을 말한다. 넷째는 사사무애법계事事無礙法界이다. 현상계의 그 자체가 절대적인 진리의 세계라는 뜻이다. 모든 사물에는 개체가 있고 또 작용이 있으며 제각기 연기하고 있지만, 사事와 사事를 서로 상대시켜 보면 다연多緣이 서로 상응하여 일연一緣을 이루고 있다. 또 일연은 널리 두루 다연을 도와서 서로 그 역용力用이 교류하게 되고, 사사무애하고 중중무진이 되는 것이다.

사사무애법계관事事無礙法界觀에 따르면, 일체의 존재는 다른 존재와 상즉상입相卽相入 관계에 있기 때문에 하나(一)를 들면 그 밖의 것[多]은 그 속에 수용되며, 하나를 주主로 하면 그 밖의 것은 반伴이 되어 일체는 하나로 이루어지게 되고, 차별적인 세계도 그대로 원융적인 세계와 하나가 된다고 한다.

사법계 가운데 특히 사사무애법계를 '무진연기無盡緣起'라 하며 또 '법계연기法界緣起'라고 하여 화엄의 대표적인 법계로 삼고 있다. 이 사사무애법계를 기반으로 하여 화엄의 사상이 펼쳐져 있다. 이 법계를 조직적으로 체계적으로 관찰하여 설명하는 것이 십현연기十玄緣起와 육상원융六相圓融의 사상이다.

(3) 십현연기十玄緣起

십현연기는 법계연기관으로서 『화엄경』의 깊은 진리를 드러내고 있다. 초기불교의 연기론 그대로가 아니라 대승의 연기론으로서 초기불교의 연기론을 대승적으로 재해석한 것이다. 따라서 일반적 연기론으로 다가선다면 이해하기 어려울 정도로 사상적 차이가 매우 크다. 그렇지만 대승의 연기론을 받아들일 수 있다면 심묘한 대승의 연기론에 의해 불교가 지닌 놀라운 경지에 경외심마저 품게된다. 화엄에 의한 불교관은 비현실적으로 비춰지지만 그것이야말로 원융적인 대승사상이라 생각한다면 십분 이해될 수 있을 것이다.

십현연기는 동시구족상응문·일다상용부동문·제법상즉자재문·인다라미세경계문·미세상용안립문·비밀은현구성문·제장순잡구덕문·십세격법이성문·유심회전선성문·탁사현법생해문이다.

① 동시구족상응문同時具足相應門 : 법계는 공간적으로 무변한 것이고 시간적으로는 무한한 것으로서 모든 현상은 천차만별이지만 시간적으로나 공간적으로나 서로 의지해 성립하고 동시에 갖추고 상응하며, 원만하게 조화를 이루고 있다는 것이다.

② 일다상용부동문一多相容不同門 : 일一과 다多는 전혀 다른 것으로서 서로 용납할 수 없는 것이지만, 일一 가운데 다多, 다 가운데 일이 아무런 장애없이 서로 받아들이는 것을 말한다. 그러면서도 개개 자신은 서로 다른 모습을 잃지 않는다는 것이다.

③ 제법상즉자재문諸法相卽自在門 : 일一과 일체一切가 서로 상즉相卽하고 자재自在한 것을 가리킨다. 일과 일체는 상즉이므로 동체同體와 이체異體가 포함되어 있으나 일체법一切法이 바로 일법一法이고 일법이 그대로 일체법이므로 완전히 일여一如하는 것을 말한다.

④ 인다라미세경계문因陀羅微細境界門 : 삼라만상森羅萬象은 하나하나가 서로 다른 것을 비춤에 있어서 중중무진重重無盡이라는 것이다. 마치 제석천帝釋天 궁전의 보주망寶珠網처럼 그물눈에 꿰여 있는 보배

구슬이 서로 비춰주고 있음을 비유한 것이다.

⑤ 미세상용안립문微細相容安立門 : 상입相入을 말하는 것이지만 일다상용부동문과 다른 점은 특히 자상自相을 파괴하지 않는 것이다. 하나하나의 현상에서 일一이 다多를 융섭하더라도 대소大小가 흐트러지거나 일과 다가 파괴되지 않는다는 것이다.

⑥ 비밀은현구성문祕密隱顯俱成門 : 일一이 유有로 드러나게 되면 다多는 공空이 되어 숨게 된다는 뜻이다. 이처럼 은隱과 현顯이 서로 간에 동시적으로 이뤄지는 것을 말한다.

⑦ 제장순잡구덕문諸藏純雜具德門 : '광협자재무애문廣狹自在無礙門'이라고도 하는데, 공간적으로 광廣과 협狹은 대립하고 모순이지만, 그것들이 상즉상입하여 자재하게 서로 융화되어 서로 방해하지 않는 것을 말한다. 수행에 있어서 일과 다의 행이 서로 즉입하므로 순일한 행 가운데 복잡한 행이 갖춰지면서도 서로 장애하거나 장애받지 않는다는 것이다.

⑧ 십세격법이성문十世隔法異成門 : 과거·현재·미래 삼세 각각에 과거·현재·미래의 삼세가 있으므로 구세九世가 되고, 그 구세는 일념으로 포섭되며 또 일념을 열면 구세가 되므로 모두 합하여 십세十世라고 하는 것이다. 이 십세는 시간적으로는 전후가 있으나 일념을 벗어나지 못하므로 일념으로 드러낸다는 것이다. 십세의 장단이 자재하게 원융하며 상즉상입하지만 그러면서도 전후장단前後長短의 구별이 뚜렷하여 질서가 정연한 것을 말한다. 일념을 펴면 무량겁이 되고 무량겁을 말면 일념이 된다는 점에서 염겁念劫이 융즉融卽한다는 뜻이다.

⑨ 유심회전선성문唯心廻轉善成門 : 어떤 하나의 현상이 주主가 되면 나머지 모든 현상은 반伴이 된다는 것이다. 이처럼 서로 주가 되고 반

이 되어 모든 덕을 원만히 갖추는 것이므로 '주반원명구덕문主伴圓明具德門'이라고도 한다.

⑩ 탁사현법생해문託事顯法生解門 : 사사물물事事物物은 무릇 다 무진연기無盡緣起의 진리이므로, 상즉상입하는 무애한 모습은 일체 모든 현상에서 이뤄진다는 것이다. 구체적으로 차별의 현상계를 의지하여 진리를 나타내 요해의 지혜를 내게 한다는 뜻이니, 현상계의 사물 그대로가 진리라는 것이다.

이것을 정리하면, 현세에 과거와 미래가 다 함께 동시에 있음을 뜻하고, 모든 사물이 서로 차별하는 일이 없이 일체로 되어 있으며, 일一은 일을 지키고 다多는 다를 유지하지만, 일과 다가 서로 포섭하고 융합한다는 것이며, 또한 이 때 일이 없으면 일체가 없으며, 일이 있으면 일체가 있다는 것이다. 이 원리는 이 우주 전체가 하나의 통일적 유기적 화합체라는 전제를 바탕으로 전개한 것이다.

(4) 육상원융六相圓融

법계연기론에 의해 펼쳐지는 것이 십현연기와 더불어 육상원융이다. 육상원융은, 사물에 갖추어진 총상總相·별상別相·동상同相·이상異相·성상成相·괴상壞相의 육상六相이 서로 방해하지도 받지도 않으면서 전체와 부분, 부분과 부분으로 일체로 되어 원만하게 융화되어 있다는 것이다.

연기로 이루어진 존재는 반드시 여러 연이 모여 성립된다는 전제하에 설명된다. 그러므로 거기에 이루어진 총상은 부분을 총괄하여 전체를 만든다고 한다. 또 별상은 전체를 구성하고 있는 부분인데, 이것은 총상에 의지하여 원만하고 완전하게 이루어진다고 한다. 총상이 없으면 별상이 없으니, 총상 밖에 따로 별상이 있는 것이 아니므로 총상과 별상은 서로 유기적인 관계에 있다는 것이다. 동상은 별상의 하나하나가 서로 조화되어 모순되지 않고 성립된 힘도 균등하다고 한다. 이상은 별상이 서로 혼동되지 않으면서 제각각 제 모양을 잃지 않고 조화롭게 있다는 것이다. 성상은 별상이 각각 다르기에 총상을 이루어 간다는 것이다. 이것은 단지 부분이 모인 것이 아니고 유기적인 관계를 가지며 한테 모여서 전체를 만든다는 것이다. 괴상은 별상이 총상을 이루면서도 별상은 각각의 제 모양을 가지고 총상과 섞이지 않는 것을 가리킨다.

육상의 대강은 이러하지만, 화엄의 법장法藏은 이것을 집[屋舍]에 비유하여 다음과 같이 설명하고 있다. 가령 총상은 기둥·서까래·대들보 등을 총괄하는 것이라면, 별상은 기둥·서까래·대들보 그 자체이다. 또 동상은 기둥·서까래·대들보 등이 서로 어우러져 집을 이루는 것이라면, 이상은 기둥·서까래·대들보 등은 각각 다른 독립된 것이다. 또 성상은 기둥·서까래·대들보 등이 인연하여 집을 완성하는 것이라면, 괴상은 기둥·서까래·대들보 등이 각각 자기 본 모양을 지키며 제각각 기능을 하고 있는 것이다. 이 육상의 관계를 체體·상相·용用으로 나누어 보면, 총상과 별상은 연기의 체, 동상과 이상은 연기의 상, 성상과 괴상은 연기의 용이라고 한다.

육상원융은, 모든 존재는 전체와 각 부분이 서로 원만하게 융합되어 있으며 또한 각각의 부분도 서로 원만하게 융합되어 있다는 것이다. 이 원리는 다수의 개별적 존재들로 구성된 전체가 시간적으로나 공간적으로 연기緣起로 이루어져 있으며, 그 연기가 서로 장애를 일으키지 않는 무애無礙의 경계에 있는 것을 말한다. 이 원리는 한 개인, 한 집안, 한

단체, 한 사회, 한 국가, 한 민족, 인류 전체, 우주 전체에 이르기까지 적용될 수 있다는 현대적 의의가 있다.

육상원융은 또 원융圓融과 항포行布의 뜻이 있다고 한다. 이에 의하면 총상·동상·성상의 삼상은 '원융문圓融門'이고, 별상·이상·괴상의 삼상은 '항포문行布門'이라고 한다. 또 원융문은 '평등문'이고, 항포문은 '차별문'이라고 한다. 원융문은 통일, 동질, 완성의 모습이고, 항포문은 분열, 이질, 파괴의 모습이라고 한다. 이 원융문과 항포문은 상호의존적인 관계로 이루어진다고 한다. 무차별을 나타내는 원융은 차별을 나타내는 항포를 떠나 있는 것이 아니고, 또 항포도 원융을 떠나 있지 않다. 그러므로 원융이 곧 항포이며 항포가 곧 원융이 된다. 여기에서 무진법계의 연기가 전개된다고 하는 것이다.

『화엄경』에서 설하는 연화장세계蓮華藏世界는 현상계와 본체계, 또는 현상과 현상이 서로 대립하는 모습을 지니면서도 서로 융합하여 끝없이 전개되는 역동적인 생명체라고 할 수 있다. 이 연화장세계에서는 『화엄경』의 주불主佛인 비로자나불毘盧遮那佛이 대광명을 비추어 조화를 이루고 있다. 『화엄경』은 우주법계의 질서를 중도적으로 표현한 경전이다. 그런데 이런 화엄의 원융사상은 통일국가의 지배원리로도 해석되었다. 화엄의 가르침은 서로 대립하고 갈등을 거듭하는 국가와 사회를 정화하고, 사람들의 대립도 지양시키는 교설로 활용된 것이다. 원융사상은 중국이나 우리나라와 같은 전제 왕권국가의 정치체제를 뒷받침하는 역할을 담당하였던 것이다.

화엄사상은 일찍부터 우리나라에 전래되었고, 그 어떤 사상보다 중시되면서 한국불교사상의 전통으로 자리잡게 되었다. 화엄사상을 이 땅에 크게 진작시킨 이는 의상대사로서, 통일신라기에 화엄의 진리가 뿌리가 내린 이래로 고려시대를 비롯하여 지금까지도 큰 영향을 미치고 있다.

(5) 천태와 화엄

대소승을 막론하고 선정禪定을 실천수행법으로 삼지 않는 종파는 없다. 천태지관이 관심觀心과 원융사상에 기반하는 것처럼 화엄의 수행관도 이에 의해 펼쳐져 있다. 천태의 일심삼관一心三觀이나 화엄의 일심법계관一心法界觀은 물론이고 심지어는 타력신앙他力信仰이라고 불리는 정토의 교의에도 선정적 요소가 내포되어 있다. 이러한 의미에서 선사상은 선종이라는 한 종파에 국한되지 않고, 모든 불교종파에 공통하는 것이라고 한다. 선관사상의 비약적인 발전은 동북아에서 이루어지며, 특히 보리달마菩提達磨의 내동(來東 : C.E. 470)에서 비롯된다고 한다. 그렇지만 달마가 동쪽으로 오기 이전에도 구마라집 삼장三藏이나 불타발타라에 의해 많은 선적禪籍이 역출되었고, 선법禪法의 발전은 계속되어 왔다. 그러던 것이 교학의 정점이라는 천태와 화엄에서 수용되면서 교리에 따른 선관이 정립하게 되었다. 물론 수행과 신행의 사상과 체계를 전문적으로 발전시킨 것은 선종과 정토종이고, 이들은 이전과는 비교가 안 될 정도로 종파적으로 크게 발전하였다. 그렇지만 양대 교학의 선관과 정토신앙도 불교가 동북아에서 유력 종교로 되는데 일조를 하였다.

천태와 화엄은 동북아 불교의 양대 산맥이다. 이 두 사상은 원융과 관심觀心이라는 측면을 서로 공유하고 있지만 여러 측면에서는 구별된다. 강남에서는 천태가 흥기하였지만, 강북에서는 화엄이 대세를 이루며 각각 그 사상을 발전시켜 왔다. 또한 우리나라에서는 화엄이 번성하고, 일본에서는 천태가 성행한 것도 그 사상적 차이를 극명하게 대변하고 있다. 원융사상에 기반한 사상은 인간과 세계에 대한 완전성을 표방한다. 그리고 그것은 현실을 중도적으로 엮는 능력을 발휘하였다. 상즉불이相卽不二의 교리는 과도하게 비현실적으로 비쳐지지만 대승의 절대적 세계를 묘사함에 있어서는 추호의 부족함이 없다. 궁극적인 실재를 완벽하게 그려내고 있는 것이다.

천태는 6세기에 성립하였고 화엄은 7세기에 이루어졌으므로, 약 백년 간의 시차를 두고 있지만, 각각의 원융사상은 남조와 북조의 불교사상을 대표하고 있다. 선종과 정토종 그리고 율종이나 밀종와 같은 종파도 이들의 원융사상에 영향을 받았다는 것은 말할 나위가 없다.

천태사상은, 제법실상諸法實相을 통해 생사법이야말로 실상으로서, 생멸하는 무상無常에 일체법계가 그대로 갖추어져 있다는 성구性具설로 현실을 긍정하였고, 이에 비해 화엄사상은, 사사무애법계관事事無礙法界觀을 통해, 생사야말로 법계로서, 생멸하는 무상으로부터 일체의 법계가 전개된다고 하는 성기性起설로 현실을 긍정하였다. 천태가 부조리한 세간이 오히려 완벽한 중도라고 찬탄하였다면, 화엄은 세간 그대로가 연화장 장엄세계, 청정법신 비로자나불이라고 드높혔다. 천태가 '생사즉열반'과 '번뇌즉보리'로 삶의 고뇌를 뒤집었다면 화엄은 '일즉다 다즉일'과 '일즉일체 일체즉일'로 고정화된 우주법계의 질량을 바꾸어 놓았다. 천태사상이 실천적인 선禪과 지관止觀을 중시하여 대승의 선관을 건립하였다고 한다면, 화엄사상은 중중무진重重無盡의 법계연기法界緣起를 이론적으로 확립하였다고 할 수 있다. 따라서 천태사상은 구체적인 실천으로서의 관법觀法을 중시했던 반면 화엄사상은 법계연기와 같은 이론적인 측면으로 나아갔다는 평가도 뒤따른다.

4) 정토와 염불

(1) 정토신앙의 발생

자각적 선사상과는 달리 '정토사상'이란 아미타불의 본원력本願力에 의지하여 정토淨土의 실현을 추구하는 이론과 방법을 가리킨다. 이러한 신앙을 선종과 같은 자력신앙自力信仰과 비교해서 '타력신앙他力信仰'이라고 부른다. 정토사상이 설해지고 있는 경전은 현재 약 650여 부를 헤아리는 대승경전 중 200여 부로서 전체 경전의 3분의 1 정도에 이르고 있는 것으로 보아도 정토교설이 대승불교에서 어떠한 비중을 차지하고 있는가를 짐작하게 한다. 미타정토彌陀淨土에 관한 200여 부의 경전 중에서 대표적인 것은 다음의 3부경이다.

① 구마라집역鳩摩羅什譯『아미타경(阿彌陀經 : 小經)』1권
② 강승개역康僧鎧譯『무량수경(無量壽經 : 大經)』2권
③ 강량야사역畺良耶舍譯『관무량수경(觀無量壽經 : 觀經)』1권

정토사상은 이러한 정토경전에 설해진 교설을 바탕으로 인도의 용수龍樹·무착無着·세친世親, 중국의 혜원慧遠·담란曇鸞·도작道綽· 선도善導, 신라의 원효元曉·경흥憬興, 일본의 법연法然·친란親鸞 등에 의해서 전개된 사상이다. 미타의 본원력에 의해서 정토에 왕생往生하여 불퇴전

不退轉의 경지에 이름을 목적으로 하는 정토교의는 지금까지 우리들이 살펴 왔던 원시불교에서 대승불교에 이르는 여러 가지 불교사상과 비교할 때, 매우 이채로운 감을 준다. 종전의 한결같은 입장은 법에 의지하고 자신에게 의지하라는 철저한 이성주의적 정신이었다. 그런데 정토사상에서는 왜 자신의 힘보다는 미타의 본원을 절대적으로 강조하고 있는 것인가. 정토사상은 당시[B.C.E. 1세기경]의 '힌두이즘'의 영향하에 성립했다는 학설이 있을 정도로 그 본원력 구제설은 유신론有神論적 종교사상과 비슷한 바가 있다.

그러나 정토교의 정토교다운 특색은 바로 이러한 타력교他力教적인 점에 있다. 그리고 정토사상에 대한 이해는 바로 이러한 정토교적 종교성이 왜 대승불교에 발생하게 되었는가를 살피는 일부터 시작하는 것이 순서이다.

(2) 극한 상황과 범부의식

정토교 발생의 사상적 동기를 문제로 하는 이러한 견지에서 정토관계 문헌을 살필 때, 우리는 그곳에서 강력하게 대두되고 있는 극한 상황적 의식을 주의하지 않을 수가 없다. 정토 3부경의 하나인 『무량수경』에는 지금까지 살폈던 원시경전이나 반야般若·법화法華·화엄華嚴과 같은 대승경전에서는 찾아보기 어려울 정도로 우리들이 처해 있는 현실 사회의 괴로움이 심각하게[正苦·正痛·正燒] 묘사되고 있다. 다시 『관무량수경』에는 아사세阿闍世라는 불효막심한 아들로 말미암아 처참한 상황에 처한 빈비사라頻毘娑羅왕의 왕비를 설법의 대상으로 등장시키고 있는 것이다.

경전뿐만 아니라 정토사상가들 속에서도 정토교의 이러한 극한 상황적 의식은 얼마든지 엿볼 수가 있다. 용수龍樹는 정토교를 하열법下劣法을 즐기는 범부凡夫를 위한 이행도易行道로서 이해하고, 도작道綽은 정토교에 있어서의 극한 상황을 말법 시대로 파악하여 그러한 시대에 가장 알맞은 법은 오직 정토교뿐이라고 단정하고 있다. 그리고 중국 정토사상을 대성한 선도善導는 『관무량수경』의 '심심深心'에 대해 자신이 죄악 범부임을 깊이 믿는 것이라고 주석하고 있다.

이러한 사실들은 정토교가 애초에 극한 상황에 처하여 자신의 힘으로 깨달음을 실현할 수 없는 나약하고 죄장罪障이 두터운 범부를 의식하고 그런 의식 위에서 싹터, 그 싹이 대승불교의 풍토 속에서 독특한 결실을 보게 된 것임을 말해 주고 있다. 정토교를 올바로 이해하기 위해서는 정토교의 이러한 근본 입각지를 항상 염두에 두어야 할 필요가 있는 것이다.

(3) 정토장엄과 왕생

정토교리를 구성하고 있는 중요한 개념 중 하나는 말할 필요도 없이 '정토淨土'인데, 글자 그대로 그것은 부정잡예不淨雜穢가 사라진 청정한 부처님의 국토를 가리키고 있다. 즐거움이 충만한 땅이라고 해서 '극락세계極樂世界'라고도 불린다.

경전에는 미타彌陀의 서방정토西方淨土 외에도 여러 가지 정토가 설해지고 있다. 미륵보살의 도솔천정토兜率天淨土, 약사여래의 유리광정토瑠璃光淨土 등이 그것이다. 그러나 그중에서도 가장 수승한 것은 미타의 서방정토라고 찬탄되며, 『무량수경』이나 『관무량수경』 등에 설해진

미타정토彌陀淨土의 장엄상은 다른 정토에 비할 수 없을 정도로 훌륭하다. "땅이나 수목 등이 모두 황금이나 칠보七寶로 되어 있을 뿐만 아니라 부처님의 깨달음을 얻으려는 보살 성문들이 성황을 이루고 있다."고 한다.

미타정토의 이러한 장엄상을 용수龍樹는 열 가지 모습[十相]으로 정리하고 무착無着은 18도정圖淨으로, 세친世親은 3엄嚴 29종種으로 정리하였지만 한마디로 말해서 물리적으로나 정신적으로나 수도하는 데에 부족함이 없는 환경임을 설명하고 있다.

모든 것이 여의치 못한 우리들의 현실세계를 정토교에서는 '예토穢土'라고 부르는데, 이러한 예토에 비할 때 미타정토는 실로 정토가 아닐 수 없다. 불타와 같이 일체지一切智를 얻고 싶지 않은 사람은 없을 것이다. 그러나 그것을 구하기에는 우리들의 환경과 생활이 적당치 못하다. 제한된 공간에 늘어나는 인구, 생활을 위한 치열한 경쟁, 한정된 자원과 심해지는 공해 문제 등은 인간 생존에 큰 위기가 아닐 수 없다. 그러나 서방 극락세계는 황금이나 칠보로 되어 있을 뿐만 아니라, 마음만 먹으면 되지 않는 것이 없는 그러한 곳으로 설명되고 있다. 그러나 예토에는 각종 위험과 고난이 시시각각으로 닥쳐와 생명을 보전하기가 어려울 뿐만 아니라, 갖은 유혹과 번뇌가 우리들의 마음을 괴롭힌다. 아미타불은 '무량無量한 수명壽命과 광명光明을 가진 부처님'이란 뜻으로서 그러한 부처님의 땅에 태어나는 사람들 또한 무량한 수명과 광명의 공덕 속에 있게 될 것임은 물론이다. 미타정토는 부처님과 같은 깨달음을 얻는 것이 어렵지 않고, 누구나 쉽게 불퇴전지不退轉地에 이르러 보처補處보살이 될 수가 있는 곳이다.

정토사상은 바로 이러한 정토에 왕생하는 것을 목적으로 한다. 따라서 '왕생往生'이라는 개념이 다시 정토교리에 있어서 중요한 의미를 가지는데, 글자 그대로 그것은 '가서 태어나다'는 뜻이다. '가서 태어나다'는 말은 '가다'는 말과 '나다'는 말이 복합된 것으로 '가다'는 것은 예토에서 타방정토他方淨土로 가기 때문이다. 미타의 서방정토를 비롯한 여러 가지 정토는 우리들의 사바예토娑婆穢土를 중심으로 방위方位가 표시되어 있음이 예사이다. '나다'는 것은 정토에서 새로운 출생[化生 또는 胎生]을 받기 때문이다. 정토왕생은 인간의 임종과 밀접한 관계를 가지고 임종 후의 일로 제시되고 있는 것이다. 정토교학에서는 이러한 정토설을 '지방입상指方立相'이라고 말한다. 방위를 지시하고 장엄상을 건립하기 때문이다.

그러나 대승불교의 반야사상에서 볼 때 이러한 '지방입상'적인 정토설은 용납되지 않는다. 반야개공般若皆空·일체불가득一切不可得의 견지에서 볼 때 정토장엄이나 임종왕생과 같은 교설을 표현 그대로는 받아들이기가 어려울 것이다. 따라서 정토사상가들 사이에서는 반야사상과 정토교설과의 이러한 모순을 화해하려는 여러 가지 시도가 행해지고 있다.

정토가의 그러한 시도 중에서 특히 주목되는 것은 정토를 수행자의 마음에 나타나는 해탈계로 보려는 입장이다. 용수龍樹에 의하면 정토는 부정잡악不淨雜樂이 사라진 중도실천中道實踐의 묘과妙果이며, 무착無着과 세친世親에 의하면 불佛 삼신三身 중의 수용신(受用身 : 報身)이 머무는 보토報土인 것이다. 예토와 정토를 마음 하나로 보는 선가禪家의 유심정토설唯心淨土說은 이러한 정토관을 궁극에까지 밀고 간 것이다.

이러한 정토관에 의할 때 정토와 예토는 공간적으로는 동일한 위치를 갖게 된다. 다만 주관적인 심식心識이 다를 뿐이다. 따라서 정토장엄상도 공空과 가假가 상즉하는 원리로 이해하게 됨은 물론이고, 담란曇鸞이 말하는 바와 같이 왕생도 '불생不生의 생生'이 된다. 심지어는 정토장엄은 해탈계를 상징적으로 또는 문학적으로 표현한 것이라는 생각도 하였다. 이러한 정토관은 정토교설과 반야사상과의 갈등을 해소하여 정토교를 선양하는 데에 뜻이 있었음은 물론이다. 그러나 정토를 단지 유심적으로만 이해하려는 태도가 있다면 그것을 우리는 경계해야 한다. 왜냐하면, 정토교는 본래 자기 힘만으로는 해탈을 실현할 수 없는 극한 상황에 처한 범부를 부처님의 자비가 베풀어 준 교설이기 때문이다. 세친世親은 정토장엄을 '부처님의 원심장엄願心莊嚴'이라고 강조하고 있는데, 이 뜻을 우리는 깊이 음미할 필요가 있다.

(4) 미타의 본원력과 염불

정토교는 이렇게 정토에 왕생하는 것을 목적으로 하는데, 이 목적은 어떤 방법으로 이루어지는가. 그것은 부처님의 본원력本願力에 의한다고 본다. 원시불교에는 업설業說에 입각한 생천설生天說이 있었다. 인간보다 상위의 천상天上에 태어나려면 보시·지계를 비롯한 십선업을 닦아야 한다. 정토교의 정토왕생은 원시불교의 이러한 생천설에 기원을 둔 것으로 생각되고 있지만, 그 방법에 있어서는 그와 달리 부처님의 본원력을 크게 강조하고 있다. '본원本願'이란 부처님이 발심할 때에 세우는 서원을 가리킨다. 그러한 서원 속에는 자신의 깨달음을 기어이 실현하겠다는 자리自利적인 것이 주가 되지만, 그에 못지않게 남에게도 깨달음을 얻게 하려는 이타利他적인 서원이 동시에 세워진다. 경우에 따라서는 그런 이타적인 서원이 자리적인 서원보다도 우위를 점령하여 지장보살처럼 지옥중생을 다 제도하기 전에는 성불하지 않겠다는 경우도 있을 수가 있고, 아미타불처럼 부처의 깨달음이 극한 상황에 처한 중생까지도 제도할 수 있는 것이 아니라면 그것을 취하지 않겠다는 서원이 있을 수도 있을 것이다. 본원력에 의한다는 것은 불·보살의 바로 이러한 이타구제利他救濟적인 서원[願]의 힘에 의한다는 말이다.

그리하여 부처님의 그러한 본원력이 사상적으로 주의를 받게 되면서 정토계 경전에는 부처의 본원의 수가 점점 늘어나고 있음을 본다. 즉 『아촉불국경阿閦佛國經』에는 20원願, 『평등각경平等覺經』에는 24원, 『무량수경』에는 48원[梵本에는 46원]으로, 이러한 사실은 미타정토에 관한 교설이 경전상에서 어떻게 형성되어 오는가를 보여 주고 있는데 그러한 발전의 최고 단계에 있는『무량수경』의 원에는 죄악범부를 어떻게라도 구제하려는 원심願心이 가득 차 있음을 본다.

정토사상가들은 미타의 이러한 48원 중에서 특히 제18원에 비상한 관심을 모으고 있다. 그 내용은 "시방중생十方衆生이 지심신락至心信樂하여 내 나라에 태어나고자 하여 십념十念을 하되 만일 태어나지 못한다면, 정각正覺을 취하지 않겠노라."라는 것이다. 정토사상가들이 이러한 내용의 제18원을 미타 본원 성취의 참다운 정신이라고 하며 중요시하는 것은 정토교의 목적이 정토왕생에 있고, 그런 왕생에 있어서 범부에게 가장 알맞은 길은 제18원의 내용이기 때문이다. 임종과 같은 극한 상황에 이르러서도 정토왕생을 바라는 십념十念 정도는 할 수가 있기 때문이다. 더구나『관무량수경』에는 이 십념설十念說이 다시 죄악범부를 구제하려는 방향으로 진전되고 있다. 『무량수경』에서는 제18원에 "오역五逆과 방법謗法을 범한 자는 제외한다."라는 조건이 붙어 있는데

『관무량수경』에는 오역죄는 허용되고 있으며, 십념도 '나무불南無佛'을 열 번 외는 십성十聲으로 나타나고 있다.

정토왕생은 어려운 일이 아니다. 아무리 큰 죄를 범했다고 하더라도 진심으로 참회하여 '나무아미타불(南無阿彌陀佛)'을 열 번이라도 염하면 왕생할 수가 있다. 그것은 자력으로가 아니라, 미타의 본원력에 의한 것이다.

4
선 수행

1) 선의 시작

불교는 붓다가 보리수나무 아래서 바른 깨달음을 성취하여 마음의 속박에서 벗어나 완전한 해탈을 얻고, 그것을 다른 사람들에게 가르쳐 준 데서 시작되었다. 붓다는 단순히 학문을 연마해서 성인이 된 것이 아니라, 몸소 선의 실천 수행, 지止(Samatha)와 관觀(vipaśyana)을 통해서 깨달음을 얻어 해탈에 이르렀고, 그의 가르침은 직접 깨달음에 이르는 방법에 관한 내용이 주를 이룬다. 오늘날 선禪이라는 말은 샤꺄무니 붓다의 지관止觀 수행과 깨달음의 경험에 바탕을 두고 있다. 선은 산스끄릿으로 디야나(dhyāna), 빨리어로 자나(jhana)로 표기되는데 중국에서 음사하여 선나禪那라고 했고, '나' 자는 탈락되고 '선' 자만 남아서 '선'으로 사용되어 왔다. dhyāna는 뜻으로 번역될 때는 정려靜慮, 기악棄惡, 사유수思惟修, 공덕총림功德叢林 등으로 번역되기도 하였다. 오늘날 선과 관련된 수행과 깨달음에 관한 가르침은 붓다의 지관에서 시작되었으며, 지관이 선 수행의 원류를 형성하였다.

고대 인도에는 원주민들의 정신을 집중하는 명상법인 요가(yoga)가 행해지고 있었다. 요가는 아리아 민족이 인도를 침입하기 이전부터 전해 내려온 전통적인 명상법이다. 샤꺄무니 붓다 이전에 성립한 문헌인 『우빠니샤드』에도 디야나가 요가와 같은 의미로 많이 사용되고 있었다. 『우빠니샤드』는 요가를 이렇게 정의하고 있다. "요가란 명상을 통하여 다섯 감각기관을 제어하고, 산란된 마음을 정지시키는 것이며, 이와 같이 모든 감각기관이 동요되지 않도록 잘 유지하는 것을 요가라고 한다." 요가는 마음을 하나의 대상에 묶어 두고 마음의 산란을 방지하여 삼매를 닦는 수행법임을 알 수 있다.

붓다도 출가 당시 여느 수행자들처럼 요가 수행을 배워서 선정의 최고 경지에 도달하였다. 그런데 깊은 선정에 속에 있을 때는 해탈한 듯 안락한 느낌이었지만 선정에서 나오면 평온한 상태가 계속되지 않는다는 것을 깨달았다. 다시 말해 요가의 선정은 붓다가 원하던 생로병사의 괴로움에서 벗어나 해탈할 수 있는 방편이 아니라, 고요한 선정에 들어가기 위한 수단이었던 것이다. 붓다는 인간의 근본적인 고통에서 해탈하는 것이 목적이었기 때문에 요가의 선정 수행을 버리고 다른 방법을 모색하였다. 그때 발견한 것이 바로 지관에 기반한 선정 수행이며, 붓다 이전의 인도 문헌에서는 찾아볼 수 없는 불교만의 독특한 실천 방법이다. 지止(Samatha)는 삼매로서 마음을 차분히 가라앉힌 평정한 상태로 조용한 선정에 드는 수행을 말하고, 관觀(vipaśyana)은 올바른 지혜로 연기의 법을 관찰하는 수행법을 의미한다. 지는 마음이 정적인 상태의 선정을 나타내고, 관은 마음이 동적인 상태로 지혜가 작용하는 것을 의미한다. 고대 요가의 수행이 고요한 선정에 이르는 것을 지향하였다면, 붓다의 지관 수행은 반복되는 생로병사의 고통에서 영원히 해탈하는 것이었으며, 그것은 지관 수행으로 깨달음을 체험했을 때 비로소 얻어진다. 붓다란 마음을 깨달은 사람을 말한다. 마음을 깨닫는 것이 곧 윤회고를 벗어나는 해탈이며 자기 자신을 구제하는 길이다. 외부의 절대자를 신앙하고 그에게 구원받기를 기다리는 것이 아니라 스스로 자신의 마음을 깨달아 자신도 구제하고 타인도 구제의 길로 인도하는 것이 선의 가르침이다.

수레의 양 바퀴처럼 선정과 지혜를 동시에 닦는 것을 지관쌍수라고 한다. 붓다가 요가의 선정 수행을 버린 것은 영원한 해탈을 얻기 위해서는 지의 선정에서 한 걸음 더 나아가 연기의 법을 관찰하는 지혜가 없으면 결국 깨달음을 이룰 수 없다고 보았기 때문이다. 선정과 지혜를 동시에 닦는 것을 정혜쌍수라고 하며 지관쌍수와 동일한 의미로 사용된다.

붓다가 제자들에게 직접 가르친 중요한 수행법이라고 여겨지는 팔정도는 계율, 선정과 지혜로 요약할 수 있다. 이 세 가지를 줄여서 계정혜 삼학三學이라고 하며, 선 수행은 곧 이 세 가지를 배우고 실증하는 것을 말한다. 이들 중 하나라도 벗어난다면 그것은 바른 수행이 될 수 없다. 계율은 인간이 개인적·사회적으로 마땅히 지켜야 할 기본적인 도리, 즉 도덕과 윤리를 전제로 한 것이고, 선정과 지혜는 지관 수행을 말하는 것이다. 중국을 비롯한 동아시아 선종에서는 지관의 다른 명칭인 정혜라는 개념이 더 많이 사용된다. 불교의 선법은 계정혜 삼학을 벗어나지 않는다.

2) 조사선

(1) 조사선의 탄생

인도의 보리달마는 5세기경 중국에 건너와 직접 선을 전하였다. 그때부터 선을 근본으로 삼는 선종 교단이 형성되기 시작하였다. 선종은 중국의 화엄, 천태, 법상, 율종 등 여러 종파불교 가운데 하나이다. 보리달마는 인도의 28번째 조사이며 중국에서는 첫 번째 조사이다. 황벽 희운(?~850)의 『완릉록』에 의하면 "(달마) 조사께서 서쪽에서 오셔서 오직 붓다의 마음을 전하셨다."라고 한다. 샤꺄무니 붓다에서 시작된 인도 선은 인도의 여러 조사를 거쳐 보리달마로부터, 두 번째 조사 혜가, 세 번째 조사 승찬, 네 번째 조사 도신, 다섯 번째 조사 홍인, 여섯 번째 조사 혜능에게 마음에서 마음으로 전해졌으며, 혜능 문하에서 다시 대대로 걸출한 제자들이 배출되어 선의 황금시대가 펼쳐졌다.

중국 선종은 9세기를 전후하여 혜능의 법손인 강서의 마조 도일(709~788)과 호남의 석두 희천(700~790)의 눈부신 활약으로 크게 발전하였으며, 또한 이들의 문하에서 많은 뛰어난 선사들이 배출되었다. 9세기에서 10세기 중반에 걸쳐서(당 말에서 오대) 석두 문하에서는 조동종·운문종·법안종, 마조 문하에서는 임제종과 위앙종이 성립되었는데, 이를 선종 5가라 한다. 5가의 꽃이 활짝 핀 시대를 조사선의 전성시대로 보고 있다. 다시 11세기 중반에 이르면 임제종은 황룡파와 양기파로 분파하여 모두 7종이 되었다.

그 후 12세기 중반에는 조동종 문하에서 묵조선이, 임제종의 양기파 문하에서 간화선이 출현하였다. 석두와 마조 문하로부터 조사선은 중국뿐만 아니라 동아시아에 널리 확산되었고, 신라 말부터 고려 초에 걸쳐 도의국사 등에 의해 한반도에도 전해졌다. 중국에 전해진 붓다의 선은 현지의 문화와 사회적 배경에 따라 중국인들의 특색에 맞게 변용, 발전되었다. 이러한 과정에서 조사선의 독특한 선풍이 확립된 것이다. 시기적으로 구분하면, 보리달마에서 시작하여 당 말 오대에 형성된 5가의 선을 일반적으로 조사선이라고 부른다. 학자에 따라서는 당대 선을 조사선이라고 부르기도 한다.

보리달마가 중국에 선을 전한 이래로 중국에서는 종래의 교학불교와는 다른 조사선이 시작되었다. 이런 점에서 달마가 중국에 온 것이 조사선의 역사에서 중요한 사건으로 기록되었다. 선문답에도 이와 관련된 유명한 말이 있다. "조사가 서쪽에서 온 뜻이 무엇입니까?"라는 질문이다. 이 질문은 당대의 선문답에 자주 등장한다. 이것은 선을 배우는 수행자가 선사에게 "불법의 진리란 무엇입니까?" 하고 묻는 질문이다. 여기서 조사는 달마 조사를 지칭하는데, 달리 말하면 '달마 조사가 서쪽 인도에서 동쪽의 중국에 온 까닭이 무엇입니까'라는 물음이다. 조사란 불법의 진리를 깨달아 성인의 경지에 오른 선지식을 가리킨다. 중국뿐만 아니라, 한국과 일본에서도 역대 많은 조사들이 선을 전수하였다. 선맥이 끊어지지 않고 오늘날까지 이어진 것은 바로 역대 조사들이 있었기 때문에 가능했던 것이다. 이러한 조사들은 붓다와 같은 깨달음을 보여 준 성인과 다르지 않기 때문에 절대적인 존경과 신뢰를 받는다.

조사는 붓다와 동일시되며, 조사의 가르침을 기록한 것을 조사 어록이라고 하는데, 이것은 붓다의 가르침을 기록한 경전과 동일한 위치에 놓이게 된다. 경전의 내용이 불교 교학을 주로 담고 있다면, 조사 어록은 바로 진리의 세계를 보여 주는 법문과 제자가 스승의 법문을 듣고 바로 깨달음으로 들어가는 계기가 된 이야기 등이 주로 기록되어 있다. 붓다와 조사의 가르침은 모두 깨달음으로 이끄는 방편이나 수단이지만, 조사의 가르침은 에둘러 말하지 않고 바로 그 자리에서 단도직입으로 진리의 세계를 보여 주는 것이다. 이때 수행이 무르익은 수행자라면 그 자리에서 바로 확철대오하여 불법의 진리를 체득할 수 있다. 조사선이란 이와 같이 조사가 바로 그 자리에서 깨달음으로 이끄는 불법의 진리를 보여 주는 법문이나 가르침을 말한다. 제자들이 선을 배우고 수행하여 체득하는 방식과 스승이 제자에게 선을 가르치고 이심전심以心傳心으로 선을 전하는 방식에 조사선의 특색이 나타난다.

(2) 조사선의 특징

가) 선에 대한 관점

조사선은 인도의 선이 중국에 유입되어 그대로 정착한 것을 말하는 것이 아니라, 정착하는 과정에서 중국인들의 현실적인 사고에 적합하게 발전한 것을 가리킨다. 선은 유교의 현실 긍정 사상과 노·장자 사상 등 중국 고유의 정신과의 만남을 통해 서로 경쟁하고 영향을 주고받으면서 발전하였다. 선법의 중국적인 발전은 여섯 번째 조사인 혜능에 이르면 비교적 명확하게 나타난다. 『육조단경』의 좌선과 선정의 의미를 살펴보면, 조사선에서는 선의 의미가 인도의 디야나에서 많이 변화된 것을 읽을 수 있다.

무엇을 좌선이라 하는가?
이 남종 돈교의 가르침에는 언제 어디서나 걸림이 없는 것을 말하는데,

밖으로 모든 경계에 대하여 망념이 일어나지 않는 것이고,
안으로 본성을 깨달아 어지럽지 않은 것이다.
무엇을 선정이라 하는가?
밖으로 모양을 여의는 것이 선이고, 안으로 어지럽지 않은 것이 정이다.

좌선이란 한마디로 말하면 언제 어디서 어떤 상황에 처해 있더라도 마음에 걸림이 없는 것을 말한다. 좀 더 구체적으로 말하면, 밖으로는 어떤 대상에 접하더라도 번뇌 망념이 일어나지 않는 것이고, 안으로는 마음이 산란하지 않고 고요하면서 깨어 있다는 것이다. 위에서 좌선이란 앉은 자세의 좌선만을 의미하는 것은 아니다. 위의 좌선 내용에 부합한다면 가거나 가만히 있거나 앉거나 눕거나 모든 행위가 좌선이 된다. 좌선이란 형식보다는 언제 어디서나 마음에 번뇌가 일어나지 않고 고요하고 깨어 있는 것을 중요시하고 있음을 알 수 있다.

선 수행이란 계율, 선정과 지혜를 배우고 닦는 것을 의미한다. 조사선에서는 이 삼학을 받아들이는 관점이 변화하고 있다. 형식보다는 내적인 심리 상태에 초점이 맞추어진다. 『육조단경』에 의하면, 계정혜 삼학은 다음과 같이 따로따로가 아니라 한몸이라는 것을 강조한다.

그대는 내가 설하는 것을 잘 들어라.
나의 견해는
마음의 근본에 그릇됨이 없는 것이 자성自性의 계율이며,
마음의 근본에 흩어짐이 없는 것이 자성의 선정이며,
마음의 근본에 어리석음이 없는 것이 자성의 지혜이다.

불교의 계율에 관한 조항은 분량이 많고 매우 복잡하다. 물론 재가자들이 지켜야 할 계는 간단하지만 출가자들이 계율을 하나하나 익히고 지키려면 상당한 시간과 노력이 소요된다. 계율을 하나하나 따지고 의식하다 보면 오히려 선 수행에 장애가 될 수 있다. 혜능은 '마음에 그릇된 생각이 없는 내면의 계율'을 강조하고 있다. 비윤리적인 말이나 행동은 내면의 잘못된 생각에서 비롯된다. 마음에 그릇된 생각이 일어나지 않는다면 비윤리적인 언행은 발생하지 않는다. 위와 같이 혜능은 외적인 계율에 초점을 맞추는 것이 아니라, 인간의 내면화된 계율을 강조한 것이다. 마음속에서 탐욕이나 분노와 같은 그릇된 생각이 계속 일어난다면, 아무리 수행해도 결코 마음이 고요해지는 선정의 상태에 들어갈 수 없다. 따라서 선정과 지혜를 닦기 위해서는 그릇된 생각을 일으키지 말아야 하며, 이것이 선 수행의 기본적인 전제가 되기 때문에 선문에서는 대개 계율을 따로 강조하지 않는다.

초기불교에서는 움직이지 않는 가부좌 자세로 심신이 고요해지는 것을 선정으로 간주하였는데, 혜능은 가거나 앉거나 상관없이 마음에 흐트러짐이 없는 상태에 중점을 두고 있다. 모든 존재가 인연 따라 생기고 소멸하며 고정된 실체가 없다고 보는 것이 자성의 지혜이다. 이와 같이 계정혜는 한몸으로 이루어져 있으며, 계정혜를 배우고 실천하는 것은 곧 탐진치의 불길에서 벗어나 평온하고 영원한 자유를 얻는 길이다. 계정혜는 혜능에 이르러 크게 변화하였으며, 내면의 삼학을 닦는 것이 조사선이다.

나) 본각本覺에서 출발

조사선은 누구나 다 본래 부처님이라는 입장에서 출발한다. 본각이라는 말은 중생은 누구나 다 본래 깨달은 존재, 즉 붓다라는 의미이다. 각覺은 깨달음, 부처님 또는 부처님의 성품을 달리 표현한 말이다. 대승불교에서는 누구나 다 본래부터 부처님이라고 말한다. 하지만 현실은 그렇지 않다. 중생은 깨달음이 번뇌에 가려져 있어 미혹한 존재이다. 깨닫지 못한 상태를 불각不覺이라 한다. 불각이라도 깨달음은 내재되어 있으며 단지 번뇌에 가려져 있을 뿐이다. 불각의 상태에서 자각하여 번뇌가 사라지면 본각, 즉 본래의 깨달음을 확인할 수 있다. 수행하여 깨달음을 체험하는 것을 시각始覺이라 하며, 시각이 본각을 만나는 것이 곧 깨달음에 이르는 과정이다. 이러한 불교 사상은 대승불교의 개론서인 『대승기신론』에서 자세히 논하고 있다.

본각과 불각은 빛나는 태양과 구름과의 관계에 비유할 수 있다. 태양은 비가 오나 눈이 오나 항상 하늘 위에서 찬란하게 빛나고 있지만 구름이 끼어 태양이 가려지면 어두컴컴해진다. 구름이 태양을 가리지 않고 밝은 상태를 본각이라고 한다면, 구름이 태양을 가리고 있어 어두운 상태를 불각에 비유할 수 있다. 구름은 조건 따라 생기는 것이며, 조건이 다하면 사라진다. 구름이 사라지면 태양은 저절로 드러난다. 구름은 분별망상으로 생긴 번뇌이기 때문에 제거해야 할 대상이 아니다. 분별망상을 일으키지 않으면 번뇌의 구름은 저절로 소멸하는 것이다.

중생을 본각의 입장에서 보느냐 불각의 입장에서 보느냐에 따라 깨달음에 이르는 방편이 달리 설하여진다. 교학불교에서는 불각의 입장을 취하는 것이 일반적이고, 반면 조사선에서는 특히 본각의 입장이 강조되고 있다. 어떤 입장에서 보느냐에 따라 깨달음의 방편이나 수행법이 달라진다. 예를 들면, 묵조선과 간화선은 모두 조사선의 본각의 입장을 계승하였지만 묵조선은 본각의 입장을 강조하고 간화선은 불각의 입장을 강조한다. 이런 관점의 차이에서 선법의 차이가 만들어진다. 조사선에서 즉심시불卽心是佛은 본각의 입장을 강조한 명제이다. '마음이 곧 붓다'라고 하는 '즉심시불'은 선가에서 자주 입에 오르는 어구 중 하나이다. '지금 이 마음이 붓다'이지 부처님의 마음이 따로 있는 것이 아니다. 마조는 수행승들에게 다음과 같이 설법하였다.

    그대들은 스스로 확신하라. 자신의 마음이 곧 붓다라고,
    이 마음이야말로 붓다에 다름 아니라고.

지금 나의 말을 듣고 있는 자신의 마음이 곧 붓다이지 이 마음 외에 따로 붓다가 없다는 말이다. 이 마음이 붓다임을 확실히 믿으면 된다. 조사선에서는 인간뿐만 아니라 우주 만물이 있는 그대로 붓다이며 닦아서 완성하는 것이 아니라, 이미 완성된 존재임을 확신하고 그것을 확인할 것을 강조한다. 마조의 설법에 따르면 여러분들은 이미 깨달은 존재이기 때문에 도를 닦으려고 애쓸 필요가 없다.

    도는 닦을 필요가 없다. 다만 오염시키지 마라, 무엇을 오염이라 하는가?
    생사심으로 조작하여 취향함이 있으면 모두 오염이다. 만약 그 도를 바로 깨달으려면 평상심平常心이 도道. 평상심은 조작, 시비, 단상, 범성이 없음이다.

깨달음을 성취하기 위해 수행하는 것은 오히려 마음을 오염시키는 것이다. 옳고 그름, 좋고 나쁨 등을 따지고 분별하는 것이 마음을 오염

시키는 일이다. 이런 상대적 분별이 없는 마음이 일상의 마음(평상심)이고 깨달음의 마음, 즉 붓다인 것이다. 이것도 앞의 즉심시불과 동일한 맥락에서 한 말이다. '도는 닦을 필요가 없다'는 자칫 수행하지 말라는 의미로 오해하기 쉽지만, 실제로는 '(깨달음의 마음을) 오염시키지 말라'는 것이 수행을 의미하는 것이다. 깨달음의 마음은 본래 청정한 마음이다. 이 마음을 오염시키지 않으려면 취사분별을 멈추어야 하지만 뜻대로 잘 되지 않는다. '도는 닦을 필요도 증득할 필요도 없다'고 말하는 것이 조사선의 본각의 입장이지만, 역설적으로 이것이 가장 어려운 수행법이다.

다) 선문답과 조사선의 4대 기치

조사선은 붓다가 깨달은 진리를 전수할 때 이심전심으로 이루어진다. 선사들은 선의 입장에서 흔히 붓다가 입으로 설한 말씀(경전)을 교敎라 하고, 붓다의 마음을 선禪이라 칭한다. 선은 붓다의 마음, 곧 깨달은 마음을 가리킨다. 선을 배우고 수행하는 것은 자기 자신의 마음을 깨달아 붓다의 마음을 전수하기 위함이다. 마음을 깨달으면 번뇌의 속박에서 벗어나 자유로운 삶을 살 수 있다. 스승과 제자가 선문답을 통해서 마음이 딱 들어맞을 때 스승으로부터 제자에게 선(붓다의 마음, 깨달음)이 전해진다. 이심전심의 과정은 스승과 제자 간의 선문답을 통해서 이루어진다. 즉 스승과 제자 간에 심인心印(진리의 도장)을 주고받는다는 의미이다. 수행자는 선문답을 통해서 스승으로부터 마음의 도장을 전해 받게 된다. 이러한 이심전심의 수행 과정이 조사선의 핵심 부분에 해당하며, 이 과정에는 중요한 네 가지 기치 또는 원칙이 적용된다. 그것은 이른바 불립문자, 교외별전, 직지인심, 견성성불이다. 대개 불립문자와 교외별전, 직지인심과 견성성불이 각각의 짝으로 사용된다.

불립문자不立文字 – 문자를 세우지 않는다는 것은, 선은 언어문자의 방편에 의지하지 않는다는 의미이다.

교외별전教外別傳 – 교 밖에 따로 전한다는 것은, 선은 언어문자로 된 경전 또는 언어문자를 매개로 전할 수 없음을 말하는데, 결국 여기에는 마음에서 마음으로 전한다는 의미가 내포되어 있다. 진리는 언어문자로 전하지 못하기 때문에 이심전심으로 전하는 것으로 이해할 수 있다. 따라서 교외별전은 곧 선을 가리키는 말이다.

직지인심直指人心 – 곧장 마음을 가리킨다는 것은 선문답에서 단계적인 절차나 수행을 거치지 않는 것이다. 직지인심은 곧 '마음이 붓다'라고 할 때 그 마음, '부처님의 마음', '깨달음의 마음' 또는 '평상심'을 가리키는 것이다.

견성성불見性成佛 – 마음의 본성을 깨달아 붓다가 된다는 말이다. 견성은 곧바로 본성을 깨닫는다는 돈오견성의 의미이다. 선문답을 통해 스승이 직지인심하면 제자는 스승이 직지하는 그 마음을 돌이켜 보고 깨닫는다는 말이다. 이것이 조사선의 주된 공부 방법이다.

네 가지 기치에는 조사선의 수행과 깨달음의 성격이 나타나 있다. 선문답은 이와 같은 네 가지 기치에 입각해서 이루어진다. 직지인심 견성성불하는 선문답의 예를 살펴보자. 다음은 무업과 마조의 선문답이다.

"선문에서는 언제나 즉심시불이라고 하는데 실은 아직 알지 못하겠습니다."

"알지 못한다는 그 마음이 바로 그것이지, 달리 다른 것은 없네."

무업은 다시 여쭌다.

"조사가 서쪽에서 와 은밀히 전한 것은 어떤 것입니까?"
"대덕은 정말 시끄럽게 하는군, 다시 갔다가 다른 날 오렴."
무업이 막 나가려 하자 느닷없이 "대덕이여!"라고 불렀다.
무업이 돌아보니 마조는 "이게 무엇이지?"라고 했다.
무업은 곧바로 깨쳐 예배를 했다.

마조는 '무업이 말을 듣고 즉각 머리를 돌린 그 마음이 바로 붓다임'을 직지하였는데, 무업(760~821)이 바로 이를 알아차리고 자신의 마음을 돌이켜 보고(반조하여) 깨달은 것이다. 이와 같이 선문답에서 스승이 지금 작용하고 있는 바로 그 마음을 가리키고 제자는 순간 자신의 마음을 깨닫는다. 다음은 『원오심요』의 엄양 존자와 조주의 문답이다.

엄양 존자가 조주 스님에게 물었다.
"한 물건도 가져오질 않았을 땐 어찌합니까?"
"놓아 버리게."
"한 물건도 가져오지 않았는데 저더러 무엇을 놓아 버리라 하십니까?"
"보아하니, 놓아 버리지 않았군."
그는 즉시 크게 깨달았다.

위에서 엄양 존자가 "한 물건도 가져오질 않았을 땐 어찌합니까?"라고 물은 것은 '지금 모든 생각을 내려놓고 마음이 텅 비어 있는데, 어떻게 하면 좋겠습니까'라는 물음이다. "놓아 버리게."는 '마음이 텅 비어 한 생각도 없다는 그 마음마저 내려놓으라'는 뜻이다. 엄양 존자가 말

귀를 못 알아듣자, 조주가 "보아하니, 놓아 버리지 않았군." 하니, 그제 서야 엄양 존자는 알아차렸고, 순간 모든 생각이 일시에 끊어지고 자신의 마음을 보고 깨달았다.

위와 같이 조사선의 수행과 깨달음은 주로 선문답을 통해 이루어진다. 선문답은 스승과 제자가 선을 가르치고 배우는 조사선의 독특한 교육 방식이다. 선문답의 내용에는 스승이 제자에게 주는 일반적인 덕목도 있지만, 스승이 자신의 깨달음의 경지를 문답을 통해 나타내 보여 주는 것이 주된 내용이다. 이 과정에서 불립문자와 교외별전이며, 직지인심 견성성불의 방법이 적용되는 것이다.

인도로부터 중국에 전래된 선이 불교의 여러 종파들 속에서 중국의 토착 사상들과 부딪치고 경쟁하면서 도태되지 않고 살아남아 발전할 수 있었던 이유는 무엇일까? 선에는 일대 전환을 가져오는 체험으로 얻어지는 깨달음이라는 자기 구제의 기능이 내재되어 있기 때문이다. 선은 타력신앙처럼 외부의 힘을 필요로 하지 않으며, 오직 자력 수행에만 의존한다. 자신의 마음을 깨달은 자만이 자기 자신을 구제할 수 있으며, 그 누구도 자신을 구제해 주지 못한다.

3) 묵조선

(1) 묵조선의 등장

조사선은 초조 보리달마에서 시작되어 육조 혜능에 이르러 그 토대가 마련되었다. 그리고 당 말 오대(9세기에서 10세기 중반)에는 선종 5가가 성립되어 역사상 전례가 없는 선의 황금시대를 구가하였다. 그런데 송대(960~1279)에 들어서자 사대부들의 참선 유행으로 선종은 비교적 번창하였지만 조사선의 선풍은 크게 변화하였다. 첫째, 조사선의 선법, 특히 평상무사를 오해하는 수행자들이 많았다는 점(무사선)이고, 둘째는 송대 사대부들의 참선 유행과 더불어 선문학 또는 문자선이 급격히 확산되었다는 점이다.

앞의 '(2) 조사선의 특징'에서 언급한 바와 같이 조사선은 '누구나 본래 붓다'라고 하는 본각에서 출발한다. 조사선의 중요한 사상을 몇 가지 들면 다음과 같은 것들이 있다. 즉심시불卽心是佛(마음이 붓다.), 도불용수道不用修 단막오염但莫汚染(도는 닦을 필요가 없다. 다만 오염시키지 마라.), 무수무증無修無證(도는 닦을 것도 증득할 것도 없다.), 평상심시도平常心是道(평상심이 도다.), 또는 평상무사平常無事(일 없는 것이 붓다 또는 도인이다.) 등. 이와 같은 내용은 누구나 태어날 때부터 완전한 깨달음을 가지고 있다는 것을 전제로 한 가르침이며, 수행자들이 듣기에 수행해서 붓다가 되는 것이 아니라, 현재 있는 그대로 붓다라는 느낌을 주며, 또한 그러한 오해를 불러일으키기도 하였다. 실제로 그 당시 평상무사를 오해하여 수행하지 않고 일없이 지내는 것을 선으로 여기는 수행자들이 셀 수 없을 정도로 많았다고 한다. 이것은 선법의 시대적인 한계이기는 하지만 선법 자체에 문제가 있는 것이 아니라 선을 배우는 수행자들의 태도에 문제가 있었던 것이다. 선법은 마음의 병을 치료하는 약과도 같아서 병을 치료하려면 약을 직접 먹어야 하는 것처럼, 직접 수행하여 체험을 해야 병이 나을 수 있다. 하지만 그들은 약은 먹지 않고 치료법만 머리로 이해하고 병이 나았다고 여겼다. 이렇게 유행한 선을 무사선이라 한다. 무사선에 빠진 수행자들은 수행과 깨달음의 체험은 무시하고 선을 머리로만 이해하고 있었다. 무사는 선을 체험한 후라야 도달하는 궁극의 경지를 말한다.

송대에는 혈연이나 신분에 상관없이 과거제 시험을 통해 등용한 사대부들이 정치적 지배계급을 형성하였다. 그들이 지향하는 문화는 중국의 고전을 익히고 시문을 짓고 서화를 그리는 것이었다. 유교는 과거시험의 필수 과목이었을 뿐 사대부들의 정신적 욕구를 충족시켜 주지는 못하였다. 송학(신유학)의 기초를 마련한 것은 모두 선을 공부한 유학자들이었다. 때문에 선을 공부하지 않고는 송학을 이해하기가 쉽지 않았다. 사대부들이 관심을 돌린 곳은 선이었고, 선문(선종 사찰)에 드나드는 사대부들이 늘어났다. 이런 시대적 요청과 더불어 선문학이 발전하였다. 선문학은 간단히 말하면 고칙(역대 선사들의 깨달음의 계기가 된 기연문답)에 함축된 깨달음의 경지를 운문이나 산문으로 표현하거나 비평하는 것을 말한다. 이것은 사대부들의 문화와도 가까웠으며 그들의 취향에 잘 어울리는 것이었다. 선문학도 본래의 취지는 선의 경지를 깨닫도록 하기 위해 언어로 표현된 형식이었지만, 선사들의 기대와는 달리 선을 배우는 자들이 문자의 의미와 논리로 따지고 언어문자에 집착하는 폐단이 생겼다. 무사선과 문자선의 공통된 폐단은 수행과 깨달음의 체험을 등한시하거나 못하는 데 있었다.

이상과 같이 사회적 변화와 함께 나타난 무사선과 문자선의 폐단을 극복하기 위하여 12세기 중반에 새로운 선법이 태동하였다. 조동종 계통에서 출현한 묵조선과, 임제종의 양기파 문하에서 등장한 간화선이 바로 그것이다. 새로운 선법이라고 해도 조사선의 범주를 벗어나는 것은 아니며, 조사선의 문제점을 보완한 새로운 형태의 수행법이라고 보는 것이 좋을 것이다. 묵조선은 조동종의 10대 선사인 굉지 정각에 의해 집대성되었다. 굉지 자신이 "묵조는 밝고 밝아 면벽과 같다."라고 말하는 것으로 보아 면벽 좌선을 계승하였다고 할 수 있는데, 이것은 보리달마가 소림사에서 9년간 침묵으로 면벽 좌선한 것을 가리킨다. 이와 같이 묵조선은 묵묵히 앉아 좌선하는 것을 기본 전제로 삼는다. 언어문자가 끊어진 침묵의 상태가 유지되기 때문에 사량분별로 이해하는 수단인 언어문자의 폐단에 떨어질 위험이 없다. 좌선 수행이 기본 전제이기 때문에 수행을 무시하는 무사선의 폐단에서도 자유롭다. 조사들의 가르침인 선법이나 선사상은 말하자면 '달을 가리키는 손가락', 다시 말해 궁극의 경지에 이르기 위한 하나의 수단에 지나지 않는다. 따라서 그것은 절대적인 것이 아니라 시대적 변화와 더불어 계속 발전해야 선의 생명력이 끊이지 않고 이어질 수 있는 것이다.

(2) 묵조선의 수행과 깨달음

가) 묵조의 의미

굉지 정각이 단하 자순의 문하에서 법형제인 진헐과 자신을 통해 일반적으로 행해지고 있던 묵조의 수행법을 응용하여 정리하였는데, 그것이 바로 묵조선이다. 묵조선법의 구체적인 내용들은 『굉지어록』에 들어 있지만 묵조선의 핵심 사상은 『묵조명默照銘』에 나타나 있다. 이것은 굉지가 39세 때 천동산에 머물며 찬술한 것으로 총 4언 72구로 구성되어 있다. 묵조의 궁극적인 경지가 법성의 체용(존재의 본질과 현상)으로 아름답게 묘사되어 있다. 명銘은 평소에 옆에 두고 마음에 새기고 경계하는 말을 가리킨다. 따라서 『묵조명』은 평소 묵조선을 배우는 자들이 옆에 두고 마음에 깊이 새겨야 할 글을 말한다.

다음은 『묵조명』의 첫 번째와 두 번째 구절이다. 이 두 구절은 『묵조명』의 전체를 요약한 것으로 묵조의 요체가 잘 나타나 있다.

묵묵히 말을 잊으니 　　　默默忘言
밝고 또렷하게 드러나네. 　昭昭現前

위의 내용은 수행의 이치와 깨달음의 경지를 보여 주고 있다. 굳이 설명을 붙인다면 '묵묵히 말을 잊고 침묵으로 좌선에 들어가니, 진리의 광명이 밝고도 밝게 드러나는구나'라는 의미로 풀이된다. 앞 구절은 침묵으로 언어와 생각의 길이 끊어지고 시비분별이 끊어져 나(주체)도 없고 대상(객체)도 없는 물아구망物我俱忘이 된다는 것을 의미하고, 뒤 구절은 주객이 하나 되니 진리가 그대로 드러난다는 것을 말한다. 앞 구절은 묵默에, 뒤 구절은 조照에 해당한다. 조는 묵을 통해 본래부터 작용하고 있는 진리가 드러남과 동시에 나타나는 깨달음의 빛이다. 따라서 묵조는 이미 범부가 아닌 붓다의 경지를 나타낸 것이다.

묵이란 묵연히 좌선한다는 것을 말하고, 조란 지혜로써 본래 청정하고 신령스럽게 아는 심성心性을 관조한다는 의미이다. 가부좌를 튼 좌선의 형태로 묵묵히 마음의 본성을 관조觀照하여 본심을 자각하는 것이 바로 묵조선이다. 그러므로 좌선과 관조는 묵조선의 수행에서 중요한 의미를 지니고 있다. 그러나 조사선 전통에서는 참선할 때 앉은 자세의 좌선을 부정하는 것은 아니지만, 앉거나, 걷거나, 머무르거나, 눕거나 또는 말하거나 침묵하는 등의 외적인 형식에 상관하지 않으며, 따로 시간을 내서 좌선하기보다는 일상생활 그대로가 참선 수행이 되는 것이다.

묵조에서 조照가 의미하는 관조는 조사선에서 전해져 내려온 일종의 관법을 말하는데, 반조 또는 회광반조로 불리기도 한다. 관조의 입장에서 보면 묵조선은 조사선의 전통을 충실히 계승하고 있는 것으로 보인다. 회광반조란 밖으로 향하고 있는 빛을 돌이켜서 자신에게 비추어 본다는 뜻이다. 인간의 의식은 대개 무의식적으로 감각기관을 통해서 밖으로 향해 나가는 습성이 있다. 특히 눈과 귀는 자신의 내면으로 향하지 않고 외부의 대상을 보고 소리를 듣는 데 의식이 집중된다. 반대로 의식을 안으로 돌려서 자기 마음의 본성을 비추어 보는 데 모든 생각을 집중하는 것이 반조 공부법이다. 이때 모든 생각을 내려놓고 마음을 텅 비워서 공한 자리, 즉 생각이 일어나기 이전을 비추어 보는 것이다. 자신의 성품을 돌이켜 보는 견성見性 또한 반조의 작용에 해당한다. 깨달음이 발생할 때도 반조 작용이 일어난다.

정각에 따르면 묵과 조는 선 수행에서 없어서는 안 되는 조건이다. 묵과 조는 정定(선정)과 혜慧(지혜)의 관계처럼 서로 분리할 수 없는 일체의 관계이다. 묵은 조를 통해 작용하고 조는 묵을 통해 작용한다. 따라서 묵과 조가 어우러지지 않으면 묵조의 작용이 파악되지 않는다. '묵묵히 좌선하는 것'은 정을 말하고 '마음을 관조하는 것'은 혜에 해당한다. "침묵의 묘함 가운데 본래 광명이 스스로 비춘다."라고 한 굉지의 말처럼, 묵조의 묵은 단순히 적묵이나 고요함을 의미하는 것이 아니라, 처음부터 한순간도 쉬지 않고 어느 곳에서나 작용하고 있다. 묵묵히 좌선하는 선정(묵)에서 지혜의 광명이 비추어(조) 본래 깨달음의 마음과 관조하는 마음이 하나로 합일된다. 이것을 달리 말하면 묵조를 통한 본증의 자각이라고 한다.

나) 본증자각

묵조선은 조사선과 마찬가지로 누구에게나 모든 진리가 본래부터 갖추어져 있다는 본각의 입장에 있다. 굉지는 '본래 갖추어져 있는 깨달음(붓다, 진리)'을 본증本證이라 한다. 또한 깨달음의 진리가 언제 어디에나 생생하게 드러나 있다고 말한다. 이것을 현성공안現成公案이라고 한다. 현상세계는 있는 그대로 현성공안이다. 왜냐하면 진리가 완전히 구현되어 있기 때문이다. 다시 말해 우리는 누구나 깨달음이 갖추어져 있고 우리가 접하고 있는 세계는 어디에나 깨달음이 드러나 있다. 조사선에서는 이렇게 이미 완성되어 드러나 있는 진리 또는 깨달음을 어떻게 자각하느냐가 중요한 관건이 된다. 묵조선도 이러한 조사선의 관점을 계승한 것이다. 진리의 문으로 들어가는 방법 또는 진리를 깨닫는 방법에 따라 선법이 달라진다. 조사선에서 선문답이 수행과 깨달음의 중요한 방법이었다면, 묵조선에서는 좌선이 수행과 깨달음의 의미를 지니고 있어 묵조선의 핵심으로 여겨진다.

묵조선에서는 수행과 깨달음을 둘로 보지 않고 하나로 본다. 이런 수행은 깨달음을 얻기 위한 수단이 아니며 묘수妙修라고 한다. 이때 수행의 의미는 깨달음이 이미 완성되어 있다는 것을 전제로 한다. 그러므로 좌선 수행이 곧 깨달음이고 좌선할 때 깨달음이 드러난다. 이것은 마치 이미 깨달음을 얻은 붓다가 평소에 좌선으로 선정에 들어 있는 것을 생각해 보면 이해하기 쉬울 것이다. 바꾸어 말하면 시각始覺이 곧 본각本覺인 것이다. 이것은 선문답을 통해 깨달음을 체험하여 본각을 확인하는 조사선의 수행법과는 다른 점이다. 굉지는 『굉지어록』에서 수행과 깨달음을 다음과 같이 설명한다.

좌선하는 사람은 수행과 깨달음이 따로 없다. 본래 구족하고 있어 오염되지 않고 철저하게 청정하다. 바로 그렇게 청정하게 구족하고 있는 곳에서 눈을 감고 좌선을 하고 있으면 분명하게 비추고 완전히 해탈하며 밝음을 체득하여 안온함을 얻는다.

수행과 깨달음을 하나로 볼 수 있는 이유는 무엇일까? 누구나 본래부터 청정한 깨달음의 마음을 가지고 있었고, 지금도 그 마음은 밝게 빛나고 있다. 좌선을 하고 있으면 마음의 밝은 빛이 드러나 해탈을 얻어 마음이 안온해지기 때문이다. 본래 갖추어져 있고 밖으로 드러나 있는 깨달음의 마음을 자각할 때 비춤이 드러나 해탈을 얻는다. 이것을 본증자각이라고 한다.

본증자각은 좌선으로 자신의 마음을 관조하여 본래의 깨달음, 달리 말하면 자신이 붓다임을 자각하는 것을 말한다. 조사선의 수행은 자신이 지금 이대로 붓다와 조금도 다르지 않다는 사실, 즉 붓다라는 사실을 깊이 믿는 데서 출발한다. 자신이 붓다임을 진실로 믿고 있다면 붓다의 행에 어긋나는 비도덕적인 언행을 하지 않게 되고, 붓다에 걸맞는 행을 하게 된다. 이렇게 하여 믿음이 간절해졌을 때 자신이 붓다임을 자각하게 되는 것이다.

굉지 정각은 마음을 관조할 때 '공겁 이전의 자기'를 참구할 것을 제창하였다. 그는 스승인 단하 자순이 제시한 '공겁 이전의 자기'를 듣고 홀연히 깨달았으며, 자신이 제자들을 지도할 때는 "어떤 것이 공겁 이전의 자기인가?"를 제시하고 관조하여 참구하도록 하였다. 공겁空劫이란 세계가 생겨나기 전 공적한 시기를 가리킨다. 불교 경전에 따르면 세계는 성주괴공成住壞空의 4단계를 반복 순환한다고 한다. 천지가 분리되기 전에는 모든 존재의 차별이 없다. 이것을 '본래면목'이라 한다. '공겁 이전의 자기'를 관조하다 보면 저절로 마음이 텅 비어 '본래면목'과 하나가 된다. 굉지 정각은 관조 수행을 다음과 같이 설명한다.

> 진실한 수행은 오직 조용히 앉아 묵묵히 참구하여 불행佛行을 깊이 다지는 것이다. 밖으로는 갖가지 인연에 초연하여 그 마음이 텅 빈 허공과 같게 되면 모든 것을 수용할 수 있고, 그 비춤(깨달음)이 묘하게 되면 어디에나 통할 수 있게 된다. 안으로 반연에 흔들림 없는 마음이 확연하게 드러나 어둠이 없고, 신령스레 대립을 떠나 있어 스스로 깨닫게 된다.

좌선을 하는 것은 붓다의 행을 배우고 몸으로 직접 체득하는 것이다. 우리는 눈이나 귀 등의 감각기관을 통해 외부의 유혹과 마주하게 되지만, 그러한 인연에 마음이 초연해지고 허공과 같이 텅 비게 되면 비춤의 묘한 지혜가 생겨나 무엇이든 차별 없이 있는 그대로 수용할 수 있고, 통할 수 있으며, 마음에 분별심이 사라져 저절로 깨달음의 마음을 자각하게 되고 모든 존재의 본원을 깨닫게 된다. 이때 좌선(묵)과 관조(조 : 깨달음)가 조화롭게 이루어지지 않는다면 본증자각이 이루어질 수 없다. 이것을 상즉相卽이라고 하는데, 즉 묵이 있는 곳에 조가 있어야 하고 조가 있는 곳에 묵이 있어야 한다. 굉지 정각은 묵과 조의 이치가 원만해지는 것을 두고, '연꽃이 피고 꿈을 깨는 도리'라고 한다. 이것은 선정과 지혜는 한 몸이라고 하는 말과 동일한 논리이다. 그러므로 묵묵히 앉아 있는 그 자체가 깨달음이 현현하는 것이며, 그대로 붓다이다. 한 시간 좌선하면 한 시간 붓다이고, 하루 좌선하면 하루 붓다이다.

묵조의 좌선이 붓다이고, 붓다는 묵조의 좌선이다.

4) 간화선

(1) 간화선의 등장

송대에 접어들면서 사회적 변화와 더불어 선림에서는 무사선과 문자선이 크게 유행하였다. 앞에서 언급한 바와 같이 무사선과 문자선의 폐단을 극복하기 위한 방법으로 조동종 계통에서는 묵조선, 그리고 임제종 계통에서는 간화선이 출현하였다. 무사선이란 본래 붓다이기 때문에 수행할 것도 깨달을 것도 없다고 하며 일없이 지내는 것을 선으로 여기는 것을 말하고, 문자선이란 선의 경지를 언어문자로 접근하고 표현하려는 것을 가리킨다. 무사선과 문자선은 모두 수행과 깨달음을 무시하거나 소홀히 여기는 폐단을 초래하였다. 이런 폐단에 대응하여 좌선 수행과 관조의 깨달음을 강조한 것이 조동종의 묵조선이고, 한편 화두를 참구하여 깨달음을 성취해야 함을 강조한 것이 간화선이다.

간화看話의 간看은 자세히 살펴본다는 의미이고, 화話는 이야기, 즉 선사들이 깨달음을 얻은 기연 문답을 말한다. 역대 선사들이 깨달음을 얻은 일화는 학인들의 교육에 하나의 본보기가 될 수 있는 것이다. 문답 가운데 핵심 키워드를 화두라고 한다. 간화는 화두를 자세히 살핀다는 말이다. 최초로 화두 참구를 제시한 것은 북송의 오조 법연(?~1104)이었다. 그의 제자 원오 극근(1063~1135)은 간화선의 이론적 토대가 된 『벽암록』을 강의하였다. 원오는 『벽암록』에서 당시 무사선에 빠져 수행과 깨달음을 무시하는 학인들을 비판하고, 나아가 고인들의 문답인 공안을 언어문자의 의미와 논리를 따지는 것을 부정하고 마음 바탕을 여는 열쇠로 활용해야 한다는 점을 역설하였다. 공안은 깨달음의 경지를 언어문자로 해석하는 대상이 아니라 진리의 문을 여는 열쇠의 역할을 하는 것이다. 원오가 공안의 올바른 참구법을 강의한 강의록을 제자들이 모아서 편찬한 것이 『벽암록』이다.

원오의 법을 계승한 대혜 종고(1089~1163)는 간화선을 현장에 적극적으로 적용하여 간화선법을 체계화하였다. 대혜는 무사선과 문자선을 비판하면서 간화선을 현창하였다. 무사선과 문자선의 폐단을 극복하는 방법으로 묵조선과 간화선이 등장하였지만 일종의 선문학인 문자선의 열기는 쉽게 가라앉지 않았다. 간화선과 묵조선은 남송대까지 양대 산맥을 이루었고 남송 이후에 묵조선은 쇠퇴하였다. 대혜는 무사선과 문자선에 이어서 묵조선의 문제점을 강하게 비판하면서 간화선의 장점을 부각시켜 나갔다. 간화선의 입장에서 보면 묵조선은 좌선 수행을 중시하지만 깨달음의 체험을 지향하지 않고 무시하는 것처럼 비추어졌다. 간화선과 묵조선은 모두 조사선의 본래 붓다라는 본각의 입장을 계승하였다. 묵조선은 본래 붓다라는 본각의 입장에서 묵조(좌선과 관조)의 좌선 수행은 있는 그대로 깨달음으로 간주하며 수행과 깨달음을 하나로 본다. 반면, 간화선은 중생은 누구나 본각이지만 현실은 미혹한 불각不覺의 상태이기 때문에 깨달음을 체험하여 본각을 확인해야 한다는 입장이다. 깨달음을 체험한다는 것은 곧 시각始覺을 말한다. 다시 정리하면 본각→불각→시각→본각의 순이 된다. 이것은 『벽암록』에서 강조하고 있는 논리이며 또한 대혜도 이것을 강조하고 있다. 따라서 간화선은 시각의 입장에서 출발한다. 이러한 입장에서 대혜는 묵조선의 깨달음에 대한 문제점을 다음과 같이 비판하고 있다.

"시각이 근본에 합한 것을 붓다라 한다."라고 말한다. 지금의 시각이 본각에 합한 것을 뜻한다. 그렇지만 종종 삿된 무리들은 침묵하고 있는 것을 시각이라 간주하고, 세계가 형성되기 이전의 상태를 본각으로 간주하나, 원래 그러한 도리는 아니다. 그런 도리가 아니라면 무엇이 깨달음인가? 만약 모든 것이 깨달음이라면 어째서 그 위에 미혹됨이 있겠는가? 만약 미혹됨이 없다면 석가모니가 샛별을 보고 홀연히 깨달아, 본래의 자신이 원래부터 여기에 있었던가?라고 감동했던 일은 어떻게 설명할 것인가? 그러므로 '시각에 의해서 본각에 합한다'고 하는 것이다. 선승들이 홀연히 본래의 면목을 파악하였다는 것도 바로 이 도리이다. 그리고 이것은 사람마다 본래 갖추어져 있는 것이다.

시각이 본각에 합한다는 것은 깨달음을 체험하여 본래 붓다임을 확인한다는 말이다. 샤꺄무니도 깨달음을 체험하기 전에는 미혹한 존재였지만(불각) 깨달음의 체험(시각)을 통해서 본래 붓다임(본각)을 확인한 것이다(붓다). 누구나 본래부터 성불해 있지만 현실은 미혹한 상태이기 때문에 반드시 깨달음을 체험하여 본각을 확인해야 붓다가 될 수 있다는 것이다. 여기서 시각은 샤꺄무니가 별을 보고 문득 깨달은 것처럼 깨달음의 체험을 말한다. 그러나 삿된 묵조선을 하는 무리들은 단지 침묵하고 있는 것을 시각(깨달음)으로 여기고 있는 것이다. 좌선을 붓다의 행으로 여기는 묵조선자들은 깨달음의 체험을 인정하지 않는다. 대혜의 비판은 묵좌 자체가 아니라 깨달음의 체험을 부정하고 그것을 구하려고 하지 않는다는 점을 향해 있다.

송대 간화선은 무사선과 문자선에 대한 비판으로 시작되었다. 오조는 최초로 화두 참구법을 제시하였으며, 그의 제자인 원오는 무사선과 문자선을 비판하면서 그 폐단을 극복하는 방법으로 화두 참구를 강조하였다. 원오의 『벽암록』은 간화선의 이론적 토대를 마련하였다. 대혜는 원오의 뒤를 이어 무사선·문자선·묵조선을 신랄하게 비판하면서 화두 참구법을 현장에 적용하여 더욱더 체계화하였다. 따라서 간화선은 임제종 양기파의 법을 계승한 오조와 원오, 대혜의 3대에 걸쳐서 완성되었다고 볼 수 있다.

(2) 화두란 무엇인가?

간화선은 화두를 참구하여 깨달음을 성취하는 수행법이다. 화두가 깨달음을 여는 데 결정적인 역할을 한다. 화두 참구는 곧 간화선 수행을 가리킨다. 그러므로 간화선의 본질에 접근하기 위해서는 먼저 화두란 무엇이고 수행에서 어떤 역할을 하는지 이해할 필요가 있다. 화두란 본래 고칙공안古則公案에서 만들어진 말이다.

고칙공안이란 역대 조사들이 깨달음을 얻은 기연, 즉 모범적인 선문답을 말한다. 공안은 관공서의 문서의 권위에 비유한 말이다. 관공서의 문서는 국가의 법령에 입각해서 만들어지고 처리, 집행되기 때문에 절대적인 권위를 가진다. 그 권위의 근거는 법령에 있다. 이러한 과정에 개인의 사사로운 감정이나 생각의 개입은 법령에 의해 허용되지 않는다. 조사들이 깨달은 문답도 공문서처럼 절대적인 권위가 있으며, 깨달음의 규범과 기준이 된다. 고칙古則이라는 말은 시간과 공간을 초월한 보편타당한 법칙을 의미한다. 그러므로 공안은 개인의 사량분별이나 생각이 미치는 것을 허용하지 않는다. 선문에서는 공안을 언어문자로 의미나 논리를 따져 해석하는 일을 금기시해 왔다. 공안을 은유로 철만두라고 부르기도 한다. 철로 만든 만두는 아무리 이로 깨물려고 해도 이가 들어가지 않는다. 이것은 언어문자로 의미를 모색할 틈이 없다는 말이다. 공안은 아무런 의미나 논리를 가지고 있지 않으며 철만두처럼 아무런 맛이 없다. 하지만 공안은 어떻게 참구하느냐에 따라 깨달음을 여는 열쇠가 되기도 하고 선 수행의 길잡이가 되기도 한다. 역대 조사들의 깨달음의 기연 문답을 수집하여 편찬한 것을 공안집이라고 한다. 공안의 수는 1700 공안이 있다고 하는데, 이는 공안의 수가 그만큼 많다는 것을 의미한다.

　선문답은 스승이 제자에게 즉심시불卽心是佛이라고 하는 본래 마음을 깨닫도록 인도하는 조사선의 중요한 교육 방법이다. 이것을 '직지인심 견성성불'이라고 한다. 선 수행을 하는 사람들은 공부가 어느 정도 진전되면 오로지 깨달음의 마음을 모색하는 데 주의가 집중된다. 왜냐하면 지금 이 마음이 깨달음의 마음이고 마음을 깨달은 자가 붓다이기 때문이다. 스승과 제자 간의 선문답에서 스승은 그 자리에서 제자에게 바로 깨달음의 마음을 보여 준다. 언어문자로 깨달음의 마음을 설명하는 것이 아니라 직지인심하는 것이다. 스승이 한두 마디 한 것은 제자로 하여금 본래면목을 깨닫게 하기 위함이지 다른 뜻이 있는 것이 아니다. 화두는 이런 선문답에서 만들어진 것이다.

　선문답의 예를 들어 화두가 만들어지는 맥락을 살펴보자. 어떤 학인이 선지식인 조주에게 "어떤 것이 조사가 서쪽에서 온 뜻입니까?" 물으니, 조주가 "뜰 앞의 잣나무"라고 대답했다. 이 문답은 전체가 한 칙則의 공안이다. 칙은 공안의 단위를 나타내는 말이다. "어떤 것이 조사가 서쪽에서 온 뜻입니까?"는 붓다란, 또는 깨달음의 마음이란 무엇입니까?라는 물음이다. 마조에 의하면 "보리달마는 '이 마음이 다름 아닌 붓다이다', 이것을 깨닫게 하려고 인도에서 중국에 건너왔다."고 한다. 조주가 보여 준 것도 달마의 뜻과 동일한 것이다. 마치 두 사람이 문답하고 있던 뜰 앞에 잣나무가 있어서 조주는 잣나무를 가리키면서 "뜰 앞의 잣나무"라고 답한 것이다. '뜰 앞의 잣나무'는 문자 그대로의 의미에 해당하는 잣나무를 가리키는 것이 아니라 질문자를 깨달음으로 이끌기 위해 바로 그 자리에서 깨달음의 마음, 즉 진리를 나타내 보여 준 것이다. 이와 같은 상황에서 근기가 날카로운 사람이나 수행이 무르익은 사람은 이 한마디를 듣자마자 말끝에 바로 깨달아 큰일을 마쳐 버린다. 깨닫지 못하면 선지식의 말을 화두로 삼아 온몸으로 자나 깨나 참구해야 한다. 이것이 전형적인 조사선의 선문답이다.

공안과 화두는 대개 동일한 의미로 사용되어 왔지만 공안과 화두를 구분하자면, 위 문답에서 문답 전체는 공안에 해당하고, 조주가 답한 '뜰 앞의 잣나무'는 화두에 해당한다. 공안은 문답 전체를 가리키고, 화두는 공안 가운데 핵심이 되는 한 구절을 말한다. 그 한 구절은 의심의 대상이 되는 말이다. 하지만 앞의 질문을 완전히 배제해 버린다면 화두의 기능을 하지 못한다. 앞의 질문은 화두에 의심을 일으키는 전제가 되는 것이다. 이와 같이 화두는 공안에서 만들어진 것이다.

화두는 화두 자체에 어떤 의미가 있는 것이 아니라 깨달음의 문을 열기 위한 하나의 도구이다. 원오 극근은 화두를 "대문을 두드리는 기와 조각"이라고 한다. 요즘의 말로 하자면 초인종에 해당한다. 남의 집을 방문할 때 초인종을 눌러 주인을 불러내야 나와서 대문을 열어 준다. 화두를 참구한다는 것은 주인이 나와서 문을 열어 주도록 기와 조각으로 대문을 자꾸 두드리는 것과 같은 이치이다. 이는 화두로 깨달음의 문을 두드리는 과정을 의미한다. 자꾸 두드리다 보면 자기도 모르는 사이에 깨달음의 문이 열려서 나의 참된 주인을 만나게 된다. 조사선에서는 스승과 제자가 선문답을 할 때 스승은 제자가 그 자리에서 깨달음의 문을 열 수 있도록 힌트를 제시해 주었다. 그 힌트를 간화선에서는 화두라고 한다. 화두는 마음 바탕에 있는 깨달음의 문(心地)을 열 수 있는 열쇠이다. 심지는 한 생각 이전을 가리킨다. 화두를 참구한다는 것은 한 생각 이전의 소식을 참구하는 것이다. 이것을 선문에서는 본래면목, 주인공 또는 공겁 이전의 자기라고 부르기도 한다. 각자 심지의 문에 맞는 열쇠를 찾아야 깨달음의 문을 열 수 있는 것이다.

(3) 화두 참구 수행과 깨달음

가) 간화삼요看話三要

화두는 깨달음의 문을 여는 데 그 목적이 있다. 문이라 하지만 문 없는 문이다. 이 문을 무문관無門關 또는 조사관이라 한다. 화두는 조사가 학인에게 제시한 문제인 동시에 문을 여는 열쇠가 된다. 왜냐하면 이 문제를 해결하면 조사관을 통과할 수 있기 때문이다. 화두를 제대로 사용할 줄 알아야 문이 열리는 것이지, 그렇지 않으면 아무리 오랫동안 애써 참구해도 문은 열리지 않는다. 간화선은 화두를 참구하여 관문을 통과하는 수행이다. 화두 참구 수행을 하려면 반드시 '간화삼요'라고 하는 세 가지 요소를 갖추어야 한다. 간화삼요는 원나라 때 고봉 원묘(1238~1295)가 간화선 수행의 교과서격인 『선요』에서 제시하였다.

첫째 대신심大信心이다. 대신심이란, 나는 본래 붓다이며 성불해 있다는 믿음이다. 간화선의 수행은 '누구나 다 본래 붓다이다'라는 입장을 전제로 한다. 다른 말로 하면 본각에 대한 믿음이다. 중생이 수행해서 붓다가 되는 것이 아니라, 본래 붓다라는 확신을 가지고 지금 이 자리에서 본래 붓다임을 자각하여 확인하는 것이다. 지금은 비록 탐진치에 물들어 미혹해 윤회의 고통을 받고 있지만 나의 본래의 모습은 붓다이다. 지금 당장이라도 분별망상이 끊어지면 본래의 모습으로 회복된다. 때문에 본래 붓다라는 확신이 있어야 수행이 시작된다. 이와 더불어 간화선에서는 선지식에 대한 믿음을 강조한다. 선지식은 도를 묻는 학인들에게 깨달음의 자리를 보여 주어 본래 붓다임을 확인시켜 주는 스승이다. 화두는 선지식이 깨달음의 자리를 보여 준 말 이전의 말이다. 선지식이 내려준 화두는 나의 마음 바탕을 열어 나 자신을 구제할 수 있는 열쇠이다. 그러므로 반드시 선지식에 대한 믿음이 있어야 화두를 참구하면 내 자신의 본래면목을 깨달을 수 있다는 확신을 가질 수 있다.

둘째 대분심大憤心이다. 대분심은 내가 본래 붓다인 줄 모르고 어리석게 살아온 자신에 대해 크게 분한 마음을 가지는 것을 말한다. 역대 선지식들의 가르침에 따라 많은 사람들이 본래 붓다의 자리로 돌아갔는데, 어리석게도 나는 그것을 깨닫지 못하고 윤회고를 받는 중생으로 살아가고 있다. 이런 중생놀음을 해 온 자신에 대해 억울하고 분한 마음을 내어야 본래 붓다의 자리로 돌아가겠다는 강한 의지가 생기는 것이다. 역대 많은 사람들이 선문에 들어와 화두를 참구하여 본래의 자리를 되찾았는데, 나라고 못할 이유가 없다. 본래 붓다의 자리를 되찾겠다는 강한 의지를 불태워야 한다.

셋째 대의심大疑心이다. 대의심은 화두에 큰 의심을 불러일으키는 것을 말한다. 화두는 형식상으로는 언어문자로 되어 있지만, 그 본질

〈조사의 진의〉은 이성적인 사유나 논리로 접근하는 것이 허용되지 않는다. 화두는 답을 찾아야 할 문제임과 동시에 마음 바탕의 깨달음을 열 수 있는 열쇠이다. 반드시 말과 생각의 길이 끊어져야 그 문제의 본질에 도달할 수 있다. 말과 생각의 길을 끊으려면 화두에 간절한 의심을 일으켜 화두삼매에 들어가야 한다. 반대로 화두를 말이나 생각으로 따지면 분별의식은 더욱더 왕성해지고 화두의 본질과는 멀어진다. 의심이 부풀어서 의심 덩어리가 되고 이것이 터지면 본래 붓다의 자리로 돌아가게 된다. 크게 의심해야 크게 깨달을 수 있는 것이다. 화두에 의심을 일으키지 않으면 큰 병이 된다.

나) 간화의 원리

선사들이 공안 참구의 원리를 설명할 때 종종 〈소염시小艶詩〉를 인용하곤 한다. 원오는 화두를 들고 있던 중에 스승인 오조가 방문한 재가 수행자에게 〈소염시〉로 불법의 이치를 설하는 것을 우연히 엿듣고 크게 깨달았다. 공안 참구법은 간화선 수행의 핵심에 해당한다. 먼저 공안 참구의 원리를 알고 나면 공안 참구의 방법도 보다 쉽게 이해할 수 있다. 공안 참구의 원리를 은유로 나타내면 〈소염시〉의 마지막 두 구절과 잘 맞아떨어진다.

> 화려한 궁궐의 아름다운 풍광, 한 폭의 그림으로 그릴 수 없구나.
> 저 높고 깊은 신방에는 사랑으로 괴로워하는 여인이 있다네.
> 소옥아! 소옥아! 이름을 부르지만 원래 볼 일이 있어서가 아니네.
> 다만 밖에 있는 낭군이 목소리 알아듣기를 바랄 따름이네.

〈소염시〉는 당나라 현종의 총애를 받던 양귀비가 현종 몰래 정부인 안록산安祿山을 그리워하는 마음을 담은 시이다. 양귀비가 소옥아! 소옥아! 하고 소리 내어 자주 부르는 것은 소옥이에게 볼 일이 있어서가 아니라 안록산에게 자신의 마음을 알려 만나는데 본래의 뜻이 있다. 양귀비는 소옥이를 부르는 현상(소옥이를 부르는 목소리)을 통해서 안록산에게 자신의 진의를 전하여 만나는 것이 목적이다. 그 소리는 지금 현종이 자리에 없으니 들어와도 된다는 암호이다. 양귀비의 진의는 친밀한 관계인 안록산만 알 뿐 다른 사람들은 모른다. 양귀비의 진의는 언어문자에 있는 것이 아니라 현상의 근원에 있다.

선문답의 원리도 이와 동일한 맥락에 있다. 현상(조사의 언구; 화두)을 통해 현상의 근원에 있는 조사의 진의(직지인심)를 바로 깨닫게 하는 장치가 선문답이다. 제자의 입장에서 보면 스승의 대답을 통해 자신의 본래면목을 보아 견성하는 것이다. 앞에서 언급한 '뜰 앞의 잣나무' 문답에서 조주는 '마침 뜰 앞에 있는 잣나무'라는 현상을 통해서 깨달음의 마음을 나타내 보여 준 것이다(조사의 진의). 학인으로 하여금 그것을 바로 보게 하기 위함이다. 소옥이의 진의를 모르는 사람들은 '무엇 때문에 소옥이를 자주 부르는 것일까?' 하고 의문을 갖게 된다. 선문답에서도 '뜰 앞의 잣나무'라는 대답에는 조주의 진의가 들어 있어서 그 자리에서 알아채는 사람은 바로 깨닫게 된다. 그러나 바로 깨닫지 못한 사람은 그 대답에 의문이 생긴다. '어떻게 하면 이 마음을 깨달을 수 있을까' 하고 물었는데, '왜 "뜰 앞의 잣나무"라고 했지'라는 의심을 품게 된다. 이 의심을 해결하고 싶어서 자나 깨나 이 문제를 곰곰이 생각하게 되는 것이 자연스러운 일이다. 이렇게 하다가 어떤 계기를 만나 홀연히 깨닫게 된다. 이것은 주로 조사선 시대에 현장에서 선문답을 통해서 행해지던 수행 방식이다.

　간화선 시대의 화두 참구는 현장에서 몸소 하는 선문답이 아니라 선대의 선문답을 재활용하여 핵심 어구인 화두를 집중적으로 참구하는 방식을 말한다. '뜰 앞의 잣나무' 화두를 선택하여 참구한다면, 위의 선문답의 맥락에서 '왜 뜰 앞의 잣나무라고 했을까' 하고 끊임없이 의심하여 들어간다. 오직 하나의 화두에 의심을 일으켜 끝장을 본다는 각오로 자나 깨나 화두에 몰입한다. 화두를 참구하여 깨달음의 문을 여는 방법도 양귀비가 연모하는 안록산을 만나는 방법과 다르지 않다. 양귀비와 안록산은 서로 마음이 통해야 만날 수 있다. 안록산이 언제 궁궐의 양귀비 방 부근에 올지는 모르지만 양귀비는 소옥이에게 볼 일이 없는데도 소옥아! 소옥아! 하고 자꾸 부른다. 자꾸 부르다 보면 안록산이 가까이에서 목소리를 알아듣는 때가 온다. 그러면 그가 담장을 넘어 방으로 들어와 만날 수 있다.

　'소옥아! 소옥아!'는 화두에 비유되고, 소옥아! 소옥아! 하고 자꾸 부르는 것은 화두를 제시하여 끊임없이 화두를 의심하는 과정에 비유된다. 양귀비가 소옥이를 부르는 행위에는 사랑하는 사람을 만나고자 하는 간절함이 들어 있다. 화두를 참구할 때도 간절하게 사무치는 마음으로 온몸의 힘을 다해 오로지 선택한 하나의 화두에만 주의를 집중한다. 소옥이를 자꾸 부르다가 안록산이 알아듣고 들어와 서로 마음이 통하여 만나는 것은 화두를 놓치지 않고 의심하다가 화두를 타파하여 본래 갖추어진 깨달음의 마음을 만나는 것에 비유된다. 화두가 타파되면 깨달음의 마음을 가리고 있던 분별망상의 벽이 녹아내려서 깨달음이 밝게 드러난다. 화두를 의심하는 것은 분별망상으로 덮여 있는 마음 바탕의 문을 두드리는 과정이며, 이러한 수행 과정을 통해서 나의 본래 주인인 참나를 만날 수 있는 것이다.

다) 화두 참구 방법과 깨달음

조사선 시대에는 학인이 선문답 현장에서 스승의 말에 바로 깨닫지 못하면 자연스럽게 스승의 말(언구)이 가슴속에 남게 되고, 학인은 그것을 되씹어서 참구하게 되었다. 그런데 간화선 시대에는 스승으로부터 하나의 화두를 내려받아서 그 화두를 참구한다. 여러 개의 화두를 번갈아 참구하는 것이 아니라 오직 하나의 화두에 삶과 죽음을 걸고 씨름한다. 간화선 수행을 하려면 위에서 언급한 바와 같이 대신심과 대분심을 가지고 행주좌와 어묵동정에 관계없이 항상 화두에 대의심을 일으켜야 한다. 이렇게 정진하여 화두와 내가 하나가 되어야 본래의 깨달음인 온전한 주인과 만날 수 있다. 바닷물의 맛을 알려면 한 모금만 맛보면 전체의 맛을 알 수 있는 것이지 바닷물 전체를 다 마셔야 하는 것은 아니다. 화두도 이와 마찬가지이다. 간화선의 완성자인 대혜는 "천 가지 만 가지 의심이 오직 하나의 의심일 뿐이니, 화두 위에서 한 의심만 타파하면 천 가지 만 가지 의심이 일시에 타파된다."고 하였으며, "하나를 깨달으면 만사를 마치고, 하나를 투철히 깨달으면 일체에 막힘이 없다."라고 하였다. 하나의 화두를 의심하여 타파하면 모든 화두의 의심을 타파하는 것이고 모든 진리를 깨닫는 것이기 때문에 또 다른 화두에 의심을 일으킬 필요가 없다는 말이다.

간화선에서는 화두에 의심을 일으켜 그 의심 덩어리(의단)를 타파할 때 깨달음이 발생한다. 만약 의심을 일으키지 못하면 화두가 겉돌아서 헛수고를 하게 된다. 이 과정들을 몇 가지로 나누어서 살펴보자. 화두는 말과 생각의 길이 끊어진 말 이전의 자리를 가리킨다. 언어문자나 생각으로는 결코 조사의 진의를 확인하지 못한다. 화두는 철만두와 같아서 말이나 생각이 들어갈 틈이 없다. 말이나 생각을 배제하고 화두에 온몸으로 간절히 의심을 일으켜야 한다. 임제종의 공안집인『무문관』을 저술한 무문 혜개(1183~1260)는 화두를 참구할 때 "삼백육십 개의 골절과 팔만사천 개의 털구멍으로 온몸을 다 들어 의심하라."라고 했다. 이와 같이 이성적인 머리가 아니라 온몸으로 화두에 의심을 일으켜야 한다. 화두에 의심을 일으키는 것은 간화선의 생명줄과도 같다고 할 수 있다. 무자 화두의 예를 들어서 살펴보자. 이 무자는 예나 지금이나 선문에서 가장 많이 참구되고 있는 화두 가운데 하나이다.

> 어떤 스님이 조주 스님에게 물었다.
> "개에게도 불성이 있습니까?"
> 조주 스님은 "무無, 없다."라고 답하였다.

불교 경전에서는 "모든 중생이 다 불성을 가지고 있다."고 설한다. 그러므로 선문에서도 누구나 다 '개에게도 불성이 있다'고 생각하는 것이 지극히 당연한 일이다. 개도 중생의 범주에 들어가는데, '왜 조주 스님은 개에게 불성이 없다고 했을까' 하는 의심이 생긴다. 이 화두를 참구할 때는, 붓다께서는 '모든 중생이 다 불성을 가지고 있다' 하였는데, '왜 조주 스님은 개에게 불성이 없다고 했을까' 하고 의심을 일으켜 들어간다. 이렇게 조금 익숙해지면 짧게 '왜 조주 스님은 "무無, 없다."라고 했을까' 하고 의심해 들어간다. 대혜는 "화두를 들 때는 평소에 영리하고 총명한 마음으로 헤아려 분별하지 말아야 한다. 마음을 헤아려 분별하면 십만 팔천 리도 아직 먼 곳이 아니다."라고 한다. 화두는 생각으로 이리저리 분석해서는 안 되고 커다란 의심을 일으켜서 말과 생각의 길이 끊어져야 깨달음으로 다가갈 수 있다. 대혜는 『서장』에서 무자 화두 참구에 대해 다음과 같이 설명한다.

다만 하루 스물네 시간을 이 '무無' 자만을 참구하라. 밤이나 낮이나, 가나 머무나, 앉으나 누우나, 옷 입으나 밥 먹으나, 나아가 뒷간에 갈 때도 생각 생각이 끊이지 말고 맹렬히 정신 차려 이 무자 화두만 의심해 가라. 이리하여 날이 가고 해가 가서 이윽고 공부가 한 덩어리가 되면 홀연히 마음 빛이 밝아져 부처님과 조사들의 기틀을 깨닫게 될 것이다.

대혜에 의하면 화두는 정해진 시간에만 드는 것이 아니라 24시간 화두에 의심이 끊이지 않게 해야 한다. 의심이 끊어지면 그 틈으로 분별 망상이 끼어들게 된다. 화두의 의심이 지속되면 망상이 끼어들 틈이 없어진다. 화두에 간절하게 의심을 짓다 보면 어느 순간 의심이 자연스럽게 이어지는 때가 온다. 의식적으로 의심을 일으키려고 애쓰지 않아도 저절로 의심이 일종의 감정처럼 지속된다. 이처럼 화두에 자연스럽게 의심이 지속되는 상태를 의정疑情이라 한다. 이런 과정에 이르면 화두 참구에 탄력을 얻게 된다. 나아가 의정이 무르익으면 하나의 의심 덩어리로 뭉쳐진다. 이 의심 덩어리를 의단疑團이라 한다. 나중에는 이 의단이 홀로 드러나게 되는데, 이를 의단독로疑團獨露라 한다. 의심 덩어리가 부풀어서 홀로 드러나면 화두의 의심과 내가 혼연일체가 되어 떼려 해도 떼어 낼 수 없는 상태가 된다. 나와 화두가 빈틈없이 완전히 하나 된 상태를 타성일편打成一片이라 한다. 이 상태가 되면 무의식적으로 비교하고 따지는 일이 없어지고 천차만별의 경계와 하나가 되어 주객,

피차 등의 상대적인 이분적 차별상을 여의게 된다. 이 같은 상태에서도 화두를 든 채 밥 먹고 일하고 이야기를 나누는 등 일상생활을 하는 데는 지장이 없다.

화두가 빈틈없이 지속적으로 들려 나와 화두가 한몸이 되면 화두삼매에 들어간다. 고요함과 평정 속에서 화두가 또렷또렷하게 들려온다. 이것을 성성적적惺惺寂寂이라 한다. 성성은 화두가 또렷또렷하게 들려오는 상태로 지혜가 발현된다. 적적은 마음이 고요한 상태로 선정을 의미한다. 따라서 성성적적은 정定과 혜慧가 동시에 갖추어진 상태가 된다. 이런 상태에서는 번뇌가 일어날 틈이 없어진다. 간화선도 조사선과 마찬가지로 정과 혜를 동시에 닦는 붓다의 정혜쌍수를 충실하게 계승한 수행법이다. 화두삼매는 편의상 화두가 지속되는 강도에 따라 동정일여動靜一如, 몽중일여夢中一如, 오매일여寤寐一如의 세 가지로 나누어 볼 수 있다. 일여一如란 '늘 한결같다'는 의미로 '끊어짐이 없이 늘 같은 상태를 유지한다'는 뜻이다. 동정일여란 움직일 때나 가만히 있을 때나 화두가 한결같이 들리는 것, 몽중일여는 꿈꿀 때나 깨어 있을 때나 화두가 한결같이 들리는 것, 그리고 오매일여는 깨어 있을 때나 깊은 잠 속에 있을 때나 화두가 변함없이 똑같이 지속되는 것을 의미한다. 오매일여가 되면 깨달음이 가까워진 상태이다. 고려 말의 태고 보우 국사는 이것을 다음과 같이 밝히고 있다.

> 만약 사흘 동안 법대로 끊어지는 틈이 없어, 움직이건 가만히 앉아 있을 때건 한결같고(동정일여), 말하거나 침묵할 때도 한결같이 화두가 항상 앞에 나타나 있되, 급히 흐르는 여울 속의 달빛 같아서 부딪쳐도 흩어지지 않고 헤쳐도 없어지지 않으며 휘어져도 없어지지 않아 자나 깨나

한결같으면(오매일여), 크게 깨칠 때가 가까이 온 것이다.

화두와 내가 빈틈없이 한몸이 되어 더 나아가면 사유의 출로가 차단되어 마음이 갑갑해진다. 사방으로 꽉 막힌 은산철벽에 갇히게 된다. 은산철벽은 은으로 된 견고한 철벽을 말한다. 앞뒤 좌우 사방이 꽉 막혀서 뚫고 나갈 수 없는 극한의 상황에 직면해 있는 것이다. 이 같은 상황을 다른 비유로 마치 목구멍에 밤송이가 걸려서 삼키지도 못하고 뱉지도 못하는 상태와 같다고 말한다. 다음의 인용문은 화두에 의심을 일으켜서 은산철벽에 막히면 깨달음이 멀지 않았음을 짐작할 수 있다는 내용이다. 첫 번째 글은 고려 말 태고 보우 국사의 어록에서 인용하였고, 두 번째 글은 고려 말 나옹 화상의 어록에서 인용하였다.

> 바로 길이 막히는 데 이르러 철벽에 부딪치면,
> 마주하는 허망한 생각이 아주 고요해질 것이다.
> 그 공부는 물을 뚫는 밝은 달빛과 같아서,
> 자나 깨나 한결같은 경지에 점차 이르면
> 번뇌는 쉬고 빛은 나려 할 것이다.

> 화두에 의심을 크게 일으켜 빈틈이 없게 하여
> 몸도 마음도 한바탕 의심 덩어리로 만드세.
> 거꾸로 매달린 절벽에서 손 놓고 몸 뒤집으면
> 겁외의 신령한 빛이 서늘한 간담 비추리라.

은산철벽에 갇히면 이러지도 저러지도 못하는 상황이 된다. 견고한 철벽은 바로 조사의 관문을 말한다. 여기서 한 발 더 나아가 철벽을 뚫고 나가야 갑갑함에서 벗어나 대자유의 세계를 만날 수 있다. 철벽은 곧 의심 덩어리이며, 이것이 터지는 것이 화두 타파이며, 의심 덩어리가 터진다는 것은 곧 철벽이 무너지는 것을 의미한다. 홀연히 화두를 타파하여 철벽을 뚫고 나오면 밝은 허공이 끝없이 펼쳐진 세계를 만나게 된다. 끝없이 펼쳐진 밝은 허공이 바로 나의 본체, 즉 본래면목이며 또는 이것을 본지풍광이라 한다. 원오에 의하면 "깨달은 사람은 마음이 허공과 같아서 어디에도 걸림이 없고 구속되지 않는다."고 한다. 생사를 해탈한 도인은 언제 어디서나 걸림 없이 자유로운 존재로 살아갈 수 있다. 화두를 타파하고 나면 스승에게 찾아가 점검을 받는다. 스승은 몇 개의 화두를 가지고 제자의 깨달음 상태를 점검한다. 이때 제자의 대답이 스승의 점검에 부합되면, 다시 말해 스승의 마음과 제자의 깨달음이 일치하면 스승은 제자에게 깨달음을 인가한다. 마음에서 마음으로 법法을 전한다고 하는 것은 바로 이것을 두고 한 말이다.

3장

불교의 역사

1
인도의 불교 역사

1) 불멸후의 교단

부처님의 열반 직후, 부처님의 제자였던 마하까샤빠(Mahākāśyapa)는 서둘러 회의를 소집한다. 이를 결집結集이라고 한다. 부처님의 가르침이 사라지거나 잘못 전해지는 것이 우려되었기 때문이다. 부처님이 남긴 가르침인 불교의 교리(經)와 교단의 규율(律)을 검증하여 남기고자 하는 취지에서였다. 이 회의는 마하까샤빠의 주도하에 아난다(Ānanda)가 교리 부분을, 우빨리(Upāli)가 율 부분을 암송한 후, 모임에 참석한 500명의 아라한들이 이에 동의하면 부처님의 가르침으로 인정하는 형식으로 이루어졌다. 초기 경전의 도입부를 보면 "나는 이와 같이 들었다.(evaṃ me suttaṃ, 如是我聞)"라는 문구가 있는데, 이것은 경의 내용을 암송한 아난다 자신이 들은 대로 진술했음을 표현한 것이다. 이 제1 결집은 마가다국의 수도 라자그리하(Rājagṛha, 王舍城)의 칠엽굴에서 이루

그림 43 제1 결집이 행해졌던 칠엽굴과 라자그리하 주변, 인도 라지기르

어졌으며, 여기서 인정된 경과 율은 초창기에는 문자가 아닌 구전으로 전승되었다.

부처님의 열반으로부터 약 100년이 지난 후, 불교 교단의 규모는 더욱 확장되었는데, 이 과정에서 특정 개념이나 계율에 대해 의견 대립이 생겨난다. 그리고 이 대립은 점차 심각한 문제로 가시화되었고, 이에 대한 옳고 그름을 조정해야 할 필요성이 요구되면서 또다시 회의가 소집된다. 이것이 제2 결집이다. 붓다의 가르침을 지나치게 그대로 따르기보다는 그 말이 나타내고자 하는 의미를 파악하여 시대에 맞게 재해석해야 한다는 주장이 나온 것이다. 일부 학자들에 따르면, 이때 특히 문제가 되었던 것은 붓다의 가르침(경)에 대한 논쟁이 아닌, 수행자의 생활 방식(계율)에 대한 해석상의 대립이었다고 한다. 물론 이에 대해서는 학자들마다 견해가 서로 다르다.

계율은 수행자 집단, 즉 교단을 이끌기 위한 규칙이다. 따라서 불변

그림 44 웨살리 아쇼까 석주와 불탑, 인도 웨살리

하는 원칙에 의해서 만들어진 것이 아니라 그때그때의 상황에 맞추어 정해진 것이었다. 이는 상황이 달라지면 얼마든지 변화될 가능성이 있음을 암시한다. 붓다 생존 당시에는 아무런 문제가 되지 않았지만, 세월이 흘러 사람들이 변하고 그들이 놓인 상황이 달라짐에 따라 계율에 대한 탄력적인 재해석이 요구된 것이다.

특히 열 가지 항목(十事)에 대한 계율 논쟁이 심각해지자 웨살리(Vaiśālī)에서 700명의 아라한이 모여 조정에 들어간다. 이때 보수 측과 진보 측에서 각각 대표자 4명을 선출하여 진보 측에서 십사의 한 항목씩 묻고 보수 측에서 답하는 형식으로 회의가 진행되었는데, 당시 상대적으로 세력이 강했던 보수 측의 의견이 전폭적으로 수용되는 것으로 이 논쟁은 끝이 났다고 한다. 그 후 진보개혁 측의 만 명이 따로 모여 결집을 행하고, 기존의 교단에서 이탈하여 새로운 파가 형성되게 되

그림 45 아쇼까왕이 만든 빠딸리뿌뜨라 아감구안(Agamkuan) 우물터, 인도 파트나

는데, 기득권층이었던 보수 측을 상좌부上座部, 진보 측을 대중부大衆部라고 했다고 한다. 이렇게 두 파로 분열된 것을 기점으로 이후 여러 분파들이 생겨났고 부파의 시대가 되었다고 한다. 그리고 이들이 펼친 다양한 주장들의 정당성을 증명하기 위하여 경전에 근거한 저마다의 해석을 시작하게 되는데, 이것이 바로 아비다르마(Abhidharma, 論)이다. 즉 부파불교를 아비다르마 불교라 부르기도 한다.

　일본을 중심으로 한 초기불교 연구자들은 이러한 두 번째 결집(웨살리 결집)을 근본분열의 직접적인 원인으로 해석했다. 이 결집에서 제기된 문제는 금·은을 보시물로 받느냐 받지 않느냐에 따른 문제, 즉 계율을 중심으로 한 갈등을 분파의 원인으로 보는 것이다. 그러나 상좌부 계열의 계율(說一切有部의 十誦律, 法藏部의 四分律, 化地部의 五分律 등)과 대중부 계열의 계율(摩訶僧祇律) 모두 금·은의 수령을 상당히 엄하게 금

그림 46 아쇼까왕의 보리수나무 참배, 산치 대탑 토라나 부조, 인도 산치

지하고 있었다는 점에서 계율의 문제가 근본분열의 원인이라는 이론은 설득력이 없다.

한편, 일부 불교학자들의 경우, 빠딸리뿌뜨라(Pātaliputra) 논쟁 혹은 대천의 5사事라 불리는 사건을 근본분열의 원인으로 해석하기도 한다. 5사는 아라한에 대한 해석, 즉 교리에 관한 이의 제기를 주 테마로 한 논쟁이다. 상좌부에서 분열한 독자부犢子部는 아라한의 절대성에 의문을 제기하며 당시 아라한을 자처하던 승려들의 지위를 인정하지 않았고, 이러한 흐름은 결국 부처님의 신격화로 귀결된다. 실제로 근본분열 이후의 분열은 계율보다는 교리를 중심으로 이루어졌던 것으로 보인다. 신념을 중시하며 살아가는 불교 승려들에게 교리에 대한 해석상의 불일치는 분열을 초래할 만한 문제였을 것이다.

제3 결집으로 알려진 빠딸리뿌뜨라(Pātaliputra) 결집은 아쇼까왕이 주

그림 47 교단을 분열시키는 자는 흰옷을 입고 교단을 떠나라고 명시한 산치 아쇼까 석주 비문, 인도 산치

관했다고 알려져 있다. 마우리야 왕조를 건설한 찬드라굽타의 아들 빈두사라는 당시 무인들에게 인기를 끌던 아지비까 교도로서 30여 명의 부인과 300여 명의 자식이 있었다고 한다. 그중 하나였던 아쇼까는 형제들을 죽이고 왕위에 오른다. 일부 불교 문헌에 따르면, 이때 죽음을 면하기 위해 많은 왕자들이 출가를 했고, 이들을 중심으로 아쇼까라마(Aśokārāma)라는 사원이 건립되었다. 그러나 사원 내의 과도한 분쟁으로 인해 많은 수의 승려들이 살해되자 아쇼까는 이 분쟁을 종식시키기 위해 당대의 고승이었던 목갈리뿟따띳사(Moggaliputtatissa)를 초청한다. 목갈리뿟따띳사는 당시 불교 승려들을 모두 소집하여 교리문답을 통해 정통파와 비정통파로 구분한 후 비정통파를 국외로 추방시킨다. 추방당한 승려들은 북서쪽 마투라로 이동하여 설일체유부說一切有部(Sarvāstivāda)라 불리는 부파를 형성한다. 이들은 이후 간다라와 카슈미르로도 확산되어 정착했다고 알려져 있다.

한편, 상좌부上座部(Sthavira 혹은 Theravāda)의 후예인 분별설부는 정통파로 인정받아 인도에 잔류하게 된다. 그러나 점차 세력이 역전되어 상좌부 전통은 스리랑카를 중심으로 한 남아시아 지역으로 한정된다. 특히 스리랑카에서 세력을 보존했던 상좌부는 5세기에 이르러 인도의 학승 붓다고사(Buddhaghosa)를 초청하여 빨리 삼장에 대한 주석서를 완성하고, 동시에 상좌부 정체성의 근거가 되는 『청정도론(Visuddhimagga)』을 저술했다. 이에 대해서는 다음 항목인 부파불교에서 자세히 살펴보도록 하겠다.

2) 부파불교와 대승불교

(1) 부파불교

현대 학자들에 따르면, 불교 교단은 보수적인 상좌부와 진보적인 대중부의 두 파로 분열된 이후 다시 각각 분열을 거듭하여 다수의 부파가 생성되었다고 한다. 학계에서는 이를 부파불교 시대, 혹은 아비다르마 불교 시대라 지칭한다. 그러나 이들과 다른 노선을 걸었던 대승불교도들에 의해 이들은 '소승불교'로 폄하되기도 했다.

이 시대는 불교 전통이 학문적인 체계를 갖추게 된 시기이기도 하다. 다수의 부파들은 붓다의 가르침에 대한 해석과 정리 및 분류뿐만 아니라 각자의 세계관과 형이상학에 부합하는 새로운 불교 해석을 시도하기도 했다. 이 과정에서 붓다가 경계했던 형이상학적인 논의 또한 체계적으로 발전하게 되었으며, 결과적으로 불교만의 독특한 인식론과 존재론, 윤리관 등이 정립되기에 이른다. 이러한 학문적인 불교의 면모는 한편으로는 불교가 세계종교로서 거듭나기 위한 교리적 정밀성을 확립하는 데 큰 역할을 해 주었지만, 다른 한편으로는 일반 대중들이 접근하기에 난해한 전문 분야를 양산하여 이전 불교 전통에서는 볼 수 없었던 학자적 전통을 이끌기도 했다.

부파 시대 당시에는 다수의 부파들이 인도 전역에 세력을 펼치며 경쟁 관계를 벌였던 것으로 보인다. 그러나 이들이 전승했던 문헌들은 대부분 소실되었기에 그들의 정확한 주장을 확인할 수는 없다. 현존하는 문헌을 통해 그 세계관을 확인할 수 있는 부파는 북방 설일체유부說一切有部(Sarvāstivāda)와 남방 테라와다(Theravāda)이다. 이들은 각각 일곱 권의 근본 아비다르마 논서들을 바탕으로 더욱 구체적이고 전문적인 학문 불교를 전개했다. 이들 중 특히 상좌부는 일곱 권의 논서가 붓다의 깨달음 당시 이미 정립되었으며, 이후 붓다의 천상설법을 통해 천신들에게 전해졌고, 10대 제자 중 가장 지혜가 뛰어났다고 알려진 사리뿟따에 의해 인간 세상으로 전승되었다고 주장한다. 이러한 내러티브는 상좌부가 그들의 아비다르마 논서들에 절대적인 권위를 부여하고 있었음을 암시한다.

설일체유부의 아비다르마 논서들은 현재 산스끄릿 원전은 소실되었으며 한역으로만 남아 있다. 반면 상좌부의 논서들은 원전 언어인 빨리어로 동남아 지역에서 여전히 전승되고 있다. 그 목록은 아래와 같다.

설일체유부 근본 일곱 논서 : 한역본과 일부 산스끄릿 필사본 현존
集異門足論, 法蘊足論, 施設足論, 界身足論, 識身足論, 品類足論, 發智論

상좌부 근본 일곱 논서 : 빨리본으로 전승
Dhammasaṅgaṇi, Vibhaṅga, Dhātukathā, Puggalapaññati, Kathāvatthu, Yamaka, Paṭṭhāna

설일체유부는『발지론』을 몸통으로 보고 나머지 여섯 개의 문헌을 부속된 다리, 즉 빠다샤스뜨라(pāda-śāstra, 足論)로 간주했다. 아비다르마 문헌이 문자화된 후 점차 교리적 체계를 확립하게 되는데, 그 단적인 예가 바로 5온-12처-18계의 구성이다. 12처-18계를 포함하고 있는 5온은 무위법無爲法(열반)을 포함하지 못하므로 완벽한 교리 범주라고 할

그림 48 마하위하라 르완발리시아 불탑, 스리랑카 아누라다푸라

수 없었다. 따라서 이후 설일체유부는 Vastu(things, 爲) 개념을 도입하여 '5위 75법'이라는 그들만의 독자적인 교리 체계를 확립시킨다.

상좌부는 스리랑카를 중심으로 동남아시아에 전파된 부파 전통으로서, 현재 '초기불교'로 인식되고 있는 불교 전통이다. 이들은 아쇼까 당시 전법사인 마힌다(Mahinda)를 통해 인도불교를 수용한 이후 국가종교로서 발전을 거듭했다. 그 결과 스리랑카의 정치와 종교는 상좌부 교단을 중심으로 긴밀한 유대관계를 형성하게 되었다. 그러나 왕권의 편파적인 사원세력 후원과 승단의 정치 개입으로 인해 상좌부 승려들은 분열되었고, 이는 결국 보수파인 마하위하라(Mahāvihāra, 大寺派)와 개혁파인 아바야기리(Abhayagiri, 無畏山寺派) 간의 내부 분열과 경쟁 관계로 표출되기에 이른다.

이때 마하위하라 세력은 왕권과 대중의 외면 속에서 새로운 전환점

그림 49 아바야기리위하라의 불탑, 스리랑카 아누라다푸라

을 마련하고자 했고, 자신들의 교리적 정체성을 확립하기 위해 학승 붓다고사를 영입하여 『청정도론(Visuddhimagga)』을 저술하고 방대한 빨리어 주석서(Pāli-aṭṭhakathā)의 번역과 편집 작업을 감행한다. 이 과정에서 완성된 방대한 주석 문헌을 기반으로 상좌부는 자신들의 세계관을 확립함은 물론, 교리 체계의 기틀을 마련하게 되었다. 당시 정립된 마하위하라의 주석서들은 '붓다고사'라는 상징적 인물을 필두로 기존 전승 문헌들을 그들의 관점에 부합되도록 재편집하였다. 또한 동시에 스리랑카의 언어였던 싱할라(Sinhala)를 버리고 당시 근본언어로 추앙받던 빨리어를 받아들였는데, 이렇게 완성된 주석서는 삼장과 함께 상좌부의 보수성과 정통성을 대변하게 되었다. 그리고 이러한 특징들은 결과적으로 그들을 '초기불교'로 인식할 수 있도록 이끌어 주었다.

붓다고사 이후 교리적 정체성을 확보한 스리랑카 상좌부 불교는 왕

그림 50 붓다고사와 마하위하라, 켈라니야라자마하위하라 벽화, 스리랑카 켈라니야

가의 지지를 받으며 지속적인 발전을 거듭했고, 이 과정에서 비록 내적 혼란을 겪기도 했으나 12세기 중반에 이르러 마하위하라를 중심으로 한 단일 교단으로 통합되었다. 이후 상좌부 전통은 스리랑카 인접 국가들인 미얀마, 태국, 라오스, 캄보디아 등 동남아시아로 전파되며 '정통성의 상징'으로 인식되기 시작했고, 현재까지 그 전통을 이어 오고 있다.

한편, 마우리아 왕조는 아쇼까 이후 급격히 쇠퇴했고, 이후 인도는 강력한 중앙집권 제국의 부재로 인해 각 지방의 세력들이 새로운 실세로 등장하게 된다. 그 결과 기존의 마우리아 제국은 그리스인들과 토착 세력에 의해 동서로 양분되었다. 동쪽 지역의 경우, 브라마나 왕조였던 슝가 왕조와 깐바 왕조 이후 크샤트리야를 표방하는 부족국가들로 다시 분화된다. 중남부 지역은 중앙집권 제국의 부재로 인해 기존의 억눌려 있던 부족국가들인 깔링가와 사따바하나 등이 다시 출현하게 되었고, 남부 지역은 따밀 지역을 중심으로 쫄라와 빤댜, 쩨다국이 세력을 확장하고 있었다.

서쪽 지역은 박트리아(현재 인도 서북부 지역)를 중심으로 그리스인들이 세력을 장악했다. 그러나 그리스 본토의 세력이 약화됨에 따라 곧이어 중앙아시아 유목 부족들에게 지배권을 넘기게 된다. 아쇼까가 파견한 전법사들 중 그리스인 승려가 포함될 만큼 그리스인들은 일찍부터 불교에 귀의했다. 이민족을 천시했던 브라만 중심의 인도 전통과 달리 이성과 계급평등을 주장했던 불교는 이민족들에게 환영받았다. 그리스 통치자 메난드로스가 그 대표적인 인물이다. 그는 불교에 귀의하여 승려 나가세나(Nāgasenā)와 심오한 철학적 대론을 펼쳤는데, 그 내용을 담은 것이 바로 『밀린다빵하(Milindapañha)』이다.

인도 북서 지역은 중국 한나라 때 만리장성 서쪽에 있었던 월지족이 흉노의 압박으로 서쪽으로 고비사막을 넘어 인도 북서부에 출현하면서 중요한 변화를 맞이하게 된다. 오늘날의 파키스탄과 아프가니스탄 지역에 도착한 월지족은 자신들의 이름을 쿠샨(Kushan)으로 바꾸고 그리스 문자를 사용하며 조로아스터교를 선호했던 것으로 보인다. 쿠샨이 카니시카(Kanishka)왕 때 인도 중북부 지역으로 확장하면서 마투라(Mathurā)가 쿠샨의 중심지가 되었다. 이때 마투라에 자리 잡고 있던 설일체유부가 북서인도로 확장하여 간다라 지역과 카슈미르 지역으로 퍼져 나가게 된다.

카슈미르에 자리 잡은 설일체유부는 보수적이고 전통적인 견해를 가졌으며, 특히 쿠샨 왕조의 지원으로 제4 결집을 이끌었다고 한다. 이 결집에서 『발지론』의 주석서를 제작하게 되었는데, 이것이 바로 당대 불교적 세계관을 집대성한 불교대백과 사전인 『대비바사론大毘婆沙論』

그림 51 간다라 불상, 간다라 2세기, 인도 뉴델리 국립박물관

이다. 한편 간다라에 자리 잡은 설일체유부는 진보적이고 변화를 두려워하지 않았다. 이들은 카슈미르 설일체유부의 교학 체계에 대해서 좀 더 유연한 태도를 보였으며, 아비다르마(abhidharma)를 부처님의 가장 뛰어난 가르침으로 보는 것에 반대했다. 점차적으로 간다라 지역의 설일체유부는 경량부(Sautrāntika)란 이름으로 불리기 시작했으며 아비다르마가 아니라 경전(sūtra)에 나타나는 부처님의 말씀이 더 중요하다는 입장을 취했다. 경량부의 대표적인 논사가 와수반두(Vasubandhu)로서 카슈미르 설일체유부의 교학을 600개의 게송으로 정리하고 경량부 입장에서 비판한 『아비다르마구사론(Abhidharmakośabhāṣya)』을 만들었고, 이 책은 한역되어 동아시아 불교 교학의 중심적인 논서로 받아들여진다. 초기불교 경전에서 『대비바사론』, 그리고 『구사론』으로 연결되는 논서의 흐름 속에서 『대비바사론』은 초기불전 이후의 긴 시간 동안 전개되었던 교리의 변화를 추정하게 해 주는 중요한 논서로서 현재까지도 매우 높은 가치를 지닌 문헌이다.

북서인도의 불교는 문화적으로 중요한 변화를 맞이하게 된다. 이 지역은 그리스계 유민, 샤까(Śakas)로 알려진 스키티아(Scythia) 유목민, 이란계 빠르티아(Parthia)인, 중국에서 월지로 알려진 쿠샨(Kushan)인이 차례대로 권력을 잡았다. 각자 독특한 문화를 지녔던 사람들이 이 지역으로 이주하면서 국제적인 문화 융합이 일어났고 불교 또한 이러한 변화에 편승하며 발전했다. 따라서 이 지역에서 서아시아 헬레니즘(Hellenism)의 영향과 함께 간다라 불상이 출현하게 되었고 비슷한 시기에 마투라(Mathurā)에서도 불상이 나타나게 된다. 그리고 인도계가 아닌 이민족 지배자들의 성향과 기호에 맞게 불교가 단순화되고 구원의 종교로 발전하면서 점차적으로 대승불교(Mahāyāna)로 가는 토대를 만들게 된다.

그림 52 마투라 불상, 웃따라 쁘라데쉬 1세기, 인도 뉴델리 국립박물관

(2) 대승불교

대승불교의 기원은 여전히 불분명하다. 이미 기원전부터 대승 문헌들이 인도 본토에서 유통되고 있었다는 근거들이 새롭게 발견됨에 따라, 이 전통이 지닌 의미 규정과 역사는 향후 재해석될 필요가 있다. 대승 전통은 난해하고 접근성이 떨어지는 부파불교 혹은 아비다르마불교 전통에서 벗어나, 각자의 명상 수행을 통해 붓다를 친견하고자 하는 일련의 움직임이 표출된 것으로 규정할 수 있을 것이다.

그들의 이상적 세계관은 점차 체계화되었고, 결국 방대한 『반야경般若經』 묶음으로 정리된다. 『반야경』이란 하나의 경전을 지칭하는 것이 아니라, '반야般若(paññā)'라는 주제를 다루고 있는 수많은 대승 경전들의 총칭이다. 이들 중 가장 많은 양을 차지하는 것이 바로 현장이 한역한 『대반야경』이다.

기존의 부파불교가 '아라한'을 완성된 인간으로 보았다면, 대승불교 전통은 '보살'을 인간의 이상향으로 규정하고 있다. 보살이란, 빨리어로 보디삿따(Bodhisatta) 혹은 산스끄릿어로 보디사끄따(Bodhisakta)를 음사한 용어로서, 초기 문헌들에서부터 자주 사용되던 용어였다. 초기 문헌에서 보살은 붓다가 깨달음을 얻기 이전의 호칭으로서, 붓다의 전생 이야기를 다루는 불교 문학 속에서 특히 자주 사용되던 용어였다. 그러나 대승 전통에 이르러 이 개념은 '깨달음을 추구하는 자' 혹은 '깨달음에 귀속된 자'로 확대되기 시작한다. 더불어 대승 전통은 보살이 행해야 할 행동으로서 바라밀波羅蜜을 제시한다. 바라밀이란, 빠라미따(pāramitā)의 음사어로서, '저쪽(pāram)으로 간(i) 것(tā)'을 의미한다. 지극히 상대적인 개념이라고 할 수 있는 '저쪽'이란 결국 목표점이 없는 출발이며, 완성되지 않을 행동이다. 즉 결과에 집착하지 않는 보살의 행동이 바로 바라밀이다. 초기 대승 경전이 제작된 이후 대승불교 사상은 점차 체계화되었고, 2~3세기 나가르주나(Nāgārjuna, 龍樹)의 공사상과 5세기경 아상가(Asaṅga, 無着)·와수반두(Vasubandhu, 世親)의 유식사상에 이르러 대승불교의 이론은 절정에 이르게 된다. 더불어 이후 이어진 여래장사상에 이르러 대승불교 교리는 완성의 단계에 이르게 되고, 이러한 정교한 교리 체계는 중국을 비롯한 동아시아권에 큰 영향을 미친다.

대승의 수행은 『반야경』에 언급된 육바라밀과 『화엄경』에 서술된 불탑 예배, 그리고 『정토·법화경』의 신앙 등으로 점차 구체화되기 시작한다. 이러한 대승 전통은 분명 기존의 사변적·학문적인 부파불교와는 전혀 다른 특징을 지닌다. 상대적으로 후대에 발생한 대승 전통을 혹자는 붓다의 가르침이 아니라고 비난하기도 하는데, 이는 한때 대승비불설大乘非佛說이라 하여 불교 전통 내에서 큰 논쟁거리가 되기도 했었다. 그러나 붓다의 가르침이 지닌 궁극적 진리가 언어를 초월한 것이라면, 이를 통찰한 대승 전통은 분명 붓다의 가르침, 즉 불설佛說이라 할 수 있다.

방대한 『반야경』으로 표출된 대승의 이념은 나가르주나에 이르러 그 이론적 토대를 마련하게 된다. 나가르주나는 남인도 출신의 브라만이었으나 이후 불교에 귀의하여 대승사상을 연구했다고 한다. 그가 정립한 공空사상은 붓다의 가르침을 창조적으로 재해석한 대승 전통의 핵심 사상으로 전개되었고, 이것은 중관학파로 표출된다.

나가르주나의 사상은 이후 전개되는 인도불교인 유가행파와 금강승(밀교)은 물론, 중국의 삼론종과 사론종·천태종·정토종 등에 이르기까지 거의 모든 불교 전통에 거대한 영향력을 끼쳤다. 나가르주나를 계승한 중관학파는 지속적인 번영을 거듭하는 과정에서 내부의 관점 대립이 발생했으며, 이후 유가행파와 융합하게 된다.

중관학파가 이전의 아비다르마 전통과 전혀 다른 방식의 논의를 전개했다면, 유가행파는 '대승 아비다르마'라 불리며, 대승의 체계를 확립하는 데 공헌한 학파이다. 이들은 '나'와 '세계'가 식識의 소산이라고 규정했으며, 존재하는 것은 오직 식뿐(唯識)이라고 주장했다. 이들은 요가(yoga)를 통해 유식 세계를 통찰함으로써 윤회의 속박을 벗어날 수 있다고 믿었다. 유가행파를 발전시킨 것은 마이뜨레야와 그의 제자 아상가, 그리고 아상가의 동생 와수반두였다고 전한다.

마이뜨레야(Maitreya, 彌勒)는 요가 실천을 통해서 유식 체험을 심화하고 알라야식과 종합하여 체계화했다고 한다. 그러나 그가 과연 실제 인물인지는 의심스럽다. 아상가는 간다라 지방 출신으로 유식설의 체계를 잡은 인물이다. 저서로는 『대승아비다르마집론』, 『금강반야경론』, 『섭대승론』, 『현양성교론』, 『순중론』, 『해심밀경소』 등이 있다. 와수반두는 그의 형 아상가의 추천으로 대승불교에 입문하게 되었다고 한다. 그의 저작으로는 타 학파의 반론에 대한 응답을 모은 『유식이십론』, 30개의 게송으로 유식 체계를 정리한 『유식삼십송』, 아함을 전거로 각 부파의 업業 이론을 논파한 『성업론』, 아비다르마와 유식의 가교 역할을 한 『오온론』 등 다수가 있다.

대부분의 불교 전통은 존재에 대한 시간적 해석인 제행무상諸行無常과 존재에 대한 공간적 해석인 제법무아諸法無我를 토대로 인식 대상이 대상 자체로 존재하지 않는다는 점을 통찰했다. 이러한 전통은 유가행파에 이르러 새로운 이론으로 전환된다. 그들은 법法과 행行을 각각 '작용을 통해 드러나는 현상(vijñapti)'과 '작용(vijñāna)'으로 해석했다. 그러나

이 두 용어는 중국에서 동일하게 식識으로 한역되었다. 유가행파의 관점에서 '대상'은 식을 형성하는 중요한 요소로서 결코 부정되어서는 안 된다. 식이란 나의 업력의 범위 전체를 의미하기 때문이다. 이처럼 유가행파는 결코 인식 대상을 부정하지 않았다. 그들이 부정한 것은 인식 대상의 '존재성'이다. 또한 유가행파는 주관과 객관이라는 이분법에서 벗어난 새로운 관점을 제시했다.

3) 밀교와 인도불교의 쇠퇴

대승 경전과 교리가 체계를 갖추어 감에 따라 대승불교는 또다시 지나치게 이론적인 경향을 갖게 된다. 이는 실천적이며 보편적인 목표를 추구하며 대중과 함께한다는 대승불교의 본래 취지로부터 벗어난 것이었다. 이에 대승 전통 내에서 민간신앙을 폭넓게 수용하고 중관·유식·여래장 등 대승 교학을 계승하는 불교를 모색하게 된다. 이것이 바로 기존의 대승 전통에 밀교적 요소인 딴뜨라(Tantra)가 가미된 불교 전통, 즉 금강승金剛乘(Vajrayāna)이다. 금강승은 진언승眞言乘, 비밀승秘密乘 등으로도 불린다. 7세기경 금강승의 세계관을 뒷받침해 주는 『대일경大日經』·『금강정경金剛頂經』 등이 제작되어 금강승의 이론과 실천은 점차 체계화된다. 이 금강승 역시 해탈과 공사상을 기반으로 한다는 점에서 대승불교 전통에 속하지만, 그럼에도 기존의 교학 중심적인 대승 전통을 초월하려 했다는 점에서 이전에는 없던 새로운 전통으로 규정될 수 있다.

금강승은 대승 전통에서 파생된 밀교라고도 볼 수 있다. 일반적인

그림 53 네팔 와즈라짜리아의 중심지인 스와얌부 불탑, 네팔 카트만두

세계종교들 속에서 발견되는 '밀교'라는 종교 현상은 비밀스러운 교의와 상징들로 이루어진 종교 현상이다. 이는 해당 종교의 사상과 실천 방법 등을 대중에게 숨김없이 공유하는 현교顯教에 반대되는 종교 현상이기도 하다. 따라서 금강승은 기존의 불교 전통들과 달리 표현 불가한 개인의 수행 체험과 다라니와 만달라, 진언 등 다양한 상징물들을 적극 활용하여 해탈을 추구하는 전통이다.

대승불교에서는 누구나 성불할 수 있음을 말한다. 바라밀행이나 수행 과정을 상세히 설명하고 독려하기도 하고 그 과정의 험난함으로 인해 불·보살 들은 정토왕생과 서원에 의한 중생구제를 말하기도 한다. 그런데 사실상 중생이 해탈하는 데에는 거의 무한한 시간과 노력이 필요하다. 하지만 금강승은 현재 내 몸으로 붓다가 될 수 있다고 주장한다. 대일여래大日如來라 불리는 신과 같은 붓다와 현재의 내 몸 그대로

3장 | 불교의 역사 253

가 하나로 체화되는 것이다. 이를 가지加持라고 하는데, 남으로부터 받은 힘이 나에게 더해져 동화되고, 나의 것이 남에게 더해져 동화되는 현상을 말한다.

기존 불교 전통에서는 보통 몸과 입과 마음으로 하는 행위를 신구의 身口意 삼업三業이라고 지칭한다. 그러나 밀교에서는 이들 또한 비밀스러운 행위로서 삼밀三密로 새롭게 규정된다. 붓다의 신구의는 그 자체가 삼밀이지만, 중생은 그렇지 못하다. 금강승에서는 성불의 경지를 지혜로 표현하는데, 붓다가 된다는 것은 중생의 의식세계가 붓다의 지혜세계로 바뀌는 것을 말한다. 몸으로는 살생·도둑질 등과 같은 나쁜 행동이 아닌 불보살의 행위인 결인結印을 하고, 입으로는 이간질·욕설 등과 같은 나쁜 말을 하는 것이 아닌 진리를 표현하는 진실한 말인 진언을 염송하며, 마음으로는 탐내고 성내고 어리석은 마음을 지니는 것이 아닌 항상 삼매에 들어 대일여래를 쉼 없이 생각하는 것이다. 이를 삼밀가지三密加持라고 한다. 이렇게 밀교의 수행자가 끊임없이 삼밀을 수행하면 대일여래가 이에 상응하고, 수행자의 신심은 대일여래의 삼밀과 상응하여 합치되어 마침내 중생이 성불하게 되는 것이다. 이 경지를 가지성불加持成佛이라고 한다.

명확히 후기 인도 대승불교라고 할 수 있는 금강승의 교학은 초기·중기·후기로 나누어 볼 수 있다. 금강승은 현세 이익적이고 주술적인 경향을 띠며 사상 체계가 갖추어지지 않은 초기의 시기를 거쳐, 7~8세기에는 금강승 경전·만달라·수행 체계 등 대승불교와는 다른 독자적인 교학 체계를 갖추게 되는데 이 시기가 중기에 해당한다. 후기는 요가 수행에 의한 깨달음의 원리를 남녀의 성적 원리로 상징화하는, 이른바 성적 요가행을 실행하는 단계이다. 초기와 중기 금강승은 중국으로

그림 54 이슬람에 의해 파괴된 날란다 대사원, 인도 비하르주

전해지고, 후기 금강승은 티베트로 전해져 각각 성격을 달리하며 더욱 체계화되는데, 이들은 현재 동북아시아 불교와 티베트불교를 형성하고 있다.

일반적으로 인도불교는 12~13세기에 이르러 인도 대륙에서 사라졌다고 평가된다. 이것의 결정적 계기를 마련한 것은 이슬람문화의 유입이었다. 12세기 이슬람 군대가 침략하여 13세기 초에 인도불교를 상징하는 대사원들을 파괴하면서 불교의 근거지를 잃게 되자 출가자들과 불교 연구자들은 경전을 가지고 네팔과 티베트로 쫓겨나게 된다. 이 시기의 불교는 밀교적 성격을 갖고 있었으며 힌두교와 거의 구별되지 않을 정도였다. 불교 교단이 붕괴되면서 힌두교에 융합되어 흡수되었고 불교의 독자성이 사라져 버렸다. 따라서 불교를 믿던 불교 신앙자들은 힌두교로, 이슬람교로 흡수된다.

현재는 근대에 카스트제도로부터의 해방운동 때 일시적으로 부흥된 것이 동부나 북부의 일부 지역에 남아 있을 뿐이고 인도에서 불교는 사라졌다고 평가된다. 물론 이와 같은 가설들은 극히 이론적인 판단이며 또한 그렇기에 '역사적 가설'에 불과하다. 따라서 '인도불교의 멸망'이라는 사건은 불교학자들과 역사학자들에 의해 다양하게 재해석될 수 있는 여지를 지니고 있다.

2
중국의 불교 역사

1) 불교의 전래와 지역화

중국으로의 불교 전래는 기원전 2세기인 전한前漢 때라고 한다. 그러나 기록상에 보이는 전래설로 유력한 것은 후한後漢 명제(재위 57~75년)가 꿈에서 금색으로 빛나는 금인金人을 보고는 신하에게 물으니 서방에 불佛이라 불리는 신이 있다고 한 것과 명제의 사촌 형인 초왕楚王 영英(?~71)이 모반을 꾀하여 죽임을 당할 위기에 처했을 때 명제가 부도浮屠에 제사를 지낸다는 이유로 사면한 기록이다. 부도는 붓다의 음사어로 불교를 가리킨다. 여기서 붓다는 신으로, 불교는 현세 이익을 구하는 중국의 전통적인 사상과 함께 신앙이 되었음을 알 수 있다. 이러한 기록이 설득력 있는 것은 전한 무제가 장건을 서역의 한 나라인 대월지국(현 아프가니스탄)에 밀사로 파견했고, 그는 13년 만에 돌아왔으며, 이 길이 실크로드라는 무역로로 만들어졌다는 역사적 사실이 뒷받침해

그림 55 둔황 천불동 막고굴, 중국 둔황

준다.

 이처럼 실크로드를 포함한 서역과 중국 간의 교통로를 이용해 불교도 전해졌을 것이다. 말하자면, 나중에는 인도로 직접 불교 경전을 구하러 가는 구법승이 나오지만, 처음에 중국에 전해진 불교는 인도불교가 아닌 서역불교였던 것이다. 서역西域은 중국을 기준으로 서쪽에 있어서 인도까지 포함하기도 하지만, 현재 중앙아시아로 불리는 지역이다. 이 지역에는 한나라 때 36개국이 있었다는 기록이 있을 만큼 많은 나라들이 있었고, 인도와 인접해 있던 지리적 여건상 일찍부터 불교가 전해졌다. 또한 그리스·로마·페르시아적인 요소도 수용하여 서역에 전래된 불교는 이것들과의 조정 과정에서 변화가 있었을 것이라는 예상은 어렵지 않다. 더욱이 서역의 어느 나라는 소승, 어느 나라는 대승불교국이었다. 이러한 서역의 나라들에서 수많은 승려들은 중국의 둔

그림 56 란저우 병령사 석굴사원의 대불과 169굴, 중국 간쑤성 란저우

황을 지나 란저우를 거쳐 장안이나 뤄양으로 들어오는 육지길과 서역과의 교역로가 단절된 시기에는 주로 중국의 교지나 광저우를 거쳐 들어오는 바닷길을 이용하게 된다. 나중에 중국의 수많은 승려들도 불교 경론을 구하기 위해 이 길을 이용하여 서역과 인도로의 여행을 다녀오게 된다. 그 여정을 기록한 여행기로 남아 있는 유명한 것으로는 법현法顯(339?~420?)의 『불국기佛國記』, 현장玄奘(602~664)의 『대당서역기大唐西域記』와 의정義淨(635~713)의 『남해기귀내법전南海奇歸內法傳』 등을 들 수 있으며, 이들 여행기는 당시의 인도와 서역 사정을 알려 주는 귀중한 자료이기도 하다.

인도와 중국은 각각 문명의 발상지라 할 만큼 예부터 언어·관습·사상이 크게 달랐다. 중국에는 유교를 비롯한 기존의 사상들이 있었고, 중화의식 등 때문에 외래종교인 불교가 정착하기 쉽지 않은 상황이었다. 따라서 인도에서 성립된 불교가 중국에 들어왔을 때에 당연히 문화적·정치사회적 상황 등과 충돌을 겪게 된다. 그리고 이것들과의 관계성 속에서 변화된 불교는 외래종교가 아닌 중국의 종교로서 뿌리를 내리고, 이 불교가 한국·일본 등에 전해지게 된다. 그중 가장 대표적인 요인이 중국의 전통 사상 중 하나인 유교와 도가·도교, 그리고 국가의 절대권력인 왕권이었다.

먼저 유·도교와의 관계이다. 전래 이후 끊임없이 대립하면서도 상호 영향을 주고받아 불교는 물론이거니와 유·도교도 변화되며, 나중에는 삼교가 융합되기에까지 이른다. 불교를 받아들인 한나라가 멸망한 후 수나라가 통일하기 전인 위·촉·오의 삼국, 오호십육국, 서진, 남북조 시대로 이어지는 끊임없는 분열 시기까지 유교가 국가 이념으로서 그 힘을 잃게 되면서 그 자리를 도가道家가 대신하여 노장사상이 성행하고 도교가 민족종교로서의 체계를 마련하면서 세력이 커져 간다. 이 시기의 불교는 충·효 등의 유교적 관념과 갈등을 빚게 되는데, 이것은 사상적인 면에서 항상 부딪치는 면으로, 이를 조율하여 조화를 꾀하는 것이 관건이었다. 또한 도교는 그 체계를 갖추는 과정에서 교리적인 부분이 미흡하였으므로 불교 경전의 내용을 전폭 수용하지만, 종교 세력적인 면에서는 도교가 커지면 커질수록 불교는 최우선 견제 대상이 되어 불교가 국가적 탄압을 받을 때마다 직·간접적인 요인이 된다.

다음으로 왕권과의 관계이다. 이것은 중국뿐만 아니라 한국과 일본도 마찬가지로 해당된다. 왕권이라는 것이 절대적인 시기에, 더욱이 한 사람의 권력자에 의해 나라가 흥망을 거듭하거나 왕권이 뒤바뀌는 혼란기에는 그 힘은 가히 상상할 수 없을 것이다. 이러한 왕권의 지지를 받는다면 불교 세력은 한없이 확대될 것이지만, 반대로 탄압을 받는다

그림 57 윈강석굴, 중국 산시성 다퉁

면 불교는 흔적도 없이 사라질 수 있음을 예상하는 것은 어렵지 않을 것이다. 전자의 예로는 삼국 중 오나라 왕 손권과 지겸, 오호십육국 중에서 후조 왕 석륵·석호와 불도징, 전진 왕 부견과 도안, 후진 왕 요흥과 구마라집, 북량 왕 저거몽손과 담무참, 남북조 시대에서 특히 양나라 무제, 북위 문성제의 윈강석굴 조성과 선무제의 룽먼석굴 조성 등을 들 수 있다. 후자의 예로는 대표적으로 남북조 시대에 북위 태무제와 북주 무제의 폐불 단행을 꼽을 수 있는데, 이를 통해 불교 교단은 국가 권력의 강력한 힘을 실감하는 계기가 되기도 한다. 따라서 불교가 중국 내에서 안착하여 발전하는 데에 왕권은 무시할 수 없는 것이어서, 승려들은 정치적·군사적 자문 역할을 한다거나 국가 재난의 방지나 왕실의 안녕을 위해 힘쓰거나 하는 등 왕권과의 공생을 통해 불교 발전과 안위

그림 58 룽먼석굴, 중국 허난성 뤄양

를 꾀하게 된다.

 이와 같이 고대 중국이 국가로서의 틀을 갖추어 가는 혼란기에 외래 종교인 불교는 이민족들의 지배에 의한 중화의식이 와해되고 난세라는 현실 속의 불안감이 확장되면서 오히려 중국에 쉽게 수용되고 정착될 수 있게 되었다.

 그리고 유·도교나 국가 권력과의 관계성은 불교가 수용되고 정착되는 시기인 혼란기뿐만 아니라 통일국가의 기틀이 마련되는 수·당 시대 이후에도 불교가 중국화되고 변모하는 과정에서 끊임없이 영향을 주는 커다란 요인이 되었다.

2) 불전의 번역과 이해

한나라 때인 2세기에 서역의 승려인 안세고와 지루가참이 비슷한 시기에 뤄양으로 불교 경전을 가지고 와 번역을 시작한 이래로, 다라니나 진언을 제외한 모든 불교 경전은 한문으로 번역된다. 최초 한역자가 되는 안세고는 출신국인 안식국(이란 지역)이 당시 소승불교국이므로 소승 관련 경전을, 지루가참은 출신국인 월지국(아프가니스탄 지역)이 대승불교국이므로 대승 관련 경전을 가지고 와 각각 번역하게 된다. 특히 지루가참이 번역한『도행반야경』은 당시 중국의 지식인층에서 관심을 가지게 되어 논의되고, 주사행이 다른 반야 경전을 구하려 서역으로 떠나는 계기가 되는 경전이 된다. 이후에 끊임없이 인도와 서역의 승려들이 수많은 대·소승 경전을 가지고 와 한역한다. 말하자면 인도에서 부파와 대승 시대를 거치면서 형성된 불교 교리들을 당시 중국인들은 처음부터 함께 접하는 현상이 일어난 것이다. 이것은 중국인들이 대·소승 교리를 모두 붓다의 가르침으로 여기게 되고, 불교에 대한 이해가 깊어지면서 대승과 소승 간뿐만 아니라 대승 경전 내에서의 교리상의 차이에 대한 혼돈이 발생하고, 이들 경전을 체계적으로 정리하려는 생각을 일으키는 원인이 된다. 또한 전래 당시 붓다를 자신들의 복을 비는 대상으로서의 신으로 여겨 불교가 현실의 행복을 바라는 단순한 기복적인 신앙에 그쳤던 것에서 비로소 사상적으로 이해하려는 관심을 지니게 되는 전환점이 된다.

중국에서 한역이 시작되는 시기는 대승불교 시대로, 초기 대승 경전이라고 할 수 있는『반야경』,『화엄경』,『법화경』,『유마경』,『열반경』등이 먼저 전해지고, 이후 유식과 여래장계 경전들, 밀교계 경전들이 성

그림 59 대안탑과 현장 스님 동상, 중국 산시성 시안

립되는 대로 전해져 번역된다. 중국의 불교가 완성되는 데에 공적이 큰 한역 경전이 남겨지기까지 안세고, 지루가참, 지겸, 축법호, 구마라집, 불타발타라, 담무참, 구나발파나, 보리유지, 진제, 현장, 실차난타, 불공 등뿐만 아니라 수많은 역경가들의 노고가 있었으며, 이 중에서 구마라집鳩摩羅什(343~413)·진제眞諦(499~569)·현장·불공不空(705~774)을 4대 역경가로 든다.

그리고 이러한 한역 작업과 아울러 불교를 이해하려는 노력에도 힘쓴다. 경론의 해설서라고 할 수 있는 주석서나 경론의 전체 내용에 대한 요약·구성 체계·저자 소개 등의 내용을 담은 서문 등을 짓거나 번역상의 주의점이나 문제점 등에 대한 지적을 하기도 한다. 또한 한역된 경전들을 정리하여 경전 목록집을 만든다. 교통이 불편하고 중국이라는 땅이 넓어서 어느 경전이 중국의 어느 지방에 들어오더라도 다른 지방에서는 알 도리가 없으므로 동본이역본이 생기고, 경전의 전체인지 일부인지도 모른 채 경전을 번역하는 등 여러 문제가 발생함에 따라 이를 정리할 필요성에 대한 자각이 들면서 일찍부터 목록집이 만들어지게 된다. 이처럼 중국인들은 나름의 사유 체계를 형성하고 사상적으로 심화·발전시켜 중국만의 불교 교리를 완성하게 된다.

중국인들은 사상적인 면에 관심을 가지기 시작하면서 자신들의 전통 사상, 즉 유교와 노장사상을 포함하여 도가로 이해하려는 시도를 했다. 이에 불교도들도 유교와 도가의 사상이나 용어를 빌려서 불교를 번역하고 해석하여 중국인들을 이해시키려고 한다. 말하자면 삼국 중의 위나라와 진나라의 지식인들 사이에 대성행하였던 노장사상을 바탕으로 자신들의 사상을 서로 주고받는 청담 풍조가 생기면서 반야 경전류의 역경으로 인해 새로운 사상으로서의 공사상空思想에 주목한 것이다. 이것은 한역, 강연 등 전 분야로 확대된다. 이것을 보통 격의불교格義佛敎라고 하는데, 불교의 교리를 중국 전통 사상의 격에 맞추어 이해시킨다는 뜻이다. 이때 비로소 외래의 불교가 중국에 수용되는 정신적인 토양이 육성된다.

이것은 불교 자체를 그대로 이해시키는 데에 무리가 있던 당시 기존의 중국 전통 사상에 기대어 그 의미를 이해시키고 전하려고 했던 것으로, 불교가 중국화되는 데 있어 과도기적 형태라고 할 수 있다. 이 시기를 지나면서 한역된 불교 경론이 골고루 갖추어지고 불교 사상에 대한 이해가 명확하게 되어 굳이 중국의 전통 사상에 의존할 필요가 없어지자 이러한 격의적 형태의 이해는 자연스럽게 사라진다.

이후 중국에서의 불교는 불교 교단적으로 안정화되면서 성장하고 발전되는 시대로 전환이 이루어진다. 한역된 경전을 토대로 본격적으로 연구하는 시기로 접어든 것이다. 이 시기는 5~6세기의 남북조 시대

그림 60 보리달마가 수행했던 소림사 달마동, 중국 허난성 정저우

에 해당한다. 말하자면 『열반경』을 연구하는 열반학파, 『성실론』의 성실학파, 『십지경론』의 지론학파, 『섭대승론』의 섭론학파 등 여러 학파들이 성립된다. 이처럼 남북조 시대에는 불교 경전의 번역이 계속해서 이루어지는 한편, 번역된 경전을 토대로 연구하는 학파적 성격의 연구 집단도 형성된다. 또한 보리달마가 양나라 무제의 초청으로 중국에 와서 선禪을 전하는 시기이기도 하다. 이 과정에서 중국인은 인도의 불교를 소화하여 자신들만의 것으로 만들기 시작한다. 그리고 이러한 탄탄한 학문적 토대를 기반으로 중국의 독특한 특징인 종파를 형성하게 된다.

3) 불교의 중국화

인도에서 성립된 순서와 다른 방대한 양의 경전이 중국에 전해진다. 말하자면 인도에서 서역을 거쳐 전래된 불교는 소승·대승 불교의 순으로 차례로 들어온 것이 아니라 한꺼번에 들어오고, 들어오는 대로 번역된 것이다. 한역 경전이 만들어지고, 교의에 대한 적극적인 연구가 이루어지면서 이들 경전 간의 입장 차이를 느끼게 됨에 따라, 5세기 말 6세기 초 수당 시대에 이르면 중국인들이 경전 내에서 설해진 학설의 정리에 고심하게 된다. 한역된 많은 경전들 중에서 어떤 경전이 불교의 핵심을 말하고 있는지, 또는 하나의 경전에서도 중심이 되는 근본 사상은 무엇인지 등에 대한 탐구에 몰두하게 된 것이다. 그래서 생겨난 것이 교상판석敎相判釋, 줄여서 교판이라고 불리는 중국인들의 독자적인 불교 경전의 파악 방법으로, 이를 고심한 사람들이 나름의 기준에 따라 경전들을 통합 정리한 것이다. 이 방법은 붓다라는 한 개인의 생애 틀 안에서의 통합을 시도한 것으로, 경전의 형식·의미·내용을 분류·정리하고 각 경전 간의 중요도 정도를 판별하여 단계적으로 분류하고 체계화하여 붓다의 중심 사상이 어디에 있는지를 설명한 것이다. 즉 교판론자가 근본 또는 중심에 두고 있는 경전을 가장 최상위로 하고 그 외의 경전을 상대적으로 연관시킨다는 것이다. 불교 교의에 대한 이해가 깊어짐에 따라 경전 간의 교의 체계를 세우려는 많은 사람들이 나오게 되고 많은 교판론이 성립된다. 대표적인 것으로 천태 지의의 오시팔교판五時八敎判과 현수 법장의 오교십종판五敎十宗判을 들 수 있다.

그리고 이를 이용하여 그들이 중심으로 하는 교의의 선양을 꾀하게 되는데, 이것이 극대화되어 성립된 것이 종파이다. 불교 교의 중에 가장 최상위로 삼는 교의의 경론을 중심으로 하여 하나의 종파를 세우고, 그 소의경론을 바탕으로 더욱 정교하게 체계화시켜 독자적인 교의를 만들고 이를 계승하기에 이른 것이다. 이에 따라 종파 간의 대립이나 논쟁이 발생하기도 한다. 이것이 중국화된 불교라고 할 수 있는 근간을 이룬다. 여기에는 수나라 때 성립된 길장의 삼론종·지의의 천태종·신행의 삼계교, 당나라 때 성립된 현장과 규기의 법상종·법장의 화엄종·도선의 사분율종·달마의 선종·도작과 선도의 정토교, 선무외·금강지·불공의 밀교 등을 들 수 있다. 시대가 흘러 송나라 이후가 되면 종파불교적인 색채가 퇴색해 가면서 중국에는 토착화된 몇몇 종파들이 명맥을 유지하게 되고 종파들 간에 융합되고 통합되는 움직임까지 생겨난다. 이러한 종합불교적 경향 속에서 정토교와 선종은 그 중심에 서게 된다. 그중에서도 선종은 여러 파들을 파생시키며 크게 성행하게 된다. 수당 대에 성립된 종파들은 한국과 일본에 전래되어 그 나라에 알맞은 불교로 탈바꿈한다.

선종은 여러 종파들 중에서 오랫동안 존속하면서 중국의 사상·예술 등 여러 분야에 영향을 미쳤을 뿐만 아니라, 주변의 여러 나라에도 큰 영향을 주게 되는 가장 중국적인 특색을 대표하는 종파라고 할 수 있다. 선종은 우리나라에도 영향을 미쳐 신라 말에 구산선문이 성립되고, 이후 한국불교의 골간을 이룬다. 그중에서 임제종, 즉 간화선은 한국 선종의 주류로 자리 잡는다. 일본은 임제종과 조동종이 대세를 이룬다.

선종은 남북조 시대에 중국에 온 보리달마에서 비롯되어 수당 시대에 성립된다. 그 후 홍인의 제자인 신수와 혜능에 의해 각각 북종과 남종으로 일컬어지는 두 파로 나뉘고, 조계 혜능 문하에서 뛰어난 선사들이 다수 배출되면서 점차 남종선이 선종의 주류를 이루게 된다. 혜능의 제자 중에서도 남악 회양에게 위앙종(마조 도일)·임제종(임제 의현)이, 청원 행사에게는 운문종(석두 희천)·법안종·조동종 등의 선종 5가家로 분파되고, 양기파·황룡파의 2종宗을 더해 5가 7종을 이룬다. 이 외에 하택종과 우두종 등도 있다. 이 중에서 조동종과 임제종의 두 종파에 의해 선종이 계승되어 송대가 되면 각각 묵조선과 간화선으로 부르는 계통이 나오지만, 이것은 두 계통의 새로운 전개일 뿐이다.

당나라 말기의 사회적 혼란과 불교 탄압 조치, 송나라 때의 불교 억제책 속에서 여러 종파들이 사라져 갈 때 선종이 성행할 수 있었던 이유는 학문적인 성격의 불교가 쇠퇴하고 자생력이 있는 실천적인 성격의 불교만이 살아남게 된 것에 기인한다. 물론 불교 탄압 조치나 불교 억제책이라는 현실에서 선종도 타격을 받지 않은 것은 아니나, 이러한 일련의 사건들에 대처하는 과정에서 다른 종파에 비해 당시 상황에 맞추어 실질적으로 교단을 유지할 수 있는 자구책으로 자급자족이라는 선종 특유의 생활양식을 찾아낸 것이다. 말하자면 자신들이 처한 현실을 있는 그대로 인정하고 따르면서도 적극적으로 수행을 해 나간 것이 그 이유라고 하겠다. 그리고 자발적으로 교단 운영을 위한 생활규범집을 만들고 철저히 지켜 자체 내에서 정화작용이 가능하도록 하였는데, 청규清規가 그것이다. 청규의 내용은 금지 항목이 아닌 실천 가능한 덕목으로 이루어져 있으며, 초기에는 매우 간단하였으나 시대가 흐르면서 점차 많아지고 변화된다. 세월이 흐를수록 선종 교단의 규모가 커지고 선승들의 수가 늘어나면서 점차 지켜야 할 것들이 많아졌기 때문일 것이다. 그중에서 증가 비율이 높은 것은 의례 부분으로 황제에 대한 기도 등 국가불교적인 요소와 유교의 의례가 대폭 수용된다. 다분히 중국 현실에 맞춰 조화를 도모하는 종파임을 여기서도 알 수 있다. 이것이 선종이 지속된 큰 이유 중의 하나이기도 하다.

더욱이 그중에서도 임제종 세력이 커질 수 있었던 이유 중 하나는 당 무종의 불교 탄압령이 내려졌을 때 국가의 통제권이 미치지 못하는 지역으로 피신한 덕분이었다. 말하자면, 임제 의현이 피신한 화북 지방의 총책임자는 불교에 우호적이고 군사적으로나 경제적으로 독립했을 만큼 당 왕실과 맞설 수 있는 반대 세력이었다. 그는 당 왕조의 불교 탄압령을 따르지 않고 외호하였을 뿐만 아니라 탄탄한 경제 기반을 가지고 있어서 임제가 안정적으로 그의 사상을 펼칠 수 있었던 것이다.

4) 중국 불전의 성립과 전승

불교 경전 중에 『부모은중경父母恩重經』, 『점찰선악업보경占察善惡業報經』, 『범망경梵網經』, 『원각경圓覺經』, 『능엄경楞嚴經』, 『천지팔양신주경天地八陽神呪經』, 『대운경大雲經』 등과 같은 경전들이 있다. 인도에서 전해져 한역된 경전이 아닌 중국에서 만들어진 경전들이다. 이러한 경전들은 가짜 경전이라는 뜻의 위경僞經, 의심되는 경전이란 뜻의 의경疑經, 진짜 경전인지 의심스러우나 매우 유사한 경전이라는 뜻의 의사경疑似經, 거짓 경전으로 사람들을 현혹시키는 경전이라는 뜻의 위망경僞妄經 등으로 다양하게 부르며 구별하였다. 그래서 경전 목록집을 만들 때 위경은 목록 내에 포함시키지 않고, 이로 인해 대장경을 조판할 때에도 대장경 내에 들지 못하는 등 그 가치를 인정받지 못하여 사라지거나 내용 자체가 부실하여 자연도태되는 경우도 많았다. 그러나 위경 중에는 경전 목록집이나 대장경에도 포함되고 지금까지 전해지며 사람들에게 중요시되는 경전들도 있다. 왜냐하면, 위경의 제작 목적이 불교와 중국인의 유교·도교와 같은 전통 사상을 결합시켜 조화를 도모한다거나, 질병 치료·기복·장수 등 민중 포교의 역할을 담당한다거나, 때로는 통치자의 뜻과 부합시키려는 등 중국 토양에 적합한 경전을 만들려는 것이었기 때문이다. 이처럼 중국인들은 인도나 서역에서 전래된 경전을 자기네 나라 말로 번역하고, 이렇게 번역된 경전이나 논서들을 통해 불교에 대한 이해가 완전해지면서 자기네 나라에 알맞은 경전을 만들려는 생각까지 해낸 것이다. 따라서 위경은 중국에서 만들어진 경전이기는 하지만 내용적으로 뛰어난 것도 만들어졌을 것이고 파급 효과도 컸을 것이다. 그리고 이들 경전 중에 시대가 흐르면서 사람들에게 영향을 끼치는 등 자연스럽게 검증되면서 중국은 물론이거니와 한국이나 일본에서도 중요한 위치를 차지하는 것들이 있게 된다.

중국인이 불교를 배우는 데는 한역 경전 이외에는 방법이 없었다. 그래서 그들은 경전을 인도, 서역에서까지 열심히 구하여 경전의 번역에 기준을 만들고 경전 목록집을 편찬하고 경의 해설서인 주석서를 짓고, 또한 경전의 권위를 빌려 중국의 사정에 부합되는 위경을 제작했다. 또한 열심히 교판을 형성하여 새로운 종파를 세우는 경우에도 그 종교적 근거는 인도에서 전래된 한역 경전이었다.

그러나 중국인들의 불교에 대한 이해를 위한 활동이 일단락되면서 지금까지의 학문적인 불교의 모습, 즉 경론의 내용에 얽매이는 수동적인 모습에 대해 철저한 반성과 비판이 일어나게 되었다. 따라서 중국선에서 문자를 세우지 않고 교 밖에 따로 전한다는 '불립문자不立文字 교외별전敎外別傳'을 내세워 불법 그 자체는 경전·교설로서가 아닌 스승의 마음에서 제자의 마음으로 직접적으로 전해지는 것이라는 '이심전심

以心傳心'을 말하게 된다. 이것은 불교 경전이 필요 없다는 것이 아니라, 학문 불교의 한계를 체험한 승려들이 깨달음의 체득이라는 목적을 성취하는 데에 좀 더 실질적인 방법을 찾으려는 주체적인 태도에서 기인한 것이라고 할 수 있다. 이러한 시대적 흐름 속에서 생겨난 것이 『보림전寶林傳』·『벽암록碧巖集』·『종경록宗鏡錄』·『경덕전등록景德傳燈錄』·『방거사어록龐居士語錄』 등과 같은 선사禪師들의 어록이다. 말 그대로 선종에 속하는 승려들의 말을 기록한 것이다. 선사들의 전기적인 내용도 포함되지만, 선사들의 설법과 제자들과 나눈 문답을 글로 남긴 것이다. 그래서 제자들에게는 일종의 성전과도 같은 성격을 지닌다. 또한 당시의 일상어들을 그대로 사용하면서 개성이 풍부한 선승들의 모습을 생생하게 전달하는 독특한 작품이 된다. 어록은 당대 후반기부터 보이는 현상이며, 송 이후가 되면 선종의 세력이 커지면서 많은 어록이 발생한다.

선사의 어록이라 하면 불교 경전에 있는 문자를 빌리지 않고 자기 자신 스스로가 부처가 되어 자유자재로 생생하게 말하게 됨을 의미한다. 말하자면 선사 어록은 불교 경전의 문헌적 연구를 떠나 수행하는 데에 일상의 언행에서 실질적인 답을 즉각 제시하는 것이기 때문에 수행자에게는 경전과 같은 역할을 하게 된다. 따라서 어록이 경론을 대체하게 된다. 그리고 선종이 주류를 이루게 되는 즈음부터는 선어록이 불교 경전의 역할을 담당하게 된다. 이렇게 중국에서 성립된 선어록은 선종이 주류를 이루는 한국의 불교에서도 수행을 위한 지침서로서 중요한 위치를 차지하고 있다.

불교 경전이 중국에 전해지면서 수많은 한역 경전들이 쏟아지고 이를 유통시키면서 방대한 양에 이르게 된다. 불교 경전은 인도 이후 크게 분류하면 경·율·논의 삼장으로 말해지는데, 이것을 중국에서는 일체경一切經, 대장경이라고 부르게 된다. 이것은 경전 전래 초기부터 이루어지는 경전 목록집이 성립함에 따라 대장경을 불교 경전의 총체라는 의미로 받아들이게 된다. 한편, 남북조 시대의 양나라 무제(재위 502~549)가 5400권의 경전을 수집하여 화림원에 보관하였다든가, 북위北魏 건국(386)부터 북제北齊(550)까지의 시대에 유통된 경전 수가 총 415부 1919권이었다거나, 수나라 2대 왕 양제가 왕자 시절 보태장경을 만들어 불교 경전을 수집·정리하여 보관하는 곳으로 하였다든가 하는 등의 기록에서 알 수 있듯이, 경전들을 수집하고 보관하는 데에도 많은 주의를 기울인다. 이 같은 당시의 경전 수집과 유통은 인쇄기술이 개발되지 않은 시대여서 승려이든 일반 대중이든 필사에 의할 수밖에 없었음에도 활발하게 이루어진다.

또한 당나라 때 지승에 의해 『개원석교록開元釋敎錄』이 편찬된 후에는 각 지방의 큰 사찰들에서 경쟁적으로 필사하여 수집·보관하는 풍조가 생긴다. 또한 열렬한 불교신자가 공덕을 쌓기 위해 대장경을 헌납하는 풍습까지 생겨난다. 이 같은 경전 필사는 당대에 성행하게 되는데, 다량의 경전을 하나하나 베껴 주는 것은 막대한 경비는 물론이거니와 노력과 시간을 필요로 했기 때문에 자연스럽게 나무에 새겨서 찍어내는 목판인쇄술을 생각해 낸다. 이것은 각종 경록의 편찬과 대장경의 중시 풍조를 계승하고, 인쇄기술의 발달에 힘입은 것이라고 할 수 있다.

이러한 대장경 간행은 송나라 이전에도 볼 수 있었는데, 대표적인 것이 정완靜琬(?~639)이 방산房山에서 시작한 석각대장경石刻大藏經이다. 이것은 부처님의 가르침이 없어질지도 모른다는 위기의식이 팽배해지면서 계획된 것으로, 부처님의 법이 영원하기를 바라는 바람을 담아 돌에 대장경을 새기는 사업이었다. 이 사업은 원나라 때까지 멈춘 적도 있지만, 700년에 걸쳐 계승되어 완성된다.

대장경을 목판에 조판하여 간행하는 모습은 당나라 때부터 모습이 보이기는 하나, 송나라 초기에 비로소 불교 경전의 목록에 들어 있는 모든 경전을 목판에 새겨서 인쇄하는 대장경 간행사업이 활성화되어 983년에 처음으로 촉판대장경蜀版大藏經이 완성된다. 이것은『개원석교록』에 들어 있는 경전 목록에 기초하게 되는데, 이 목록집으로 인해 비로소 경·율·논 삼장의 계열 배열이 정돈되었기 때문에 대장경이 중국에서 완성될 수 있었던 것이다. 송나라 때에는 촉판 이외에도 복주판福州版, 사계판思溪版, 적사판磧沙版 등 4회나 왕성하게 간행된다. 이후에도 더욱 활발히 진행되어 시대가 바뀌어도 끊임없이 조판된다. 원나라 때의 보녕사본普寧寺本, 명나라 때의 남장본南藏本·북장본北藏本, 청나라 때의 용장판龍藏版 등이 그것이다. 또한 중국 역사에서 이민족이 중국을 지배하였던 시기에 따라 티베트어나 몽골어, 만주어로 번역된 대장경도 간행된다. 한편, 이 과정에서 대장경에는 원래 인도에서 전래된 경·율·논 삼장만이 편입되는 것이지만 선종의 영향력이 증대되면서 점차 선종 문헌들이 수록되기 시작하여 대장경의 주요한 부분을 차지하게 된다.

중국에서의 대장경 간행은 불교문화사뿐 아니라 세계 인쇄문화사의 큰 업적이라고 할 수 있으며, 이후의 불교 연구와 보급에도 커다란 공헌을 한다. 또한, 일반인에게 불교가 보급되는 환경을 조성하는 데 있어 결정적인 계기가 되기도 한다. 그리고 중국의 대장경 간행은 주변국에도 영향을 미치는데, 송나라와 같은 시기에 있던 나라인 거란족이 세운 요나라에서 거란대장경契丹大藏經, 여진족이 세운 금나라에서 금각

대장경金刻大藏經이 만들어졌으며, 한국의 고려대장경은 송의 촉판대장경을 모본으로 삼아 간행된다. 일본에서도 철안鉄眼(1630~1682)에 의해 황벽판黃檗版이 간행된다. 이것들이 동아시아 불교의 근본 전적이 된 것은 말할 것도 없다.

3
한국의 불교 역사

 기원전 6~5세기경에 인도에서 발생한 불교는 기원후 1세기에 중국에 전해졌고, 4세기에 이르러 중국을 거쳐 한국(삼국시대)으로 전해지게 되었다. 한국불교는 전 시대에 걸쳐 중국불교와 밀접한 관련을 지니고 있었지만, 한편으로는 중국의 선진문화를 수용함과 동시에 독자적인 한국만의 불교 교리 체계를 구축해 왔다. 그리고 이 과정에서 중국불교 사상사에 중요한 영향을 끼치기도 했다.
 한국에 불교가 전해지기 시작한 당시 중국은 오호십육국(또는 동진) 시대였다. 이 시기 중국에서는 불교 경전이 한역되면서 전반적인 불교 교리를 파악하려는 노력이 이어졌다. 또한 시대가 흘러 중국에서 불교의 최전성기라 불리는 수당 시대의 불교는 종파적 특성을 지녀 종파의 교의 체계를 심화시키고 계승하며, 때로는 종파 간의 대립이 일어나기도 했다. 수당 시대에 형성된 종파의 융합, 혹은 유·불·도 삼교의 융합 같은 불교계의 움직임은 송대 이후 더욱 활발해진다. 반면 이미 한국은 전래 초기부터 한국의 토양에 맞게 모든 종파나 불교 교의를 통합하려 했다. 이것이 바로 한국불교의 고유한 특징이라 할 수 있는 회통불교 혹은 통불교로서, 신라 원효의 화쟁사상和諍思想, 의천의 교관겸수敎觀兼修, 고려 시대 보조 지눌의 정혜쌍수定慧雙修, 조선 시대 서산 휴정의 교선일치敎禪一致 등이 그 단적인 예라 할 수 있다. 더불어 적극적인 사회 참여 역시 한국불교의 특징이라 볼 수 있다. 예컨대 신라 시대 원광의 세속오계, 고려 시대 국난 때의 대장경 간행, 조선 시대 임진왜란과 병자호란 당시 승병 활동 등이 한국불교가 지닌 사회 참여적 모습이라고 볼 수 있다.

중국불교와 한국불교는 인도불교와 달리 국가와 밀접한 관계 속에서 전개되는 국가불교적 성격을 지니고 있다. 따라서 국가의 종교 정책과 함께 불교의 흥망이 좌우되었다.

1) 삼국시대와 통일신라의 불교

고구려 소수림왕 통치기였던 372년, 중국의 전진 왕 부견이 승려인 순도順道를 통해 불상과 불교 경전을 보낸 것이 한국불교의 시작이라고 볼 수 있다. 불교가 공식적으로 수용된 것은 그로부터 2년 후 중국에서 승려 아도阿道가 귀국하고, 성문사와 이불란사를 건립했을 때였다. 고구려의 대표적인 승려로서 중국에서 활약했던 승랑은 중관에 대한 중국적 재해석이라 할 수 있는 삼론학三論學의 대가였으며, 실제로 그의 연구는 삼론학의 토대를 마련해 주었다. 또한 고구려 말기에 활약한 보덕普德은 열반학의 대가로서, 이후 신라의 원효와 의상의 스승이 된다.

백제의 경우 침류왕 때인 384년, 동진東晋에서 활동하던 서역 출신 승려 마라난타에 의해 불교가 전해졌다. 침류왕은 다음 해 수도 근처인 한산에 절을 지어 10여 명의 승려를 출가시켜 거주하게 함으로써 불교를 공식화했다. 이후 6세기 중엽 성명왕(재위 523~554)에 이르러, 백제는 일본에 불교를 전해 줄 만큼 큰 발전을 이루게 된다. 백제는 고구려와 마찬가지로 삼론학을 중시했는데, 6세기 말 일본 쇼토쿠 태자의 스승이 된 혜총慧聰과 관륵觀勒 모두 삼론학자로 유명하다. 584년에는 일본의 비구니들이 정식으로 계를 받기 위해 백제로 유학을 왔고, 관륵은 일본에서 승단의 계율을 강조하여 초대 승정에 임명되기도 했다. 또한 성왕 대의 겸익謙益이 526년부터 5년간 인도에서 유학하고 귀국길에 율장 산스끄릿 원본을 가지고 와 한역했다는 기록이 『미륵불광사사적기』에 보인다.

신라는 비교적 늦게 불교를 받아들였다. 5세기 초 고구려를 통해 불교가 전해졌으나, 정식으로 불교가 승인된 것은 528년 법흥왕 통치기에 이르러서였다. 당시 이차돈의 순교를 계기로 불교가 공인된 이후 원광圓光과 자장慈藏 등의 활동을 통해 신라불교는 급속도로 발전했다. 원광은 6세기 후반 중국으로 건너가 『성실론』·『열반경』·『반야경』·『섭대승론』을 배우고 돌아와 『점찰선악업보경』에 의거한 점찰법을 통해 대중을 교화했다. 또한 화랑의 불교적 실천 윤리로서 세속오계世俗五戒를 정립하여 삼국통일의 기틀을 마련했다. 자장은 638년 중국에서 계율학과 섭론학을 공부하고 돌아와 『섭대승론』을 강의하고 계율서를 저술했다. 대국통을 맡아 신라불교계를 주도했던 그는 황룡사 9층탑을 세웠다.

가야는 불교가 전해지기는 했지만 그 시기와 경로가 분명하지 않다. 가야가 건국된 직후 수로왕의 부인이 된 허 황후는 인도 출신이었으며,

그림 61 자장 율사에 의해 창건된 통도사, 대한민국 경상남도 양산

그녀를 통해 불교가 전해졌다는 기록이 있을 뿐이다.

668년 고구려와 백제를 통일한 신라(통일신라)는 당나라와의 교류를 통해 다양한 불교 사상들을 발전시키면서 한국불교 교학의 전성기를 이끌게 된다. 그리고 이 전성기의 중심에는 원측, 원효, 의상, 자장 등과 같은 뛰어난 인물이 있었다. 이들에 의해 구축된 독자적인 교의 체계는 이후 한국불교의 특징으로 자리 잡게 되며, 일본뿐만 아니라 중국에까지 영향을 미치게 된다.

원측(613~696)은 중국에서 유식사상을 배워 신라 유식학 연구의 기틀을 마련했다. 그는 구유식(섭론학)을 바탕으로 현장이 인도에서 가져온 신유식의 이론을 체계화하여 『해심밀경소』를 저술했다. 이후 신라의 유식학은 지속적으로 발전했으며 원효와 경흥, 태현太賢과 같은 대표적인 유식학의 대가들을 배출하게 된다. 또한 유식학과 함께 화엄학 역시 큰 발전을 이루었다. 의상(625~702)은 중국의 지엄에게 직접 화엄사상을 사사했는데, 그는 화엄사상의 핵심을 간략히 정리하여 이론보다는 실질적인 수행법의 체계화에 힘써 화엄사상의 구체적인 실천을 중시했다. 더 나아가 화엄사상에 근거한 아미타신앙과 관음신앙을 선양하는 『백화도량발원문』 또한 저술했다.

원측이나 의상이 중국에서 배워온 불교학에 기초하여 자신만의 사상을 만들어 갔다면, 원효(617~686)는 반야공관·법화·열반·유식학 등 폭넓은 불교학을 재해석하여 고유한 신라불교를 완성했다. 그의 독자적인 사상 체계는 신라뿐만 아니라 고려·조선으로 이어지며, 중국과 일본에까지도 영향을 끼쳤다. 그는 불교의 모든 이론들을 종합하는 화쟁和諍 이론을 바탕으로 당시 모든 종파의 사상들을 융합해 갔다. 또한 모

그림 62 통일신라의 대표적 사찰 불국사, 대한민국 경주

든 존재는 본질적으로 차별이 없는 하나라는 일심사상을 통해 불교 대중화에 힘썼으며, 『범망경』 보살계를 중시하여 출가와 재가의 차별을 초월하고자 했다. 그가 저술한 『대승기신론』 주석서는 중국 화엄의 대가인 법장에게 큰 영향을 주었다.

통일신라 시대에는 인도 구법승들의 활동도 활발했는데, 혜초의 『왕오천축국전往五天竺國傳』과 의정의 『대당서역구법고승전大唐西域求法高僧傳』 등이 당대의 대표적인 구법 기록이었다.

신라 말기인 8세기 중엽 이후 왕권이 약화되고 지방 세력이 커지면서 사회가 급속도로 불안정해졌다. 이러한 상황 속에서 교학불교가 쇠퇴하고 미륵신앙 같은 실천적 신앙이 발전했으며, 중국에서 선과 정토가 수용되어 널리 퍼졌다. 이를 계기로 선종이 본격적으로 발전하기 시작했으며, 도의道義를 비롯하여 중국에서 남종선을 배운 승려들이 귀국하면서 남종선이 크게 발전하게 된다. 이러한 신라 선종은 이후 고려시대 구산선문의 토대가 된다.

2) 고려 시대의 불교

왕건은 건국 초부터 불교를 적극적으로 지원했다. 그의 숭불정책은 고려의 전 왕조에 걸쳐 지속되었고, 국가적인 보호 속에서 고려 불교는 크게 발전한다. 당시 주요 종파로는 화엄종·법상종·선종, 그리고 12세기 초에 개창된 천태종이 있었다.

신라 말부터 주춤했던 화엄사상은 고려 초기 광종 때에 이르러 균여均如(923~973)의 활약을 통해 다시 살아나게 된다. 그리고 문종의 넷째

아들인 의천義天(1055~1101)은 화엄종으로 출가하여 균여 이후 화엄학 발전에 기여했다. 그는 중국 송나라에서 화엄학·천태학·유식학·선 등 불교학을 접하고 귀국한 후, 기존의 화엄학과는 차별화된 교관겸수敎觀兼修의 수행법을 주장했다. 또한 의천은 천태교학이 지닌 이론과 실천의 병행에 깊이 공감했고, 천태종의 가르침을 통해 교학을 등한시하는 선종을 개혁하고자 했다.

신라 말 지방 세력과 고려 왕실의 보호하에 급성장한 선종은 많은 선승들을 배출했으며 이들은 점차 아홉 가지 계통으로 발전하여 구산선문九山禪門을 형성한다. 그러나 천태종이 등장한 이후 의천의 영향으로 다수의 선종 승려들이 천태종으로 전향하면서 선종의 세력은 급격히 약화되었다. 이후 고려 말 세속적인 권력과는 무관하게 수행에만 전념하는 '결사'가 형성되면서, 고려 선종은 새로운 전환점을 맞이하게 된다. 특히 지눌은 중국의 혜능, 종밀의 돈오점수, 이통현의 화엄사상, 대혜 종고의 간화선 등을 접목하여 고유한 '한국선'을 확립하기에 이른다.

지눌에 의해 처음 소개된 간화선은 13세기 말 원나라 승려 몽산 덕이蒙山德異(1231~1308?)의 간화선 수행법을 거쳐 결국 모든 승려들이 공유하는 일반적인 수행법으로 확립된다. 그 결과 선종이 불교계의 중심이 되고 교학불교의 승려들도 참선을 위주로 수행하게 되었다. 더 나아가 선 규범집인 『백장청규』가 불교 사원 전반의 규범으로 받아들여지게 되면서 선종과 교종의 구분은 점차 사라지게 된다. 종파와 관계없이 중국 유학승들은 대부분 임제종의 선사들로부터 선법을 전수받았는데, 고려 말 활동했던 태고 보우太古普愚(1301~1382)·나옹 혜근懶翁惠勤(1320~1376)·백운 경한白雲景閑(1299~1374) 등이 바로 그들이다. 이들은 귀국 후 불교계를 이끌며 간화선법을 크게 발전시킨다.

그림 63 지눌의 정혜결사, 송광사, 대한민국 전라남도 순천

고려 시대 불교의 또 다른 업적은 바로 대장경 제작이다. 대장경의 조판은 호국불교적 맥락 속에서 이루어진 대규모 불교 사업으로서 두 차례에 걸쳐 이루어졌다. 첫 번째 판본인 『초조장경』은 송나라 대장경 조판에 영향을 받아 현종 때인 1011년부터 약 40년간 제작되었다. 현종이 거란의 침입으로 인한 국난 극복의 염원을 담아 만들었던 이 초조장경은 이후 몽골군의 침략으로 불타 버리게 된다. 이에 고종은 대장도감을 설치하여 새로운 대장경 조판을 시작한다. 고종 23년부터 16년 동안 이어진 이 작업이 바로 1512부 6791권 81258판으로 완성된, 팔만대장경이라 불리는 『고려대장경』이다. 이 『고려대장경』은 해인사의 대장경 판전에 보관되어 있으며 세계유산으로 지정되었고, 일본의 대정신수대

그림 64 해인사 장경각 목판, 대한민국 경상남도 합천

장경의 저본이 되었다.

또한 의천은 기존의 대장경에 포함되지 않은 전적을 편집·수록하여 대장경의 속판인, 일명 『고려속장경』이라 불리는 『속대장경續大藏經』과 새로운 목록집인 『신편제종교장총록新編諸宗教藏總錄』을 간행했다. 더 나아가 그는 흥왕사에 교장도감을 설치하여 이 문헌들을 편집하여 수록한 대장경을 간행했다. 이 책은 한국뿐만 아니라 중국 송나라와 거란, 일본 등에 전해져 각 나라의 불교학 발전에 크게 기여했다.

3) 조선 시대의 불교

조선 왕조는 유교를 정치이념으로 삼아 개국 초기부터 유교를 숭상

하고 불교를 억압했다. 태조 이성계가 불교계의 폐단을 제거하고 승려들의 특권을 제한했고, 태종 이후부터는 왕이 인정한 사원에만 토지와 노비를 지급했다. 세종 때에는 종파를 통폐합하여 선·교 양종으로 정리했으며, 궁궐 내 사찰인 내불당을 폐지하고 승려들의 도성 출입을 제한했다. 물론 세종은 한글 반포 후 부처의 일대기를 다룬『석보상절』을 간행했으며, 찬불가인『월인천강지곡』을 짓기도 했지만 기본적인 억불 정책은 유지되었다. 성종 때에는 불교에 대한 억압이 한층 강화되어 세조가 불전 간행을 위해 설치한 간경도감을 폐지하고 국가의 승려 자격 인증제도인 도첩제마저 폐지함으로써 승려의 자격 자체를 인정하지 않았다. 연산군 때는 승과를 없애고, 중종 때에는『경국대전』에서 규정한 승려의 출가 항목을 삭제하여 승려라는 사회적인 신분을 없앴다. 그 결과 불교 승려로서의 신분보장이 더 이상 불가했으며, 불교 사찰 소유의 토지와 노비를 몰수당했다.

그러나 조선 왕조가 언제나 불교를 억압했던 것은 아니다. 세조와 명종을 섭정한 문정왕후는 불교를 옹호했으며, 세조는 간경도감을 설치하여 불서들을 간행했고, 훈민정음으로 불경을 번역하는 작업과 승려들의 교육에 필요한 경전을 제작했고,『석보상절』과『월인천강지곡』을 묶은『월인석보』를 간행하기도 했다. 성종 때에는 간경도감이 폐지되었으나, 그럼에도 궁궐 내의 여성들 사이에서 경전들이 훈민정음으로 번역되기도 했다. 그 결과, 문정왕후 활동기에 산속에 은둔하고 있던 불교 승려들은 일시적인 부흥기를 맞게 된다. 문정왕후는 보우를 책임자로 삼아 선·교 양종을 재건시키고 승과와 도첩제를 다시 실시하며 불교 중흥을 이끌었는데, 당시 승과를 통해 서산 휴정西山休靜 (1520~1604)·사명 유정四溟惟政(1544~1610)과 같은 훗날 조선의 불교계를 이끌어 갈 인재들이 배출되기도 했다.

서서히 쇠퇴해 가는 불교계는 선조 때인 1592년 임진왜란이 일어나면서 전환기를 맞이한다. 조선 시대의 고승으로 추앙받던 서산 휴정은 왕의 명령을 받아 승군을 조직하여 저항운동을 벌였으며, 사명 유정도 승군을 일으켜 왜군을 물리치는 데에 공헌했다. 또한 1627년의 정묘호란과 1636년의 병자호란 때에도 승군의 구국활동이 이어졌다. 이처럼 왜란과 호란을 겪은 이후 조선 불교계에는 특정 스승을 계승하는 문파가 형성되기 시작했다. 서산 휴정을 계승한 서산계와 부휴 선수를 계승한 부휴계가 당시 가장 대표적인 문파였다.

조선 시대 초 불교 종파가 통폐합되고 교학은 물론 선의 법맥마저 단절된 이후, 조선 후기의 불교계는 선과 교의 겸수와 함께 염불 수행이 주를 이루게 된다. 이러한 흐름을 주도했던 것은 앞서 승군을 이끌었던 휴정이었다. 그는 선 우위의 선교겸수론을 주장했는데, 이러한 선교겸수와 간화선 중시 경향은 17세기 이후 승려의 교육 체계 확립 과정에도 반영되었다. 18세기 후반에 이르러, 불교계는 어느 정도 안정된 기반을 마련했으며, 이후 스스로 체제를 정비하고 사상적 기반을 확립하기 위해 고심했다. 그 노력의 일환으로 경전 강의가 성행했으며, 이와 관련된 주석서도 저술되었다. 또한 선사들 사이에서 기존의 선사상들에 대한 우열논쟁이 일어나기도 했다. 백파 긍선白坡亘璇(1767~1852)·초의 의순草衣意恂(1786~1866)·우담 홍기優曇洪基(1822~1881)·설두 유형雪竇有炯(1824~1889)·축원 진하竺源震河(1862~1926) 등이 이러한 논쟁을 이끌었던 대표적인 선승들이었다.

4) 근대 한국불교

19세기 말 개화정책이 시작되며 한국불교는 새로운 전환점을 맞이하게 된다. 1895년 승려들의 도성 출입금지가 해제되었고, 1902년에 불교계를 총괄하는 사찰로서 원흥사가 창건되었다. 1906년에는 불교연구회를 조직하여 승려들을 교육시키는 명진학교가 설립되었다. 그러나 곧이어 일본의 식민지 정책이 시작되면서 불교계는 또다시 큰 타격을 받게 된다.

1911년에 조선총독부는 한국 불교계를 통제하기 위한 사원 통제 규칙인 사찰령을 만들어 불교계의 자율성을 박탈했다. 이에 따라 1912년에는 본산제를 내세워 총독부에서 임명하는 각 본산의 주지들이 총독부의 통제를 받는, 이른바 식민지 불교 체계가 형성된다. 한국 불교계는 이러한 식민지 체제에 저항했고, 마침내 1937년 총본산인 태고사(현 조계사)를 설립하여 '조계종'이라는 독립 종단을 세우게 된다.

식민지 불교 체제의 개혁을 주도한 일부 승려들은 전통 강원이나 선원을 거쳐야 하는 교육 체제를 개혁하고, 도시 포교를 강화함과 동시에 세속적인 생활을 허용하자고 주장했다. 그러나 근대적 개혁에 반대하는 승려들이 이를 반대하며 전통적인 간화선풍과 수행풍토를 유지하고자 했다. 이들은 1920년대 초에 선학원을 만들어 간화선의 보존과 진흥을 도모했고, 1926년에는 승려의 결혼과 육식을 반대하는 건의서를 총독부에 제출하기도 했다.

해방 이후 식민지 불교 체계를 청산하고 교단을 개혁하기 위한 노력이 시작된다. 한국 불교계는 일본 식민지의 잔재를 청산하고, 한국불교의 부흥을 일으키고자 노력했다. 권상로(1879~1965)와 한용운

(1879~1944)은 평등한 교육제도, 수행 방법의 혁신, 그리고 적극적인 대중 포교를 해방 이전부터 주장해 왔다. 또한 1945년 10월에 열린 전국 승려대회에서 사찰령 등을 전면적으로 폐지하고, 새로운 한국불교의 교헌을 결의했다. 그러나 1950년 6월 25일에 일어난 한국전쟁으로 인해 이러한 개혁의 움직임은 한동안 이루어지지 못했다.

남북 분단으로 한국전쟁이 일단락된 후 한국에서는 일본불교의 잔재인 대처승의 추방과 사원 생활을 바로잡는 정화운동이 본격적으로 전개된다. 그러나 불교계의 운영 방향을 둘러싼 식민지 시기 이래의 갈등은 쉽게 해소되지 않았다. 특히 식민지 시대에 생겨난 대처승의 존재를 둘러싼 찬반 논쟁이 대두되며 대처승과 비구승 사이의 대립이 심화되었다. 1954년 이승만 대통령의 '대처승은 사원에서 퇴거하라'라는 담화를 계기로 대처를 반대하는 비구승과 대처승 간의 분쟁이 일어나게 된다. 이 분쟁으로 인해 정부가 개입한 정화운동이 시작되면서 양자의 갈등은 법정투쟁과 물리적 충돌이 반복되는 극한의 대립으로 치닫게 된다. 결국 1970년 대처승들이 조계종을 이탈하여 태고종이라는 독자적인 종파를 창립함으로써 갈등은 일단락되지만, 정화운동이 불교계에 남긴 후유증은 여전히 남아 있다.

4
세계의 불교 역사

1) 남방불교

북인도에서 붓다로부터 시작된 불교는 점차 세력을 넓히면서 인도는 물론 근접 국가로까지 확대된다. 당시 남쪽으로 전파된 남방불교는 지리적으로 동남아시아권에 속하는 여러 나라로 확산되었는데, 이 불교가 바로 빨리어 경전을 전승해 온 테라와다(Theravāda) 불교다.

테라와다 불교의 전파 거점이 된 곳은 스리랑카이다. 기원전 3세기 중엽에 아쇼까왕이 자신의 아들이자 승려였던 마힌다(Mahinda)를 전법사로 파견하여 이곳에 비구불교 전통을 확립했다고 알려져 있다. 또한 아쇼까왕의 딸인 상가밋따(Sanghamitta)가 보드가야의 보리수나무 가지를 가지고 와서 비구니불교 전통을 세웠다고도 한다. 5세기경에는 인도 출신의 승려인 붓다고사(Buddhaghosa)가 스리랑카에서 『청정도론清淨道論(Visuddhimagga)』을 저술하고, 또한 빨리어 경전의 주석서를 집대성하

그림 65 마힌다가 도착한 곳으로 믿어지는 마힌텔레, 스리랑카 마힌텔레

면서 테라와다 불교의 정체성이 확립된다. 이를 기점으로 이후 테라와다 불교 문헌들은 빨리어로 저술되기 시작한다. 그러나 실제로 스리랑카에 기반을 둔 테라와다 불교가 태국, 캄보디아, 라오스 등 동남아시아 국가들로 확산된 것은 11세기경 미얀마에 이 전통이 공식적으로 도입된 이후부터였다.

동남아시아로 전파된 초창기 불교 전통은 테라와다 불교와 함께 대승불교·힌두교·설일체유부·밀교 등이 혼재되어 있었다. 동남아시아권의 나라들은 대부분 국가적 체계를 갖추는 과정에서 불교가 통치이념으로 활용되었다. 이처럼 왕조의 번영과 함께 스리랑카에서 도입된 테라와다 불교는 점차 국가종교로서 주도적인 위치를 확보해 나간다. 다만 말레이시아나 인도네시아와 같은 국가는 이슬람의 영향을 받으면서 부분적으로만 신앙되었으며, 지역마다 토착신앙들 역시 함께 공존했던

그림 66 상가밋따가 전한 것으로 알려진 스리마하보디 보리수나무, 스리랑카 아누라다푸라

것으로 보인다.

　남방불교는 전통의 계승이라는 점에서 붓다 당시의 모습에 가장 가깝다고 평가되며, 이러한 관점에서 소위 '초기불교'로 불리기도 한다. 실제로 남방불교는 2300년의 역사와 자체적인 경·율·논 삼장을 완비한 유일한 불교 전통이다. 남방 테라와다 불교권에 속하는 나라들은 출가 중심주의와 계율 지상주의를 특징으로 하는 역사적인 테라와다와 신앙 및 교학이라는 점에서 공통성을 지니지만, 민족적·역사적·지리적·정치적인 변용은 주의할 필요가 있다. 테라와다 승려들은 엄격한 계율을 지키고 명상을 하며 교리를 학습한다. 이러한 수행 생활을 보내면서 번뇌를 없애고 아라한(성자)이 되는 것을 목표로 한다. 이들 남방불교의 승려는 스스로 경제 활동을 하지 않으며 재가신자의 보시를 통해 세속에서의 생활을 이어 간다. 한편 재가신자는 승려에게 식사를 보

그림 67 중세 스리랑카의 수도 뽈론나루와의 불탑, 스리랑카 뽈론나루와

시하는 것이나 사원을 수리하는 것 등이 공덕을 쌓는 것이라고 여기며 이것이 좋은 현세 생활이나 더 나은 미래, 또는 내세 이후의 해탈에 연결된다고 믿는다.

스리랑카의 불교는 전래 이후 국왕을 비롯한 재가신자의 후원 속에 순탄하게 발전되었다. 특히 5세기『청정도론』에 의해 교리 이해와 수행 실천의 지침서가 마련되었고, 12세기 후반 국왕에 의해 승단 개혁과 함께 숲속불교 전통을 중심으로 뽈론나루와(Polonnaruwa)에서 마하위하라(Mahāvihāra, 大寺派)로의 불교학파 통합이 이루어지게 된다. 그 결과 스리랑카의 불교는 빨리어를 사용하는 대사파의 테라와다 불교만이 남게 된다. 그 후 스리랑카는 16세기부터 약 4세기 반 동안 포르투갈·폴란드·영국 등에게 식민 지배를 당하게 되는데, 이때 기독교로의 개종을 압박받기도 했다. 이러한 위기에 직면하여 1592~1604년과 1697년 두 차례에 걸쳐 미얀마로부터, 그리고 1756년에는 태국으로부터 승려들을 모셔와 테라와다의 명맥을 부활시켰다. 물론 스리랑카의 승단이 근접 불교국가들의 승단을 부활시키는 데에 공헌한 경우도 있었으니, 1476년 미얀마에 승려들을 파견하여 테라와다의 전통을 계승시킨 것이 바로 그 단적인 예가 될 것이다. 이처럼 남방불교권의 나라들은 상부상조하며 현재까지 테라와다 불교의 명맥을 유지하고 있다.

미얀마불교는 최초의 통일국가를 이룬 파간 왕조의 아노라타왕(재위 1044~1077)이 테라와다 불교를 신앙함에 따라 테라와다 전통이 성행하게 되었고, 이후 미얀마는 물론 동남아시아의 나라들에게까지 영향을 미친다. 앞서 언급했듯, 12세기에는 미얀마에서 스리랑카로, 15세기에는 스리랑카에서 미얀마로 테라와다 불교가 서로 영향을 주고받으며 발전하게 된다. 그 결과 스리랑카의 대사파로 통일된 테라와다가 미얀마로 전해져 스리랑카의 테라와다와 교류가 깊어지게 되었다.

미얀마 테라와다 불교의 불탑에는 붓다의 사리나 유물이 모셔져 있는데, 이러한 불탑을 중심으로 한 다양한 종교 행사가 열린다. 따라서 승려들이 수행에 전념하는 사원과 일반인들이 대중적인 종교 행사를 주관하는 불탑의 영역이 명확하게 구분되어 있다. 한편, 최근 미얀마에서 양성된 명상 방법이 세계 각국으로 퍼지고 있다. 1949년 양곤에 마하시 명상센터가 생기자 기존에 일부 수행 전문 승에 한정되었던 위빠사나 명상법이 일반 승려나 재가신자 사이에도 확대되고, 스리랑카·태국 등의 동남아시아뿐만 아니라 서구로까지 확산되었다. 또한 미얀마 테라와다는 불교 교리 연구 또한 활발하게 발전시켜 왔다. 국가 차원에서 매년 재가자들에게는 빨리 경전 시험을 시행하고, 출가자들은 일반 재가자들보다 더욱 심오한 불교 사상을 습득하기 위한 엄격한 과정을

그림 68 미얀마의 대표적인 아난다 사원, 미얀마 파간

거치고 있다. 또한 1954~1956년에는 전승 과정에서 생겨난 불전의 오류를 바로잡기 위해 제6차 결집(불전편찬회의)을 개최하여 많은 빨리 삼장 원전 및 주석서를 교정 출판하기도 했다.

태국은 13세기 초에 수코타이 왕조가 세워진 이후 스리랑카 테라와다 불교를 수용하여 발전시키기 시작했다. 왕들은 테라와다 교단을 정치적으로 후원하며 보호해 주었고, 이에 상응하여 테라와다 교단은 왕권의 정통성과 순수성을 확립할 수 있도록 종교적 지원을 아끼지 않았다. 이러한 국가와 종교 간의 상보적 관계는 14세기 후반의 아웃타야 왕조는 물론 현재의 태국 왕조로까지 이어져 오고 있다. 이러한 우호적 관계 속에서 태국은 일시 출가라는 종교 문화를 확립했다. 이를 통해 젊은 남자가 출가하여 일정 기간을 보낸 후 환속하여 사회생활로 되돌아가는 태국 사회만의 독특한 통과 의례를 정착시켰다. 또한 매년 국가

그림 69 수코타이 왓마하탓, 태국 수코타이

에서 단계별로 빨리 경전 시험을 실시하여 테라와다의 교학 전통을 이어가고 있으며, 명상 수행 전통도 부활되어 북부의 치앙마이 지역에서는 미얀마에서 전파된 위빠사나가 활발히 수행되고 있다.

    태국불교의 출가 집단은 '초기불교' 전통을 지향하며 보수적이고 전통적인 교의와 승단 규칙을 전승하고자 노력한다. 또한 여성 출가의 관례가 없는 대신 메치(mae chi)라고 불리는 여성 수행자 제도를 두고 있는데, 이들은 머리를 깎고 흰옷을 입으며 8계 또는 10계를 준수하는 수행생활을 하지만, 정식 여성 출가수행자(비구니)로 인정되지는 않는다. 이러한 제한된 형태의 수행 풍습은 스리랑카와 미얀마에도 존재한다. 한편, 재가신자들은 인도불교 전통뿐만 아니라 민족 고유의 신앙 전통들도 보존하고 있다. 이들은 일종의 정령 숭배로서 산림·물·밭 등에 상주하는 정령들을 신앙하지만, 이러한 정령 숭배자들도 기본적으로는

3장 | 불교의 역사   295

그림 70 방콕 차오프라야 강변의 새벽사원 왓아룬, 태국 방콕

그림 71 앙코르왓, 캄보디아 시엠렙

불교 승려에 대한 보시 등 불교도로서의 삶을 병행하고 있다.

캄보디아는 2세기 부남국扶南國 시기부터 지배 세력에 따라 힌두교, 대승불교 등이 신앙되다가 8세기 후반에 대제국을 건설하는 크메르 제국에 이르러 힌두교나 불교와 왕권이 결속되기 시작한다. 그 결과 9~12세기에는 세계적으로 유명한 불교 유적 앙코르왓이 건설되었는데, 이는 힌두교와 대승불교의 보살이 융합된 독자적인 종교 시설이다. 그러나 15세기 태국의 아웃타야 왕조에게 캄보디아가 멸망당한 이후 테라와다 불교가 전해지기 시작했고, 결국 현재까지도 캄보디아의 주류를 이루는 것은 테라와다 불교이다.

라오스는 일찍이 중국의 영향으로 대승불교가 전파되었을 것으로 추정되지만, 14세기 중엽 란상 왕조 때, 캄보디아로부터 테라와다 불교를 수용하여 통치이념으로 삼게 된다. 그리고 이후부터는 태국의 테라와다 불교가 라오스의 주류 종교 전통으로 정착되었다.

2) 일본불교

『일본서기日本書紀』에 따르면, 552년 긴메이 천황欽明天皇 당시 백제의 성명왕聖明王이 사신을 보내 불상·경전 등을 전했다는 기록이 있다. 그러나 쇼토쿠 태자聖德太子의 전기인 『상궁성덕법왕제설上宮聖德法王帝説』에는 긴메이 천황(즉위 531년) 10년에 불교가 일본에 전래되었다는 기록과, 『원흥사가람연기元興寺伽藍緣起』에는 538년에 전해졌다는 기록이 발견되는데, 이 두 문헌의 근거를 학계에서는 일본불교의 시작으로 신뢰하고 있다.

아스카(飛鳥) 시대에 전래된 일본불교는 한국의 삼국과 통일신라, 그리고 당나라 시대의 영향을 받게 되며, 특히 쇼토쿠(聖德) 태자와 소가(蘇我) 씨에 의해 급속도로 보급된다. 『법화경』·『유마경』·『승만경』 등에 대한 주석서를 지어 자신의 견해를 표현할 만큼 불교에 대해 해박했던 쇼토쿠 태자는 일본식 불교 사원인 관사(官寺)를 건립하고 승려를 관료로 삼으며 사원과 승려를 관리하는 법률을 제정한다. 이때 승려의 역할은 국가의 안녕을 기원하는 것이었다. 또한 호족들은 자신들의 씨족에 대한 제사를 목적으로 각자의 사원을 지었는데, 이를 우지데라(氏寺)라고 한다. 이 시기의 불교는 호국적이고 귀족적이며, 불교 전래 이전부터 믿어온 다신多神 신앙이 가미되어 있었다.

그 후 일본은 나라(奈良) 시대에 이르러 천황 중심의 율령제 국가로 거듭난다. 이 과정에서 불교 또한 국가 정책에 의해 좌우되는 국가불교와 학문 중심적 성격을 지니게 된다. 쇼무(聖武) 천황 때 국가의 안녕과 평화를 목적으로 사원이 건립되었으며, 승려는 관료로서 관리되었으며 승니령(僧尼令)에 의해 국가에 의한 출가 허가·일반인에 대한 포교 활동의 제약 등 활동을 제한받았다. 한편, 건립된 사원은 연구소와 같은 기능도 담당했는데 국가의 지원하에서 경전의 사경과 독경, 불교 연구 등이 이루어져 그 연구가 활발해진다. 이후 중국에서 성립된 종파들이 전래되면서 남도육종南都六宗으로 불리는 종파가 성립된다. 당시 대표적인 승려로는 간진(鑑眞)과 교키(行基)가 있다.

헤이안(平安) 시대의 불교는 천태와 밀교가 중심이 되는데, 당시 가장 큰 영향력을 끼쳤던 것은 사이초(催澄, 767~822)와 구카이(空海, 774~835)였다. 이들은 당나라 유학 생활을 마친 후 귀국하여 국가 권력과 일정한 거리를 두고 수도와 떨어진 산중에 사찰을 짓고 살았다. 그리고 중국의 선진 불교학을 도입하여 일본 특유의 종파를 완성했다. 사이초는 히에이산(比叡山)에서 천태종을 개창하며, 기존의 소승계가 아닌 대승계를 중시했는데, 그의 사후 얼마 지나지 않아 대승불교가 국가불교로 공인되었다. 구카이는 고야산高野山에 머물며 현생에 부처가 될 수 있다(卽身成佛)고 주장하는 밀교 진언종眞言宗을 열었다. 구카이의 밀교는 점차 성행하여 사이초뿐만 아니라 당대 귀족들과 승려들에게 전해지게 된다.

나라 시대의 불교가 국가적이고 학문 중심적이었다면, 헤이안 시대의 불교는 현세 이익을 추구하는 귀족 불교였고 학문보다는 수행을 중시했다. 이러한 일본불교의 흐름은 이후 일반 민중의 구제에 초점을 둔 가마쿠라 신불교 시대로 이어진다. 헤이안 중엽부터 가마쿠라 초기까지 재해가 빈번하게 일어났고, 상공업 계층이 부상했으며, 귀족사회에서 무신사회로 옮겨 가는 도중에 전란이 자주 일어나면서 사회는 극심한 혼란에 빠지게 되었다. 이러한 사회적 혼란은 즉각적인 성불과 극락왕생을 추구하는 정토사상의 보급으로 귀결된다. 당시 대표적인 인물들로는 겐신과 구야를 들 수 있다. 겐신(源信, 942~1017)은 정토교의 시조로 불리며『왕생요집往生要集』을 저술했고, 구야(空也)는 민중 포교에 힘썼다.

가마쿠라(鎌倉) 시대의 전반적인 변화는 불교계에도 큰 영향을 미쳤다. 한편에서는 계율의 부흥과 선의 실천을 추구했고, 다른 한편에서는 옛 불교를 배척하고 새로운 불교를 모색하고자 했다. 전자의 움직임은 송나라의 영향을 받은 죠케이(貞慶)를 비롯한 에손(叡尊)·닌쇼우(忍性) 등의 계율 부흥운동과 에사이(榮西)의 임제종·도겐(道元)의 조동종 등 선종 부흥으로 이어졌다. 반면 후자는 호넨(法然)의 정토종·신란(親鸞)

의 정토진종·이치렌(日蓮)의 일련종 등 새로운 일본 종파로 전개된다. 가마쿠라 시대의 불교는 일본 불교사에서 가장 번영한 시대였으며 현재까지 이어지고 있는 여섯 종파가 성립되고 구불교의 개혁과 이를 뛰어넘는 신불교가 확립된 시기였다.

가마쿠라 시대에는 민중 포교를 담당하는 둔세승遁世僧도 출현했다. 이들은 국가에서 승려로서 인정한 관승의 신분을 버리고 사도승을 자청하여 일반 대중의 구제에 힘쓰는 자들이었다. 이처럼 가마쿠라 시대의 불교는 국가를 위한 불교에서 개개인의 구제를 목표로 하는 대중불교, 이행불교易行佛教로 변화된다.

무로마치(室町) 시대는 무로마치 막부가 지배하는 시기와 센고쿠(戰國) 시기로 크게 나눈다. 이 시기의 일본불교는 국가가 불교를 보호해 주지 못한다는 자각을 통해 불교 교단들 스스로 저마다 세력을 키우며 경쟁하는 정치 세속화의 경향을 보인다. 무로마치 막부 시기는 사회가 안정되어 각 종파가 모두 세력을 신장시켰는데, 특히 막부와 연관된 임제종은 무로마치 막부의 관승화가 되고, 교토와 가마쿠라 관사官寺를 중심으로 오산五山을 형성하여 종교계를 장악했다. 이 밖에 율종律宗, 일련종日蓮宗, 조동종曹洞宗, 정토진종淨土眞宗 등도 발전했다. 이 중에 정토진종은 급속히 발전하여 사회적 영향력을 행사할 수 있는 권력을 확보하는 과정에서 국가의 압력을 받게 되었다. 그러자 정토진종은 종교적 반란을 일으키는 중심세력으로 또다시 급부상하게 된다. 센고쿠(戰國) 시대의 불교 또한 종교를 축으로 지배세력에 저항하는 전국적인 움직임을 보였다.

센고쿠 시대에서 모모야마(桃山) 시대로 이어지는 혼란 속에서 불교 세력은 점차 힘을 키우며 국가 권력에 굴복했고, 이러한 과정 속에서

그림 72 정토진종의 본부가 있는 혼간지, 일본 교토

근세에 해당하는 에도(江戶) 막부 시대를 맞이하게 된다. 막부 정권은 불교계에 본말本末 제도와 사청寺請 또는 사단寺檀 제도, 사원제법도寺院諸法度 등을 시행한다. 이러한 불교 정책으로 인해 승려들은 신자를 얻기 위한 노력이 불필요해지고 생활에서의 경제적 안정을 보장받는 한편, 포교의 필요성마저 상실하게 된다. 이 시대의 이 제도는 현재 장례식과 법사法事를 주로 하는 장식불교의 기원이 되어 현재에 이른다. 이처럼 에도 시대의 불교는 스스로의 활동을 반성하며 세속과의 새로운 관계를 모색했지만, 막부와의 밀착된 관계 유지와 세속 논리를 중시하는 풍토 속에서 긍정적인 변화를 이룰 수는 없었다. 승려들 또한 타락 일변도를 보이면서 다수의 선승들은 불교계에 실망하고 유교로 전향하기도 했다. 또한 중기 이후에 국학國學이 발생하여 일본 고유의 사상을 연구하는 학자도 등장한다. 그들은 일본 본연의 정신을 신도神道에

그림 73 에도의 대표적인 사찰 센소지, 일본 도쿄

서 찾고자 했으며 중세 이후 벌어진 신도와 불교 간의 무분별한 혼용을 비판했다.

막부 말기에는 국학이 발전하며 신도에 대한 재해석이 이루어지게 된다. 또한 이 시기에는 미국의 대외적 압력과 함께 천왕양이운동도 일어났다. 이는 막부 시대의 봉건적 통치를 철폐하고 막부의 실권을 천황에게 이양하여 천황과 신도를 중심으로 한 근대국가로서 발돋움할 수 있는 계기가 된다. 이러한 상황 속에서 시작된 것이 바로 메이지(明治) 시대였다. 메이지유신에 의해 신도는 큰 영향력을 가지게 되었고, 더 나아가 메이지 정부는 신사와 불교 사원을 분리하는 신불분리령을 내려 신도를 국가의 중심 종교로 정착시키려는 움직임을 보였다. 이 움직임은 불교 배척운동인 폐불훼석廢佛毁釋으로 이어지게 되었고, 큰 타격을 입은 불교계는 교단에 얽매이지 않는 결사운동과 계몽운동으로 근대화에 대응하는 새로운 대안을 모색하게 된다. 또한 중국이나 한국, 미국 등 해외로의 전법 활동이 적극적으로 행해졌고, 불교학 또한 크게 발전하여 이 시기 승려들은 영미권으로 불교 연구 방법론을 배우러 유학을 가기 시작했다. 당시 해외 유학자들은 유럽 유학을 통해 산스끄릿어와 빨리어, 티베트어와 같은 원전 언어를 익히고, 이를 바탕으로 원전을 해석하는 새로운 연구 방법을 학습하여 일본에 도입하기 시작했다.

다이쇼(大正) 시대에는 인간 탐구의 일환으로 신란(親鸞)과 같은 고승을 다루는 문학 작품이 다수 쓰여졌으며 불교 사상을 토대로 서양 철학을 연구하는 학자들도 나타났다.

일본불교는 당시 이웃 나라들의 불교를 수용하여 그들만의 고유하고 독특한 불교로 확립시켰다. 예컨대, 토착신앙인 신도와 불교의 결합, 남도육종으로 대표되는 종파불교, 여타의 동아시아 불교 전통과 달리 대다수의 승려가 사원에서 가정생활을 영위하고 법회나 묘지의 관리와 장례 의식 등의 의례를 담당하는 장의불교 등이 바로 그 대표적인 특징이라고 할 수 있다. 더불어 사찰이 종교로서의 기능보다는 문화재 보관소 혹은 관광 명소로 인식되기도 한다.

3) 티베트불교

티베트는 7~14세기 동안 인도에서 직접 불교를 받아들였다. 그 결과 인도불교의 후기 밀교 전통이 전승 및 보존되고 있다. 물론 구교인 닝마파나 민간신앙인 본교(Bon敎)와의 습합 등 티베트 독자적인 요소도 존재하지만, 그럼에도 티베트불교는 전반적으로 후기 인도불교의 특징을 답습하고 있다고 볼 수 있다. 이 전통은 그들의 언어로 번역한 대장경을 전승하며 교리 체계를 발전시켰다는 점 역시 큰 특징이다.

티베트로의 불교 전파는 전기와 후기로 나뉘는데, 전기는 종파가 아닌 왕조가 주도적인 역할을 담당했던 반면, 후기에 들어서는 전기에 성립된 학파들과 이들이 속한 사원을 중심으로 불교 교리가 심화되고 수용이 본격화되면서 여러 종파의 성립이 이루어졌다. 티베트에 본격적으로 불교가 전래된 것은 송첸캄포왕(581~649) 때다. 송첸캄포왕에게는 중국과 네팔 출신의 부인들이 있었는데, 이들에 의해 중국과 네팔의 불교 전통이 티베트로 유입되었다. 이로써 초기 티베트불교에는 중국과 네팔의 불교(인도불교)가 공존하게 된다. 송첸캄포왕은 그의 아들인 궁송궁첸왕(621~643)의 부인으로 당唐나라에서 문성공주文成公主를 맞이하지만 궁송궁첸왕의 갑작스러운 사망으로 그녀를 자신의 비로 맞이한다. 문성 공주는 죽은 자신의 남편인 궁송궁첸왕을 위해 라사에 라모체사(Ramoche, 小招寺)를 건립하여 중국에서 가져온 불상을 안치하고 제사를 올렸다고 한다. 송첸캄포왕의 또 다른 부인인 네팔 계통의 티춘(khri btsun) 왕비도 남편인 송첸캄포왕이 죽은 뒤 투르낭사('Phrulsnang, 大招寺)를 건립하여 명복을 빌었다고 전해진다.

송첸캄포왕은 티베트가 통일되자 중국 당나라를 모방하여 정치제도를 확립하고 토번 왕국을 세운다. 그는 인도에 사신을 파견하여 문자를 배워 오게 하고 티베트 문자를 만들게 했다. 티송데첸(742~797) 시대에 토번 왕국은 전성기를 맞이하여 중국을 위협하고 서역의 지배권을 차지할 만큼 강력한 힘을 지니게 된다. 이 시기에 이르러 왕이 불교를 적극적으로 지원하면서 티베트불교는 국가의 지도이념이 된다. 그리고 인도의 대학승인 샨타락시타(Śantarakṣita, 寂護, 680~740경)와 재가 밀교자인 파드마 삼바바의 협력을 얻어 티베트 최초의 사원인 삼예사를 건립한다. 이 사원은 나중에 중국의 선승인 마하연과 샨타락시타의 제자인 카말라쉴라의 논쟁이 일어난 것으로 유명한 사원이다. 이 논쟁의 결과 후자가 승리하여, 이후 티베트에서 중국불교가 사라지고 인도계의 불교가 정통설로서 채용된다. 또한 티송데첸왕의 아들인 티디송첸 시대에는 『번역명의대집飜譯名義大集』이라는 대역對譯 사전이 제작되어 불전 번역작업에서 번역어 통일 작업이 이루어진다. 이 과정에서 신라 시대 원측의 『해심밀경소』 또한 티베트어로 번역되었는데, 이 번역서는 후대 티베트 불교에서 매우 중요한 전거로 사용된다. 이러한 일련의 노력은 훗날 『티베트대장경』이라는 형태로 결실을 맺게 되고, 많은 산스끄릿 원전이 소실된 현재 중요한 경전적 근거가 되어 주고 있다.

티베트불교의 종파는 겔룩파·카규파·사캬파·닝마파 등 4대 종파로 이루어져 있다. 그중에서도 겔룩파는 세계적으로 유명한 달라이 라마에 의해 계승되어 티베트불교의 중심적인 종파가 된다. 티베트가 겔룩파에 의해 통일된 후에도 정치적으로는 몽골의 영향을 지속적으로 받았으며, 또한 이를 견제하려는 청나라의 개입으로 고통을 받는다. 청의 간섭은 1720년 수도인 라사 침공으로 절정에 달하며, 그 후 청은 총독을 파견하여 중국의 보호령으로 삼는다. 이때 티베트 동부의 많은 지방이 중국에 편입된다. 청이 멸망한 후 티베트는 정치적으로 독립을 시도하지만, 1949년 중국의 통일 이후 티베트로 진군한 중국군에 의해 다시 좌절되어 중국에 편입되어야 하는 협정을 승인하게 된다. 그 후 공산당식의 강제적 사회 변혁에 의해 티베트인들은 전통적인 문화가 소멸될 위기에 놓인다. 이러한 상황에서 1959년 여러 차례 중국에 대항하여 저

그림 74 포탈라궁, 티베트 라사

항해 왔음에 자부심을 갖고 있는 캄파인의 주도하에 무장폭동이 일어난다. 그러나 이 항거는 순식간에 진압되고 달라이 라마는 정부기구와 함께 인도로 망명한다. 수만 명의 티베트인들이 그의 뒤를 따라 인도로 갔으며 그 추세는 지금도 계속되고 있다. 현재 달라이 라마 14세는 인도에서 망명생활을 하고 있다. 비록 그는 망명 중이지만, 여전히 많은 티베트인들에 의해 존경받고, 그들의 정신적 지주가 될 뿐만 아니라 세계 종교지도자로서의 발언권을 지니고 있다.

티베트불교는 밀교를 수반하는 대승불교를 기반으로 하며, 가장 특징적인 점은 위에서도 언급한 달라이 라마라는 존재이다. 티베트인은 티베트를 관음의 정토라고 믿고, 이 정토를 다스리는 것은 달라이 라마

그림 75 **포탈라궁 꼭대기, 티베트 라사**

라고 하여, 사람들의 존경과 숭배를 받는다. '달라이'는 몽골어로 바다, '라마'는 티베트어로 위대한 사람(上人)이라는 뜻이다. 달라이 라마라는 호칭은 소남 갸쵸(라마 3세)에게 몽골 왕인 알탄 칸이 헌정한 칭호로서 이후의 라마는 이전 라마의 환생으로서 인정된다.

라마의 형성 과정과 현재를 간략히 정리해 보면 다음과 같다. 14세기 티베트의 총카 지역에서 위대한 학승이 나오고, 그의 출생지를 본떠 총카파라고 불린다. 그리고 그를 따르는 제자들에 의해 겔룩파라고 불리는 새로운 종파가 탄생한다. 이 파의 세력이 커짐에 따라 다른 종파, 특히 카규파의 한 파인 가르마파와의 라이벌 관계가 형성된다. 그러나 겔룩파에서 최고 지도자가 나오고, 세력이 커지면서 달라이 라마가 만들

그림 76 포탈라궁을 오르는 계단, 티베트 라사

어진다. 소남 갸쵸는 자신을 낮추어 스스로 3세라고 하고, 스승인 총카파의 직제자를 1, 2세로 존중하면서 송첸캄포왕까지 소급하여 전생의 계보가 작성되어 달라이 라마는 고대부터 티베트를 다스렸다는 내러티브가 완성된 것이다. 그 후 몽골에서 뽑힌 4세가 국왕으로서 정권을 확립하고 포탈라궁을 지은 5세, 음주를 좋아하고 유흥에 탐닉한 6세, 청조의 내정 간섭에 의해 정권 붕괴를 경험한 7세 등 각각 특징을 지닌 달라이 라마가 이어지지만, 9~12세는 모두 젊은 시절 독살되어 정치적인 혼란이 계속된다. 한편 13세는 이러한 사정을 알고 대비하여 암살을 피할 수 있었다. 그리고 신해혁명에 의해 청나라가 멸망하자 망명지인 인도로부터 포탈라궁으로 돌아와 반대파 세력을 숙청하고 티베트의 독립을 선언한다. 그러나 14세 시대가 되자 티베트는 다시 시련의 시기를 맞이한다. 1950년대의 중국인 민족해방군의 침공을 계기로 일어난 무장봉기(티베트동란)를 통해 14세는 인도로 망명하게 된다.

티베트불교는 달라이 라마가 환생을 통해 후계자로 거듭 양성된다는 독특한 활불活佛, 즉 전생라마제도를 확립하고 있다. 활불제도는 원래 카규파에서 파생된 카르마파가 만들어 낸 것이지만, 그 성공에 힘입어 이후 다른 종파도 이 제도를 도입하게 된다. 겔룩파의 달라이 라마도 대대로 이 방법으로 양성되고 있다. 활불제도란 사망 후 49일 내에 태어난 사람들 중 그의 전생을 찾는 의식으로 티베트불교만의 독특한 제도라고 할 수 있다. 이 제도는 관음보살이 인간의 육체를 빌려서 영원히 계속 산다는 믿음에서 비롯된 것이다. 그래서 달라이 라마는 관음의 화신으로서 신앙되는 면이 강하다. 이와 아울러 또 한 사람의 라마가 존재한다. 판첸 라마이다. 판첸 라마는 아미타여래의 화신으로서 나타난 것이다. 달라이 라마가 정치적·종교적 권위를 겸비했다면, 판첸 라

그림 77 티베트불교 4대 종파 사원이 있는 보다나트 불탑, 네팔 카트만두

마는 오로지 종교적 권위만을 지닌 채 티베트에서 그 영향력을 행사한다. 그러나 두 라마의 관계가 반드시 화합하는 것은 아니다. 실제로 현재 달라이 라마가 영국에 의존적인 태도를 보이고 있다면, 판첸 라마는 중국 정책을 지지하고 있다.

티베트불교는 사캬파의 포교에 의해서 13세기 이후 몽골에 전해졌고, 17세기에 카규파에서 파생된 도쿠파가 부탄에 전해져 국교로 정립된다. 또한 20세기에 접어들어 인도를 지배했던 영국이 티베트로 그 세력권을 넓히면서 영국인들의 티베트불교 연구가 본격적으로 시작되었는데, 이를 기점으로 현재는 유럽과 미국 등 세계 각국으로 티베트불교가 확산되고 있다.

4) 서구의 불교

전통적으로 불교는 인도에서 실크로드·티베트·중국·한국·일본 등 동쪽으로 전파되었다고 알려져 있다. 그러나 현대에 들어 불교 전통은 꾸준히 서양 사회로 진출하고 있다.

서구 불교학 초창기에 붓다의 존재는 다소 비현실적인 신화적 존재였다. 최초의 붓다는 다양한 민족에 의해 숭배된 다신교의 신들과 동일시되기도 했는데, 특히 로마의 상인이나 여행자들의 신인 메르크리우스와 동일시되었다. 불교는 주로 18세기 아시아를 왕래하는 상인들에 의해 서양에 알려지게 되었다. 18세기 문헌들에서 붓다는 고대 신으로 묘사되고 있는데, 이러한 인식은 19세기 초에 이르기까지 지속된다. 붓다가 우상신이 아닌 철학자로 여겨지게 된 것은 19세기 초 무렵부터였다.

1800~1830년 서구의 동양학 전공자들은 불교가 중국·일본·티베트로 확산되었음을 밝히는 한편, 불교 경전 해독 작업에도 착수했다. 1799년 『아시아의 연구』지에 브라만교와 불교도의 차이를 역설하는 논문이 실리고, 이 논문은 수년 후 헤겔이나 쇼펜하우어의 눈에 띄게 된다. 그로부터 30년 후 프랑스의 『르 그로브』지에 「불교에 대해서」라는 제목의 기사가 게재되어, 불교의 역사와 교의에 대한 기본적인 정보가 일반 대중에게 알려지게 된다. 1820년대 말 불교에 대한 헤겔의 허무주의적 사고는 큰 반향을 일으켰고, 1832년 동양학의 모든 영역으로부터 정보를 종합한 불교의 과학적인 연구가 시작되었다. 1863년에는 불교의 허무론을 둘러싼 논쟁이 프랑스·영국·독일에서 정점에 달하고, 1864년 학술 연구가 증가하면서 허무 논쟁은 점차 약화되어 간다. 한편, 1844년 프랑스에서 『인도불교사 입문』이라는 책이 출판되어 붓다의

가르침에 대한 상세한 설명이 일반인들에게 공개된다. 1881년 『붓다 그의 생애, 그의 교설, 그의 공동체』라는 책이 독일에서 출판되자 불교는 당대 지성인들에게 흥미로운 주제로 급부상하게 된다.

독일의 철학자인 쇼펜하우어(1788~1860)는 유럽에 불교를 소개하는 데 결정적인 계기를 마련해 주었다. 당시 아미엘의 염세주의와 쇼펜하우어의 철학과 불교는 19세기 말 수십 년간 동일시되어 유행한다. 불교와 기독교의 융합을 바라며 양자를 비교·병렬하는 등의 연구 또한 유행했는데, 이 과정에서 유럽인들은 불교의 허무주의적 관점을 수정하고 객관적이고 긍정적인 탐구 대상으로 불교를 바라보기 시작했다.

1881년 영국 리즈 데이비스에 의해 빨리성전협회(Pāli Text Society)가 설립되었고, 이를 통해 남방불교 빨리어 경전과 주석서들은 원전 형태를 쉽게 읽을 수 있는 로마나이즈 편집본과, 영어 번역으로 출판되기에 이른다. 영국인인 에드윈 아놀드는 1879년에 『아시아의 빛』을 출판했고, 독일의 소설가인 헤르만 헤세는 1922년에 『싯다르타』를 저술하여 간접적으로 불교를 언급했다. 이러한 출판물들은 불교를 대중적으로 알리는 결정적인 계기를 마련했다.

19세기 말부터 20세기 초에 걸쳐 유럽의 학문 세계에서는 갖가지 기원에 대한 탐구가 행해졌는데, 특히 언어, 예술, 제도, 인도·아리안 인종, 그리고 종교의 기원이 주요 탐구 대상이 되었다. 니체 이후 대중의 철학적 관심은 줄어들었던 반면, 프로이트·융·프롬 등 정신분석학자들이 점차 대중의 시선을 끌기 시작하며 불교를 비롯한 다양한 종교들을 재해석했다. 문학의 경우, 쇼펜하우어의 영향으로 19세기 말부터 20세기 전반에 걸쳐 톨스토이와 보르헤스, 헉슬리와 헤르만 헤세 등 많은 문학가들이 불교에 주목했다. 또한 지금까지 중심이었던 남아시아의 불교에서 티베트, 중국을 통한 대승불교를 포함하는 연구가 주목받게 된다.

한편, 불교는 아시아를 초월하여 북미, 오스트리아, 구미 여러 나라에서 왕성하게 실천되고 연구되고 있다. 그중에서도 아시아 불교권 외에서 가장 불교도가 많은 것은 미국이라고 할 수 있다. 미국은 불교가 공식적으로 전파된 후 100년 이상이 경과했는데, 실제로 다양한 형태의 불교가 존재한다. 4대 종파(겔룩파·사캬파·카규파·닝마파) 모두 진출한 티베트불교, 중국·한국·베트남의 선불교, 정토진종으로 대표되는 일본불교, 불광산사를 중심으로 정체성을 잡아 가고 있는 대만불교, 태국을 비롯한 동남아시아의 테라와다 불교 등이 미국에 정착하여 각각 독자적인 발전을 이어 가고 있다. 이들은 미국 사회 속에서 서양인을 위한 불교(Western Buddhism) 또는 미국불교로 거듭나기도 했다.

미국에서 불교가 본격적인 관심을 갖게 된 결정적인 계기는 1893년 시카고 세계종교회의였다. 그 후 미국의 일반 지식인 사이에서는 세계종교, 그중에서도 힌두교와 불교에 대한 관심이 고조되었다. 현재 서양에서 불교는 일반 대중뿐 아니라 지성인들 사이에서도 크게 주목받는 종교로 부각되고 있다.

현재 서구사회, 특히 미국에서 주목받는 불교 전통은 크게 세 가지로, 선불교·티베트불교·테라와다 불교 계통으로 나누어 볼 수 있다. 선불교는 1893년 세계박람회와 동시에 개최된 시카고 세계종교회의 이후 미국에 동양의 종교를 알리고 접하는 계기가 되면서 일반인에게 널리 알려졌다. 현재 미국의 선불교는 유럽이나 미국 여러 도시의 선센터에서 이론과 함께 실제 수행체험을 통해 세력을 확장하고 있다. 그들은 명상을 통해 적극적인 자기 계발, 스트레스 관리 능력, 종교적인 교의로부터의 인간 해방 등을 추구한다.

　서양에 티베트불교가 본격적으로 알려진 것은 1950년 중국의 티베트 점령으로 1959년 달라이 라마를 비롯하여 10만 명의 티베트인이 인도로 망명하면서부터이다. 1960년대가 되면 서양인이 라마승을 서양으로 초청하여 많은 센터가 지어지고, 젊은 라마승들이 영어와 서양 문화를 배우기 위해 서양으로 파견되어 티베트불교가 확산된다. 티베트불교는 선불교보다 50년 이상 늦게 서양에 전래되었음에도 최근 눈에 띄는 성장세를 보이며, 현재 서양 불교 인구의 약 1/3을 차지한다.

　동남아시아 테라와다 불교의 수행인 위빠사나는 마음을 고요히 하며 대상을 있는 그대로 바라보고 통찰하는 것이다. 이러한 통찰을 통해 모든 것이 변한다는 사실을 알아차리고 기쁘거나 슬픈 일 등의 일상에 마음이 동요하지 않는다. 최근 서양에서 급속도로 퍼지고 있는 위빠사나 수행법은 일상적인 삶을 살아가는 일반 대중 모두가 수행할 수 있는 명상법을 가르치면서 본격화되었다. 현재 서양 불교는 미국뿐만 아니라 동양학 유행의 본산지였던 영국·프랑스·독일, 더 나아가 오스트리아·스위스·그리스·덴마크·네덜란드·이탈리아·러시아·폴란드 등에서 활발히 전개되고 있다.

4장

불교와 현대의 만남

1
불교와 현대 윤리

1) 연기와 무아의 윤리적 관점

사회 윤리의 문제를 불교 사상에서 찾으려면 부처님 가르침의 근본이 되는 '연기緣起'에 관한 논의가 반드시 선행되어야 한다. 연기는 '원인과 조건에 의해 생겨난다'라는 의미의 인연생기因緣生起를 줄인 말로 모든 것은 여러 가지의 관계에 의해서 서로 조건이 되어 생겨난다는 의미이다.

연기적 세계관 속에서 인간은 독립적으로 살아갈 수 없다. 이는 현대 윤리학과 사회학이 인간을 사회적 존재로 보는 것과 크게 다르지 않다. 불교적 관점에서 모든 것은 다른 현상의 원인이 될 수 있다. 원인과 결과 사이에는 연緣이라고 불리는 조건이 있다. 꽃이 아름답게 피어 있는 것이 결과라면 꽃의 종자는 원인(因)이고 태양, 토양, 공기, 비료 등은 조건(緣)이다. 원인이 있어도 그것이 결과로 이어지게 되려면 조건이 필요하다. 불교의 연기관은 원인과 결과를 직접 잇기보다는 이 조건을 중요시한다.

조건의 개념이 있으므로 불교는 기독교처럼 천지창조의 과정에서 창조신을 내세우지 않는다. 부처님이 창조신에 대해 말씀하지 않은 것은 이렇게 원인과 조건, 결과로 이어지는 '연기의 법칙'을 있는 그대로 깨달았기 때문이다. 따라서 불교는 윤리적인 법칙도 신의 의지나 계시에 두지 않고 연기의 이치를 깨닫는 데 둔다. 사회가 성립되고 유지되는 것도 이런 상호 의존적 원리인 연기에 의한 것이다. 불교에서 사회 사상과 윤리 문제는 모두 연기의 관점에서 출발해야 한다. 연기법칙에 의하면 모든 존재는 서로 의지하고 관계 속에 있기 때문에 존재할 수 있는 것이고, 그 관계가 깨어질 때 존재도 변화하거나 소멸하게 된다. 때문에 연기법을 '관계성의 법칙', 또는 '상호 의존의 법칙'이라고 말하는 것이다.

불교의 철학 가운데 '화엄'이라고 불리는 사상에서는 '하나(一)'와 '전체'가 '서로 통하고(相卽)', '서로 의존한다(相入)'라는 명제가 있다. 그러나 불교에는 또한 '영원히 변치 않는 자아란 존재하지 않는다'라는 무아無我 이론도 있다. '하나'가 '개체'라면 불교는 개체를 부정하고 전체만을 남겨 둘까? 화엄사상이 말하는 현상세계는 무아이론 때문에 그 개체의 자아를 부정하지는 않는다. 오히려 연기이론으로 하나가 그 전체를 포함하고, 다시 전체가 부분을 포함하는 모습으로 묘사한다. 즉 개체들과 개체들은 전체의 모습이 되기도 하고, 또한 하나의 모습이기도 하며 서로 융합하고 분리되며 서로 무한한 상호 작용을 한다. 마치 거울을 양쪽에 두고 비추는 것처럼 화엄철학에서 현상계는 끊임없이 중첩된다. 이것을 중중무진重重無盡이라고 한다.

인간이 하는 행위를 선악으로 판단하려면 그 행위를 한 주체가 있어야 하는데 인도에서는 이를 아뜨만(ātman)이라고 한다. 그러나 불교는 무아無我를 주장하기에 윤리적으로 선하고 악한 행위가 성립할 수 있을까 하는 의문이 제기될 수 있다. 불교의 무아이론은 결코 변하지 않고 존재하는 아뜨만의 부정을 통해 자아에 대한 집착과 고집에서 오는 여러 가지 문제들로부터 자유로움을 추구한다. 이는 윤리적 행위를 부정하는 것이 아니라, 경험적이고 윤리적 주체로서의 자아를 적극적으로 인정하고 나아가 이상으로서 실현되어야 할 자아를 추구하는 것이다.

무아라는 주제는 윤리적인 책임만이 아니라 각자가 가진 권리와도 연결된다. 권리는 자기만 있는 것이 아니라 만인이 공유하고 있는 것이다. 따라서 타인의 권리를 침해해도 되는 무한의 개인 권리를 주장하는 것은 허용되지 않는다. 나의 권리를 주장할 수 있음과 동시에 타인도 권리를 주장할 수 있도록 보장되어야 한다. 자신의 권리만 주장하고 행사할 뿐 타인의 권리는 서슴없이 유린하는 것은 전적으로 독재자의 행위이다. 따라서 자신과 타인의 권리를 동시에 보장받기 위해서는 무아 또는 화엄의 개체라는 관점에 의한 공통의 권리를 상정하지 않을 수 없다.

일반적으로 불교의 세계관 속에서 욕심은 무조건 나쁜 것으로 규정된다고 알려져 있다. 그러나 욕심 자체가 나쁜 것이 아니라 지나치게 과도한 욕심과, 그 욕심 때문에 스스로 고통받게 되는 것을 불교는 경계하고 있다. 윤리는 우리의 욕망 충족의 방법이 타인의 방법과 어떻게 조화롭게 공존할 수 있을까를 고민한다. 개인의 욕구 또는 욕심은 다수의 행복을 전제로 한다. 다수와 개인의 욕구가 조화하는 것은 매우 어려운 일이지만 이것이 균형 있게 실현될 때 화엄철학에서 말하는 개체와 다수의 행복과 만족이 있을 수 있다.

2) 인권에 대한 불교적 쟁점

서구에서 정립된 인권은 '인간의 권리'라는 보편적인 가치를 강조한다. 그러나 인권은 그것이 주장되어 온 사회적 맥락에 따라 그 의미가 조금씩 다르게 인식되기도 한다. 예컨대, 개인의 기본권을 보장받기 위해 국왕의 전제적 권력에 저항하기도 했고, 인간의 존엄성 회복을 위해 중세 성직자들의 지배에 대항하기도 했다. 이러한 과정들은 개인주의와 자유주의에 입각하여 인간의 '권리'를 요구하는 서구 근대의 시민의식을 반영한다.

그러나 맥락을 달리할 경우 이러한 서구적 인권 개념은 보편적이기보다는 추상적이고 소극적이었다고도 볼 수 있다. 봉건적 지배와 억압으로부터의 자유는 '-로부터'의 자유라는 소극성 때문에 '-로의 자유'라는 방향성이 결여될 수 있기 때문이다. 나아가 '-로부터' 자유로운 근대의 인간은 마치 무한정의 자유와 권리를 가진 존재로 착각하여 스스로를 이전의 왕이나 신이 누렸던 지배 권한을 소유한 것으로 오해할 위험이 있다. 이것은 '인권'을 인간이 가진 독점적 권한으로 착각하는 오류를 범할 수 있다.

이러한 서구적 인권 개념은 불교의 인간관과 크게 대비된다. 불교에서는 인간이 가진 독점적인 권리로서의 인권을 인정하지 않는다. 인간에게 권리가 인정되려면 만물의 권리가 전제되어야 하고, 그 안에서의 인권이 부속될 뿐이다. 달리 말하면 불교의 관점에서는 인권 이전에 만물의 생명권이 우선적으로 존중되어야 한다. 초목에도 불성이 있다고 말하는 불교의 생명관은 인간 중심주의가 아니라 생명 중심주의다. 서구의 인권 개념 역시 인간 이외의 생명을 부정하거나 파괴하기 위한 것은 아니라고 항변할 수도 있다. 또한 기독교의 인간 개념은 신의 형상을 닮은 것이라고 한 점에서 인간의 지위를 한층 격상시킨 시도라고 해석할 수도 있다. 그러나 서구의 인권 개념과 기독교의 인간관이 다른 생명과는 차별화된 인간 중심의 독점성을 내포하는 점은 부정할 수 없다.

불교에서는 인간의 독점적인 권한이나 권리를 인정하지 않는다. 불교의 중심 사상인 '연기緣起'와 '무아無我'에서 규정하는 인간은 개인주의와 같은 서구 중심적 자아개념과는 근본적인 차이가 있다. 연기는 모든 것이 상호 의존적으로 생성되고 소멸되는 점에서 모든 존재의 관계성을 극대화한 것이다. 연기적 관점에 의하면 상호 관계를 떠난 독자적이고 독보적인 존재는 있을 수 없다. 또한 모든 것들이 관계로 얽혀 있다는 점에서 독점적이거나 배타적인 권한이 인간에게 주어질 수 없으며, 광범위한 평등의 논리가 가능해진다.

무아는 모든 현상에 변치 않는 실체란 있을 수 없다고 말한다. 불교에서는 인간을 비롯한 모든 존재에 대해 어떤 고정된 실체성이 있다고 보지 않는다. 즉 불교는 인간을 '변하지 않는 고유의 성질은 없다'고 하는 '무자성無自性'으로 규정함으로써 인간이라고 할 만한 어떠한 실체도 인정하지 않고 있다. 사물과 마찬가지로 인간이란 단지 여러 요소들의 원인과 조건의 화합물에 불과한 것으로 간주한다. 불교는 인간을 비롯한 일체의 존재를 견고한 성질(地)·습한 성질(水)·따뜻한 성질(火)·움직이는 성질(風)이라는 4대大 성질들의 화합으로 보거나 신체(色)·감수 작용(受)·연상 작용(想)·판단 작용(行)·인식 작용(識)의 5온蘊의 화합이라는 방식으로 본다. 이 화합은 원인과 조건에 의해서 이루어지며, 그 원인과 조건들이 변하거나 해체되면 함께 사라지는 것으로 해석된다. 즉

'실체'가 아니라 '관계의 양상'으로 인간관과 생명을 규정한다.

생명은 관계에 따라 역동하는 과정이나 흐름에 지나지 않는다. 따라서 실체론적인 생명관은 자아의 실체가 불변하며, 다른 어느 것에 영향 받지 않고 불변적이며, 타자와 서로 나눌 수 없는 최소한의 고유한 성질을 스스로 내포하는 것으로 묘사된다. 반면 관계론적 생명관은 불변의 실체론적 자아를 거부하며 외부 환경과의 관계를 통해서 자아의 변화 가능성을 인정하는 생태론적 모습을 지닌다. 그렇다고 해서 자아의 정체성이 없다고 하는 것이 아니라 단지 정체성을 실체로 파악하지 않는다는 것이다. 그러므로 관계론적인 생명관에 토대하는 불교의 입장은 실체론적인 생명관과는 성격을 달리한다. 불교에서 말하는 인간 생명은 단지 이 순간에 국한되어 있는 것이 아니라 과거·현재·미래라는 끝없는 시간의 연속이므로 특정한 어느 시점과 실체를 정하지 않은 순환적이고 연속적인 과정일 뿐이다. 불교는 이렇게 복잡다단한 생명의 구조와 연속적인 과정을 '고정불변의 실체가 없다'고 하는 무아이론과 '개체와 다수의 여러 요소들이 유기적으로 연결된다'고 보는 화엄의 철학으로 설명한다.

인간이 원인과 조건에 의해 생성된 것이고, 모든 생명이 상호 의존적으로 연결되고 있다는 것은 결국 타인을 나와 한 몸으로 여긴다는 동체대비同體大悲라는 마음으로 확장될 수 있다. 모든 생명이 개별적으로 생멸하는 것이 아니라 유기체적 전체로서 연결되어 있으므로 자신과 타인에 대한 단절이 아닌 나의 일부에게 베푸는 자애와 연민심인 대자대비大慈大悲라는 마음이 가능해지는 것이다.

3) 다종교 사회와 종교 갈등

우리가 경험하는 종교 간의 갈등은 엄밀히 말해서 종교인들 간의 갈등이다. 기독교와 이슬람교의 갈등, 기독교와 불교의 갈등도 결국 그 종교를 신앙하는 사람들 간의 불화이다. 이러한 구분에 관심을 가져야 하는 이유는 우리가 자칫 그 종교 자체의 교리에서 갈등과 불화를 의도하는 것으로 오해할 수 있기 때문이다. '원수를 사랑하라'는 기독교의 교리를 인정한다면 기독교는 역사적으로 어느 종교와도 갈등할 이유가 없다. 그러나 현실이 그렇지 못한 것은 바로 종교라는 추상적인 조직의 이념과 종교인의 현실적 행위를 구분할 필요가 있음을 뜻한다.

종교인의 갈등에는 종교적 문제와 함께 사회적·정치적 문제도 복잡하게 얽혀 있다. 종교에서 추구하는 삶의 가치와 정치적인 현실의 괴리감을 극복하기는 쉽지 않다. 특히 이웃하는 종교 간의 갈등은 더욱더 복잡한 세계 정세와 경제적·지리적인 문제를 안고 있다. 이러한 복잡한 갈등의 요인들이 충돌할 때 종교적 신념을 통해 극단적인 행동을 정당화하는 것은 종교 간 갈등의 주요 요인이다.

이웃 종교와 갈등을 일으키는 근본 원인은 그 종교에 대한 이해의 부재에서 온다. 한국의 종교 문화에서 종교 갈등의 원인은 종교인들이 이웃 종교에 대해 무지하다는 점이다. 이것은 무관심을 넘어선 타 문화에 대한 배타성과 보수성에 기인한다. 자신들이 신앙하는 종교의 정체성에 대한 과도한 집착이 이웃 종교에 대한 관심을 차단하는 것이다. '자신의 종교 이외에는 구원이 없다'는 확신과 '모든 종교의 가르침은 자신의 종교 안에 있다'는 주장들은 이웃 종교에 대한 관심과 이해를 차단시킴으로써 무지를 정당화시킨다.

이러한 종교 간 상호 몰이해는 어느 특정 종교 사이에서만 팽배한 것이 아닌 종교 문화 전반의 문제이며, 결국 이웃 종교들에 대한 무지가 종교 간의 갈등을 더욱 강화시키는 요인이 된다. 철학이나 언어의 영역과는 달리 종교적인 영역에서 이해라는 용어가 사용될 때는 다른 의미를 갖게 된다. 종교적 영역에서의 이해란 어떤 사실을 인식론적으로 파악했다는 것을 의미하는 것이 아니라, 내 존재가 타자의 가르침이나 주장을 수용한다는 것을 의미한다.

종교 간의 갈등을 야기하는 원인의 근본 기저에는 '다른 것'을 '틀린 것'으로 단정하려는 오류가 전제되어 있다. 다름을 틀림으로 주장하거나 나와 같음으로 바꾸려는 것은 자신의 것만이 옳다고 강요하는 독단이다. 통합은 획일적으로 일치시키는 것이 아니라 다름을 있는 그대로 인정하려는 태도에서 나온다. 조화는 같음이 아니라 서로 다름을 전제한다. 따라서 종교 간의 통합과 조화는 서로 다른 이념과 교리들이 양립할 수 있다는 것을 인정할 때 가능하다.

한 종교의 정체성은 타 종교에 대한 배타성을 통해서 드러나지 않는다. 오히려 타 종교에 대한 일방적인 비판이나 무관심은 자기 종교에 대한 이해조차 부족하다고 할 수 있지 않는가를 반성하게 한다. 독실한 불교도나 기독교도가 타 종교에 열린 마음을 갖지 못할 때에는 자신의 종교에 대한 올바른 이해를 정립하고 있다고 보기 어렵다. 한 개인이 자신의 권리와 인격이 소중한 만큼 타인의 권리와 인격을 존중해야 하듯이, 한 종교의 권리와 정체성은 다른 종교의 권리와 정체성을 존중할 때 성립이 가능한 것이다. 종교 간의 갈등을 극복하고 화해와 협력으로 발전해 나아가려면 다양한 종교에도 불구하고 우리는 '진리를 추구하는 사람'으로서 갖는 종교인의 공통된 정체성을 각인할 필요가 있다. 한 걸음 더 나아가서 한 사람의 종교인이기 이전에 한 세계에서 살아가는 한 인간이라는 사실을 공유한다면 서로 간의 갈등은 극복될 수 있다. 각 종교가 사용하는 제의나 신앙 체계는 상이하지만 궁극적으로 많은 공통점이 있다는 사실을 인정하고 그것을 공유할 필요가 있다. 종교 조직은 지금까지 그래 왔고 앞으로도 계속해서 형성되고 성장해 가는 살아 있는 유기체이기 때문이다.

종교 간의 만남이나 대화가 단순히 종교인들 사이에서 발생하는 그들만의 회합이 되지 않기 위해서는 한 사회 속에서 주어진 종교인의 실천적 활동을 위해 연대할 필요가 있다. 또한 공동의 과제를 위해 연대하는 활동은 종교 간 갈등을 사전에 방지할 수 있는 좋은 계기이기도 하다. 협력을 위한 종교 간의 연대는 상호 신뢰를 요구한다. 신뢰는 이웃 종교에 대한 신뢰 이전에 자신의 신앙 전통에 대한 신뢰가 기반이 되어야 한다. 자신에 대한 신뢰 없이 남을 신뢰할 수는 없기 때문이다.

이상에서 언급한 종교 간의 갈등을 극복하는 방향을 토대로 다음과 같은 구체적인 실천 방안이 모색되어야 한다. 첫째는 종교를 정치적 도구로 이용하려는 태도를 경계해야 한다. 정치적 이해관계에 따라 종교가 이용될 경우 그와 정치적 입장이 다른 종교와의 갈등은 불가피할 것이다. 둘째 이웃 종교에 대한 비방이나 훼손 행위를 금해야 한다. 아울러 개인적인 차원에서도 이웃 종교를 폄하하거나 부정적으로 발언하는 것은 잘못된 일이다. 셋째, 각 종교들은 종교 교육 커리큘럼에 필수적으로 이웃 종교 이해를 위한 과정을 포함시켜야 한다. 이것은 이웃 종교에 대한 무지를 극복하는 하나의 길이다. 이를 위해 매체를 적극 활용할 필요가 있다. 넷째, 종교 간의 협력을 위한 다양한 모임이 형성되어야 한다. 한 지역 안에서 모임, 특히 젊은 세대의 모임이 더욱 활성화되어야 한다. 어떤 종교든, 다수 인간의 행복과 평화, 번영을 위한다는 근본적인 목적에 대해 상기하고 공유해야 한다.

4) 불교적 가치와 전망

현대 사회는 첨단 지식과 기술 및 고도의 합리적인 조직과 관리 체제가 요구되며, 이 과정에서 업적 중심의 사회 분위기가 필연적으로 형성되어 있다. 그 결과 인간 소외와 과도한 경쟁 심리 등 인간 사회의 타락을 재촉하고 반복한다. 현대 사회의 인간 소외는 곧 지식과 기술 및 조직과 관리 체제로 인한 소외라 할 수 있다. 인간이 지식과 기술, 그리고 조직과 관리 체제에 종속되어 있는 한 소외 현상은 불가피하다. 서구 사회는 인간의 주체성 회복을 자율적인 이성에서 찾고자 한다. 그러나 자기 성찰과 수행의 기반이 없는 이성적 사유와 그에 따른 세계 인식은 현대 사회의 병폐에 대한 근원적인 해결책이 될 수 없다.

불교는 사회·종교적 윤리(戒), 마음의 안정과 수행(定), 바른 지혜의 추구(慧)를 깨달음에 직결되는 세 가지 덕목으로 규정하고 있다. 사회적 윤리, 마음의 안정을 통한 자아의 계발, 그리고 바른 지혜를 추구하는 것을 통해 근원적인 무명으로부터 벗어나서 깨달음을 얻는다는 것은 인간이 사회적인 속박으로부터 벗어나서 본연의 주체성을 회복하는 작업을 의미한다.

한편 대승불교의 이상적인 인간상인 보살은 한편으로 깨달음을 구하면서도(上求菩提) 또 한편으로는 내가 함께 손을 내밀 수 있는 이들을 나의 위치까지 이끌어 주는(下化衆生) 방식으로 나와 타인의 깨달음을 함께 이루어(自利利他) 가는 것을 삶의 목표로 한다. 이것은 깨달음(菩提)이라는 진리에 입각한 인격 완성을 지향함과 더불어, 모든 사회 구성원들이 불만족과 고통에서 자유로워질 수 있도록 돕겠다는 자비와 원력의 실천이다. 불교는 기본적으로 부처와 중생이 구분되지 않으며, 모든 생명에는 부처님의 성품이 있다고 말한다.

불교 윤리는 나와 남, 인간과 자연이 둘이 아니라는 세계관에 기초하고 있다. 불교는 일체의 모든 생명을 살리고 이롭게 하는 자비의 가르침이다. 나와 남, 나와 세상을 나누던 벽이 깨지고 일체가 통하여 둘이 아닌 세계에 눈뜨는 것이 깨달음이다. 그리고 둘이 아님을 통찰한 것을 자비의 삶이라고 한다. 자慈는 다른 사람의 기쁨을 함께 기뻐하는 마음이며, 비悲는 상대방의 아픔을 함께 아파하고 그 아픔을 함께 없애고자 하는 실천을 가리킨다.

진정한 자비는 내가 누구에게 무엇을 베푸는 것이 아니라 나와 타인은 명확하게 둘로 구분될 수 없다는 태도에서 드러난다. 불교에서 자비를 동체자비同體慈悲라고 하는 것은 하나의 몸이 되었으므로 내가 누구에게 무엇을 베푸는 것이 아니라 오직 나 스스로에게 베푼다는 의미이다. 불교의 자비는 맹목적으로 타인을 보살피는 자비가 아니라, 이렇게 나와 타인이 하나의 존재로 연결되어 있다는 진리 통찰에 기초한다. 불교의 자비란 모든 것이 영원하지 않고(무상), 고정불변의 실체란 없으며(무아), 모든 것이 원인과 조건에 따라 생성하고 소멸한다(연기)라는 사실 등을 깨달음으로써 나타나는 정신적 밝음인 동시에 그것을 실현하는 지혜로서의 자비다.

2
불교와 명상

1) 명상과 마음의 훈련

(1) 명상이란 무엇인가?

명상이란 자신의 마음을 다스리는 것이다. 세상에는 마음대로 할 수 없는 일들이 많지만 자신의 몸과 마음은 자기가 원하는 대로 다스릴 수 있다. 건강하고 아름다운 몸을 가지고 싶으면 음식을 조절하고 운동을 하면 되는 것처럼 평온하고 행복한 마음을 가지기 위해서는 꾸준하게 마음을 훈련하는 것이 필요하다. 불교는 마음의 훈련, 즉 명상을 수행의 기본으로 하고 있다. 『법구경』의 다음 게송은 불교에서 마음을 얼마나 중요하게 생각하고 있는가를 잘 보여 준다.

마음이 모든 일에 앞장서고 마음이 주인 되어 모든 세상일이 벌어진다.

나쁜 마음으로 말하거나 행동하면 괴로움이 뒤따른다.
수레가 앞서 끄는 소의 발자국을 따르듯이.

마음이 모든 일에 앞장서고 마음이 주인 되어 모든 세상일이 벌어진다.
깨끗한 마음으로 말하고 행동하면 행복이 뒤따른다.
그림자가 그 형체를 따르듯이.

마음이 주인이 되어 우리의 행동과 말을 지배하고 온갖 세상의 일들을 만들어 내지만 그 마음은 위의 게송에서 말하고 있는 것처럼 삿된 마음일 수도 있고 순수한 마음일 수도 있다. 화가 불같이 날 때 화가 난 자기의 마음이 싫어서 빨리 벗어나고 싶어도 화를 촉발시킨 상황이 달라지지 않으면 우리의 화는 좀처럼 수그러들지 않는다. 내 마음이 바깥의 상황에 휘둘려서 마음대로 조절되지 않는 것이다. 모든 일은 마음에 따라 일어나지만 그 마음을 내 마음대로 조절하는 것은 결코 쉬운 일이 아니다. 마음을 조절하는 것이 얼마나 어려운가를 부처님은 다음과 같이 말씀하셨다.

전쟁터에서 수백만의 사람을 정복하는 것보다
자기 자신을 정복한 사람이 가장 위대한 정복자이다.

수백만의 사람들을 정복하는 것보다 자기 마음 하나를 정복하는 것이 훨씬 더 어렵고 위대한 일이며, 부처님 자신이 바로 그 어려운 일을 성취한 위대한 정복자이다.

부처님이 태어났을 때 예언자들은 이 아이가 커서 계속 궁궐에 머물러 있으면 위대한 전륜성왕이 되어 전 세계를 다스릴 것이고, 궁궐을 떠나 출가를 하게 되면 깨달은 자, 즉 부처가 될 것이라고 말했다. 싯다르타 왕자는 29세 때 왕궁을 나와 세상의 괴로움에서 벗어나는 길을 찾아 당시 행해지고 있던 갖가지 수행에 매진했다. 훌륭한 스승들을 찾아 그들이 가르쳐 줄 수 있는 모든 것을 배웠고, 또 죽음에 이를 정도의 고행도 해 보았지만 6년이 지나도록 깨달음의 성취는 이루어지지 않았다. 이에 자신의 수행 방법이 잘못됐다는 것을 알고 명상을 시작했다. 감각적 욕망에 대한 탐닉도 아니고 극단적인 고행도 아닌 중도의 길을 발견한 것이다. 아직 궁궐에 머물러 있을 때 농사일에 바쁜 농부들을 돌보러 나온 아버지를 따라가 나무그늘 아래 앉아 명상에 잠겼을 때 그의 마음이 탐욕과 불안에서 벗어나 평온해졌던 것을 기억해 낸 것이다.

명상이 바로 깨달음에 이르는 길이라고 확신한 싯다르타는 그 자리에서 몸과 마음을 괴롭히는 고행을 중단하고 죽 한 그릇으로 몸을 추스른 후에 보리수나무 아래 앉았다. 명상에 들기 시작한 싯다르타의 마음은 곧 평온한 상태의 초선에 올라 이어서 여러 단계의 정화를 거친 후에 마침내 모든 집착을 벗어나 한 점 움직임 없는 고요한 상태에 이르렀다. 고요한 마음에 세상은 있는 그대로의 모습을 비추어 마침내 모든 번뇌로부터 벗어나는 해탈의 지혜가 성취되어 더 이상의 윤회는 없다는 앎이 생겼다. 세상에 깨달은 분, 부처님이 나타난 것이다.

이렇게 마음 훈련을 통하여 깨달음을 이룬 후에 부처님은 자신이 찾은 방법을 제자들에게 가르침으로써 우리 모두가 깨달음에 도달할 수 있는 길을 열어 주었다. 그러나 마음을 어떻게 닦는지 알려 주는 매뉴얼이 있음에도 불구하고 마음을 단련하는 일은 쉽지 않고 최고의 경지에 도달하여 내 마음의 완전한 정복자가 되는 것은 더욱 어렵다. 그렇게 되기 위해서는 많은 노력과 인내가 요구된다. 마음에 쌓여 있는 온갖 더러움을 닦아내고 청정한 마음에 도달하기 위해서는 인내와 집중의 긴 시간이 요구된다. 해탈하기까지는 긴 수련의 과정이 필요하지만 꼭 해탈에 이르러야만 그 훈련의 성과가 나타나는 것은 아니다. 훈련에 바친 노력과 시간만큼 그에 따른 결과가 있게 마련이다. 이 또한 몸의 훈련과 같아서 고도의 훈련을 하게 되면 그에 따라 자연히 건강하고 아름다운 몸을 가지게 되는 것처럼 해탈을 향한 마음의 훈련을 하게 되면 일상생활에서 접하는 잡다한 일에서 겪게 되는 갖가지 마음의 동요를 비교적 수월하게 가라앉힐 수 있다. 내 마음을 완전히 조절할 수는 없다고 하더라도 마음이 제멋대로 흐르게 내버려 두지는 않게 되며, 곧 마음의 평정을 찾아 평온하고 즐거운 마음을 유지할 수 있게 되는 것이다.

2) 초기불교의 명상법

부처님이 출가한 이유는 생·노·병·사의 괴로움으로부터 벗어나 완전한 행복을 찾기 위한 것이었고 마침내 해탈의 궁극적인 지혜를 얻어 윤회로부터 벗어남으로써 그 목표를 이루었다. 부처님은 여덟 가지 바른 길(八正道)이라는 가르침으로 완전한 자유에 도달할 수 있는 길을 열어 주었다. 팔정도는 계·정·혜의 세 가지 수행(三學)으로 나눌 수 있는데 이는 각각 계율, 선정(명상), 지혜를 말한다. 계율 수행은 행동을 바르게 하고 말을 바르게 하며 올바른 직업으로 생계를 유지함으로써 몸과 마음을 청정하게 하는 것이다. 몸과 마음이 청정해지면 다음으로 명상 수행을 통해서 마음을 더욱 정화시켜 세간과 출세간의 여러 단계를 거쳐 마음은 마침내 어떠한 미세한 동요도 없는 최상의 고요와 평온한 상태에 이르게 된다. 마지막으로 혜의 수행은 그와 같이 고요해진 마음으로 세상을 비추어 보게 되면 마침내 있는 그대로의 세상의 모습이 드러나 최상의 지혜를 얻게 되는 것이다. 이때 체득하게 된 지혜는 삼법인, 십이연기, 사성제 등의 지혜이며 이제 더 이상의 윤회는 없다는 것을 확인함으로써(解脫知見) 깨달음이 완성된다.

이 가운데 깨달음을 이루는 결정적인 계기가 된 것은 명상 수행이라고 할 수 있으며 명상 수행의 핵심은 탐욕, 분노, 어리석음(貪・瞋・癡)의 삼독三毒으로 더럽혀진 마음을 정화하는 것이다. 마음을 정화시키는 대표적인 불교 명상으로는 사마타와 위빠사나의 두 가지 수행이 있다. 사마타는 탐욕으로 끊임없이 동요하는 마음을 한곳에 집중함으로써 마음을 고요하게 하는 것(止)이고 위빠사나는 현상을 있는 그대로 봄으로써 그 본래 모습을 아는 것(觀)이다. 둘을 묶어서 지관知觀 수행이라고 한다.

사마타는 고요한 마음을 닦는 수행이고, 위빠사나는 현상을 꿰뚫어 보는 지혜를 닦는 것이다. 두 명상은 그 성격이 확연하게 다르지만 깨달음의 완성을 위해서 이 둘을 항상 같이 닦아야 한다. 마음이 고요함을 얻지 못하면 세상의 본 모습을 그대로 비추지 못해서 결코 망상에서 벗어나지 못하고, 통찰의 지혜를 얻지 못하면 마음은 잠시 고요해졌다가도 언제나 다시 번뇌에 떨어지게 된다. 반드시 고요한 마음을 닦는 사마타와 대상을 꿰뚫어 보는 위빠사나 수행을 함께 닦아야 번뇌와 망상을 근절하여 깨달음에 이를 수 있다.

(1) 사마타 수행

사마타 수행은 흔히 선정 수행과 동일시되는데 선정 수행은 색계 4선정과 무색계 4선정이라는 여덟 단계로 이루어진다. 그 과정은 마음을 구성하는 나쁜 요소들이 사라져 좋은 요소들이 나타났다가 좋은 요소들도 점차 사라져 고요함에 이르는 것으로 요약될 수 있다. 첫 번째 단계인 초선初禪에서 없어지는 나쁜 요소들은 다섯 가지 장애라고 불리는 감각적 욕망, 성냄(또는 악의惡意), 혼침과 졸음, 들뜸과 후회, 의심이다. 이런 나쁜 요소들이 없어지는 대신에 좋은 생각들(심尋·사思)과 기쁜 마음(喜), 즐거운 마음(樂)이 생긴다. 두 번째 선정에서는 좋은 생각들이 사라지고 세 번째 선정에서는 기쁜 마음이 사라지고, 네 번째 선정에서는 즐거운 마음마저 사라져 즐거움도 괴로움도 없는 평온함에 이른다. 더 나아가서 무색계의 4선정이라고 불리는 단계까지 마치고 나면 마음은 모든 느낌과 생각이 단절된 상수멸정想受滅定의 상태에 도달한다.

여러 단계로 구분된 선정의 핵심은 결국 오염된 마음에서 더러움을 제거하여 청정한 상태를 얻는다는 것에 있으며 더러움의 정도 또는 청정의 정도에 따라 단계의 구별이 있는 것이다. 선정의 첫 번째 단계인 초선의 상태도 이미 마음이 상당히 정화된 상태이기 때문에 이 여덟 가지 선정의 어느 단계에서라도 나머지 단계의 수행을 거치지 않고 곧장 위빠사나 수행으로 나아갈 수 있다고 경전에서는 말하고 있다. 사마타 수행을 통해 평온한 마음을 갖춘 수행자는 이제 위빠사나 수행을 통하여 통찰지를 얻을 수 있는 기반을 마련한 것이다.

(2) 신통력

사마타 수행과 관련하여 세간에서 많은 관심을 가지는 신통력에 대해서 잠깐 살펴보도록 하자. 경전에 따르면 사마타를 닦아서 색계 4선정과 무색계 4선정의 여덟 가지 선정에 모두 도달한 수행자는 다섯 가지 신통력을 가진다. 이것은 천안통, 숙명통, 신족통, 천이통, 타심통의 신비한 능력으로서 마음을 닦는 다른 종교의 수행자들도 획득할 수 있는 것으로 알려져 있다. 부처님은 이와 함께 누진통漏盡通을 더 성취했는데 누진통은 사성제 등의 진리를 꿰뚫어 보는 지혜를 얻음으로써 모든 번뇌를 다 소멸시키는 능력이다. 누진통은 바로 깨달음의 성취를 의미하는 것으로 누진통의 획득이 없이는 윤회로부터 벗어나지 못한다. 그러므로 누진통의 획득이 가장 중요하다고 할 수 있는데 다른 종교의 수행자들뿐만 아니라 불교 수행을 하는 사람들 가운데도 누진통 외의 5신통이 가지는 힘에 매료되어 오히려 그런 것들의 획득에 더 관심이 쏠려 있는 경우가 있다. 자신이나 다른 사람의 전생을 본다거나, 다른 사람의 마음이나 멀리 있는 일들에 대해서 알고 또 들을 수 있다거나, 몸을 자재하게 사용해서 물 위를 걷거나 하는 등의 능력에 마음이 흔들리는 것이다. 그러나 이러한 능력들을 획득하는 것이 깨달음의 성취를 의미하지는 않으며 오히려 장애가 될 수 있으므로 거기에 마음을 뺏기지 말고 최후의 누진통의 성취를 향해 끝까지 정진해야 한다.

(3) 위빠사나

위빠사나는 다른 종교에는 없는 불교 고유의 수행으로 알려져 있다.

그러나 앞에서 말한 바와 같이 사마타 수행을 통한 고요한 마음집중이 없으면 대상을 있는 그대로 보는 위빠사나 수행은 올바로 이루어지지 않는다. 사마타 수행을 통하여 번뇌가 제거된 깨끗한 마음만이 현상을 있는 그대로 직시하는 위빠사나 수행을 가능하게 한다. 위빠사나 수행은 5온 혹은 4념처를 관찰함으로써 현상의 본질을 있는 그대로 알고 보는 것(如實知見)이다. 즉 우리의 몸과 마음이 일어나고 사라지는 것을 있는 그대로 관찰함으로써 '나'라는 자아를 비롯한 모든 현상의 본질이 무상無常, 고苦, 무아無我라는 것을 통찰하는 것이다. 이렇게 획득한 통찰지는 이어서 사성제에 대한 관찰로 이끌어져 괴로움, 괴로움의 원인, 괴로움의 소멸, 괴로움의 소멸로 이끄는 길에 대한 앎을 성취하여 모든 번뇌가 완전히 사라지는 것이다. 그러므로 위빠사나는 깨달음에 이르기 위해서 반드시 필요하다. 또한 위빠사나의 통찰지는 사마타의 고요한 마음을 통해 얻을 수 있는 것이기 때문에 결론적으로 사마타와 위빠사나는 깨달음의 성취에 없어서는 안 될 불가분不可分의 한 쌍이라고 할 수 있다.

 대표적인 위빠사나 수행으로 『대념처경』에서 설한 신체(身)·감각(受)·마음(心)·교리(法)에 대한 통찰인 4념처 수행을 들 수 있다. 이는 우리의 신체적이고 정신적인 움직임을 잘 관찰해서 그것이 일어나고 사라지는 것을 분명히 알아차리는 것이다. '마음챙김'이라고도 불리는 사념처 수행은 깨달음의 경지에 도달하기 위한 예비 단계의 방법이라고 할 수 있으며 수행자가 자신의 몸, 느낌, 마음, 법에 있어서 그때그때 나타나는 현상의 일어남과 사라짐을 관찰함으로써 관찰 대상이 생성, 변화, 소멸한다는 무상無常의 원리를 체득하도록 한다. 이는 다른 교리 체제인 팔정도의 정념正念에 해당된다.

몸의 관찰 가운데 가장 기본적인 것은 우리가 어느 순간이나 하고 있는 몸의 동작, 즉 호흡의 들숨과 날숨에 마음을 집중하여 관찰하는 것이다. 감각의 관찰은 좋은 느낌, 싫은 느낌, 좋지도 싫지도 않은 느낌 등 마음에 일어나는 느낌을 관찰한다. 마음의 관찰은 탐·진·치가 있는 마음과 없는 마음, 무기력한 마음, 산란한 마음, 선정이 있는 마음, 해탈한 마음 등을 알아차리는 것이다. 마지막으로 법 또는 교리에 대한 관찰이란 깨달음으로 이끄는 일곱 가지 좋은 요소들(7각지), 그리고 사성제를 비롯한 여러 가지 가르침에 대해서 관찰하여 여러 대상들에 교리적인 내용들이 어떻게 적용되는지 분석하는 것이다.

3) 대승불교의 명상법

부처님으로부터 28대 조사인 달마 대사를 통해서 인도로부터 중국에 전해진 선禪은 위에서 본 지관止觀 참선이라고 할 수 있다. 마음을 고요하게 해서 자기의 본래 성품을 보는 것이다. 견성성불見性成佛이라는 말로 표현할 수 있는데 그때 본래 성품을 본다는 것은 '내 마음'이라고 할 만한 것이 어디에서도 발견되지 않는다는 것을 깨닫는 것이다.

참선은 어떤 상황에서도 수행이 가능한데 이들 행위를 전통적으로는 행·주·좌·와, 어·묵·동·정이란 여덟 가지로 구분한다. 걷고 있을 때(行), 멈춰 있을 때(住), 앉아 있을 때(坐), 누워 있을 때(臥), 말하고 있을 때(語), 말 없을 때(默), 움직일 때(動), 고요하게 있을 때(靜) 등이다. 그러나 앉아서 하는 좌선坐禪이 가장 보편적으로 실천되고 있다.

(1) 묵조선

지관 참선은 점차 중국적인 것으로 변화되어 묵조선默照禪과 간화선 看話禪의 체계를 갖추게 되었다. 묵조선은 간화선과 함께 대표적인 선 수행으로서, 참선을 할 때 화두나 공안을 들지 않고 묵묵히 고요하게 앉아서 모든 생각을 끊고 참선하는 선법을 말한다. 견성을 목적으로 하지 않고 다만 조용히 앉아 있는 것인데 그렇게 함으로써 고요하고 선명한 본연의 의식이 빛난다고 한다. 묵조선이라는 이름은 중국 송나라 시대 대혜 종고가 조동종의 굉지 정각을 비판하면서 '오직 앉아서 묵묵히 바라보기만 하는 잘못된 수행'이라고 하여 묵조사선默照邪禪이라고 지칭한 데서 비롯된 것이다. 대혜 선사에 따르면 묵조선의 좌선 위주 공부는 고요한 곳에서는 번뇌(妄心)가 일어나지 않도록 하지만 그것은 억제된 것일 뿐, 결코 번뇌의 뿌리가 완전히 끊어진 것은 아니라고 한다. 그러나 이것은 어디까지나 간화선의 입장에서의 비판이다. 묵조선은 실제로 간화선처럼 '화두'라는 대상이 아닌 '현상'을 관찰하는 위빠사나와 유사한 형태라고 볼 수 있으며, 중국 선종의 대표적인 수행법 중 하나였다. 그러나 간화선이 중국 참선 수행의 주류로 떠오르면서 묵조선의 수행 전통은 거의 사라지게 되었다.

(2) 간화선

간화선이란 본래 성품인 불성을 바라보기 위해서 '화두話頭'라는 주제를 계속해서 관찰하는 방법이다. 화두란 다른 이름으로 '공안公案'이라고도 하는데, 옛 선사들과 관련된 어록이나 일화를 말한다. 최근에는

'공안'은 선문답이라는 과거의 사례를 의미하고 '화두'는 그 가운데 핵심적인 한 구절을 의미하는 것으로, 다른 것으로 봐야 한다는 지적도 있다. 진리를 깨친 부처님이나 조사의 말일 수도 있고 깨우쳐 주기 위해 '억!' 하고 큰 소리를 지르는 '할喝'이나 죽비나 손으로 일격을 가해 관념으로 가득한 순간을 깨뜨리는 행위인 '방棒'과 같은 것일 수도 있다. 참선 공부에 있어서 풀어야 할 시험문제라고 할 수 있는데 화두를 풀면 범부의 생각이나 말로는 견줄 수 없는 부처님이 깨달은 진리 그 자체를 온전히 볼 수 있다고 한다. 대표적인 화두로는 "개에게도 불성이 있는가, 없는가?"를 묻는 '무無'자 화두 등이 있다.

간화선은 임제종의 대혜 종고에 의해서 제창되었으며, 현재 우리나라 대부분의 선원에서 행해지고 있다. 당시의 여러 가지 선 전통은 간화선의 시각에 따르면, 본래청정이므로 아무런 공용을 들일 필요가 없다고 하는 무사無事선, '불립문자不立文字'가 '불리문자不離文字'가 되어버린 문자文字선 등이 있는데, 대혜는 이들 모두를 부정하면서 화두를 위주로 하는 간화선을 들고 나온 것이다. 화두는 화두 그 자체로서보다는 모든 분별과 논란을 잠재우기 위한 수단으로서 의미가 있다. 화두를 통해 언로言路가 막혀 논리적으로 풀 수 없고 생각이 끊어진 경계와 맞닥뜨리게 되면 그럴 때 화두는 활구活句가 된다. 그 자리에서 의심을 일으키고 항상 그것을 참구하면 마침내 의심 덩어리가 타파되어 깨달음에 이르게 된다.

간화선이 추구하는 완성적 인격은 조사祖師이며, 그런 측면에서 간화선은 조사선을 대표하는 선 수행이라고 할 수 있다. 조사는 항상 깨어 있으면서 세상의 모든 인연들과 함께 생동하는 존재이며, 먹고, 자고, 활동하는 일상적인 삶을 그대로 함께 누린다. 마음의 여러 가지 번민, 걱정, 근심 등에 마음이 끄달리지 않는 상태이면서도 능동적으로 살아가는 스승이다. 이런 상태를 항상 깨어 있으면서 활발한 삶이라고 하여 '조사의 활발발活潑潑한 삶'이라고 표현한다.

4) 치유와 힐링

(1) 모든 병의 원인은 집착

스트레스가 만병의 근원으로 지목되면서 병의 원인이 대부분 몸보다 마음에서 오는 경우가 많다는 생각이 점점 더 설득력을 얻고 있다. 모든 마음의 병은 불교 용어로는 다 '번뇌'라고 할 수 있으며 번뇌의 원인은 '나'와 '내 것'에 대한 과도한 집착에 있다. 병이 나으려면 병의 원인을 알고 그것을 치료해야 하는데 집착이라는 병의 근원에 대해서 부처님은 철저하게 분석하여 그에 대한 치료법을 발견했다. 그것이 바로 사성제와 팔정도의 가르침이다. 사성제와 팔정도의 가르침은 집착 때문에 생기는 탐욕과 분노와 어리석음의 삼독三毒을 다스리는 법을 알려준다. 명상은 바로 이 삼독을 다스리는 방법이라고 할 수 있다. 탐·진·치의 삼독 가운데 성냄은 사마타 수행에 들어설 때 없어지고 탐욕은 사마타를 통해서, 어리석음은 위빠사나를 통해서 제거된다.

근래에 명상의 효과에 대한 과학적인 실험이 지속적으로 진행되고 명상이 현대인의 정신건강에 효과가 있다는 데이터들이 축적되면서 명상 수련을 찾는 사람들은 더욱 늘어날 전망이다. 현대의 젊은이들은 종교적인 가르침에는 거부감을 느끼지만 정신에 대한 탐구나 자기 마음을 점검하는 데에는 많은 관심을 보이고 있다. 자신은 종교적이진 않지만 영적이라고 말하는 젊은이들이 점점 많아지고 있다. 종교적이든 영적이든 어떤 이름으로 규정하든지 간에 불교에서 하는 것이 바로 마음의 탐구이기 때문에 그런 면에서도 불교 명상의 전망은 밝다. 경전에는 낮은 단계의 번뇌로부터 선정을 닦으면 사라지는 높은 단계의 번뇌까지 번뇌의 종류에 따라 이를 해소하는 여러 가지 방법들이 제시돼 있다. 제자들의 근기에 따라 다양한 방법의 수행법이 제시돼 있기 때문에 삼장의 가르침 자체가 힐링 프로그램의 보고라 해도 좋을 것이다. 번뇌를 다스리는 불교의 풍부한 콘텐츠를 힐링과 잘 연결시켜 현대인의 마음을 다스리는 데에 도움을 주는 것은 '위로 깨달음을 구하고 아래로 중생을 구제한다'는 것으로 대승의 보살이 목표로 하는 '상구보리上求菩提 하화중생下化衆生'이라는 불교의 실천 원리에도 잘 맞는 일이다.

(2) 생명에 대한 마음의 성찰

현대인의 마음의 병은 점점 깊어져 일상의 스트레스에서 멈추는 것이 아니라 심각한 우울증이나 심지어는 자살에까지 이르고 있다. 생명경시의 풍조가 생겼다고 볼 수 있을 만큼 청소년 자살, 노인 자살 등이 늘어나고 있는데 이런 문제는 더 이상 사회 소외계층의 문제로 그치지 않는다. 이러한 상황에서 생명의 소중함과 자살로써 모든 것이 끝나지 않는다는 것에 대한 불교의 가르침을 더욱 널리 보급해야 할 필요가 있다. 자살하는 사람들은 대부분 현재의 괴로움을 탈피하기 위해서 스스로를 죽이는 것이지만 불교의 윤회사상에서 보면 그것으로 존재가 끝나는 것이 아니다. 부처님의 제자들 중에 부정관이라는 명상에 들었다가 삶의 허무함, 무의미함을 느껴 자살해 버린 경우가 있는데, 존재하지 않고자 하는 욕망도 또한 욕망이기 때문에, 그 욕망이 씨가 돼서 다음 생을 맞게 된다. 다음 존재가 계속될 뿐만 아니라 자살함으로써 5계 가운데 불상생의 계를 범했기 때문에 인과법因果法에 따라 내생에는 지금 상황보다 더 열악한 조건에 태어날 가능성이 많다.

(3) 생명 포기에 대한 불교적 대안

마음의 병으로 인해 스스로 생명을 버리는 일이 현대인들에게 빈번히 일어나고 있다. 그러나 더욱 심각한 것은 생명의 개념 자체가 크게 달라지고 있다는 점이다. 생명과학이 기술 및 지적 자본이 되고 생명복제, 인간배아복제, 체세포복제 등에 대한 규제 내지는 허용과 관련된 법안들이 나오고 안락사, 임신중절, 장기이식 등등의 문제들이 터져 나오면서 생명의 문제는 단순히 자연적인 생명과 생명의 존엄성이라는 기존의 가치에 머무르지 않고 자본, 산업, 이익이라는 경제적 개념들과 연관된다. 생명마저 이익 창출의 한 영역으로 자리매김 될 때 그에 대한 불교적 대안은 어떤 것이 될 수 있을까? 명상을 힐링 프로그램에 활용하여 그와 함께 템플스테이, 산사둘레길, 사찰음식 등의 여러 가지 불교 콘텐츠를 개발하여 활용하고 있지만 그러한 것들이 생명과 관련돼서 벌어지고 있는 여러 문제들에 대한 해결책에 과연 얼마만큼의 기여를 할 수 있는가를 생각해 보아야 할 것이다. 극도의 스트레스라는 현대의 위기상황에 대면해서 마음을 매개로 한 상업주의는 앞으로 더욱 거세질 것이다. 마음치유로서의 힐링 명상이 이러한 상업주의에 편승한 모양새가 돼서는 안 될 것이다. 다양한 콘텐츠의 개발을 위한 노력은 계속해야겠지만 중요한 것은 힐링 프로그램 참가자들이 불교 고유의 수행에 한 걸음 더 접근할 수 있는 방향으로 힐링 명상을 이끌어 가야 한다는 것이다. 서구에서 흔히 보듯이 명상에 대한 관심이 몸과 마음을 건강하게 한다는 실용적인 측면에서 그친다면 그것은 부처님의 가르침이 뜻하는 바가 아니며 또한 실용성에 있어서도 장기적으로는 별로 효과가 없을 것이다. 이상심리인 강박증과 우울증 등이 심리 치료나 힐링 명상을 통해 좋아졌다고 해서 병이 완전히 사라진 것은 아니다. 번뇌가 완전히 사라지지 않는 한 다시 드러날 수밖에 없고 따라서 병으로부터 자유롭기 위해서는 힐링 명상은 궁극적으로 수행으로 승화되어야 할 것이다. 몸과 마음의 진정한 평화는 마음을 속박하는 여러 가지 문제인 번뇌들로부터 자유로워졌을 때라야 얻을 수 있기 때문이다.

3
불교와 양성평등

1) 부처님과 여성

(1) 당대 인도 여성의 상황

고대 인도의 상황을 감안한다면 인간 평등사상에 입각한 부처님의 여성에 대한 태도는 극히 시대 초월적이었으며 선구적이었다. 고대 인도 문화는 다양한 문화적 요소들이 혼합된 가운데 우주 창조와 생산 활동의 중심으로서 여성성을 인정하는 전통도 있었던 것으로 보인다. 그러나 브라만 계급이 주도하는 가부장적 문화가 주류 전통을 형성하면서부터 여성은 심한 차별을 받게 되었다. 정결함과 부정함이라는 브라만교의 척도에 따라 카스트제도의 엄격한 위계질서가 확립되었고 여성의 지위는 최하 카스트인 수드라와 동일시되었다.

힌두교도들의 종교 생활 지침서라고 할 수 있는 『마누법전』에 따르면 여성은 본성적으로 불결하고 잠재적 위험성을 지닌 존재로서 의례 참여가 허용되지 않았고 신체적으로 약하며 성적으로는 쾌락적이고 감각적이라서 남성의 지배를 받아 마땅하다고 규정되어 남녀 간의 종속적인 관계가 제도화되고 관습화되었다. 월경하는 여성과 관련된 오염제거 의례, 처녀성 중시에 따른 조혼, 죽은 남편을 따라 죽는 화장제도 등이 모두 여성은 부정하다는 시각에서 비롯된 관습들로서 고대의 열악한 인도 여성의 지위를 보여 준다.

이런 관습과 제도가 부처님 당시에도 그대로 행해졌는지는 정확히 알 수 없으나 그럼에도 브라만교가 이미 정착된 때이므로 그때에 이미 인도 여성의 삶은 충분히 열악했을 것이라고 짐작할 수 있다. 실제로 여성 수행자들의 게송 모음집인 『장로니게』를 통해서도 많은 여성 수행자들이 가정과 사회의 핍박으로 고통스런 삶을 살다 불법을 만난 것을 알 수 있다.

아들만이 제사를 지낼 수 있는 것에서 비롯된 여아 살해, 신부지참금 제도 등과 함께 인도 여성의 고통을 상징하는 이러한 악습들은 오늘날 인도 여성의 삶에도 여전히 직·간접적으로 남아 있다.

(2) 최초의 여성 출가자

인도 여성이 당시에 처했던 억압적인 상황을 고려해 볼 때 부처님이 여성의 출가를 허락했다는 것은 당시로서는 상상할 수 없는 일이었다. 더 나아가 현대에 이르도록 가톨릭과 대부분의 개신교가 여성 사제를 인정하지 않고 있다는 사실을 상기해 볼 때 부처님이 기원전 6세기경에 이미 여성 출가를 허용한 것은 세계종교사에서 그 유례를 찾아볼 수 없는 일이다. 당시 불교와 일종의 경쟁 관계에 있던 자이나교에서도 여성의 출가를 인정하기는 했으나 그것은 일부 교파에 한정된 것이었다. 최초의 여성 출가수행자는 부처님의 양모인 마하빠자빠띠로서 부처님의 아버지인 숫도다나가 죽자 부처님에게 출가를 간청했다. 이에 부처님은 여성의 몸으로 출가하는 것이 당시에 사회적으로도 허락되지 않았을 뿐만 아니라 일정한 거처가 없이 탁발로 살아가는 수행자의 삶이 여성이 감당하기 힘든 상황에서 처음에는 출가를 허락하지 않았다. 결국 부처님의 사촌 동생이자 후반기의 부처님을 모셨던 아난다의 도움을 받아 출가가 이루어졌다. 계속 출가를 허락하지 않는 부처님에게 아난다는 "세존이시여, 여성은 아라한이 될 수 없습니까?"라고 질문했고, 이에 부처님은 "그렇지 않다. 계율과 법 안에서 수행의 삶을 살면 여성도 남성과 똑같이 아라한이 될 수 있다."라고 답함으로써 여성 출가에 대한 허락이 뒤따르게 된 것이다. 당시 상황에 대한 고려였다고 해석될 수 있는 비구니 스님들에게 주어진 특수한 여덟 가지 규칙(敬法)이 있기는 했지만 수계를 통해 마하빠자빠띠는 최초의 여성 출가자가 되었다. 뒤이은 샤꺄족 여성 500명의 출가로 기원전 6세기경에 최초의 여성 출가자 집단인 비구니 승단이 형성되었다.

(3) 부처님의 여성관

여성평등에 대한 부처님의 견해는 인간의 존엄성에 근거한 평등사상의 바탕 위에서 전개되었다고 할 수 있다.『숫따니빠따』에는 다음과 같은 유명한 구절이 나온다.

출생에 의해서 천한 사람이 되는 것이 아니며, 출생에 의해서 브라만이 되는 것도 아니다. 행위에 의해서 천한 사람이 되고, 행위에 의해서 브라만이 된다.

부처님은 브라만교의 웨다 경전에 근거한 카스트제도에 따른 계급 차별을 인정하지 않았으며 여성에 대한 성적 차별에 대해서도 원칙적으로 부정적이었다. 그러나 부처님은 세속의 현실 상황을 도외시하는 원론주의자는 아니었다. 원칙적으로 계급 차별, 성적 차별을 인정하지 않았으나 세속의 관행을 어지럽힐 정도로 원칙을 고수하지는 않았다. 당시 사회의 관습과 상황을 고려한 가운데 계급과 성에 따른 차별을 개선했다고 할 수 있다. 그러나 승단 내에서는 철저하게 계급 차별을 없앴으며 불법佛法의 진리와 관계될 때는 세속법에 양보하지 않았다. 출가 전의 카스트에 상관없이 승단 내에서 출가자들은 서로 좋은 벗이라는 평등한 관계에 있었으며, 출가를 허용받은 많은 여성들이 깨달음의 기회를 가질 수 있었고, 재가불자 가운데도 많은 아라한들이 나왔다는 사실 등은 세속의 신분, 성별, 승僧·속俗에 따른 차별이 불법 내에서는 아무런 의미가 없었다는 것을 말해 준다.

여성에 대한 배려에 있어서 부처님은 여성 재가자에 대한 배려도 잊지 않았다. 가정 내에서의 남편과 아내 사이의 관계에 대해서 부처님은 『시갈라 숫따(Sigala-sutta, 六方禮經)』에서 '신성한 가정생활'이라는 표현을 통해 종교적 사안 못지않게 부부관계가 중요함을 강조했다. 그 경전에 따르면 부부는 서로 신뢰하고 존경하며 헌신적이어야 하며 동시에 그에 걸맞은 의무를 지닌다. 남편은 아내의 명예를 지켜 주고 충분히 존중해 주어야 하며, 아내를 사랑하고 아내에게 충실해야 하며, 아내로서의 위치와 안락을 보장해 주어야 한다. 또 아내에게 의복과 보석을 선물하여 즐겁게 해 주어야 한다. 아내는 남편을 위해 가사를 감독하고 돌보고, 친척·친지·하인 등 주위 사람들을 잘 접대해야 하며, 남편을 사랑하고 남편에게 충실해야 하며, 남편의 수입을 잘 관리해야 하며, 모든 활동에서 현명하고 활기가 있어야 한다. 아내의 보석 선물 사는 일까지 챙기도록 한 부처님의 가르침은 오늘날의 젊은 부부들에게도 낯설지 않은 충고일 것이다. 이와 같이 오욕락五慾樂을 누리며 사는 재가자들의 삶에 대해서도 부처님은 많은 이해심을 보였다.

　부처님은 또한 여아 출생에 대해서도 당시의 편견과는 달리 축복을 내리고 있다. 왕비가 딸을 낳았다는 소식을 듣고 꼬살라의 빠세나디왕의 안색이 안 좋아지는 것을 보고 부처님은 딸이 아들보다 더 나은 자식이 될 수 있다고 말한다. 딸아이가 자라서 지혜와 덕을 갖춘 여성이 되어 시어머니를 잘 공경하고 남편에게 충실한 아내가 될 수 있으며, 그녀가 낳은 아들이 위대한 업적을 이루어 큰 나라의 통치자가 될 수도 있다는 것이다. 지금의 시각에서 보면 여성의 가치에 대한 특별한 인정을 하고 있는 것 같지 않은 이 말이 당시의 가부장적인 가치관에서는 매우 중요한 칭찬의 의미를 가진다. 마치 남성의 존재가 여성 없이 존립 가능한 것처럼 여성의 몸이 더럽고 순결하지 못하다는 온갖 부정적인 굴레를 씌워 함부로 여성을 비하하던 시대에 부처님은 아무리 위대한 왕이라 할지라도 여성의 몸에서 나왔다는 사실을 상기시킴으로써 왕보다 더 중요한 여성의 존엄성을 언급했던 것이다.

2) 여성 수행자들

(1) 여성 출가자들의 상황

최초의 비구니 승단은 앞에서 기원전 6세기경 부처님이 마하빠자빠띠의 출가와 그녀를 따라온 샤까족 여성 500명의 출가로 처음부터 상당히 큰 집단으로 출발했다. 이들 중 많은 여성 출가자들이 『장로니게長老尼偈(Therīgāthā)』를 통해서 자신들의 출가와 깨달음에 대한 게송을 후세에 전하고 있다. 비구들의 게송을 모은 『장로게長老偈(Theragāthā)』와 함께 『장로니게』는 대표적인 초기불교 문헌으로서 거기 나타난 비구니들의 생생한 삶의 이야기는 독자들에게 깊은 감동을 준다. '장로니'는 덕행이 높아 존경받는 여성 스님의 칭호이다. 세속에 머무르고 있을 때 여성들의 삶을 힘들게 했던 것은 주로 자식이나 가까운 친인척의 죽음, 또는 여러 여자와 남편을 공유함으로써 생기는 문제들인데, 아들을 낳지 못해서 자신의 지위를 박탈당한다든가 아름답지 못해서 남편으로부터 버림받고 집에서 쫓겨난다든가 하는 일들은 여러 여성 수행자들에게 공통적으로 나타나는 경험들이다. 그들의 고통은 자기들의 등을 굽게 만든 것이 "절구통, 절굿공이 그리고 포악한 남편의 세 가지"였다는 말에 잘 표현돼 있다. 자식이나 자신의 미모 이외에 여성의 가치를 인정받을 수 있는 다른 수단이 없었던 당시에는 이로 인한 여성들의 고통은 더욱 큰 것이었다. 다른 한편 그들의 불행한 삶은 역설적으로 부처님의 가르침을 깨닫는 데에 좋은 발판이 되어 삶의 최대 위기에서 부처님의 가르침을 접하게 된 많은 여성 수행자들이 자신들의 체험을 바탕으로 삶이 괴로움이라는 진리를 순식간에 깨닫는 것을 보게 된다.

(2) 깨달음의 평등성

여성 출가자들이 승단에 들어오면 그들은 세속의 카스트를 초월하여 '여래의 딸'로서 존재하게 된다. 남성 출가자들이 '여래의 아들'로서 사는 것처럼 그들도 세속의 삶을 청산하고 불법 안에 귀의하면서 평등한 인간으로서 다시 태어나는 것이다. 그러한 자각 아래 깨달음의 성취에 진력하여 그들은 자신들의 체험을 통하여 부처님의 가르침을 잘 이해한다.

무엇보다도 여성 출가자들은 '무아'의 가르침을 통해서 자신들이 가정과 사회에서 받았던 차별이 근거 없는 것임을 통찰한다. 『장로니게』와 마찬가지로 『비구니 상윳따』에는 여러 여성 수행자들의 게송이 실려 있는데, 그 가운데 특히 셀라와 소마의 게송은 남성 수행자 못지않은 높은 철학적 성찰을 보여 준다.

셀라의 게송에서 악마는 셀라에게 "이 인형을 누가 만들었는가?"라고 물음으로써 셀라에게 인간은 신이 만들었다는 브라만교 조물주의 개념을 주입시키고자 한다. 그러나 셀라는 이에 대해 인형, 곧 사람은 누가 만든 것이 아니라 조건 따라 생기는 것이라고 답함으로써 악마를 물리친다. '나'라는 존재는 오온의 조합에 지나지 않는 것으로 조건이 바뀌면 다시 사라질 것이라는 오온과 '무아'의 가르침으로 악마에 대처한 것이다. 소마의 경우에도 악마가 나타나 이번에는 여자에게는 '손가락 두 개의 지혜' 밖에 없는데 어떻게 성인의 지위에 오르느냐며 비웃는데, 이는 하찮은 가사일이나 하던 여자들이 어떻게 깨달음을 성취하며 아라한이 되겠느냐고 비웃은 것이다. 이에 대해 소마는 진리에 남녀의 차별이 있다면 여자는 얻을 수 없다고 하겠지만 진리에는 남녀의 차별이 없으니 어찌 여자는 성인이 될 수 없겠느냐며, 아라한이 되는 데에는 집중력과 지혜를 성취할 수 있는 능력이 요구될 뿐이라고 일갈한다. 악마의 남녀 차별적인 편견이 아무 근거가 없는 것임을 '무아'의 가르침으로 밝힌 것이다. '무아'의 가르침에 따르면 '나' 또는 '나의 것'이라고 하는 것은 실체가 없는 것으로서 우리의 어리석음이 만들어 낸 허상이므로 거기에 '여자'니 '남자'니 하는 것은 들어설 여지가 없다. 이렇게 논리정연한 소마의 대답에 악마가 할 수 있는 일이란 정체를 들킨 걸 깨닫고 낙담해서 사라지는 것뿐이었다.

셀라와 소마의 경우 모두 '무아'의 가르침을 바탕으로 실체가 없는 허깨비 인간에서 여자, 남자라는 정체성을 찾는 것이 허망한 일임을 밝힌 것이다. 부처님 당시에 이미 여성 수행자들은 부처님의 가르침에 근거하여 여성에 대한 차별이 전혀 근거가 없는 것임을 명확하게 인식하고 있었던 것이다.

(3) 다양한 여성 재가불자들

여성 출가수행자 외에도 우리는 경전을 통해 많은 여성 재가불자들의 활동을 볼 수 있다. 대표적인 예로 위싸카를 들 수 있는데, 그녀는 승단에 헌신적으로 보시하여 부처님으로부터 승단에 대한 공헌에 있어서 제일이라는 칭찬을 들었다. 그녀는 밧디야 대부호의 딸로서 일곱 살 때 이미 자기 집에 초청받아 오신 부처님의 설법을 듣고 예류과預流果의 깨달음을 얻었다고 할 정도로 좋은 근기를 가지고 있었다. 성장해서 사왓티의 부자 미가라의 아들과 결혼했는데 시아버지 미가라는 나체 고행자들의 추종자였다. 그러나 며느리인 위싸카의 교화로 부처님의 설법을 듣고 귀의했으며 위싸카를 통해 깨달음의 4단계 중 첫 번째인 예류과預流果를 얻었기 때문에 자기의 어머니에게 하는 것처럼 깍듯한 예로써 위싸카를 대했다. 이 때문에 그녀는 '미가라의 어머니(鹿母)'라고 불렸다. 위싸카는 시집올 때 가져온 값비싼 옷을 팔아 유명한 동원東園을 지어 부처님께 보시했다. 이곳은 나중에 녹모鹿母강당이라고 불렸다.

여성 재가불자들의 신분은 꼬살라국 빠세나디왕의 말리까 왕비 및 꼬삼비국 사마와띠 왕비 등의 왕비로부터 웨살리의 유명한 왕실 기녀로서 망고나무 숲을 보시한 암바빨리와 사마와띠 왕비의 노비였던 쿠줏타라에 이르기까지 다양한 계급의 출신들을 포함하고 있다. 이 가운데 부처님에 의해서 지혜 제일로 언급된 쿠줏타라는 꼬삼비국 사마와띠 왕비의 꽃 시중을 드는 노비였다. 그녀는 꽃가게에서 부처님을 친견하고 법을 들은 즉시 깨달음을 얻어 성자의 반열인 예류과에 들었다. 그리고 사마와띠 왕비와 500 궁녀들 앞에서 불법을 설하여 왕비와 궁녀들도 모두 깨달음을 얻어 성자가 되었다. 여성 노비가 왕비에게까지 설법하고 제도하였다는 것은 진리 안에서는 완전한 평등이 이루어졌다는 것을 의미한다. 불법佛法의 세계에서는 카스트의 신분 차별과 남녀의 차별은 물론 출가자와 재가자의 차별마저 없어져 깨달음과 설법이 남성만의 것도 아니고 출가자만의 몫도 아니었음을 쿠줏타라의 예가 보여 주고 있다.

(4) 현대 비구니 승단의 불평등

부처님 당시에 성립됐던 비구니 승단은 이후 동남아시아의 국가들과 스리랑카에 전해진 테라와다 불교에 와서 그 맥이 끊어지게 되었다. 스리랑카의 경우 11세기경에 이미 비구니 승단은 소멸되었다고 한다. 그 후 수계를 줄 수 있는 비구니가 없기 때문에 적법한 비구니가 나올 수 없는 안타까운 상황이 최근까지 계속되었다. 다른 동남아시아 국가들의 경우 출가하여 공동생활을 하는 수행자는 있으나 비구니 수계를 받지 않았다고 해서 이들은 매치(Mae Chi)라고 불리며 정식 비구니로 인정받지 못하고 사회적 지위도 매우 낮다.

그러나 최근 비구니 교단의 재건에 대한 주장이 일어나 1996년 스리랑카 여성들이 인도 사르나트에서 인도의 마하보디 소사이어티 소속의 한국 비구니 스님들로부터 비구니계를 받고 돌아가 스스로 비구니 교단을 세웠으며, 대만 스님들도 이들에게 수계를 해 주고 있다. 2009년에는 호주의 비구가 두 명의 태국 여성에게 비구니 수계를 행한 것이 큰 파문을 일으키기도 했다.

이미 부처님 생존 당시부터 존재했던 비구니 승단이 동남아의 불교 국가들에 존재하지 않는다는 것은 참으로 애석한 일이 아닐 수 없다. 비구 승단과 재가불자들이 비구니 승단을 다시 재건할 의지만 있다면 구족계를 줄 수 있는 여건은 어렵지 않게 조성할 수 있을 것이다. 테라와다의 남방불교 전통과 대승의 북방불교 전통이 같지 않아서 북방불교의 비구니들로부터 계를 받는 것을 인정하지 못하겠다는 것은 불교 내의 화합을 깨뜨리는 것으로, 화합을 매우 중요시하는 계율 정신에도 맞지 않는 것이다. 열반의 순간에조차 한 명이라도 더 가르쳐서 구제하고자 했던 부처님의 자비심을 다시 한 번 상기할 필요가 있다.

3) 불교와 젠더

부처님이 깨달음을 얻기 전에 수행자 고따마에게 공양을 바침으로써 훗날의 부처님께 제일 먼저 귀의한 여성이 있다. 우루웰라 근처에 살던 수자따는 보리수나무의 신에게 기도를 올리면서 만일 자신이 아들을 낳게 되면 공양을 올리겠다고 약속한다. 소원이 이루어져 아들을 낳은 그녀는 나무 아래 앉아 있던 고따마를 사람으로 현신한 나무의 신이라고 생각하고 우유죽을 올린다. 우유죽을 들고 원기를 회복한 고따마는 곧바로 명상에 들어가 깨달음을 얻었다. 부처님의 출현에 수자따의 우유죽 공양이 큰 역할을 한 것이다. 모든 공양 중에서 수자따가 올린 공양이 가장 공덕이 크다고 경전은 말한다.

이와 같이 나무의 신에게 기도를 올리며 고따마를 나무의 신으로 생각한 수자따는 생명 평등의 시각에서 보면 생명에 대한 감수성이 매우 높은 고귀한 여성으로 평가된다. 생명 평등의 관점에서 보면 인간의 역사에 있어서 그동안 평가절하됐던 많은 신화적 요소들이 새로운 의미와 함께 제자리를 찾게 될 것이다. 과거의 일뿐만이 아니라 오늘을 사는 우리에게도 생명 평등의 시각은 새로운 가치관의 척도를 제공할 것이며, 그런 척도가 우리 사회에서 제대로 기능하게 된다면 긴 안목에서 볼 때 인간의 삶은 지금보다 더 나아질 것이라고 예견할 수 있다.

(1) 경전 속의 부정적인 여성관

방대한 불교 경전들 가운데는 여성 경시의 교리를 담고 있는 문헌들도 있다. 여성에 대한 부정적인 시각을 보여 주는 대표적인 교리로는

'팔경법八敬法', '여인오장설女人五障說', '변성남자성불설變成男子成佛說'
이 있다.

'팔경법'은 마하빠자빠띠가 출가할 때 처음 언급된 것으로서 비구니를 비구의 보호 아래 종속적인 관계에 놓이도록 만든 규칙이다. 물론 이는 앞에서도 말한 바와 같이 당시 출가 생활의 여러 가지 어려움에 대한 배려로서 해석될 수 있다. 일부 학자들은 이 팔경법이 부처님의 인간 평등사상과 모순된 것이기에 후대에 의도적으로 삽입된 것이라고 주장하기도 한다.

'여인오장설女人五障說'은 여성에게는 전륜성왕, 제석천, 마왕, 범천, '부처님의 몸(佛身)'이 될 수 없는 다섯 가지 장애가 있다는 것이다. 그 연장선에서 여성은 부처가 될 수 없다는 '여인불성불女人不成佛'의 교리가 나온 것으로 보인다. '여인불성불설'이 브라만교의 『마누법전』에 보이는 여성 차별적 시각으로부터 영향을 받은 것이라는 견해도 있다. 부파불교 시대에 나온 것으로 여겨지고 있는 '여인불성불'의 교리는 계율과 법을 따르면 여성도 부처가 될 수 있다는 가르침에 어긋난 것이다.

이러한 모순은 대승불교 초기에 이르러 '변성성불론(變成男子成佛說)'의 교리가 성립되는 결정적인 계기를 마련해 주었다. 이에 따르면 여성도 부처가 될 수는 있으나 여성의 몸을 남자의 몸으로 바꿈으로써 비로소 부처가 될 수 있다는 것이다. 여성의 몸 그대로 성불할 수 있다는 즉 신성불사상卽身成佛思想은 대승 중기 시기가 돼서야 비로소 보인다. 여인오장설, 여인불성불, 변성성불설 등의 교리는 정도의 차이는 있지만 모두 여성의 몸으로는 성불할 수 없다는 여성 차별적인 사상을 보이는 것으로서 부처님의 가르침과는 맞지 않는다.

여기서 알 수 있는 바와 같이 방대한 불교 경전의 가르침들 사이에 모순이 일어나는 경우가 있는데, 그럴 때는 보다 근본적인 가르침에 근거해서 판단을 해야 한다. 보다 근본적인 가르침이란 사성제, 삼법인, 오온, 십이연기 등의 사상이다. 남성과 여성의 차별을 말하는 것은 앞의 『비구니 상윳따』의 셀라와 소마의 게송을 통해 보았듯이 삼법인 가운데 무아사상에 어긋나는 것이다. 셀라와 소마가 분명하게 악마에게 보여 주었듯이 '나'라는 것을 어디에서도 찾을 수가 없는데 거기에 남자니 여자니 하는 구별은 있을 수가 없으며, 여자는 못 깨닫는다는 것은 더욱이나 근거를 찾을 수 없는 주장이다.

(2) 대승불교의 양성평등

부처님을 따르는 제자들은 출가자와 재가자 모두에 있어서 남녀를 인정하므로 불제자는 비구와 비구니, 우바새와 우바이의 사부대중으로 이루어진다. 그런 점에서 불교는 출발부터 양성평등의 종교였으며, 더 나아가서 출가자와 재가자의 구분에 있어서도 깨달음이라는 궁극의 목표 앞에서는 차별이 없었다. 『유마경』에서는 재가불자인 유마 거사가 '불가사의 해탈'을 이루어 오히려 부처님의 제자인 출가수행자들의 잘못된 견해를 바로 잡아 준다.

또 같은 『유마경』의 「관중생품」에서는 한 천녀가 몸을 나타내 여러 보살들과 큰 제자들에게 하늘 꽃을 뿌리는데, 큰 제자들이 신통력으로 몸에 붙은 꽃을 떼어 내려 애쓰자, 천녀는 사리뿟따에게, 꽃은 아무런 분별을 하지 않는데 사리뿟따 스스로가 분별하는 마음을 일으킨 것이라고 하며, 부처님의 법에 출가하고서도 분별을 낸다면 그것이 바로 법답지 못한 것이라고 꾸짖는다. 사리뿟따가 천녀의 법문을 듣고 왜 여인의 몸을 남자로 바꾸지 않느냐고 묻자 천녀는 마술사가 마술로 만든 '허깨비 여자'에게 왜 몸을 바꾸지 않느냐고 묻는 것이 올바르지 않은 것처럼, 모든 법은 원래 남자도 아니고 여자도 아니라고 일갈한다. 허깨비같이 실체가 없는 우리 몸에서 남성·여성을 찾는다는 것은 얼마나 어리석은 일인가. 이 밖에도 『수능엄삼매경』에서는 모든 법이 한맛(一味)의 법성法性이라는 것에 근거해서 이것은 남자, 이것은 여자라고 하는 것이 모두 전도된 생각이라고 한다.

위에서 본 바와 같이 대승이 확립된 이후에는 남녀를 분별한다든지 여성의 몸을 바꾼다든지 하는 생각은 분명하게 그릇된 망상으로 규정되는 것을 볼 수 있다. 그에 대한 근거로는 허깨비 같은 '존재'에 본래의 성질이 없다는 것, 공空하다는 것이 제시되었으며 이를 통해 남·녀라는 것이 아예 실체가 없음을 밝혀 양성평등을 구현했다.

(3) 대승불교의 생명 평등

중기 대승 경전 가운데 『승만경』에서는 여성 재가불자가 설법자로 등장한다. 꼬살라국 빠세나디왕의 딸로서 아유타국의 왕비가 된 승만부인은 부처님으로부터 미래에 성불하리라는 수기를 받고 감사의 마음에서 불법을 잘 수지하겠다는 서원을 세운 후 모든 사람이 다 깨달을 수 있다는 자신의 생각에 대해 말한다. 『승만경』은 설법의 주체가 결혼한 여성 재가자라는 것, 그녀의 설법에 대해 사자후獅子吼라는, 부처님과 사리뿟따의 법문에만 쓰이던 극존칭의 명칭을 부여했다는 점, 그리고 그녀가 성불하리라는 수기를 받을 때 함께 있던 수많은 천신과 사람들이 그 나라에 왕생하기를 기원하자 부처님이 그들에게 반드시 왕생할 것이라고 예언함으로써 일체중생의 구제를 말하고 있다는 점에서 매우 중요한 경전이다. 나아가서 승만부인을 통해 설해지는 여래장사상은 모든 중생에게 불성이 있다고 함으로써 양성평등을 넘어서 모든 생명의 평등을 말하고 있다.

대승을 대표한다고 할 수 있는 『화엄경』에는 "하나의 털구멍 속에 수없이 많은 국토와 바다가 있고, 그 각각에는 여래가 보살들과 함께 앉아 계신다."라는 구절이 있는데, 이것은 다시 '하나가 전체이고, 전체가 하나'라는 말로 요약된다. 또 인드라망網이라는 제석천궁을 둘러싸고 있다는 보물은 그물코마다 달린 구슬이 서로를 비추게 되고 이렇게 비친 구슬이 또 다른 구슬에 비침으로써 비춤의 세계가 무한히 확장되어 화엄의 '중중무진重重無盡' 세계가 된다고 한다. 이와 마찬가지로 존재하는 모든 것은 자기 이외의 다른 것들과 수많은 관계 속에 있다. 여성의 존재는 남성과의 대립 또는 상호 이해라는 이원적인 관계에만 있는 것이 아니라 인간 이외의 다른 존재들과도 무수한 관계를 가지며 다차원적인 관계 속에 있다. 화엄의 세계에서는 남성과 여성이라는 구별이 없을 뿐만 아니라 모든 개체 사이의 구별 또한 무의미해진다. 거기에서 각각의 존재는 다른 존재와의 관계 속에서 유지되는 것으로 혼자만의 생존이란 불가능하다. 여성운동도 생명 여성주의라는 개념의 등장과 함께 이러한 화엄의 세계에 대한 인식으로 그 관점이 확장된 것으로 보인다.

양성평등을 넘어서 생명 평등의 관점에서 중생 구제를 선양하는 경전이 있다. 바로 보녀라는 이름을 가진 보살에 대한 『보녀소문경寶女所問經』인데 거기서 사리뿟따는 부처님에게 "이 보녀는 무슨 죄를 지었기에 여인의 몸을 받았습니까?"라고 묻는다. 이에 대해 부처님은 "보살은 무슨 죄가 있어서 여인의 몸을 받는 것이 아니라 지혜의 신통과 착한 방편을 지녀 성스럽고 현명하기 때문에 일부러 여인의 몸을 나타내어 중생을 교화하는 것"이라고 답한다. 중생 제도를 위해서 보녀는 오히려 적극적으로 여인의 몸을 받는다는 것이다. 또한 사리뿟따가 자신은 남자의 몸도 좋아하지 않는데 하물며 여자의 몸을 받아서 중생 구제를 하겠느냐며 여자로 태어날 생각은 전혀 없다고 말하자 보녀는 이에 대해 부처님의 가르침을 듣고 깨닫는 성문聲聞들은 더럽게 여기고 싫어하는 것을 보살은 조금도 근심하지 않는다고 하며 몸을 받는 것, 생사에 허덕이는 것, 대중의 모임에 함께하는 것 등을 성문은 싫어하지만 보살은 아무 근심 없이 받아들이며 심지어 모든 중생의 번뇌까지도 기꺼이 받아들인다고 말한다.

불교를 여성운동의 관점에서 생각해 본다면 최근의 화두로 떠오른 생명 여성주의와 그 맥이 닿아 있다고 할 수 있다. 여성운동은 그동안 다양한 방향으로 펼쳐져 '여성 중심의 여성주의', 사회문화적 성을 말하는 '젠더 여성주의', 여성과 자연 대 남성과 문명이라는 보다 큰 대립 구도를 설정한 '생태 여성주의' 등의 시도가 있었다. 여기에 최근에는 모든 생명이 하나로 연결돼 있음을 보려고 하는 '생명 여성주의'의 시각이 대두되었다.

생명 상호 간의 소통을 강조하는 생명 여성주의에 대해서 화엄학의 가르침은 풍부한 이론적 바탕을 제공할 수 있다. 화엄의 중중무진의 연기사상은 세계와 내가 동체同體이며, 나와 다른 생명이 하나로 연결돼 있다고 말한다. 생명 여성주의에서는 '생명적 감수성'이 강조되는데 이는 생명을 지닌 모든 것에 대한 배려와 보살핌을 말한다. 생명적 감수성을 가지고 세계를 바라보게 되면 남성과 여성의 대립은 물론 인간과 인간 아닌 생명체들 사이의 대립도 무너진다. 생명이 중심이 될 때 모든 생명체는 평등하다. 생명 평등의 시각은 공간적인 세계뿐만 아니라 시간적인 세계의 범위도 확장시킨다. 인류 역사에서 그 의미가 거의 상실된 신화적인 요소들도 새로운 의미로 되살아날 수 있다.

(4) 생명 평등과 낙태 문제

낙태가 현대 사회의 중요한 문제로 떠오르고 있다. 태아에 대해서 가장 많이 염려하는 사람이 태아의 어머니인 여성 자신임에도 불구하고 마치 여성의 생존권과 태아의 생존권이 대립돼 있는 것 같은 양상을 보이기도 한다. 불교에서는 수정되는 순간부터 한 생명체가 시작된다고 본다. 정자와 난자와 식識의 세 가지 조건이 만나 한 생명체를 이루는데 정자와 난자가 태아의 몸을 형성하고 식은 태아의 정신이 된다. 불교의 5계 가운데 첫 번째에 해당되는 불살생계는 모든 생명체를 죽이지 말라는 것으로, 여기에는 물론 수정된 생명체도 포함될 것이다. 살생은 그에 따른 결과를 산출한다는 인과법에 따라 상응하는 결과가 뒤따른다. 산모의 자율권 및 생존권을 존중해서 태아의 생존권을 여성 자신에게 맡겨야 한다고 주장하는 쪽과 생명의 우선권을 따라 이미 수정된 생명에 대해서 낙태란 살생의 문제로 봐야 한다는 시각도 있다. 기본적으로 불교 역시 불살생을 최우선으로 한다. 그러나 복잡한 사회적인 분위기와 오늘날 우리 사회가 당면하고 있는 여러 가지 문제점들은 하나하나가 고립된 것이 아니라 서로 연결된 문제들이다. 비록 불교에서 불살생이 가장 중시된다고 하지만, 불교는 고통과 그 해결만을 말한다고도 한다. 산모의 고통이 낙태보다 출산에서 더 크다면 우리는 불살생만을 들어서 이를 고정지을 수 없다. 불교에는 이렇게 두 가지 상반된 견해가 있을 수 있다.

마치 십이연기의 어느 고리를 끊더라도 윤회의 사슬이 끊어지는 것처럼 이렇게 연결된 문제에 있어서 어느 하나를 개선하면 나머지 문제들도 개선될 여지가 생긴다. 생존권 투쟁, 반전반핵운동, 최저생활 보장에 대한 요구, 여성운동, 평화통일운동 등 현재 진행되고 있는 여러 문제들을 함께 공존하는 길을 찾는 생명운동의 큰 틀에서 접근하면 느리지만 해결의 문이 열릴 수 있을 것이다. 모든 생명체는 서로 연결된 것이기 때문에 나만의 생존과 번영이란 긴 안목에서 볼 때 가능하지 않다. 어항 속에서 물고기 하나가 죽으면 곧 죽은 물고기에 의해서 오염된 물로 나머지 물고기들도 모두 죽는다. 그 범위가 어항이 됐든 지구가 됐든 아니면 우주 전체가 됐든 혼자만의 생존은 가능하지 않다. 내가 살기 위해 남을 살려야 하는데, 왜냐하면 화엄의 중중무진의 가르침이 말하는 것처럼 하나가 다른 하나와 연결돼 있고 또 모두와 연결돼 있기 때문이다. 공존의 삶에서 여자, 남자, 인간, 인간 아닌 것들 사이의 모든 차별은 그 의미를 잃고 생명이라는 기준 아래 모든 생명체는 평등한 가치를 지닌다.

4
불교와 경제 활동

매슬로(A.H. Maslow)는 인간의 욕구를 5단계로 구분하였다. 생리적 욕구, 안전의 욕구, 사회적·애정적 욕구, 존경의 욕구, 자아실현의 욕구 등이 그것이다. 이중에서 인간이 살아가는 데 가장 기본적인 욕구는 의·식·주 등 생명을 유지하기 위한 '생리적 욕구'라고 할 수 있다. 이러한 인간의 가장 기본적인 생리적 욕구를 해결하기 위한 제반 활동을 '경제 활동'이라고 할 수 있다.

인류가 지구상에 등장한 이래, 이러한 경제 활동은 끊임없이 이어져 왔다. 크게 보면, 선사시대의 수렵·채취 활동, 농업혁명 이후의 다양한 제1차 산업 활동, 산업혁명을 겪으면서 촉발된 제2차 산업 활동 등이 있고, 작게 보면, 하루하루 일상생활을 영위하면서 형성되는 수많은 경제 활동 등이 있다. 현대에 이르러도 이러한 인류의 활동은 지구촌 어디에서든 일상적으로 이루어지고 있는 것을 볼 수 있다.

문제는 이러한 현대 사회의 경제 활동에 심각한 부작용이 점차 드러나고 있다는 점이다. 노사 문제, 환경 문제, 노인 문제 등이 그것인데, 생각해 보면, 이러한 사회 문제들의 대부분은 경제 문제와 밀접하게 관련되어 있음을 알 수 있다. 예를 들면, 노사 문제는 그 핵심이 임금의 문제라고 할 수 있고, 환경 문제는 환경 정화를 위해서 사용할 비용의 문제이며, 노인 문제는 소득 부족의 문제라고 할 수 있다.

경제 활동은 단순히 생리적 욕구를 해소하기 위한 활동에 국한되지 않는다. 그보다는, 사회 문제를 극복하기 위한 중요한 도구가 되는 셈이다. 경제 활동은 소위 '희소성稀少性의 문제'를 극복하기 위한 선택의 과정이라고 할 수 있다. 좀 더 구체적으로 말하면, '무엇을 생산할 것인가?' '어떻게 소비할 것인가?' '얼마나 골고루 나누어 줄 것인가?' 등이 경제 활동의 기본적인 문제라고 할 수 있다.

불교 경전에는 물론 현대인들만이 겪고 있는 독특한 경제 문제 혹은 사회 문제에 대한 직접적인 언급은 없다. 하지만, 인류가 등장한 이래 잠시도 멈춤 없이 이루어진 보편적인 경제 활동에 대한 수많은 지혜의 말씀이 여기저기에 적혀 있다. 불교 경전에 담긴 깊은 뜻을 음미하여 오늘날 우리가 겪고 있는 경제·사회 문제에 응용하여 적용해 본다면, 우리의 삶이 훨씬 윤택해질 것이다.

모든 경제 활동의 기본이 되는 '노동' 개념이 불교에서는 어떻게 이해되고 있는지, 현대경제학에서 중요하게 논의되고 있는 생산론·소비론·분배론 등 각각의 주제에 대해서 불교가 어떠한 입장을 취하는지를 살펴보는 일은 불교를 이해하는 데 많은 도움이 된다. 불교 경전에 담긴 부처님의 말씀을 통해서 현대인의 생활과 밀접한 관련이 있는 경제 활동의 지혜를 탐색해 보자.

1) 불교의 노동관

'노동'이란, 일반적으로 말해서, '인간이 자신의 생활을 유지하거나 자신을 실현시키기 위해서 신체적·정신적 힘을 자연에 작용시켜 인간 생활에 적합한 형태로 변화시키는 활동'이라고 정의할 수 있다. 불교 용어 중에는 업業(karma)이 가장 비슷한 말인데, 'kr'라는 어근에는 '하다, 만들다, 생산하다, 준비하다, 완수하다' 등의 뜻이 있고, 'karma'에는 '행위, 행동, 일, 활동, 작업, 가업' 등의 의미가 있다.

오늘날 노동은 인간의 본질적인 능력을 대상으로 하는 원래의 의미를 상실한 채, 교환가치 또는 화폐가치를 지닌 하나의 상품으로서의 임금노동으로 전락한 측면이 있다. 불교에서는 노동에 관한 독특한 의미들을 발견할 수 있는데, 이러한 불교적인 관점이 오늘날 '노동의 위기'를 해결하는 데 적지 않은 기여를 할 수 있을 것으로 기대한다. 불교에서 바라본 노동의 세 가지 의미에 대해서 살펴보자.

첫째, 노동에는 경제적인 의미가 있다. 노동은 경제학의 생산론에서 토지, 자본과 함께 '생산의 3요소'로 알려져 있다. 노동은 재화의 획득과 증식이라고 하는 경제적인 의미가 가장 기본이라고 할 수 있다. 불교 경전에도 이러한 노동의 경제적인 의미를 분명하게 말씀하고 있는 내용이 여러 곳에서 발견되는데, 거기에는 재화의 획득과 증식을 위한 수단으로서의 노동의 의미가 자세히 밝혀져 있다. 그런데 현대 사회에서는 노동의 경제적 의미가 '지나치게 부풀려져 있다'는 데에 문제의 심각성이 있다고 할 수 있다. 힘들고, 위험하고, 더러운, 이른바 3D 업종은 기피 대상이 된 지 오래됐고, 노동 자체가 이제는 고역苦役으로 인식되어 있다. 이렇게 된 원인으로는 노동하는 사람에 대한 배려는 없어지고 분업화·기계화·대량화로 인한 생산성 향상만을 추구해 온 것이 가장 크지 않을까 한다.

『장아함경』에 보면, 재화의 획득과 증식을 위해서 단순한 육체적 힘만으로는 만족스러운 결과를 얻을 수 없으므로 먼저 자기가 원하는 직업에 필요한 지식과 기술을 습득할 것을 말씀한다. 『자따까』의 내용 가운데에는, "'스스로 가진 것이 있었기에 나는 기술을 배우지 않았다. 기술을 배우지 않은 사람의 생활이 이렇게 비참하구나.' 하며 뒤에 후회한다."는 기록도 보이고 있다. 또한, 기술을 익힌 후에는 자신의 업무에 힘써야 하는데, 그때에는 꿀벌이 꿀을 채취하듯 열심히 노력해야 한다고 한다. 이처럼 불교에서는 노동의 경제적 의미에 대해서 상당히 긍정적인 평가를 하고 있다. 노동의 경제적 의의는 아무리 강조해도 지나치지 않겠지만, 이 경제적 의미에만 너무 집착할 때 오히려 인간의 진정한 행복이 파괴된다는 점을 기억할 필요가 있다.

둘째, 노동에는 사회적인 의미가 있다. 인간의 노동은 개별적으로 고립 분산되어 행해지는 것이 아니라, 사회생활 가운데서 여러 개체적 노동과 유기적인 관련을 갖고 수행된다. 노동은 항상 분업과 협업으로 이루어진다는 점에서 노동 자체가 이미 사회성을 띠고 있다고 보아야 할 것이다. 그럼에도, 우리는 노동의 사회성을 망각한 채, 노동을 통해서 '개인적인 이익만을 추구'하는 데에 문제가 있다. 그 결과 우리 사회에는 결과만을 강조한 편의주의가 만연해 있다. 물론 사람들은 여전히 도덕성을 부르짖고 있다. 하지만, 그것 역시 일종의 편의주의에 불과하다. 그것을 주장하는 것이 자기 이익에 도움이 되기 때문이다. 이제는 자기 이익이 일종의 사회적 가치가 되어 버렸고, 우리 사회를 지배하는 편견이 되어 버렸다.

『세계 자본주의의 위기』에서 소로스는 오늘날 노동의 사회성이 망각된 모습을 냉정하게 성찰하고 있다. 이 점과 관련해서, 부처님께서 "자신과 남의 행복을 함께 도모하는 사람이 이 세상에서 가장 훌륭한 사람이다."라고 하신 말씀을 깊이 되새겨 볼 필요가 있다. 또한, 재산과 먹을 것이 풍족한 사람이 혼자서만 독식하는 것은 파멸의 문이라고 경계하신 말씀도 있는데, 이 말씀도 함께 음미해 볼 필요가 있다.

불교에서는 우리가 입고 있는 여러 은혜를 흔히 부모은父母恩, 중생은衆生恩, 국왕은國王恩, 삼보은三寶恩 등 사은四恩으로 보고, 이러한 은혜에 보답할 것을 강조한다. 이러한 관점에서 보면, 노동은 우리가 받고 있는 수많은 은혜에 보답하는 행동이라고도 할 수 있다. 은혜에 보답하는 노동을 통하여 인간공동체는 더욱 견고해질 것이다. 노동은 공동체 사회를 유지하는 원천이 되는 것이다.

셋째, 노동에는 종교적인 의미가 있다. 땀 흘리는 노동 현장과 같은 우리의 구체적인 삶의 현장 속에 거룩한 종교적인 이상이 담겨 있다는 생각은 여간해서 갖기 힘들 것이다. 그러나 이것은 진실이며, 진실을 추구하는 사람들에게 이러한 사고방식은 공유되고 있다. 불교에서도 초기불교와 대승불교를 막론하고 이러한 사유가 널리 퍼져 있다. 먼저, 인도 시성詩聖 타고르의 『기탄잘리』에 있는 노래를 음미해 보자.

해탈이라고요? 해탈이 어디에 있다는 말입니까? 우리의 주는 창조의 속박을 스스로 기꺼이 떠맡고 계십니다. 그분은 영원히 우리 전체와 맺어져 있습니다.

명상에서 빠져나와 꽃도 향도 내버려 두시지요! 당신의 옷이 더럽혀지고 갈가리 찢긴들 무슨 해로움이 있겠습니까? 당신 이마의 땀과 노역

속에 그분을 만나서 그분 곁에 서십시오.

사실 부처님은 이보다 훨씬 이전에 이와 같은 진실을 말씀하였다. 그분은 불교의 궁극적인 열반을 제시하였지만, 현재열반(現法涅槃)이란 말이 시사하듯이, 열반은 현재의 이 세상을 떠난 저 먼 피안의 영역에 속해 있지 않다. 열반은 현실에 그 기반을 두고 있는 것이다. 그래서 나가르주나 보살은 열반과 세간 사이에는 털끝만큼의 차별도 없다고 주장하였던 것이다.

대승불교 경전인 『화엄경』에 보면, 여기에서 한걸음 더 나아가, 노동은 말할 것도 없고 심지어 일상적인 생활 속에서도 수행의 정신과 자세를 견지해야 한다고 하는 더욱 철저한 입장을 취하고 있다. 그리고 이러한 대승불교의 정신은 '하루 일하지 않으면 하루 먹지 않는다(一日不作 一日不食)'는 백장의 청규라든가, 백용성 스님의 선농일치禪農一致 운동으로 이어지고 있는 것을 볼 수 있다.

2) 불교의 생산론

경제학에서 말하는 '생산生産'이란 인간의 욕망을 충족시켜 주는 재화와 서비스를 만들어 내어 사회적인 효용을 증대시키는 행위를 의미한다. 불교적인 관점에서 볼 때에도, 이와 같은 의미는 크게 다르지 않다. 다만, 불교 경전에 나타나는 특이한 점을 들라고 한다면, 생산의 '개념'을 보다 넓게 보고 있다는 점, '윤리'적인 측면을 특히 강조한다는 점, '기술'의 중요성을 강조하는 점 등을 들 수 있다.

첫째, 생산의 '개념'을 넓게 본다는 점에 대해서 생각해 보자. 원래, 경제학의 고전학파에 의하면, 생산은 노동의 가치를 중시하여 생산적 노동을 농업과 공업에 한정시키고 상업노동은 비생산적인 노동으로 분류하였다. 그러나 불교 경전에 따르면, 상업 활동 등도 농업노동과 같은 범주로 인정하고 있고, 나아가 수도 생활도 물질적인 생산 활동과 다름이 없는 정신노동으로 보는 획기적인 견해가 존재한다.

부처님 당시에는 농업, 목축업 등은 물론이고 대도시를 중심으로 상업, 수공업 등 교환경제가 두드러지게 활발하였다. 그리하여, 직업씨족(craft-clan)이라고 부를 수 있는 분업화된 경제 체제가 이미 형성되어 있었다. 부처님은 이러한 인도 사회의 기존 경제 체제를 세간의 일로서 그대로 인정하였는데, 이런 상황에서 부처님은 상업노동과 생산노동을 대비하여 아래와 같이 말씀하고 있다.

일이 많아 맡은 일이 많고 노력이 많이 드는 업무와, 일이 적어 맡은 일이 적고 노력이 적게 드는 업무가 있다. 전자는 경작이고 후자는 상업인데, 실행하면 위대한 과보를 얻게 되지만, 행하지 않으면 위대한 과보가 얻어지지 않는다.

이와 같이 초기불교 경전에서는 경작을 하는 농업과 상업이 같은 효용을 내는 생산 활동으로 평가되고 있는 것을 볼 수 있다. 여기에다 부처님은 농업과 상업뿐만 아니라 수공업이나 목축업 등 모든 상업 분야를 사회적 토대로서 중시하였다. 특히, 교통로를 강조하기도 하였는데, 이는 인도 농촌 사회의 고립성과 폐쇄성을 타파함으로써 상공업자들이 활동 범위를 확장하려던 상황과 함께 이해할 수 있다.

또한, 초기불교 경전인 『숫따니빠따』에 의하면, 수행자들의 수도 생활을 정신적인 노동으로 보는 견해가 등장한다. 바라드바자라고 하는 브라만이 자기들은 밭을 갈아 생활해 가는데 사문들은 아무 일도 하지 않고 단지 시여施輿에 의해서 살아가고 있는 것에 대해 비난한 일이 있었다. 이에 대해서 부처님께서는 다음과 같이 수행에 필요한 여러 가지 요소들을 농업 활동에 비유하여 대답하였다.

"믿음은 종자요, 고행은 비이며, 지혜는 내 멍에와 호미, 부끄러움은 괭이자루, 의지는 잡아매는 줄, 생각은 내 호미날과 작대기입니다."
"몸을 근신하고 말을 조심하며, 음식을 절제하여 과식하지 않습니다. 나는 진실을 김매는 일로 삼고 있습니다. 유화柔和가 내 멍에를 떼어 놓습니다."
"노력은 내 황소이므로 나를 안온의 경지로 실어다 줍니다. 물러남이 없이 앞으로 나아가 그곳에 이르면 근심 걱정이 사라집니다."
"이 밭갈이는 이렇게 해서 이루어지고 단 이슬의 과보를 가져옵니다. 이런 농사를 지으면 온갖 고뇌에서 풀려나게 됩니다."

이 글에서, 수행이 밭을 갈고 씨를 뿌리는 생산노동과 별반 다르지 않은 정신노동이라는 점을 강조하고 있다. 그래서 수도 생활 자체가 사회적 생산 행위의 한 분야임을 강조하여 출가 승단이 비생산적인 소비 집단이라는 비난에 대해 그 도덕적 정당성을 제공해 주는 것을 볼 수 있다. 동시에 이 말씀은 생산노동이 수행자의 수행 활동처럼 신성하고 고귀하다는 의미를 내포한 것으로도 해석할 수 있다.

둘째, 불교에서는 생산에 있어서 '윤리'적인 측면을 강조하는 특징이 있다. 즉 불교에서는 근면과 검소라고 하는 경제 윤리를 강조함으로써, 경제적인 풍요에서 발생하는 사치와 낭비, 게으름과 방종 등 부정적인 요소들을 배격하고 있다. 이러한 내용은 다음의 초기불교 경전에서 살펴볼 수 있는데, 여기에서 부처님은 무엇보다도 근면勤勉과 정려精勵를 중요시하였으며 사치와 낭비를 경계하였다.

> 비구들이여, 어떤 상인이 오전에 열심히 업무에 힘쓰고 낮에도 열심히 업무에 힘쓰며 오후에도 열심히 힘쓴다고 하자. 비구들이여, 이러한 삼법三法을 성취하는 상인은 능히 아직 얻지 못한 재산을 얻고 또 이미 얻은 재산을 증식할 수 있을 것이다.

부처님은 어떤 직업에 종사하든 근면하고 검소하게 직책을 충실히 이행할 것을 권하고 있다. 근면과 검소는 재가신자들에게 재산을 증식하고 유지·상속하는 데 따른 윤리적 틀로서 작용하였던 것이다. 그러나 이러한 부의 축적은 자본주의의 목표인 이윤의 무한 추구에 있는 것이 아니라 시여를 통해서 천상계에 다시 태어난다는 생각과 연결됨으로써 종교적인 정당성을 부여한다는 점을 주의하여야 한다.

한편, 이러한 근면과 검소를 강조하는 점과 관련하여 이것이 무소유와 해탈을 추구하는 부처님의 근본적인 가르침에 어긋나는 것이 아니냐는 의문이 들 수도 있다. 그러나 이러한 의문에 대해서는 세간과 출세간이라는 이원적인 교단 구조의 성격에서 그 해답을 찾을 수 있다. 즉 세간과 출세간은 대립과 모순의 구조가 아니라 서로 조화를 이루는 보완 관계에 있기 때문에 서로 어긋나지 않는다는 것이다.

셋째, 불교에서는 생산에서의 '기술'을 중요한 요소로 강조하고 있다. 사실, 근대 이전에도 수공업적 생산력은 생산력 체계의 조직적인 측면인 분업을 중시하는 한편 인간의 천부적인 재능과 오랜 기간의 훈련을 통해서 인간에게 고착된 숙련 기교 및 판단에 의지하였다. 그리고 현대 경제 발전에서도 생산 증대를 위한 기술 개발은 불가결의 요소로 평가되고 있다. 초기불교 경전에 보면 다음과 같은 언급이 있다.

마땅히 먼저 기예부터 익히고	先當習伎藝
그런 다음 재물 늘릴 직업을 가지며	然後獲財業
재물을 얻어 이미 구족하거든	財業旣已具
마땅히 스스로 지키고 보호하라.	宜當自守護

최근에 기술의 진보는 생산성 제고를 위한 필수적인 요건으로 받아들여지고 있다. 솔로(R. Solow)와 데니슨(E. Denison) 같은 경제학자들은 미국에서의 경제성장 절반 이상이 기술 진보에 기인한다고 주장한다. 오스트리아 태생의 미국 경제학자 슘페터(J. Schumpeter)는 『경제 발전론(The Theory of Economic Development)』에서 자본주의가 계속 성장해 온 근본은 기술 혁신에 있다고 하였다.

경제학에서는 무엇보다도 혁신자의 역할이 중요함을 강조하였다. 비록 새로운 자원의 증가가 없더라도 기술 혁신에 의해서 새로운 생산 방법과 관리 기법이 발전되는 것이며, 이를 통해서 생산성은 계속 증가하는 것이라고 한다. 불교에서도 이러한 기술에 의한 성장을 소중하게 생각한다. 비록 오늘날과 같은 첨단 과학기술에 대한 언급은 찾아볼 수 없지만, 기술을 중시하는 점은 얼마든지 찾아볼 수 있다.

3) 불교의 소비론

경제학에서 말하는 '소비'란, 경제 활동을 하는 데 있어서 재화나 서비스의 처분 행위를 말하는 것으로서 모든 경제 행위는 결국 소비와 관련된다고 할 수 있다. 그런데, 이러한 소비를 불교의 입장에서 생각해 보면, 소비란 재화에 대한 인간의 무한한 욕구를 충족시키는 과정이라고 볼 수 있다. 여기에서, 재화는 한정되어 있기 때문에, 재화와 욕구의 관계는 항상 긴장 관계에 있음을 보게 된다.

욕망을 이루고자 하는 사람이 생각대로 잘되면, 그는 인간이 갖고자 하는 것을 얻었기 때문에 기뻐한다.
욕망을 이루고자 탐욕이 생긴 사람이 만일 욕망을 이루지 못하게 되면, 그는 화살에 맞은 사람처럼 괴로워하고 번민한다.
이러한 상황에서 부처님께서는 인간이 욕망의 그물에서 벗어날 때 진정한 평온과 해탈에 이르게 된다는 것을 다음과 같이 말씀하고 있다.
"뱀의 머리를 밟지 않으려고 조심하는 것처럼, 모든 욕망을 피하는 사람은 바른 생각을 하고, 이 세상의 애착을 넘어선다.
(그래서) 사람은 항상 바른 생각을 지키고 모든 욕망을 회피해야 한다. 배에 스며든 물을 퍼내듯이, 그와 같은 욕망을 버리고 강을 건너 피안에 도달한 사람이 되라."

욕망을 멀리하는 것, 그것은 욕망과 관련된 인간의 모든 활동에 대한 거부를 의미하는 것은 결코 아니다. 인간의 삶을 긍정하는 한, 완전한 무욕의 상태는 불가능할지도 모른다. 그리하여 부처님께서는 욕심을 적게 하고 만족할 줄 아는 '소욕지족少欲知足'을 가르치신다. 이 가르침을 소비와 관련하여 해석하면, '최소한의 소비로써 인간의 만족을 극대화하려는 입장'이라고 할 수 있다.

우리는 이러한 소욕지족의 생활을 승가僧家에서 볼 수 있다. 승가는 걸식과 보시로 생활하는 완전한 소비공동체이다. 그들의 소비 생활은 놀랄 만큼 간소하여 하루 한 번 정해진 시간의 탁발을 통해서 음식을 얻고, 남루한 천 조각을 바느질하여 만든 황색옷을 입는다. 숲속이나 나무 아래서 잠을 자고, 한 가지의 상비약만을 지닐 수 있다. 그러나 어떤 경우에도 감사하며 소비하고, 아끼며 사용하였다.

이처럼 승가에서 볼 수 있는 검소하고 금욕적인 소비의 정신은 재가자의 생활 윤리 속에도 그대로 반영된다. 재가자들이 지켜야 할 윤리에는 초기불교의 대표적인 수행 방법인 팔정도를 꼽을 수 있는데, 그중의 하나인 '바른 생활(正命)'이 바로 여기에 해당한다고 할 수 있다. 부처님께서 경계하신 것은 재산 소유 자체가 아니라 그것을 제어하지 않은 욕망, 즉 소유에 대한 끝없는 집착이었다.

이와 같이 불교 경전에서 재화의 소비는 종교적인 목표를 실현하는 수단으로서 합리적인 계획에 의해 정당하고 균형 있게 이루어질 것이 권장된다. 욕망을 절제하라는 부처님의 가르침이 경제 활동 분야에서 구체적인 생활 윤리로 표현된 것이 바로 검소와 절약을 강조하는 소비라고 할 수 있다. 일반적으로 말해서, 소비 생활을 하는 데 있어서 검소와 절약은 생활의 덕목으로 높게 평가되고 있다.

그런데, 근대에 이르러서 절약 혹은 저축이 미덕인가? 소비가 미덕인가? 하는 문제에 대해서 서로 상반된 견해가 있어서 주목된다. 애덤 스미스(Adam Smith)는 절약을 장려하는 입장으로서, 절약은 국가의 부,

국민소득 그리고 국민의 생활수준이 향상될 수 있는 중요한 요인이라고 생각했다. 즉 절약에 의해 자본의 축적이 가능하며 그것으로써 장래 국민소득이 증대될 수 있다고 본 것이다.

이러한 견해에 반대하여, 케인즈(J.M. Keynes)는 소비를 적극적으로 장려하는 입장에 있었다. 그에 의하면 절약에 의해서 국민소득이 증대되는 것이 아니라 도리어 소득은 감소되고 실업을 발생시킴으로써, 결국에는 사회적인 혼란을 가중시킨다고 한다. 즉 그는 절약이 아니라 적극적인 소비에 의해서 경제 활동이 활성화되고, 이에 따른 결과로서 국민소득이 증대되는 것이라고 본 것이다.

물론, 이들 이론은 상이한 역사적인 배경이 있어서 각각 타당성이 있다고 할 수 있다. 그러나 오늘날 무절제한 소비는 엄청난 사회 문제를 일으키는 것을 볼 수 있다. 즉 자원의 무분별한 훼손으로 인하여 자원 고갈과 공해 문제가 발생하였고, 과소비로 인한 퇴폐와 향락은 도덕적 타락을 가져왔다. 이런 점에서, 부처님께서 말씀하신 소욕지족의 정신은 오늘날에도 제대로 평가되어야 할 것으로 본다.

이러한 검소·절약을 하는 바람직한 소비 생활을 하지 않고, 그 반대로 사치·낭비를 하여 마침내 자기 자신과 가정의 경제를 어렵게 만드는 원인은 무엇일까? 이 점에 대해서 부처님께서는 다음과 같은 여섯 가지를 지적하고 있다. 이들은 2500년 전 인도에서 하신 말씀인데도 불구하고, 오늘날을 살아가는 우리들이 들어도 전혀 어색하지 않은 부분이 대부분이라는 점에 놀라지 않을 수 없다.

장자여, 재산을 탕진하는 여섯 가지는 무엇인가? 술에 탐닉하는 것은 참으로 재산을 탕진하는 문뗘이고, 때가 아닌 시간에 거리를 나도는 것은 실로 재산을 탕진하는 문이다. 장자여, 제례祭禮, 가무歌舞 등의 집회에 열중하는 것은 재산을 탕진하는 문이며, 도박에 빠지는 것은 재산을 탕진하는 문이다. 나쁜 친구를 사귀는 것은 재산을 탕진하는 문이며, 게으른 습관은 실로 재산을 탕진하는 문이다.

여기에서 특히 눈에 띄는 것이 '게으른 습관'이라고 할 수 있다. 게으름은 생산을 불가능하게 하고 이미 축적된 재화를 낭비하게 하며, 도박이나 음주에 탐닉하게 하여 개인은 물론 사회에 해악을 끼치게 된다. 그러므로 부처님께서는 이를 가장 비생산적인 형태의 표본으로 간주한 것이다. 꿀벌이 꿀을 나르듯이 부지런하고 절약하는 정신이 개인은 물론 사회를 건강하게 유지하는 기본임을 강조하였다.

결국, '소비'란 욕구와 재화 사이의 합리적인 선택 행위이다. 균형 있는 수입과 지출, 이것이 불교가 추구하는 가장 바람직한 소비 생활이라고 할 수 있다. 불교에서는 이러한 가장 바람직한 소비 생활로 '사분법 四分法'을 들고 있다. 1/4은 개인적인 소비라고 할 수 있는 생계비에 사용하고, 2/4는 생산적인 소비라고 할 수 있는 생업을 경영하는 데 사용하며, 1/4은 장래의 소비라고 하는 저축을 하라는 것이다.(ekena bhoge bhuñjeyya, dvīhi kammaṃ payojaye, catutthaṃ canidhāpeyya, āpadāsu bhavissati ti.) 이와 같이 사분법이란 소비의 측면에서 보면 모두 재산의 합리적인 소비에 관한 규정이라고 이해할 수 있다. 저축과 재생산 투자를 확대시킴으로써 소비에서 낭비의 요소를 줄이고, 검소와 절약의 생활로 인도하도록 구성되어 있다. 불교에서 바라보는 소비 생활이란 어디까지나 건전한 윤리를 기초로 한 합리적인 소비 패턴이 이루어지도록 하는 것이 그 목적이라는 것을 알 수 있다.

4) 불교의 분배론

경제학에서 말하는 '분배'란 생산 요소에 대한 보수, 즉 소득이 형성되어 가는 과정을 말한다. 즉 노동자에게는 노동 서비스의 대가로 임금이, 지주에게는 토지 서비스의 대가로 지대가, 자본가에게는 자본 서비스의 대가로 이자가, 기업가에게는 기업 활동의 대가로 이윤이 각각 지불된다. 현대경제학에서는 이러한 다양한 소득이 형성되어 가는 과정을 통틀어서 일반적으로 분배라고 정의한다.

'분배'라는 개념을 불교의 관점에서 볼 때에는, 그것이 적용되는 영역을 기준으로 크게 세 가지로 나누어서 생각해 볼 수 있다. 그중의 하나는 출가자들 집단에서 이루어지는 분배의 개념이고, 다른 하나는 재가자들 집단에서 이루어지는 분배의 개념이다. 그리고 이 두 집단의 구성원들을 포함하여 이보다 더 큰 국가라고 하는 큰 집단에서 이루어지는 분배의 개념을 생각해 볼 수 있다.

먼저, '출가자' 집단에서 이루어지는 분배에 대해서 생각해 보자. 승단의 소유물에는 정사나 승원 등의 건축물과 토지 등의 부동산이 있고, 의식을 집행하는 데 쓰이는 불구佛具 등의 동산이 있으며, 개인이 소유할 수 있는 옷, 음식, 발우 등의 경물輕物이 있다. 이들을 통틀어서 사방승물四方僧物이라고 하는데, 사방승물 중에서 경물을 제외하고는 모두 공유물이어서 개인이 소유할 수 없다.

개인이 소유할 수 있는 경물을 분배하는 경우에도 철저하게 평등하게 분배하는 원칙이 지켜지고 있었다. 어떤 제자라고 하더라도 동등하게 승단의 일원으로서 대우를 받으며 그 의복과 음식물의 분배도 전적으로 다른 승려들과 동등하다. 누구도 입단하여 승가의 일원으로 그 자리에 머물러 있는 한, 그는 당연히 모든 시여의 기회에 평등하게 그리고 똑같은 배당을 요구할 수 있는 권리를 갖게 된다.

만약, 오늘날의 기준으로 출가자 집단인 승가의 경제 활동을 평가한다면, 승가에서 사방승물을 운용하는 부분에 관해서는 지극히 민주적인 방식으로 행해졌다고 볼 수 있다. 반면에 소유 형태와 분배 형태는 사회주의적 경제 원리에 따르고 있다고 할 수 있는데, 승단의 경제생활은 어떤 면에서 사회주의 경제가 추구하는 가장 이상적인 모델인 원시 공동체의 분배 형태를 취한다고 볼 수도 있을 것 같다.

그러나 여기에서 지나치지 말아야 할 것이 있다. 이러한 사방승물의 소유나 분배 활동을 겉으로 드러난 면만을 보고 섣불리 판단해서는 안 된다는 것이다. 그런 식으로 활동하는 내면에는 승가 구성원들이 스스로 나서는 자발성과 누구에나 똑같이 적용되는 평등성이 내재되어 있다. 그리고 나아가서는 자비慈悲라고 하는 종교적인 이상을 원리로 하여 이러한 활동이 이루어진다는 점을 고려하여야 한다.

다음, '재가자' 집단에서 이루어지는 분배의 개념에 대해서 생각해 보자. 재가자의 분배 개념과 관련한 핵심적인 요소는 '복전福田'을 중심으로 하는 보시布施 혹은 시여施與이다. 복전이란, '복의 씨앗을 심는 밭'이라는 뜻으로 복덕과 공덕을 길러 낸다는 의미를 지니고 있다. 이러한 복전을 『우바새계경』에서는 세 가지로 분류하고 있다.

> 첫째는, 보은전報恩田으로, 부모와 스승 화상에 대한 봉양을 말하는 것이다. 둘째는 공덕전功德田으로, 경전敬田이라고도 하며 불·법·승 삼보를 공경하는 것을 가리킨다. 셋째는 빈궁전貧窮田으로, 이는 가난하고 곤란한 지경에 처한 사람에 대한 시여를 가리킨다.

이 중에서, 특히 가난한 자와 병든 자들에 대한 봉사를 주요 내용으로 하는 빈궁전이 눈에 띈다. 이 빈궁전이야말로 사회적인 분배의 기능을 충분히 감당할 수 있는 것으로 보인다. 밀(J.S. Mill)에 의하면 부의 분배는 오로지 인간 제도의 문제로서 그것은 사회의 법률과 관습에 의지한다고 한다. 그리고 분배는 사회 지도계급의 의견과 감정에 의해 결정되는데, 시대와 사람에 따라 달라질 수 있다고 한다.

당시 인도 사회는 왕권이 강화되고 상공업이 발달하며 물질이 풍부하였으나, 분배정의를 실현할 수 있는 사회적 주체 세력이 확립되지 않은 시기로 볼 수 있다. 이러한 시기에 복전사상은 사회적 분배구조의 형성에 적지 않은 영향을 준 것으로 보인다. 또한, 당시 아쇼까왕의 사람과 동물에 대한 의료시설 확충, 공원 건설, 상수도 정비 등의 복지 정책도 복전사상의 일환으로 평가할 수 있다.

다음, '국가'라고 하는 큰 집단에서 이루어지는 분배의 개념에 대해서 생각해 보자. 국가가 재화를 사용하는 것은 국민으로부터 징수한 세금을 통해서이므로, 국가의 분배 정책은 조세의 바탕 위에서 가능한 것이다. 징수된 세금은 올바른 대상에게 올바른 절차에 따라 재분배되어야 한다는 것이 국가 분배 정책의 핵심 축이라고 할 수 있다. 『구라단두경』에서는 이 점에 대해서 구체적인 내용을 제안하고 있다.

> 그러므로 이러한 무질서를 철저히 없앨 방법은 단 한 가지밖에 없습니다. "왕의 국토에서 목축과 농업에 종사하는 사람에게는 누구에게나 식량과 종자를 제공하십시오. 왕의 국토에서 상업에 종사하는 누구에게나 자금을 제공하십시오. 왕의 국토에서 관직에 종사하는 사람이면 누구에게나 식량과 임금을 제공하십시오." 그렇게 되면 백성은 자기 일에 전

념하게 되어 국토를 유린하는 일이 없어지고 왕의 권위는 날로 강해질 것입니다. 그래서 국가는 조용하고 평화로우며 국민은 서로 즐거워 아이들을 팔에 끼고 춤추며 행복해할 것이고 대문을 활짝 열고 살아갈 것입니다.

이 글에서 나라를 안정시킬 방안으로 농업에 종사하는 사람에게는 식량과 종자를, 사업에 종사하는 사람에게는 자금을, 관직에 종사하는 사람에게는 식량과 임금을 각각 제공하라고 임금에게 제안하고 있다. 이는 사회적 여러 문제가 경제적인 불평등에 기인하고 있는 경우가 대부분이며, 이를 시정하기 위해서는 국가의 올바른 분배 정책의 역할이 무엇보다도 중요하다는 점을 지적하고 있는 것이다.

현대 사회에 있어서도 소득 분배의 불균형은 단순히 근면과 절약의 차이로만 설명하기 어렵다. 자유시장 경제에서는 경쟁의 출발이 동일해야 하는데, 사람마다 타고난 재능도 다르고 상속받은 재산도 다르며 개인적 기회도 다르기 때문에 불균등한 결과를 가져오기 마련이다. 여기에서 정부에 의한 분배 정책의 당위성이 있게 된다. 『구라단두경』에서는 국가에게 이러한 문제의 해결을 주문하고 있는 것이다.

이상에서, 불교 경전에 담겨 있는 보편적인 경제 활동에 관한 지혜의 말씀을 하나하나 음미해 보았다. 이를 위해서 먼저 모든 경제 활동의 기본인 '노동'의 개념에 대해서 살펴보았고, 그 위에서 현대경제학에서 중요하게 논의되고 있는 생산론, 소비론, 분배론 등에 대해서 불교가 주로 말하고자 하는 독특한 시각들을 지적해 보았다. 지금까지의 이야기를 간략하게 정리해 보면 다음과 같다.

불교에서 바라보는 '노동'의 의미에는 몇 가지 특징이 있었다. 노동에는 재화의 획득과 증식이라고 하는 경제적인 의미가 있는데, 특히 이 점을 상당히 긍정적으로 평가하는 경향이 있다. 노동에는 개인적 이익 추구만이 아니라, 사회공동체 의식을 갖는 것을 강조한다. 또한, 불교에서는 정당하고 신성한 '노동의 땀' 속에 종교의 거룩한 이상이 함께 담겨 있다는 점을 강조한다.

'생산론'과 관련해서 몇 가지 특징을 지적하였다. 불교에서는 상업 활동이나 수도 생활 등도 넓은 의미의 생산으로 보고 있는데, 이는 현대적인 관점에서도 매우 인상적인 내용이다. 불교에서는 근면과 검소라는 경제 윤리를 강조함으로써, 게으름과 방종 등 부정적인 요소들이 드러나지 못하도록 배격하고 있다. 또한, 현대 경제에서와 마찬가지로 생산 활동에서 기술의 중요성을 매우 강조하고 있다.

'소비론'과 관련해서 사분법四分法이라는 합리적인 소비 생활 방식을 제안하였다. 불교에서는 한정된 재화와 무한한 욕구가 서로 긴장 관계에 있다는 점을 보여 주면서, '소욕지족少欲知足'이라는 검소·절약의 가르침을 주고 있다. 그리고 이러한 가르침에 의해서 균형 있는 수입과 지출이 될 수 있는 바람직한 소비 생활을 권장하고 있는데, 그 구체적인 내용으로서 사분법을 제시하고 있는 것이다.

'분배론'과 관련해서는, 그것이 적용되는 영역을 세 가지로 나누어서 살펴보았다. 출가자 집단에서는 자발성을 바탕으로 평등하게 분배하는 것을 원칙으로 한다. 재가자 집단에서는 소위 '복전'이라는 개념을 중심으로 보시 혹은 시여를 통한 분배를 언급하고 있다. 또한, 국가라는 보다 큰 집단에서는 국민들의 불균등 문제를 해소하기 위해서 국가가 적극적으로 분배 정책을 펼 필요가 있음을 역설하고 있다.

경제 문제는 나와는 별로 관계가 없는 이야기가 아니라, 지금 나에게 절실하게 필요한 문제이다. 노사 문제, 환경 문제, 노인 문제 등 현대 사회의 문제에 적절하게 대응하기 위해서라도 경제 문제는 반드시 해결해야 할 문제라고 할 것이다. 불교 경전에 담겨 있는 지혜의 말씀을 통해서, 우리는 이러한 문제를 해결할 수 있는 가능성에 한 걸음 더 나아갈 수 있을 것이다.

5
불교와 생태 환경

1) 생명공학과 불교

현대의 생명공학은 서양의 인간 중심주의에서 비롯된 것이다. 서구의 인간 중심주의는 현대의 과학기술을 낳았고, 과학기술은 자연 파괴, 자원 고갈, 환경 오염과 같은 인간 생존을 위협하는 결과를 가져왔다. 이것은 이기심에 기초한 인간 중심적 사고가 인간의 삶마저도 위태롭게 한다는 것을 드러낸 것이다. 우리가 생명공학의 성과에 불안을 느끼는 것은 생명공학이 여전히 이기적 인간 중심주의에서 행해지기 때문이다.

이러한 인간 중심주의는 서구의 자연관에 기인한다. 우리가 사용하는 '자연'이라는 개념은 서구의 자연관에서 나온 것으로서 영어의 'nature'에 해당된다. 즉 인간의 손이 미치지 않은 원래의 세상 그 자체를 의미한다. 따라서 인간의 손이 닿으면 그것은 자연이 아니다.

'nature'라는 개념 속에는 이와 같이 자연과 인간이 적대적으로 대립하고 있다는 의미가 들어 있다. 인간은 자연의 일부이다. 따라서 자연과 조화하지 않으면 살아갈 수 없다. 그런데 기계적 세계관에 기초한 서구의 인간 중심주의는 인간으로 하여금 자연과 대립하고 자연을 정복하는 것이 문명이며 진보라고 믿게 만들었다.

불교의 연기론적 세계관에서 보면 자연과 인간은 대립적 관계가 아니라 상호 의존적 관계이다. 자연은 중생 없이 존재할 수 없고, 중생은 자연을 떠나 존재할 수 없다. 인간은 자연의 영향을 받고, 자연은 인간의 삶에 의해 영향을 받는다. 나아가 자연과 인간은 한 생명이다. 우주는 싸늘한 물질과 에너지의 세계가 아니라 생명으로 충만해 있다. 자연 세계는 인간과 무관한 객관적 사실의 세계가 아니라 인간의 삶에 의해 이해되고 변화하며, 인간의 삶에 영향을 준다. 따라서 윤리는 인간 상호 간에만 적용되는 것이 아니라 인간과 자연의 관계에도 똑같이 적용되어야 한다. 자연을 생명으로 이해하고, 생명은 서로 얽혀 한 생명을 이루고 있다는 불교의 생명관은 인간이 모든 생명에 대하여 이타적인 삶과 자비로운 삶을 살아야 하는 윤리적 당위성을 제공한다. 서구 사회의 윤리 체계에서는 도덕의 핵심이 '정의正義'지만, 불교의 윤리 체계에서는 '자비慈悲'가 핵심이다. 정의는 기계적 세계관에 근거하는 인간이 개별적 존재라는 전제에서 나온 것이다. 개별적 존재로서의 인간은 이익을 놓고 서로 대립할 수밖에 없다.

자신의 이익과 타인의 이익이 대립할 때, 공정한 분배의 원리가 요청된다. 이때 공정한 분배의 원리가 '정의'이다. 그러나 불교에서는 연기설에 근거하여 '나와 남', '인간과 자연'은 하나라는 '자타불이自他不二'의 의식을 강조한다. '자타불이'의 의식을 통해 '나'에서 '남'으로, '인간에서 '자연'으로 자아는 확장될 수 있다. '자아'를 확장하여 '자아'가 '타아'를 포용하면 인간 상호 간의, 인간과 자연 간의 대립은 사라질 것이다. 이러한 자아의 확장은 생명에 대한 바른 이해(般若 : 지혜)를 통해 이루어지고, 자비(사랑)를 통해 실현된다. 자아가 확장되어 다른 존재를 포용한다면 우리는 자비로운 마음으로 타인에 봉사하고 자연과 조화하는 윤리적 삶을 살아가게 될 것이다. 이와 같은 자아의 확장은 현대의 심층 생태학과 맥을 함께하는 것으로서 윤리학에 새로운 장을 열어 줄 것이다. 즉 자연과 인간이 생명의 구조 속에서 통일적으로 이해될 때, 우리는 인간 중심의 윤리에서 보다 확장된 생태 중심적, 생명 중심적 윤리 체계를 세울 수 있을 것이다.

2) 환경과 연기적 생태학

환경(environment)이란 말의 속뜻에는 계몽사상의 연장선에서 인간 중심적 관점을 갖고 있다. 그에 비하여 생태계(ecosystem)란 말은 탈인간 중심적 관점을 지닌다. 오늘날 인간 중심적인 관점에서 바라보는 환경에 대한 시각은 기본적으로 인간의 생존을 위한 전략이 숨겨져 있다. 환경이 훼손된 것은 인간 생존에 필요한 여건을 향상시키기 위한 과정에서 야기된 부작용이라고 본다. 이것은 인간이 중심적인 존재라는 가치관에 기초를 두고 있다. 이 관점에 따르면 앞으로 더 나은 인간의 생존을 위해서 환경의 중요성을 각성하게 하여, 환경 파괴적인 생산 및 소비를 지양하게 하며 환경 친화적인 기술과 산업을 개발해 가야 한다고 한다. 그러나 환경을 인간을 위한 도구적 가치로 대상화하여, 인간의 생존을 위한다는 명분 아래 환경을 파괴시킨다면, 장기적인 안목에서 보면 오히려 인간의 생존이 위협을 받게 되는 것은 자명한 일이다. 이러한 인간 중심적 윤리(ethics of anthropocentrism)에서는 인간만이 내재적 가치를 지니고 그 밖의 모든 존재들은 인간을 위한 도구적·수단적, 다시 말해서 외재적 가치만을 지닌다.

이렇게 환경의 파괴가 인간 중심주의 가치관의 산물임에 틀림이 없다면 인간 중심적 사고에서 벗어나 새로운 사고의 틀을 구축해야 한다는 입장이 있는데, 이는 생태계에 내재적인 가치를 부여하려는 관점이다. 인간을 비롯한 모든 자연물이 동등한 내재적 가치를 지니며, 그것은 인간을 포함한 모든 자연물이 자연 그대로 최선의 가치를 지니고 있다는 것이다. 이러한 사고는 더 나아가 모든 생명체에 본연의 생명가치를 부여해야 한다는 생명 중심주의로 발전된다.

동물은 물론 식물까지 포함한 모든 생명체들은 그 자체로서 가치가 있는 만큼 존중되어야 하고 윤리적인 배려를 받을 권리를 주장하는 생물 중심적 윤리(ethics of biocentrism)에서는 윤리공동체의 범위를 모든 생물에까지 확장시킨다. 여기에서 인간 중심적, 동물 중심적 윤리관은 존재 양식 사이에 서로 환원될 수 없는 절대적 단절성을 인정하고 있으나 생물 중심적 윤리관은 인간과 동물과 식물 사이에 절대적 단절보다는 연속성을 인정하고 있다. 그러나 생물 중심적 윤리관에서도 생물계와 무생물계 간의 불연속과 절대적 단절성이 전제되고 있다. 이처럼 존재 양식 사이의 단절성과 비연속성을 전제로 하여 존재 사이를 질적으로, 절대적으로 구별해 보는 것은 서양의 세계관에 기인한다.

불교에서는 자아와 세계를 연기緣起로 인식한다. 자연 만물의 원리나 본성이 연기되었다는 것은 곧 수많은 조건들이 함께 결합하여 일어난다는 상호 의존적 발생을 의미한다. 이렇게 일체 현상이 상호 의존성에 의해서 성립되었기에, 어느 것 하나 영원불변하는 고정된 것이 있을 수 없고(諸行無常), 연기된 것은 서로서로 존재하려고 힘을 들이고 있으며(一切皆苦), 그리고 독자적으로 생성하여 존재하는 것이 아니기 때문에 어느 것 하나 독립된 실체로서 독자적 동일성을 유지하며 존재하는 것이 없다(諸法無我)는 것이다. 이렇게 모든 존재들은 서로 상호 의존적으로 관계를 맺고 있다고 보는 것이 불교의 기본 교리인 연기론이다.

불교에서 바라보는 세계란, 바로 나의 인식 주체인 육근六根이 여섯 가지의 인식 대상(六境)을 만나서 여섯 가지의 정신적 작용(六識)이 일어난 것으로 본다. 이것을 일체라고 하는데 물질계와 정신계가 연기라는 원리에 의해서 통합되어 작용하는 하나의 세계를 의미한다. 이 세계는 수많은 조건들이 서로가 서로를 반영하는 인과의 연쇄이다. 그러나 이 세계의 모든 구성원들의 인과관계는 원인 결과가 고정된 선후 관계나 실체성을 고집하지 않는다.

생명의 관점에서 연기론은 모든 존재를 평등하게 바라본다. 나를 둘러싼 모든 존재를 중생이라고 부른다. 중생의 개념이 초기 경전에서는 유정有情, 즉 생명체를 의미하다가 대승 경전인 『화엄경』에서는 생명현상이 없는 무정無情, 즉 무생명체까지도 포함하게 된다. 따라서 "모든 중생은 부처님의 성품인 불성을 지니고 있다.(一切衆生悉有佛性)"란 말은 붓다로 성불할 수 있는 범위가 인간을 넘어 모든 생명으로, 다시 생명체에서 모든 무생명체로 확대되어 간다. 이것은 전 존재를 평등하게 보는 불교의 생태관의 일면이다.

이와 같은 불교의 생태 윤리는 생물 중심적 윤리를 넘어 생태 중심적 윤리(ethics of ecocentrism)라고 말할 수 있다. 즉 모든 개개의 존재는 존재 전체의 일부로서 서로 뗄 수 없는 관계를 맺고 있기에 생태 중심적 윤리공동체는 바로 자연 전체이고 존재 전체와 일치하고 동일한 것이다. 불교의 자비심은 사람에게뿐만 아니라 동물에게도, 동물뿐만 아니라 식물에게도, 식물뿐만 아니라 돌·물·흙에게도 미쳐야 한다. 이 자비의 생태 윤리는 인간 중심적 사고에서 야기된 지구 환경의 문제를 해결하고, 모든 생명체들이 공존 공생해야 하는 21세기의 시대적 가치로 받아들여져야 할 종교적 윤리라고 할 수 있다. 환경 문제가 근원적으로 모든 생명체의 존재 위기로까지 인식되고 있기 때문에 이제는 종교적인 차원에서 그 근본적인 해결책을 찾아야 할 시점에 이르렀다. 따라서 인간 중심적 환경 윤리가 생태 중심적 종교 윤리로 승화되어야 하는 것은 이 시대의 종교적 당위라고 할 수 있다.

3) 죽음과 불이적 생명 담론

인간은 영원히 풀리지 않는 두 가지 명제를 안고 살아간다. 그것은 삶의 문제와 죽음의 문제이다. 역사적으로 수많은 사상과 종교들이 궁극에는 이 문제에 대한 답을 시도하였다. 가령, "내가 태어난 가치와 목적과 의미는 도대체 무엇인가?"라는 물음을 던졌을 때, 인간의 이성이나 과학적 분석으로는 그 해답을 찾을 수 없다. 이성과 과학을 통해서는 인간이 어떻게(how) 태어나서 죽는지를 규명할 수 있지만 결국 왜(why) 태어나고 죽는지에 대해서는 말할 수 없기 때문이다.

불교에서의 죽음은 목숨·온기·의식이라는 것이 몸과 함께하므로, 몸이 사라질 때 이들도 함께 사라짐을 말한다. 그러나 육체의 죽음과 함께 의식이 소멸한다는 것은 그것만으로 모든 존재의 종결을 의미하지 않고, 단지 수명을 가진 생명체의 전변轉變하는 과정 혹은 한 시점으로 인식될 뿐이다. 불교에서 목숨이란 업業에 의해 생성되고 유지되는 것이기 때문에 업의 변화에 따라 삶과 죽음이 형성된다. 따라서 삶과 죽음은 시작과 끝을 의미하지 않고 무한히 연속되는 생사의 한 과정이 된다. 사즉생死即生, 생즉사生即死라는 상호 연관적이며 인과적인 원리는 죽음이 삶과 반대되거나 단절된 것이 아님을 드러낸다.

불교의 죽음에 대한 깨달음은 삼법인三法印에서 가르치는 무상無常, 무아無我를 깨달아 열반에 이르게 하는 것이다. 열반에 이르러 죽음을 극복한다는 것은 더 이상 생을 받지도 않기 때문에 죽음이라는 것이 따로 없음을 말한다. 이것은 시간적으로나 공간적으로 변하지 않는 어떠한 것도 없음을 자각하여 인간 스스로가 잠시도 변하지 않는 주체가 없음을 깨달음으로써 가능하다. 즉 '나'라는 불변의 주체가 없기 때문에 생을 받는 '나'도 없고, 죽음을 당하는 '나'도 없게 된다. 나아가 다음 생을 받는 윤회하는 영혼으로서의 '나'도 없다는 것을 깨닫는 것이다. 모든 것이 변화의 과정을 겪지만 그러한 변화를 두려워하여 집착을 일으키게 되면 결국 십이연기에 따른 생사의 고통을 겪을 수밖에 없다. 모든 것이 변화하고(諸行無常), 모든 것에 불변의 실체가 없고(諸法無我), 모든 것이 고통(一切皆苦)임을 안다면, 더 이상 생사의 윤회를 받게 되는 주체가 없음을 깨닫게 된다. 생사의 문제는 결국 생에 대해 집착하는 마음의 문제일 뿐이라는 불교의 진리로서 해결하게 된다. 불교는 이 세계 가운데서 좋은 곳에 태어나는 것이 아니라, 이처럼 끊임없이 반복되는 생사윤회의 세계에서 벗어나는 것이 목적이다. 생사의 문제는 선업이나 복덕을 쌓는다고 해결되는 것이 아니라, 오히려 윤회의 원인이기 때문에 생사윤회의 원인을 찾아 뿌리를 없애야 하는 것이다. 깨달음으로써 생사의 고리를 끊는다면 모든 번뇌가 제거되면서 생사윤회의 괴로움에서 벗어난 열반의 경지를 얻어야 한다. 죽음의 고통을 넘어선 열반이란 지혜를 닦고 수행을 쌓아 미혹, 번뇌, 집착을 끊고 깨달음에 도달하여 모든 괴로움, 속박, 생사의 윤회에서 벗어난 최고의 경지를 일컫는다. 소승불교에서는 이 열반을 다시 유여열반有餘涅槃과 무여열반無餘涅槃으로 나누어 설명한다. 유여열반이란 현생에서 번뇌는 사라졌으나 전생에 지은 업에 의해 받은 육체가 있으므로 아직 완전한 열반에 이르지 못한 아라한阿羅漢을 일컫는다. 아라한은 사성제와 팔정도를 모두 닦아 번뇌를 끊어서 생사윤회의 괴로움으로부터 완전히 벗어난 존재이다. 그러나 업에 의해 태어난 육체를 여전히 가지고 있기 때문에 완전한 깨달음을 얻지 못한 상태이므로, 죽음에 이르러야 비로소 업에 의해 태어난 육체와 업보들로부터 벗어나 완전한 열반인 무여열반에 이르게 된다.

따라서 완전한 상태를 추구하는 열반은 죽음에 의해 비로소 완성되는 단계를 말한다. 앞서 밝혔듯이 불교에서 현실의 삶에서 겪는 고통은, 인생의 모든 고통과 고뇌는 실제로 변하지 않는 것이 없는데도 불변하는 고정의 실체가 있는 것으로 집착하는 데서 비롯된다고 본다. 죽음은 결국 무상한 세계에서 무아의 삶을 깨닫지 못하는 중생들이 겪는 불안과 고통에 지나지 않는다. 따라서, 불교는 생을 받는 것 자체가 고통이기 때문에 생사라는 윤회의 고리 자체를 끊어 버림으로써 삶과 죽음의 이원적인 번뇌를 넘어서려 한다. 죽음을 전제로 한 삶이라 할 때, 죽음에 대한 접근 태도는 삶의 모습을 규정하게 된다. 찰나를 즐기는 쾌락주의적 생활 태도 뒤에는 인간은 어차피 죽을 것이라는 비관적인 인생관이 숨어 있다. 그러나 영원한 삶이라는 자긍을 갖고 산다면, 끊임없이 정진하는 구도의 자세를 견지할 것이다. 똑같이 죽음 위에 건립되는 삶이지만 접근 태도에 따라 삶의 모습이 달라진다.

4) 자비와 평화

대승 보살의 이상理想은 현대 사회가 요청하는 생태적 가치관과 생태적 인간관과 일치한다. 대승 보살은 세계의 모든 현상이 자신과 관계를 맺고 있음을 깨달은 존재이다. 모든 사물이 자신과 관계되지 않은 것이 없음을 알고, 자신을 둘러싸고 있는 이웃, 즉 생물과 무생물에까지 사랑을 보낸다. 이와 같은 지혜의 실천에서 오는 끝없는 사랑이 자비이다. 자비는 불교의 인간 관계에서 요구되는 기본 윤리이고 더 나아가서 모든 존재 사이에 기본이 되는 생태 윤리이다. 현대의 자본주의 사회가 만들어 낸 인간성의 상실과 가치관의 전도, 개인주의의 피폐에 대한 근본적인 치유는 인간성의 회복에 있다. 인간성의 회복은 불교의 연기법에 따른, 모든 삼라만상이 자신과 유기체적으로 관계를 맺고 있음을 자각하는 데서 시작된다.

결국 불교의 목표인 인격의 완성은 바로 나와 이웃이 동일체라는 것을 깨닫고 무한한 자비를 실천함으로써 이루어진다. 이웃에 대한 사랑이 곧 나 자신을 완성하는 길이라는 것을 알고 온 세계를 빈곤과 무지와 괴로움이 없는 이상 세계, 즉 생태적으로 온전한 불국토로 만들려고 노력하는 것이 대승 보살적인 삶이라고 할 것이다. 이를 다시 말해서 환경 보살이 가야 할 길이라고 할 수 있다. 그렇다면 환경 보살은 어떻게 자신과 더불어 관계를 맺고 있는 존재들과 일치하는 지혜로운 삶을 살아갈 수 있는 것인가? 대승 보살이 이웃과 더불어 사는 삶을 완성하는 길이 여섯 가지로 제시되고 있는데 그것이 바로 보시, 인욕, 지계, 정진, 선정, 지혜의 육바라밀이다. 바라밀(Pāramitā)의 뜻이 완성인 것으로 보아 육바라밀은 여섯 가지 완성해야 할 보살의 삶의 양식을 말하는 것이다. 보살이 완성해야 할 삶의 양식으로서 먼저 보시布施를 들 수 있다. 보시는 '준다'는 말이다. 무엇을 준다는 것은 나에게만 머물지 않고 흘러가게 하는 것이다. 왜냐하면 나는 나 홀로 살 수 있는 존재가 아니고 다른 존재들과의 관계 속에서만 살아갈 수 있다. 환경 보살은 이러한 관계성을 여실하게 알기 때문에 무엇이든지 자신에게만 머물러 있지 않게 하고, 때가 되면 흘러갈 수 있도록 열어 주는 것이 바로 보시라고 말할 수 있다. 마치 흐르는 물이 한곳에만 머물지 않는 것처럼, 보시는 모든 관계들이 살 수 있도록 흘러가게 하는 생명의 원리인 것이다. 보시를 통해서 모든 존재와의 연대감과 일체감을 느낄 수 있다. 현대인이 갖고 있는 박탈감이나 소외감을 극복하는 '더불어 사는 삶'은 바로 보시를 통하여 구현 가능하게 될 수 있다.

인간의 욕망의 극대화를 지향하는 기술문명이 미래를 위기로 몰고 가고 있으며, 생태계의 문제를 야기시킨다. 결국 이 모든 문제의 근원적인 뿌리는 인간의 욕망이라고 볼 수 있다. 불교의 깨달음의 정점인 열반은 욕망의 제로 상태를 뜻하는 것이라고 할 수 있다. 더불어 함께 존재하고 있는 모든 존재들과 연기론적인 관계성의 회복을 통해, 그것들과 유기체적으로 일치하는 삶을 지향하는 보살은 자신의 욕망을 절제해야 한다. 이 욕망의 절제가 환경 보살이 가야 할 두 번째 삶의 양식인 인욕忍辱이라 할 수 있다.

이렇게 자신과 전 존재가 하나의 유기체로서 모두가 연계되어 있음을 알고, 이 대전제 앞에서 자신을 극소화시키는 삶을 지킬 줄 아는 것을 지계持戒라고 할 수 있다. 정진精進은 이렇게 생태적으로 균형 잡힌 삶을 영위하기 위해서 환경 보살이 쉼 없이 노력해야 하는 것을 의미한다. 이러한 노력으로 환경 보살은 마침내 모든 존재들과 생태적으로 원만한 관계성을 회복하여 평화로운 삶의 환경을 유지하게 된다. 이를 생태불교적인 선정禪定이라 할 것이다. 따라서 선정禪定은 인과적 시간성으로부터의 자유로움만을 의미하는 것이 아니라, 자신을 둘러싸고 있는 존재들과의 생태적인 관계성이 회복된 공간까지 의미하여야 한다. 이 공간을 극락정토라고 한다. 환경 보살은 바로 이 극락을 완성하려는 커다란 원願을 세우고 그것을 실천하는 존재이다. 이와 같은 다섯 가지 보살이 완성해야 할 삶의 양식은 모두 모든 존재가 나와 뗄 수 없는 관계성 속에 존재한다는 사실을 깨달은 지혜智慧를 바탕으로 하고 있다.

6
불교와 4차 산업

　몇 년 전 당시 바둑계의 최강자로 군림하던 이세돌 9단이 구글 딥마인드의 '인공지능' 알파고에게 패배한 사건은 우리 사회에 '알파고 현상'이라는 신조어가 생길 정도로 커다란 반향을 불러일으켰다. 인공지능의 수준이 어느 정도인가에 대한 세간의 놀라움은 말할 것도 없고, 이른바 '4차 산업혁명' 시대를 맞이하여 변화될 미래의 사회·직업·산업 등에 대한 논의가 봇물처럼 터져 나오게 되었다.
　1760년대부터 철도의 건설과 증기기관 등 기계에 의한 생산을 제1차 산업혁명이라고 하고, 19세기 말부터 생산 공장 조립 라인의 출현으로 인한 대량생산을 제2차 산업혁명이라고 하며, 1960년대부터 반도체, 개인용 컴퓨터, 인터넷 등 디지털화를 제3차 산업혁명이라고 한다면, '제4차 산업혁명'은 21세기의 시작과 더불어 유비쿼터스 모바일 인터넷, 강력한 센스, 인공지능, 기계학습을 특징으로 한다.
　원래, '제4차 산업혁명(The 4th Industrial Revolution)'이라는 용어는 2010

년 독일의 '하이테크 전략 2020'의 10대 프로젝트 중 하나인 'Industry 4.0'에서 '제조업과 정보통신의 융합'을 뜻하는 의미로 사용되었다. 이후 세계경제포럼(World Economy Forum) 회장인 클라우스 슈밥이 2016년 다보스포럼에서 제4차 산업혁명을 의제로 설정하면서 이제 전 세계적인 화두로 등장하게 된 것이다.

제3차 산업혁명을 기반으로 도래할 제4차 산업혁명은 '초연결성', '초지능화'라는 특성이 있다. 인간과 인간, 사물과 사물, 인간과 사물이 상호 연결되고 빅데이터와 인공지능으로 보다 지능화된 사회로 변화될 것으로 예측된다. 제4차 산업의 기술로는 인공지능·로봇공학·사물인터넷·자율주행 차량·3D프린팅·나노기술·생명공학·재료공학·에너지저장기술·양자 컴퓨팅 등 다양한 영역이 있다.

'인공지능(Artificial Intelligence)'은 제4차 산업의 핵심 분야라고 할 수 있는데, 인간처럼 사고하고 행동하는 시스템이라고 잠정적인 정의를 내릴 수 있다. 인공지능을 필두로 하는 제4차 산업혁명 시대는 편리하고 풍요로운 삶을 가져다 줄 것이라는 장밋빛 전망이 우세하지만, 그 이전의 혁명들에서 볼 수 있듯이 인간 소외와 빈부 격차로 인한 양극화 현상이 깊어질 것이라는 어두운 전망도 있다.

이러한 시대적 상황을 맞이하여, 4차 산업 기술들과 불교와의 관계를 돌아보는 일은 긴요하다. 불교는 이러한 첨단 과학기술을 어떻게 이해하고 받아들여야 하는지에 대해서 진지하게 고민할 필요가 있으며, 불교 연구에서, 불교 수행에서, 신앙 생활에서 그들을 활용할 방법에 대해서 살펴볼 필요가 있다. 그리고 미래에 등장할지 모를 슈퍼 인공지능에 대한 윤리 기준에 대해서도 생각해 볼 필요가 있다.

물론, 인공지능과 같은 첨단 과학은 극히 최근에 일어난 일이기 때문에 지금은 불교계에서 이에 관한 충분한 논의와 합의가 아직 이루어지지 않은 상황이다. 시대의 변화에 능동적으로 대처하고자 하는 몇몇 불교학자들의 노력에 의해서 이루어진 연구가 있을 따름이다. 이 분야에 대한 연구는 앞으로 활발하게 이루어질 것이지만, 지금까지 학계에서 논의된 내용을 중심으로 간략하게 살펴보도록 한다.

1) 4차 산업을 보는 불교적 시각

인공지능을 비롯한 4차 산업의 첨단 과학기술들을 불교에서는 어떻게 바라보고 이해할 수 있을까? 이 질문에 대해서 여러 가지 대답이 있겠지만, 여기에서는 불교의 핵심 이론을 가지고 접근해 보자. 불교의 이론 중에는 이 세상의 존재들이 어떻게 구성되어 있는가에 대해서 논하는 '존재의 분류'에 관한 것이 있고, 그러한 존재에 담겨 있는 법칙이 무엇인가에 대해서 논하는 '존재의 법칙'에 관한 것이 있다.

먼저, '존재의 분류'를 가지고 이 문제에 접근해 보자. 부처님이 가르친 12처 등을 대승불교에서는 '5위 100법'으로 정리하였는데, 그중에서 가장 중요한 카테고리가 바로 '심왕법心王法'이라고 할 수 있다. 이 심왕법에는 모두 8식이 있는데, 구체적으로 말하면, 안식眼識, 이식耳識, 비식鼻識, 설식舌識, 신식身識 등의 전5식이 있고, 제6 의식意識, 제7 마나스, 제8 알라야식 등이 있다.

그러면 "인간이면 누구나 가지고 있는 이러한 8식을 4차 산업의 핵심인 인공지능에게는 과연 있다고 할 수 있을까?" 이 질문은 불교에서 중요하게 다루고 있는 '식識(vijñāna)'이란 개념을 통해서 인공지능의 능력에 대해 검토해 보려는 것이 된다. 식물이나 동물 등 유기체의 감각 능력이나 종합 능력과 비교해서 기계적 센서를 포함하는 인공지능의 인식 능력을 이해하는 데 도움을 줄 수 있기 때문이다.

연구에 의하면, 첫째, 인간과 마찬가지로 인공지능에도 안·이·비·설·신식 등 전5식이 있다고 한다. 오늘날 발달된 과학으로 인해서 인간·동물·식물 등 유기체의 감각기관이 어떻게 생성되고, 시각·청각·후각·미각·촉각 등 감각이 어떻게 전달되는가에 대해서도 상당한 수준으로 이미 밝혀져 있다. 인공지능 시스템은 이것을 모방하여 설계되었기 때문에, 이러한 전5식을 갖추고 있다고 보고 있다.

둘째, 인공지능에도 역시 제8 알라야식이 있다고 한다. 우리가 일반적으로 무의식無意識이라고 부르는 제8 알라야식은, 감각이 성립하기 위해서 선험적으로 갖추어야 할 조건이라고 할 수 있는데, 이는 유기체의 경우에 세포의 수축(contraction)을 통하여 '종합(synthesis)'하는 능력이라고 할 수 있다. 그런데, 인공지능 또한 입력된 자료를 종합하는 제8식이 여러 층위에 걸쳐 존재한다는 것이다.

셋째, 인간과 달리 인공지능에는 제7 마나스가 없다고 한다. 동물과 같은 유기체는 환경 속에서 자신의 생존을 유지하는 것을 일차적인 목표로 한다. 이로 인해서 환경과 맞은편에 있는 유기체 스스로에 대해 하나의 허구적 동일성을 부여하는 과정이 발생하는데, 이 과정에서 제7식이 발생하게 된다. 그런데, 인공지능은 그러한 목표나 욕구가 없다고 볼 수 있기 때문에 제7식이 없다는 것이다.

넷째, 인간과 달리 인공지능에는 제6 의식도 없다고 한다. 위에서 유기체는 생존을 위해서 제7 마나스를 필요로 한다고 하였는데, 따라서 그러한 제7식을 발생 조건으로 하는 제6식도 존재하게 된다. 그런데 인공지능의 경우에는 자신의 생존을 일차적인 목표로 부여하는 별도의 구도가 주어지지 않는 한 스스로 생각하는 능력을 갖기는 어렵다는 것이다. 따라서 인공지능은 제6식이 없다는 것이다.

이렇게 보면, 인간과 달리 인공지능은 전5식과 제8식은 있으나, 제6식과 제7식은 없다는 것을 알 수 있다. 이 점은 '식(vijñāna)'을 중시하는 불교의 입장에서 봤을 때, 치명적인 결핍이라고 할 수 있다. 미래에 자의식을 갖는 인공지능이 등장하지 않는 한, 현재의 인공지능에 국한하여 말한다면 인공지능은 인간과 같은 인식과 사유를 하는데 어느 정도의 한계가 있음을 인정하지 않을 수 없을 것 같다.

이제 '존재의 법칙'을 가지고 이 문제에 접근해 보자. 부처님께서 말씀하신 연기법緣起法(pratītya-samut-pāda)의 내용으로 보통 인과율因果律, 인연율因緣律, 상관율相關律 등 세 가지를 말하고 있다. 이 중에서 인연율은 인과율 중에서 원인을 자세히 분석하여 말한 것이고, 상관율은 인과율 중에서 결과를 깊이 통찰하여 말한 것이므로, 결국 인과율이 그 중심에 있다고 말할 수 있을 것이다.

그러면 불교의 진리라고 할 수 있는 이 연기법의 관점에서 볼 때, 인공지능은 혹은 넓게 보아 4차 산업의 기술들은 어떠한 원리와 기능을 가지고 있는가? 이 질문은 최근에 등장한 인공지능 등 4차 산업의 핵심 기술들의 원리를 불교에서 말하는 기본 원리로 어느 정도 수용할 수 있는지를 묻는 것이라고 할 수 있다. 불교의 보편적인 사유 방식에 이러한 기술들이 어느 정도 부합하는지 알아보자는 것이다.

아주 간단한 예를 들어 보자. 최근 우리 주위에서 사물인터넷(Internet of Things)을 종종 볼 수 있는데, 이는 컴퓨터 또는 스마트폰 상호 간의 네트워크와 같이, 일상적인 사물 및 전자 제품들 사이에 구축된 네트워크를 말한다. 즉 사물인터넷(IoT)은 컴퓨터라는 하드웨어 사이에서만의 네트워크가 아니라, 일반 하드웨어 사이에서도 컴퓨터들 간의 네트워크와 동일한 네트워크가 작용하는 것을 말한다.

스마트 홈(Smart home)과 같이 스마트폰을 이용해서 외출 중에 집 안의 전기, 가스, 잠금장치 등을 컨트롤하는 것이 우리 주위에서 쉽게 볼 수 있는 사물인터넷의 일반적인 사례이다. 한국정보통신기술협회의 정보통신단체표준에 따르면 사물인터넷이란 "정보통신기술을 기반으로 다양한 물리적 및 가상적 사물들을 연결하여 진보된 서비스를 제공하기 위한 글로벌 서비스 인프라이다."라고 정의한다.

이러한 사물인터넷이 제대로 작동하기 위해서는 기본적으로 각 사물마다 식별자가 있고 자신의 정보를 최신으로 유지하는 디바이스를 갖추어야 한다. 사물인터넷에서 네트워크(network)란 사물인터넷 A와 사물인터넷 B 상호 간에 인지하는 작용을 말한다. 이는 네트워크상에서 식별자들 사이의 인지 작용을 의미하는데, 식별자들 사이에 끊임없이 '원인⇔결과'의 상호 작용을 핵심적인 작동 원리로 한다.

이와 같이, 사물인터넷의 작동은 사물인터넷 상호 간의 의사소통에서 시작한다고 할 수 있다. 그리고 그들의 의사소통에서 가장 중요한 작동 원리는 연기법의 핵심 내용인 인과율에 의거하여 진행된다고 하는 점이다. 이것은 마치 냉장고 안의 온도가 적정 온도 이상으로 올라가면 냉장고가 가동되고, 적정한 온도가 되면 냉장고가 일시적으로 가동을 멈추는 것과 같은 이치라고 할 수 있다.

아무리 복잡한 첨단 시스템이라도 거기에 적용되는 근본 원리는 의외로 간단한 것을 볼 수 있다. 바로 불교의 인과율을 바탕으로 하고 있는 것이다. 2500년 전 부처님께서 말씀하신 연기법은 오늘날에도 여전히 유효하게 작동하고 있는 것을 볼 수 있다. 사실이 이와 같다면, 불교의 입장에서도 21세기의 첨단 과학기술을 능동적으로 받아들이고 활용하는 것이 보다 바람직한 방향일 것이다.

2) 4차 산업과 불교 연구

디지털에 대한 불교학계의 연구는 디지털 세계를 관찰하고 탐색한 결과를 바탕으로 디지털 세계의 방향에 대한 예측과 비판을 하는 정도여서, 지금까지는 사변의 영역에 머무르는 수준에서 벗어나지 못하고 있다. 하지만 현재 불교학계에서는 인공지능으로 대변되는 디지털에 대한 다양한 연구를 시도하고 있기 때문에 앞으로는 직접 디지털을 불교학에 활용하는 방향으로 나아갈 것으로 예상된다.

디지털 인문학(Digital Humanities)이라는 개념은 서양에서 디지털과 인문학의 융합을 위하여 논의되었다. 디지털 인문학은 정보 기술의 도움을 받아 새로운 방식으로 수행하는 인문학 연구와 교육, 그리고 이와 관계된 창조적인 저작 활동을 일컫는 말이다. 디지털 인문학은 전통적인 인문학의 주제를 계승하면서 연구 방법의 측면에서 디지털 기술을 활용하여 연구하는 새로운 성격의 인문학 연구를 포함한다.

주의할 것은 디지털 인문학이 단순히 인문학의 연구 대상이 되는 자료를 디지털화하거나, 연구 결과물을 디지털의 형태로 간행하는 것은 아니라는 점이다. 그것보다는 정보 기술의 환경에서 더욱 창조적인 인문학 활동을 전개하는 것, 그리고 그것을 디지털 매체를 통해 소통시킴으로써 보다 혁신적으로 인문 지식의 재생산을 촉진하는 노력을 하는 분야가 바로 디지털 인문학이라고 할 수 있다.

　디지털 인문학 분야는 다음의 다섯 가지 소분야로 분류할 수 있다. 첫째, '설계'는 대상 인문학 정보를 디지털에서 구현하기 위하여 대상의 구조와 내용을 계획하는 영역이다. 여기에서는 데이터의 확립이 가장 문제가 된다. 불교학에는 이미 풍부한 기록 정보가 있기 때문에, 그것을 디지털 정보로 변환시키는 작업이 시급하다. 그런데, 디지털화 작업에서 결정적인 문제는 데이터의 품질에 관한 문제이다.

　지금까지의 인간 가독형 데이터의 개념에서 벗어나서 컴퓨터에게 보다 많은 정보를 알려 주는 것을 중요시하는 기계 가독형 데이터가 무엇보다 필요한 시점이다. 그런데 현재의 불경 데이터의 기본이 되는 TEI(Text Encoding Initiative)는 충분한 수준의 기계 가독형 데이터가 아니다. 이런 문제점을 근본적으로 해결하기 위하여 제시된 높은 수준의 기계 가독형 데이터 개념이 시맨틱 웹(Semantic Web)이다.

　'시맨틱 웹'은 웹 문서, 각종 파일, 서비스 등에 대한 정보와 자원 사이의 관계를 컴퓨터가 처리할 수 있는 온톨로지(Digital Ontology) 형태로 표현하고, 이를 컴퓨터가 처리하도록 하는 기술이다. 시맨틱 웹은 인문 지식의 다층적인 지식망을 데이터로 입력하고 저장할 수 있게 하고, 논리적 추론으로 새로운 정보를 추가할 수 있게 한다. 그리하여 디지털 매체에 인간의 사유를 이식할 수 있게 한 것이다.

　둘째, '구축'은 설계를 통한 성과를 바탕으로 인문학 자원을 신규로 구축하거나, 기존에 구축된 인문학 데이터를 특정한 목적 아래에서 재편성하는 영역이다. 그런데 서로 다른 관점으로 접근한 불교학자들이 방대한 분량의 불경 내용, 인물, 장소, 사건, 물체 등 불교 데이터를 상호 연결하는 것은 결코 쉽지 않은 작업이다. 이 작업을 하기 위해서는 각 부분의 영역에서 데이터를 꾸준히 쌓아 가야 한다.

셋째, '분석'은 기존의 데이터를 여러 가지 연구 방법을 통해서 구체적인 수치를 도출하는 영역이다. 여기에는 물론 기존의 전통적인 인문학적인 연구 방법론이 포함되기는 하지만, 우리가 여기에서 말하고자 하는 새로운 첨단 과학기술이 가장 활달하게 활용될 수 있는 분야이다. 이 분석의 단계에는 다시 몇 가지 종류의 분석이 있는데, 언어 분석, 사회네트워크 분석, 지리정보 분석 등을 들 수 있다.

'언어 분석'은 컴퓨터를 이용한 언어에 대한 분석이다. 언어 분석의 방법은 일반적으로 자연어 처리, 코퍼스 언어학, 텍스트 분류, 공기어 분석, 감정 분석 등이 있다. 불교학의 입장에서는 CBETA 디지털 연구 플랫폼과 유서 대응 검색시스템(類書對應查詢系統)을 대표적으로 들 수 있고, 이를 바탕으로 공기어(Co-occurrence)를 통한 불경의 개념어 간의 관계성에 대한 연구 가능성을 제시할 수 있다.

'사회네트워크 분석'은 네트워크 내의 관계에 대한 분석을 통하여, 네트워크의 구조와 속성의 특징을 연구하는 방법이다. 불교학의 입장에서 활용할 수 있는 하나의 예를 든다면, 법고문리학원法鼓文理學院에서 제작한 고승전 사회네트워크 시각화(高僧傳社會網絡視覺化)를 들 수 있다. 이것은 고승전高僧傳에 동시 출현하는 승려 간의 네트워크를 시각적으로 보여 주는 프로그램을 말하는 것이다.

'지리정보 분석'은 지리 공간 현상에 대한 정량적인 연구 분야이다. 공간 데이터를 기초로 하여 관련 데이터 사이에 내재된 정보를 분석하여, 공간 위치·공간 분포·공간 형태·공간 거리·공간 관계를 분석한다. 불교학의 입장에서는 불교 전기문학 지리정보 시스템, 조선 시대 표류노드 시각망 연구, 불교 사찰과 풍수 간의 공간 관계성 분석, 시대별 승려 출신지의 변화 양상 등의 연구에 충분히 활용할 수 있다.

넷째, '해석'은 분석을 통하여 도출된 수치에 인간의 다양한 관점과 사유를 통한 의미를 부여하는 영역이다. 컴퓨터 연산에는 일정한 조건이 부여되어야 하는데, 컴퓨터는 조건을 부여할 능력이 없고, 인류만이 조건을 부여할 수 있다. 현재까지 인공지능은 연산의 결과에 대해서 의미를 판단할 수 없고, 의미를 부여할 수 없다. 따라서 해석을 할 수 없기 때문에, 이 해석의 영역은 아직 인간만이 가능하다.

다섯째, '시각화'는 앞에서 이루어진 설계, 구축, 분석, 해석을 인간을 위하여 출력하는 영역이다. 디지털을 기반으로 하는 시각화는 기본적으로 컬러 문자와 이미지를 제공하는 것은 물론이고, 종이에서는 제공하지 못하는 음성과 동영상 및 사용자 상호 작용을 제공한다. 이와 같은 연구자를 위한 문헌의 시각화는 원문 정보와 연구 정보의 상호 연계를 통한 연구 효율을 최대로 이끌어 주는 기능을 한다.

불교학 연구에서의 시각화는 문헌의 시각화와 멀티미디어의 시각화로 구분할 수 있다. '문헌의 시각화'는 CBETA의 온라인 열람(CBETA, 線上閱讀)에서 어느 정도 미래 가능성을 보여 주고 있다. 문헌을 읽기 위한 자전·인명·지명 사전과 연결하였을 뿐만 아니라, 키워드 분석과 관련 문헌의 검색까지 수행하고 있다. 그리하여 불경을 쉽게 독해할 수 있도록 불경에 대한 추가적인 정보들을 제공하고 있다.

'멀티미디어의 시각화'는 한국학중앙연구원의 '한국 기록유산의 디지털 스토리텔링 자원 개발'에서 볼 수 있다. 이는 승탑비문을 중심으로 승려·문헌·용어 등에 대한 연구 및 사찰·문화 유산에 대해서 가상현실 촬영을 하고 이를 위키 시스템을 이용하여 종합 편찬한 사례이다. 이는 연구자뿐만 아니라 관심 있는 일반인도 이해하기 어려운 승려의 행적을 직관적으로 파악할 수 있다는 점에서 가치가 있다.

3) 4차 산업과 불교 수행

　불교 수행을 전문으로 하는 출가자나 일상생활에 틈틈이 수행을 하고자 하는 재가자를 위해서 활용할 만한 첨단 과학기술에는 어떠한 것이 있을까? 4차 산업 시대의 핵심 기술로서 주목받고 있는 인공지능을 이용하여 심리 치료와 상담을 하는 '챗봇'이 등장하여 최근에 많은 사람들의 관심을 끌고 있다. 선불교에서는 이 챗봇의 알고리즘에 선문답의 데이터를 구축할 수 있을지에 대한 논의도 시도하고 있다.
　먼저, 챗봇이 무엇인지에 대해서 살펴보자. '챗봇(chatbot)'이란 챗(chat)과 로봇(robot)의 합성어로서, 인공지능을 이용하여 로봇과 인간 사이에 정보 교환이 가능하도록 설계된 시스템이다. 대화 프로그램을 통해서 상대방의 의도를 예측하고, 상대방이 하고자 하는 행위를 유도하도록 하는 프로그램인 것이다. 챗봇을 통하여 정보를 교환하는 방식은 음성 인식뿐만 아니라, 문자로 주고받는 것도 포함된다.
　수년 전에 챗봇이 등장한 이후로, 전 세계의 여러 선도 기업들도 챗봇이 가지고 있는 무궁무진한 가치에 점차 주목하기 시작하였고, 현재는 대규모 투자와 개발에 뛰어들고 있다. 그 결과 오늘날에는 수많은 챗봇들이 다양한 분야에서 활동하고 있다. 의료계와 법률계는 물론이고, 패션계·관광계·기상예보 등에서 챗봇이 활동하고 있으며, 특히 '심리상담' 분야에서도 다양한 서비스를 제공하고 있다.
　이 중에서 현재 상용화된 대표적인 심리 치료·상담 챗봇으로, 난민을 위한 심리 치료에 사용되는 챗봇이 있다. 여기에는 난민의 감정 상태를 분석하고 치유해 주는 '카림(Karim)'이 있고, 난민들의 이민 정착을 도와서 무료로 법률 상담을 하는 '두낫페이(DoNotPay)'도 있으며, 난민에게 이동 경로와 구호·원조 지점 탐색 등의 신뢰할 만한 정보를 제공해 주는 '레퓨지 텍스트(Refugee Text)' 등이 있다.

이 외에도 '크라이시스 텍스트 라인(Crisis Text Line)'은 자살을 예방·상담하는 챗봇인데, 데이터를 분석하여 자살 고위험군을 선별하고 위험을 사전에 예측하여 알려 주는 방식으로 도와준다. 또한, '워봇(Woebot)'은 우울증을 치료·상담하는 챗봇인데, 심리 상태를 수시로 확인하고 분석하여 적절한 행동 요법을 제공함으로써 사고를 방지할 수 있도록 해 준다.

이와 같은 심리 치료·상담 챗봇과 불교는 어떠한 관계가 있을까? 생각해 보면, 불교는 고통(고뇌)으로부터 시작되었다고 할 수 있다. 부처님께서 생·노·병·사와 같은 근본고根本苦를 극복하고 영원한 열반을 성취하기 위해서 출가하신 것에서 볼 수 있듯이, 불교는 심리적인 고통에서 벗어나는 데 매우 민감하다. 이 점에서 심리 치료·상담 챗봇과 불교의 수행론은 밀접한 관계에 있다는 것을 알 수 있다.

현재 불교계에서는, 특히 선불교를 중심으로, 이 심리 치료·상담 챗봇을 활용한 선문답 알고리즘에 대한 연구에 점차 관심을 기울이고 있다. 사실, 지금까지 심리 치료 챗봇 기술은 기존의 데이터 시스템 안에서만 자연어 학습과 활용을 하는 방식이었다. 그러나 앞으로는 선문답의 논법으로부터 차용한 알고리즘을 통해서 그 일상적 답변 패턴을 넘어서는 창의적 답변을 할 수 있도록 시도하고 있는 중이다.

좀 더 구체적으로 말하면, 현재의 심리 치료·상담 챗봇에 '딥러닝'

기술을 활용하여 방대한 선문답의 대화 패턴을 입력하고 그것들을 분류, 범주화시켜 방대한 데이터를 구축할 수 있다는 것이다. 이러한 과정을 통해서 심리 치료 챗봇은 광범위한 데이터를 확보하여 보다 효과적인 상담을 할 수 있고, 이용자들은 선불교 전통 속 선사들의 지혜에 보편적 접근이 가능해질 것으로 기대한다.

이러한 작업이 가능할 것으로 보는 이유는, 불교 전통 속의 선문답과 현대의 알고리즘(algorithm)은 서로 이질적인 듯 보이지만, 실제로는 매우 유사한 속성을 상호 공유하고 있기 때문이다. 첫째는 단순성이다. 선 전통에서는 깨달음을 구하는 과정에서 모든 허례를 배격하면서 그것을 구도의 에너지로 집중한다. 알고리즘 또한 복잡한 문제 해결 과정을 단순화시켜 나가는 것을 추구한다. 둘째는 목표 지향성이다. 선문답의 목적은 깨달음이고 알고리즘의 목적은 현실 문제 해결이지만, 모두 이러한 목적을 달성하기 위한 하나의 단계 혹은 과정이라는 분명한 목표 지향성을 지니고 있다. 셋째는 최적화성이다. 선문답에서 스승은 제자의 근기를 살펴서 그에 적합한 선문답을 전개해 나간다. 알고리즘 또한 개별적인 목적에 따라 그 알고리즘의 수준과 적합도를 구축해 나가는 방식을 사용한다.

이러한 공통점을 염두에 두고 최근 선불교에서는 몇 가지 선문답 알고리즘에 대한 연구를 시도하고 있다. 첫째, 해소 알고리즘이다. 선불교에서는 제자의 질문에 대해 스승은 문제를 해결解決하기보다는 해소解消시키는 방법을 취한다. 아래의 『경덕전등록』에 나오는 제2조 혜가와 초조 달마의 선문답에서 볼 수 있듯이, 문제 자체가 기본적으로 성립되지 않음을 깨닫게 함으로써 정신적 속박으로부터 벗어나게 하는 방법이다.

"제 마음이 불안합니다. 부디 제 마음을 편안케 해 주십시오."

"너의 불안한 그 마음을 가져 오너라. 그러면 마음을 편안케 해 줄 것이다."

"그 마음을 찾으려 해도 찾을 수가 없습니다."

"나는 이미 너의 마음을 편안케 했다."

둘째, 은유 알고리즘이다. 은유는 단순 기술로는 접근이 불가능한 현실을 창조적으로 새롭게 기술함으로써 세상에 대한 새로운 관점과 표현을 통해 삶을 확장해 나가게 해 준다. 아래의 예시에서, 육조대사六祖大師 혜능慧能은 불교에서 중시하는 '마음'의 의미를 천명하고 있는데, 그 이전에 등장한 '바람'과 '깃발'이라는 단어는 인간의 인식 작용의 왜곡과 망상을 은유적으로 표현한 것이라고 할 수 있다.

밤중에 찰간대의 깃발이 바람에 펄럭이는 것을 보고서 두 스님이 대론對論을 하였는데, 한 스님은 "깃발이 흔들린다."라고 했으며, 또 한 스님은 "바람이 흔들리는 것이다."라고 하였다. 줄곧 논의를 주고받았으나 좀처럼 도리에 계합契合하지 못했다. 육조가 말하기를, "속인이 고준한 담론에 같이해도 되겠습니까? 흔들리는 것은 바람도 아니요, 깃발도 아닙니다. 흔들리는 것은 스스로의 마음입니다."

셋째, 화두 알고리즘이다. 화두는 황당하거나 파격적인 언사이지만 상식적으로 일상의 테두리 안에서 생각하는 사유분별을 끊어 버리는 힘을 가지기에, '격외어格外語'라고도 한다. 일상 언어에 기반한 수많은 분별 작용으로부터 벗어나 화두는 질문과 전적으로 모순되는 답변을 함으로써 일상 의식의 중단을 가져온다. 그리고 그 중단은 단지 거기에 멈추지 않고, 마침내 의식의 완전한 각성을 추구하게 된다.

조주 화상에게 한 스님이 물었다.
"개에게도 불성佛性이 있습니까?"
"무無."

이상은 4차 산업 시대에 등장한 심리 치료·상담 챗봇을 활용한 불교 수행의 한 측면을 '선문답 알고리즘'이라는 아이디어를 가지고 살펴본 사례이다. 우리의 노력에 따라서 이러한 영역은 확장될 수 있을 것이다. 인류가 존재하는 한 인간의 고통(고뇌)에 대한 문제는 사라지지 않을 것이고, 그 문제 해결을 위한 방법은 시대에 따라서 얼마든지 변화할 수 있을 것이기 때문이다.

4) 4차 산업과 불교 신앙

일반 불교도의 입장에서 4차 산업의 첨단 과학기술 중에서 활용할 만한 것은 무엇이 있을까? 현실 세계가 아닌 만들어진 세계와 관련된 기술을 중심으로 살펴보자. 여기에 VR(Virtual Reality, 가상현실), AR(Augment Reality, 증강현실), MR(Merged Reality or Mixed Reality, 융합현실 또는 혼합현실)의 세 가지를 들 수 있다.

'VR(가상현실)'은 우리의 감각을 자극하여 실재하지 않는 현실을 컴퓨터 등을 이용해서 가상으로 재구현한 현실을 말한다. 미국 드라마 '빅

뱅이론'에서 보면 주인공 쉘던이 헤드셋을 쓰고 숲속의 나비를 만지는 장면이 나오는데, 이처럼 가상현실은 영상과 소리를 통해 우리에게 진짜 같은 현실 세계의 모습을 제공한다. 가상현실이라는 용어는 1987년 자론 래니어(Jaron Lanier)에 의해 대중화되었다.

'AR(증강현실)'은 실제 세계에서 가상의 물체를 보여 주는 기술을 말하는데, 실제 세계 속에 가상의 물체를 넣었기 때문에 가상현실에 '현실성'을 부여한다고 할 수 있다. 증강현실이라는 용어는 1990년 보잉사 기술자 톰 코델(Tom Caudell)이 사용한 표현인데, 이 용어가 등장하게 된 계기가 된 것은 당시 보잉사에서 항공기의 전선을 조립하는 데 도움을 주기 위해 가상의 이미지를 사용하였기 때문이라고 한다.

'MR(융합현실, 혼합현실)'은 가상 세계와 현실 세계가 겹치기 때문에 혼합현실 혹은 융합현실이라고 부른다. 융합현실은 인텔이, 혼합현실은 마이크로소프트사가 각각 기존의 증강현실과 차별성을 부각하기 위해 사용하고 있지만, 실제로 큰 차이는 없다. 일부에서 VR은 몰입성, AR은 현실성의 특징을 가지고 있는 데 비해서, MR은 이 두 장점을 모두 구현하고 있는 것이라고 이야기하기도 한다.

VR·AR·MR 기술이 사용되면, 가상 세계와 현실 세계의 경계가 허물어지기 때문에 패러다임의 큰 전환을 가져오리라고 생각한다. 불교는 이러한 기술들을 활용하여 부처님의 가르침을 일반인에게 전달하는 다양한 방편적 방법들을 개발할 수 있을 것으로 기대된다. 그리고 이러한 방식은 일반 불교도들의 신앙 생활에 매우 큰 변화를 느끼게 해 줄 것이다.

충분히 상상되는 장면들을 생각해 보자. 첫째, 이제는 부처님께서 설법하시는 장소에서 직접 설법을 들을 수 있다. 지금까지는 단순히 불교 경전의 말씀을 듣는 것으로 끝났지만, 이제는 불교 경전의 내용을 스마트폰의 포털 게이트를 통해 경전이 설해지는 시대와 장소로 이동할 수 있게 된다. 그리해서 우리들의 눈앞에서 직접 부처님의 설법을 생생하게 들을 수도 있게 된다.

둘째, 불경이나 불서에 등장하는 상황을 실제로 구현해 볼 수도 있다. 예를 들어서 『송고승전』에는 원효 스님과 의상 스님이 당나라로 유학하기 위해서 동굴 속에 머물다가 해골을 보는 장면이 등장한다. 그리고 그다음 날 이제는 무덤으로 밝혀진 그곳에서 크게 진리를 깨치는 장면이 등장한다. 이 역사 속의 유명한 장면을 우리는 VR·AR·MR 기술을 활용하여 직접 구현해 볼 수 있게 된다.

셋째, 불교 문화재를 실감나게 감상할 수 있다. 테이블 위에 석굴암을 펼쳐 놓고 본존불부터 이를 둘러싼 나한상을 하나하나 깊이 있게 바라볼 수도 있고, 해외에 거주하는 외국인들에게도 석굴암을 소개할 수 있다. 그리고 이제는 터만 남은 황룡사를 AR을 통해서 재현시킴으로써 이전의 웅장했던 모습을 체험하고 찬란했던 불교의 모습을 경험할 기회를 가질 수도 있게 된다.

넷째, 불교의 불사佛事 과정을 옆에서 직접 지켜볼 수 있다. 고려 시대에 우리 조상들이 몽골군의 침입에 맞서 피땀을 흘려 제작하던 팔만대장경의 조판 과정을 가상현실을 통해 직접 체험할 수도 있다. 이와 더불어, 불교의 수륙재·영산재 등의 의례들은 실제로 재현하기 위해서는 많은 인원과 비용이 소요되는 일이지만, 이제는 그 과정을 생생하게 집 안에서 감상할 수도 있게 된다.

다섯째, 오직 나만을 위한 신앙 생활을 할 수 있다. 나만의 가이드와 함께 전국 방방곡곡의 사찰을 순례할 수도 있고, 나아가 전 세계에 있는 사찰들을 안방에서 순례할 수도 있다. 나만의 명상 지도 스님을 모시고 와서 그 스님의 지도로 명상을 할 수도 있게 되고, 스님의 홀로그램을 통해 먼 곳에 계시거나 돌아가신 스님을 모시고 와서 그분의 훌륭하신 법문을 눈앞에서 들을 수도 있게 된다.

이와 같이, 불교는 콘텐츠의 보고이기 때문에 가상현실 기술을 수용하여 만들어 낼 수 있는 내용들은 실로 무궁무진하다. 하지만, 여기에 머물러서는 안 된다. 중요한 것은 단순한 기술의 응용이 아니라 거기에 어떠한 가치와 비전을 담는가이다. 불교의 '자비慈悲'는 현대인들이 가진 무한한 욕망과 자기중심적 태도를 변화시킬 수 있는, 더 나은 미래를 위한 가장 소중한 가치이다.『숫따니빠따』는 말한다.

"어떠한 생명체라도 약한 것이건, 강한 것이건, 큰 것이건, 중간 것이건, 제 아무리 미미하고 보잘것없는 것일지라도, 눈에 보이는 것이나, 보이지 않는 것이나, 이미 태어난 것이나, 앞으로 태어나려 하는 것이나, 살아 있는 모든 것들아, 부디 행복해져라."

"남을 속여서는 안 된다. 또 남을 멸시해서도 안 된다. 남을 괴롭히거나 고통을 주어서는 더욱 안 된다. 어머니가 외아들을 보호하듯 살아 있는 이 모든 생명체에서 한없는 연민의 마음을 일으켜야 한다. 그 자비심이 골고루 스미게 하라. 위로, 아래로, 또는 옆으로, 장애도 없고, 적의도 없고, 척짓는 일도 없이 누리에 두루두루 스미게 하라."

자비의 가치가 가진 연민과 차별 없음에 초점을 맞추어 불교의 콘텐츠를 개발해 나갈 필요가 있다. 스마트폰의 포털 게이트를 통해 경전의 세계로 들어간다 할 때, 그곳에서 사용자가 만나게 될 부처님의 모습,

목소리 등에는 제작자의 철학이 들어가게 마련이다. AR 기술과 콘텐츠를 개발하기에 앞서 AR 시대에 불교가 이러한 기술을 통해 어떤 메시지와 비전을 제공할 것인지도 함께 고민할 필요가 있다.

이상으로 '불교와 4차 산업의 바람직한 관계'에 대해서 살펴본 결과 앞으로의 과제를 간략히 정리해 볼 수 있다. 우선, 새로운 문명의 이기利器로 등장한 4차 산업혁명의 최첨단 과학기술에 대해서 불교는 그 실체와 한계를 명확히 파악할 필요가 있다. 그리고 그것을 바탕으로 불교 연구, 불교 수행, 불교 신앙 등 불교의 다양한 분야에서 적극적으로 첨단 기술을 활용하는 것이 이 시대를 지혜롭게 살아가는 방법이다.

다만, 지금까지의 논의는 소위 말하는 '약인공지능'에 해당하는 것임을 염두에 둘 필요가 있다. 과학기술이 진보함에 따라서 앞으로는 소위 '강인공지능'이라는 것이 등장할 가능성이 점점 높아지고 있는데, 강인공지능이란 인간과 비슷하거나 인간을 넘어서는 사고능력을 갖는 인공지능을 말한다. 어쩌면 인간의 통제를 벗어날지도 모르는 새로운 미래 환경은 지금도 여기저기에서 조금씩 감지되고 있다.

이러한 상황에 대해서, 20세기 최고의 이론물리학자 가운데 한 사람으로 꼽히는 스티븐 호킹 박사는 생전에 "인공지능이 인류의 종말을 초래할 수도 있다."라고 말하며 인공지능의 발전에 대해 깊은 우려를 표명했다. 인류는 인공지능으로부터 야기되는 위험과 관련하여 인공지능을 통제하는 방법에 관해서 논쟁을 벌이고 있다. 그리고 그중의 하나로 '인공지능 윤리'에 대한 관심이 점차 높아지고 있다.

2017년 1월에 미국 캘리포니아 아실로마에서 열린 AI컨퍼런스에서는 인공지능 연구자, 경제학자, 법학자, 윤리학자, 철학자 등이 '아실로

마 인공지능 원칙'을 선언하였다. 여기에 따르면, 인공지능 연구의 목적은 인간에게 유용하고 혜택을 주어야 하며, 인간의 존엄성·권리·자유·이상 등과 양립할 수 있어야 하며, 장기적으로 위험에 대응하고 공동의 이익을 위해 활용되어야 한다고 규정하고 있다.

① 안전 : 인공지능 시스템은 작동 수명 전반에 걸쳐 안전하고 또 안전해야 하며, 적용 가능하고 실현 가능할 경우 검증할 수 있어야 한다.

② 장애 투명성 : 인공지능 시스템이 손상을 일으킬 경우 그 이유를 확인할 수 있어야 한다.

③ 사법적 투명성 : 사법제도 결정에 있어 자율시스템이 개입하면 권위 있는 인권기구가 감사할 경우 만족스러운 설명을 제공해야 한다.

④ 책임성 : 고급 인공지능 시스템의 설계와 구축은 사용, 오용 및 행동의 도덕적 영향을 미치는 이해관계가 있으며, 그에 따른 책임과 기회가 있다.

⑤ 가치의 준수 : 고도로 자율적인 인공지능 시스템은 목표와 행동이 작동하는 동안 인간의 가치와 일치하도록 설계해야 한다.

⑥ 인간적 가치 : 인공지능 시스템은 인간의 존엄성, 권리, 자유 및 문화적 다양성의 이상에 적합하도록 설계되어 운용되어야 한다.

⑦ 개인정보 보호: 인공지능 시스템이 개인정보 데이터를 분석하고 활용할 수 있는 경우, 사람들은 자신이 생성한 데이터에 접근해 관리 및 제어할 수 있어야 한다.

⑧ 자유와 개인정보 : 인공지능을 개인정보에 적용하면 사람들의 실제 또는 인지된 자유가 부당하게 축소되어서는 안 된다.

⑨ 이익 공유 : 인공지능 기술은 최대한 많은 사람들에게 혜택을 주고

권한을 부여해야 한다.

⑩ 공동 번영 : 인류의 모든 혜택을 위해 AI에 의해 만들어진 경제적 번영은 널리 공유되어야 한다.

⑪ 인간 통제 : 인간은 인간이 선택한 목표를 달성하기 위해 의사결정을 인공지능 시스템에 위임하는 방법 및 여부를 선택해야 한다.

⑫ 비파괴 : 고도화된 인공지능 시스템의 통제에 의해 주어진 능력은 건강한 사회를 지향하며, 이를 지키려는 사회나 시민들의 프로세스를 뒤집는 것이 아니라 존중하고 개선해야 한다.

⑬ 무기 경쟁 : 치명적인 인공지능 무기의 군비 경쟁은 피해야 한다.

위의 내용을 살펴보면, 주로 인공지능의 제작자 혹은 사용자를 대상으로 하여 반드시 지켜야 할 내용을 자세히 규정하고 있는 것을 볼 수 있다. 만약 앞으로 강인공지능이 나타난다면 여기에 그들을 위한 행동규범도 반드시 추가해야 할 것이다. 그리고 이러한 윤리규범은 단순히 자발적인 행위규범에 머물지 않고, 앞으로는 타율적인 강제규범, 즉 관련 법률도 하나하나 제정될 것으로 예상된다.

사물에 빛과 그림자가 있듯, 인공지능을 필두로 하는 4차 산업의 첨단 과학기술에도 빛과 그림자가 있을 것이다. 우리가 어떤 마음을 가지고 여기에 접근하느냐에 따라 인류에게 행복 혹은 불행을 가져다 줄 것이다. 뭇 중생들을 위해서 문명의 이기利器를 활용하면서도 부처님의 가르침대로 자신의 개체적인 욕구만을 충족시키는 것이 아니라 함께 나와 타인, 우리와 사회가 하나인 동시에 전부라는 동체대비의 마음으로 살아가는 것이 부처님께서 강조하신 진정한 지혜와 자비의 길이다.

추천 도서

대한불교조계종 교육원 부처님의 생애 편찬위원회(2018), 『부처님의 생애』, 조계종출판사
대한불교조계종 불학연구소(2015), 『간화선: 조계종 수행의 길』, 조계종출판사
대한불교조계종 포교원(2017), 『불교입문-조계종 신도기본교육 교재』, 조계종출판사
불교성전편찬회(2016), 『불교성전』, 동국역경원

각묵(2018), 『초기불교이해』, 초기불전연구원
강성용(2011), 『빠니니 읽기』, 한길사
강신주(2011), 『철학이 필요한 시간 - 강신주의 인문학 카운슬링』, 사계절
강희정(2011), 『동아시아 불교미술 연구의 새로운 모색 - 불교미술 속의 여성과 내세』, 학연문화사
곽철환(2014), 『불교의 모든 것 - 한권으로 읽는 불교 입문서』, 행성B
권오민(2003), 『아비달마불교』, 민족사
권오민(2004), 『인도철학과 불교』, 민족사
권오민(2020), 『티베트에서의 불교철학 입문』, 씨아이알
권중서(2010), 『불교미술의 해학』, 불광출판사
길희성(2019), 『인도철학사』, 소나무
김서리(2016), 『담마빠다 법구경』, 소명출판
김성철(2006), 『중관사상』, 민족사
김정호 외(2020), 『부처님의 감정수업』, 불광출판사

김창환(2014), 『달라이 라마의 생각을 읽자 – 만화로 읽는 21세기 인문학 교과서』, 김영사ON

김호귀(2020), 『묵조선의 이론과 실제』, 동국대학교출판부

김호성(2016), 『결사, 근현대 한국불교의 몸부림』, 씨아이알

노승대(2019), 『사찰에는 도깨비도 살고 삼신할미도 산다』, 불광출판사

명법(2014), 『미술관에 간 붓다 – 배트맨과 사천왕의 공통점에서 생각하는 사람과 반가사유상의 차이까지』, 나무를 심는 사람들

명법 외(2012), 『한 권으로 보는 세계불교사』, 불광출판사

미산 외(2015), 『부처 마음을 깨닫는 자가 곧 부처다』, 21세기 북스

석길암(2010), 『불교 동아시아를 만나다』, 불광출판사

성열(2008), 『고따마 붓다: 역사와 설화』, 문화문고

성열(2010), 『붓다 다르마: 불교의 올바른 이해와 실천』, 문화문고

성철(2014), 『백일법문 개정증보판』 상/중/하, 장경각

심재관(2001), 『탈식민지시대 우리의 불교학』, 책세상

심재관·최종덕(2016), 『승려와 원숭이 – 생물 철학자와 인도 철학자의 불교에 관한 12가지 대담』, 동녘

안성두(2008), 『대승불교의 보살Bodhisattva – 우리의 가장 위대한 유산』, 씨아이알

안성두 외(2010), 『붓다와 다윈이 만난다면』, 서울대학교출판문화원

오용석(2020), 『명상, 깨어있는 만큼의 세계』, 공동체

이기영(1999), 『불교개론강의』 상/하, 한국불교연구원

이자랑 외(2016), 『도표로 읽는 불교입문 – 붓다의 생애와 가르침, 불교사가 한눈에 쏙쏙 들어오는 불교입문서』, 민족사

이주형(2015), 『간다라 미술』, 사계절

이주형 외(2009), 『동아시아 구법승과 인도의 불교 유적』, 사회평론

이지수(2002), 『인도에 대하여』, 통나무, 씨아이알

이지수(2014), 『인도 불교철학의 원전적 연구』, 여래

이진경(2016), 『불교를 철학하다』, 한겨레출판

이태승(2009), 『인도철학산책』, 정우서적

자현(2012), 『100개의 문답으로 풀어낸 사찰의 상징세계』, 불광출판사

정병삼(2020), 『한국불교사』, 푸른역사

정병삼 외(2017), 『한국의 사원과 세계 불교문화』, 한국학중앙연구원출판부

정승석(2012), 『간추린 불교상식 100문100답』, 민족사

정운(2014), 『경전숲길 - 한 권으로 읽는 경전』, 조계종출판사

정화(2004), 『삶의 모습을 있는 그대로 - 생활 속의 유식 30송』, 도서출판 법공양

종석(2019), 『밀교학개론』, 운주사

황순일(2018), 『테라와다불교의 동남아시아 전파』, 가산불교문화연구원

데미언 키온(2020), 『불교』(고승학 역), 교유서가

라다크리슈난(2019), 『인도철학사 1-4』(이거룡 역), 한길사

로제 폴 드르와(2006), 『철학자들과 붓다 - 근대 유럽은 불교를 어떻게 오해하였는가』(신용호·송태효 공역), 심산

리처드 곰브리치(2018), 『곰브리치의 불교강의』(송남주 역), 불광출판사

사사키 겐쥰(2015), 『불교시간론』(황정일 역), 씨아이알

에띠엔 라모뜨(2006), 『인도불교사 Ⅰ·Ⅱ』(윤호진 역), 시공사

에릭 쥐르허(2010), 『불교의 중국 정복』(최연식 역), 씨아이알

폴 윌리암스(2011), 『인도불교사상』(안성두 역), 씨아이알

피터 하비(2010), 『불교윤리학 입문』(허남결 역), 씨아이알

부록

불상·불탑과 사원

불상

1. 인도

그림 1 간다라(Gandhara) 불상, 2세기, 인도박물관

그림 2 마투라(Mathura) 불상, 1세기, 인도박물관

그림 3 굽따(Gupta) 불상, 5세기, 인도박물관

그림 4 빨라(Pala) 불상, 10세기, 인도박물관

그림 5 관세음보살(Avalokitesvara), 10세기, 날란다

그림 6 미륵보살(Maitreya), 10세기, 날란다

2. 스리랑카

그림 7 아바야기리(Abhayagiri) 불상, 4세기, 아누라다푸라

그림 8 갈위하라(Gal Vihara) 불상, 12세기, 뽈론나루와

3. 동남아시아

그림 9 관세음보살(Avalokitesvara), 9세기, 인도네시아 보로부두르

그림 10 까샤빠(Kaśyapa) 불상, 12세기, 미얀마 파간

그림 11 드와라와띠(Dvaravati) 불상, 8세기, 태국 아윳타야

그림 12 **크메르(Khmer) 불상, 12세기, 태국 롭부리**

그림 13 수코타이(Sukhothai) 불상, 태국 수코타이

그림 14 아윳타야(Ayutthaya) 불상, 태국 핏사눌록

4. 동아시아

그림 15 장경동 불상, 중국 둔황

그림 16 마이지산 불상, 중국 톈수이

그림 17 윈강석굴 대불, 중국 다퉁

그림 18 룽먼석굴 대불, 중국 뤄양

그림 19 석굴암 불상, 대한민국 경주

불탑과 사원

1. 인도

그림 20 산치 대탑, 인도 산치

그림 21 아잔타석굴 불탑, 인도 아잔타

그림 22 사르나트 담마케 불탑, 인도 사르나트

그림 23 웨살리 불탑 및 아쇼까 석주, 인도 웨살리

그림 24 마하보디 대탑, 인도 보드가야

2. 스리랑카

그림 25 르완왈리시아 불탑, 스리랑카 아누라다푸라

그림 26 뽈론나루와 불탑, 스리랑카 뽈론나루와

3. 동남아시아

그림 27 보로부두르, 인도네시아 욕자카르타

그림 28 아난다 사원, 미얀마 파간

그림 29 쉐다곤 불탑, 미얀마 양곤

그림 30 왓마하탓 불탑, 태국 수코타이

그림 31 도이수텝 불탑, 태국 치앙마이

그림 32 왓 푸타이사완 불탑, 태국 아웃타야

그림 33 왓 아룬 불탑, 태국 방콕

그림 34 프라파농 불탑, 태국 나콘파농

그림 35 파탓루앙 불탑, 라오스 위엔티엔

4. 네팔

그림 36 스와얌부 불탑, 네팔 카트만두

그림 37 보다나트 불탑, 네팔 카트만두

5. 동아시아

그림 38 **탑림**, 중국 숭산 소림사

그림 39 **백마사 불탑**, 중국 뤄양

그림 40 대안탑, 중국 시안

그림 41 키오미즈테라 불탑, 일본 교토

그림 42 경천사탑, 대한민국 서울 국립박물관

그림 43 불국사 다보탑, 대한민국 경주

찾아보기

ㄱ

가르침(dhamma, 法) • 122
가르침에 대한 해설(abhidhamma, 論) • 79
가마쿠라(鎌倉) • 299
가부좌 • 199
가야(Gayā) • 51
간화看話 • 214
간화삼요看話三要 • 220
간화선 • 213, 337
개아론자(Personnalistes) • 115
『개원석교록開元釋敎錄』• 273
겔룩파 • 305
견성성불見性成佛 • 202, 203, 336
결과주의(consequentialism) • 113
결국 괴로움일 뿐(一切皆苦) • 96
결정론決定論(akriyā-vāda) • 35
결집結集 • 233
결코 영원할 수 없고(諸行無常) • 96
경經(sutta) • 79, 124
경량부經量部(Sautrāntika) • 112, 115, 116, 247
경·율·논 삼장 • 291
계율의 완성(śīlapāramitā, 持戒波羅蜜) • 132

계·정·혜의 세 가지 수행(三學) • 331
고따마(Gotama) • 39
『고려대장경』• 283
고봉 원묘 • 220
고칙공안古則公案 • 217
고행림苦行林 • 51
공(śūnya) • 92
공안 • 219
공한 상태에 있다(śūnyatā) • 92, 128, 142
과거를 기억하는 지혜(宿命通) • 59
관觀(vipaśyana) • 193
『관무량수경』• 186, 191
관음보살觀音菩薩 • 156
괴로움을 소멸하는 길의 진리(道諦) • 104
괴로움의 생성에 대한 진리(集諦) • 102
괴로움의 소멸의 진리(滅諦) • 103
괴로움의 진리(苦諦) • 101
굉지 정각 • 211
교상판석敎相判釋 • 163, 267
교외별전敎外別傳 • 201, 202
구원의 길 • 21, 23
균여均如 • 281
근본분열 • 123

『금강경金剛經』• 127
금강승金剛乘(Vajrayāna) • 252
기독교 • 323
기쁨(pīti) • 119
기원정사祇園精舍(Jetavana) • 73
까삘라왓투(Kapilavatthu, 迦比羅城)
 • 39
까샤빠(Kāśyapa) • 68
깐타까(Kaṇthaka) • 49
깨달음 • 225
깨달음의 길 • 21, 23
꼬살라(Kosala) • 39, 82
꼬삼비(Kosambī) • 73
꼰단냐(Koṇḍañña, 憍陳如) • 51, 65
꼴리야(Koliya) • 39
꾸사(Kusa) • 55
꾸시나가라(Kuśinagara) • 74, 83
끊임없는 욕망(tṛṣṇā, 渴愛) • 58, 102
끊임없는 욕망의 소멸 • 103

ㄴ

나가르주나(Nāgārjuna, 龍樹) • 138, 250
나가세나(Nāgasenā) • 245
나는 이와 같이 들었다(evaṃ me
 suttaṃ, 如是我聞) • 233
나라(奈良) • 298
'나'라고 할 수 없으며(諸法無我) • 96
나무아미타불南無阿彌陀佛 • 191
낙태 • 359
난다(Nanda) • 72

남자 스님(bhikkhu, 比丘) • 72
남자 신도(upāsaka, 優婆塞) • 66, 73
네란자라(Nerañjarā) • 51
노동 • 363
노력의 완성(vīryapāramitā, 精進波羅蜜)
 • 133
논論(abhidhamma) • 79, 124
누진통漏盡通 • 334
니간타 나따뿟따(Nigaṇṭha Nātaputta)
 • 37
닝마파 • 305

ㄷ

다라니(dhāraṇī) • 163
다이쇼(大正) • 303
다종교 사회 • 323
달라이 라마 • 306, 314
대기설법對機說法 • 80
『대념처경』• 335
대분심大憤心 • 221
『대비바사론大毘婆沙論』• 245
대승불교大乘佛敎(mahāyāna) • 125, 247,
 263, 336
대승시교大乘始敎 • 167
대승종교大乘終敎 • 167
대신심大信心 • 220
대의심大疑心 • 221
『대일경大日經』• 154
대자대비 • 135
대장경 • 274

대중부大衆部(Mahāsaṃghika) • 123, 236
대천의 5사事 • 237
대혜 종고 • 215
데와닷따(Devadatta) • 72
독자부犢子部(Vātsīputrīya) • 115, 117, 237
돈교頓敎 • 167
동기주의(motivism) • 113
동남아시아 • 244, 290
동북아 불교 • 160
동체자비同體慈悲 • 327
두루 완전한 깨달음(samyaksaṃbodhi, 正等覺) • 60
디감바라(Digambara) • 38
디야나(dhyāna) • 192
디지털 인문학(Digital Humanities) • 398
따뿟사(Tapussa) • 66
따와띰사(Tāvatiṃsa) • 79
딴뜨라(Tantra) • 152, 252
딴뜨라불교(Tantric Buddhism) • 151

ㄹ

라오스 • 244, 290, 297
라자그리하(Rājagṛha, 王舍城) • 36, 74, 233
라자그리하 기적 • 77
라훌라(Rāhula) • 48
룸비니(Lumbinī) • 40, 74
룽먼석굴 • 261
리그웨다 • 30
리즈 데이비스 • 312

ㅁ

마가다(Magadha) • 36, 50
마나스(manasvijñāna, 末那識) • 144
마라(Māra) • 59
마라난타 • 278
마야摩耶(Māyā) • 39
마음의 병 • 341
마이뜨레야(Maitreya, 彌勒) • 143, 251
마조 • 201, 204, 219
마투라(Mathurā) • 245
마하까루나(mahākaruṇā) • 135
마하까샤빠(Mahākāśyapa) • 233
마하나마(Mahānāma) • 51
마하마이뜨리(mahāmaitrī) • 135
마하위라(Mahāvīra, 大雄) • 37
마하위하라(Mahāvihāra, 大寺派) • 242, 292
마힌다(Mahinda) • 242, 289
막칼리 고살라(Makkhali Gosāla) • 34
만달라(Maṇḍala) • 154
만족할 수 없다(dukkha) • 93, 101
말레이시아 • 290
말리까(Mallikā) • 73
멀티미디어 • 401
메난드로스 • 245
메이지(明治) • 302
명상 • 328
모든 행위와 그 결과를 보는 지혜(天眼通) • 59
목갈라나(Moggallāna, 目犍連) • 36, 71
목갈리뿟따띳사(Moggaliputtatissa) • 239

묘관삼매妙觀三昧・159
『무량수경無量壽經』・125, 190
무로마치(室町)・300
무명無明(avidyā)・58
무문관無門關・220
무분별지無分別智・129
무상無常・111, 387
무색계無色界・118
무소유처정(ākiṃcanya)・50
무아無我・111, 114, 118, 319, 321, 387
무여열반無餘涅槃(anupadhiśeṣanirvāṇa)
　・96, 119, 388
무위無爲(asaṃskṛta)・109, 116, 117
무자성無自性・321
무진연기無盡緣起・176
무표無表(avijñapti)・113
묵조默照・208
『묵조명默照銘』・208
묵조사선默照邪禪・337
묵조선默照禪・205, 337
문수보살文殊菩薩・156
문정왕후・285
물활론物活論・35, 37
미얀마・244
미얀마불교・293
미타정토彌陀淨土・184, 187
밀교密敎・151, 152, 252, 268
『밀린다빵하(Milindapañha)』・245

ㅂ

바라나시(Bārāṇasī)・64, 73
바라밀波羅蜜・249
바른 견해(正見)・104
바른 기억(正念)・104
바른 노력(正精進)・104
바른 사유(正思惟)・104
바른 생업(正命)・104
바른 언어(正語)・104
바른 집중(正定)・105
바른 행위(正業)・104
바왕가(bhavaṅga)・116
박트리아・245
『반야경般若經』・125, 128, 249
반열반般涅槃(parinirvāṇa)・85
발리까(Ballika)・66
밧디야(Bhaddiya)・51
범아일여梵我一如・32
범천권청梵天勸請・64
법계연기法界緣起・174~176
법무아法無我・128
법상종・268
법현法顯・259
『법화경法華經』・125
법흥왕・278
『벽암록』・214
변계소집성遍計所執性・142
보드가야(Bodhgayā)・55, 74
보디사끄따(Bodhisakta)・249
보디삿뜨와(bodhisattva, 菩提薩埵)・131
보리달마菩提達磨・182, 195, 208

보살菩薩 • 125
보살의 서원 • 130
보시布施(dāna) • 132
보시의 완성(dānapāramitā, 布施波羅蜜)
　• 132
본교(Bon敎) • 303
본증자각 • 211, 212
부남국扶南國 • 297
부처님의 전기(佛傳) • 49
부파불교 • 111
분배론 • 375
불가지론不可知論 • 36
불거와 불래 • 141
불교적 가치 • 326
불립문자不立文字 • 202, 203
불상과 부단 • 140
불생과 불멸 • 139
불일과 불이 • 140
불탑(stūpa) • 85
붓다고사(Buddhaghosa) • 239, 289
브라만(Brahman) • 30, 64, 80
브라만 사상(Brahmanism) • 29
브라만 사제(Brāhmaṇa) • 29
비구 승단(bhikkhu saṅgha) • 72
비구니 승단(bhikkhunī saṅgha) • 72
비구니 승단 소멸 • 352
비로자나불毘盧遮那佛 • 181
비밀불교祕密佛敎 • 151
비상비비상처정(naivasaṃjñānāsaṃjñānā)
　• 50
비폭력(ahiṃsā) • 38
빔비사라(Bimbisāra, 頻毘娑羅) • 68, 185

빠꾸다 깟짜야나(Pakudha Kaccāyana)
　• 34
빠다샤스뜨라(pāda-śāstra, 足論) • 241
빠딸리뿌뜨라(Pāṭaliputra) • 237
빠라미따(pāramitā, 波羅蜜多) • 129
빠세나디(Pasenadi) • 73
빠자빠띠(Pajāpatī) • 42
빨리 삼장(tipiṭaka) • 79, 123
빨리성전협회(Pāli Text Society) • 312
빨리어 경전 • 289
뽈론나루와(Polonnaruwa) • 292
뿌드갈라(pudgala, 個我) • 115
뿌라나 까샤빠(Pūraṇa Kāśyapa) • 34
쁘라띠띠야삼우뜨빠다(pratītyasamutpāda)
　• 89
쁘라즈냐빠라미따(prajñāpāramitā, 般若
　波羅蜜多) • 129

ㅅ

사르나트(Sarnath) • 64, 66, 74
사리뿟따(Sāriputta, 舍利弗) • 36, 70,
　109
사마타(Samatha) • 120, 121, 332, 333
사명 유정四溟惟政 • 285
사무다야(samudaya) • 102
사무량심四無量心 • 136
사문(śramaṇa) • 29, 33, 41
사문유관四門遊觀 • 43
사물인터넷(Internet of Things) • 396
사법계 • 175

사부대중 • 73
사분율종 • 268
사성제四聖諦 • 90, 99
사왓티(Sāvatthī, 舍衛城) • 73, 74
사왓티 기적 • 77
사종법계四種法界 • 174
사종삼매四種三昧 • 172
사캬파 • 305
사홍서원四弘誓願 • 131
산깟사(Sankassa) • 74
산깟사 기적 • 78
산자야 웰랏티뿟따(Sañjaya
  Velaṭṭhiputta) • 36, 71
삼계교 • 268
삼론종三論宗 • 138, 268
삼론학三論學 • 277
삼무성三無性 • 142
삼법인三法印 • 90, 387
삼보三寶 • 12, 65
삼장三藏(tripiṭaka) • 124
상가밋따(Sanghamitta) • 289
상구보리上求菩提 하화중생下化衆生
  • 340
상무성相無性 • 142
상수멸정想受滅定 • 333
상의상관相依相關 • 127
상의성相依性 • 90
상좌부上座部(Sthaviravāda) • 110, 123,
  236, 239
상키야(Saṃkhya) • 50
색계色界 • 118
색계 사선四禪 • 118

생명 • 340
생명공학 • 381
생명 평등 • 356
생무성生無性 • 142
생물 중심적 윤리(ethics of biocentrism)
  • 384
생산生産 • 366
생태 중심적 윤리(ethics of ecocentrism)
  • 385
생태계(ecosystem) • 383
샤꺄(Śākya) • 39
샤꺄무니(Śākyamuni) • 29, 39
샨타락시타(Śāntarakṣita, 寂護) • 305
샬라(Sāla)나무 • 83
서구의 불교 • 311
서방정토 • 186
서산 휴정西山休靜 • 285
서양인을 위한 불교(Western Buddhism)
  • 313
서역西域 • 258
『석보상절』• 285
선禪 • 192
선문답 • 202
선사의 어록 • 272
선정禪定(dhyāna) • 132
선정의 완성(dhyānapāramitā, 禪定波羅蜜)
  • 133
선종 • 268
설일체유부說一切有部
  (Sarvāstivāda) • 110, 111, 116, 117,
  239~241, 245, 247
『섭대승론』• 278

성도成道・60
성선설性善說・19
성성적적惺惺寂寂・228
성악설性惡說・19
성인들의 네 가지 진리(四聖諦)・65, 99
성주괴공成住壞空・211
성중성聖中聖・85
세간・331
세존 10호・68
세종・285
센고쿠(戰國)・300
소남 갸쵸・307
소비론・371
소수림왕・277
소승小乘(hīnayāna)・125
소승교小乘敎・167
〈소염시小艶詩〉・222
소유・375
솟티야(Sotthiya)・55
송첸캄포왕・304
쇼펜하우어・312
수자따(Sujātā)・53
수하항마樹下降魔・59
숙고(vicāra)・119
순관順觀・106
『숫따니빠따』・368
숫도다나(Suddhodana, 淨飯王)・39
스웨땀바라(Śvētāmbara)・38
승의무성勝義無性・142
신과 인간들의 스승(天人師)・80
신통력・334

실체(dravya)・116
실크로드・257
심사(vitarka)・119
심층의식・108
십이처十二處・109
『십주비바사론十住毘婆沙論』・138
『십지경十地經』・125
십팔계十八界・109
십현연기十玄緣起・176
싯다르타(Siddhārtha)・39
싱할라(Sinhala)・243
쌍신변・78

○

아나타삔디까(Anāthapiṇḍika)・73
아난다(Ānanda, 阿難)・72, 233
아노라타왕・293
아누룻다(Anuruddha)・72
아뜨만(ātman)・32
아라한阿羅漢(arahant)・119, 125
아뢰야연기阿賴耶緣起・144
아미타불阿彌陀佛・25, 184
아바야기리(Abhayagiri, 無畏山寺派)・242
아비다르마(Abhidharma, 論)・108, 124, 137, 236, 247, 251
『아비다르마구사론(Abhidharmakośabhāṣya)』・247
아비다르마 논장・109
아상가(Asaṅga, 無着)・143, 250

아쇼까라마(Aśokārāma) · 239
아쇼까왕 · 237
아시따(Asita) 선인仙人 · 41
아지따 께사깜발린(Ajita Kesakambalin) · 35
아지위까(Ājivika) · 61
안세고 · 263
알라라 깔라마(Āḷāra Kālāma) · 50
알라야식(ālayāvijñāna, 阿賴耶識) · 115, 144
앗사지(Assaji) · 51, 71
야사(Yasa) · 66
야쇼다라(Yaśodharā) · 43
양성평등 · 355
업業(karma) · 38
에도(江戸) 막부 · 301
여덟 가지 바른 길(八正道) · 98, 105, 331
여래 10호 · 68
여섯 가지 완성(六波羅密) · 105, 132, 136
여성 재가불자들 · 350
여성 출가자 · 344
여성관 · 345
여자 스님(bhikkhunī, 比丘尼) · 73
여자 신도(upāsikā, 優婆夷) · 66, 73
역경가 · 264
역관逆觀 · 106
연기緣起(pratītyasamutpāda) · 58, 62, 90, 317, 321
연화장세계蓮華藏世界 · 181
열 가지 항목(十事) · 235

열두 가지 조건에 의한 생성(十二緣起) · 106
열반涅槃(nirvāṇa) · 48, 60, 62, 85, 116, 118
열반적정涅槃寂靜 · 91
영원할 수 없다(anicca) · 91
오교五教 · 167
오교십종판五教十宗判 · 267
오도悟道 · 60
오시팔교五時八教 · 165
오시팔교판五時八教判 · 267
오온五蘊 · 109
온蘊(khandha) · 115
와수반두(Vasubandhu, 世親) · 143, 247, 250
왓빠(Vappa) · 51
『왕오천축국전往五天竺國傳』 · 281
요가(yoga) · 50, 192
욕망의 세계에 묶어 놓는 다섯 가지 속박(五下分結) · 96
우루웰라(Uruvelā) · 51, 62
우빠까(Upaka) · 61
우빠니샤드(Upaniṣad) · 30
우빨리(Upāli) · 233
웃다까 라마뿟따(Uddaka Rāmaputta) · 50
원성실성圓成實性 · 142
원숭이 · 80
원융 · 160
원융삼제圓融三諦 · 169
원측 · 279
원효 · 277, 280

원후봉밀 • 80
『월인천강지곡』• 285
월지국 • 263
웨살리(Vaiśālī) • 73, 74, 235
웨살리 기적 • 80
위경僞經 • 270
위루다까(Virūḍhaka) • 82
위빠사나(Vipassanā) • 120, 314, 334
위빠사나 수행(Vipassanābhāvanā, 觀)
  • 121, 333
윈강석굴 • 261
『유마경維摩經』• 125
유식唯識(vijñaptimātratā) • 143
유여열반有餘涅槃(sopadhiśeṣanirvāṇa)
  • 96, 119, 388
유위법有爲法(saṃskṛta) • 109
육사외도六師外道 • 34, 71
육상원융六相圓融 • 179
율律(vinaya) • 79, 124
의도(cetanā, 思) • 113
의상 • 277, 280
의정義淨 • 259
의천義天 • 282
의타기성依他起性 • 142
이차돈 • 278
이타구제利他救濟 • 190
인간 중심적 윤리(ethics of
  anthropocentrism) • 384
인공지능(Artificial Intelligence) • 393,
  395
인권 • 320
인도네시아 • 290

인도불교 • 160
인무아人無我 • 128
인본주의人本主義 • 14
인욕忍辱(kṣānti) • 132
인욕의 완성(kṣāntipāramitā, 忍辱波羅蜜)
  • 133
인중유과론因中有果論 • 33
일곱 논서 • 241
일념삼천一念三千 • 170
일본불교 • 297
일승불교 • 160
일승원교一乘圓敎 • 167
일심법계관一心法界觀 • 182
일즉다一卽多 다즉일多卽一 • 174
일체개고一切皆苦 • 90
임제종 • 338
임진왜란 • 286
있는 그대로 알고 보는 것(如實知見)
  • 335

ㅈ

자나(jhana) • 192
자등명自燈明 법등명法燈明 • 22
자력신앙自力信仰 • 184
자비慈悲(maitrīkaruṇā) • 134, 389
자아(ātman) • 115
자이나교(Jaina) • 37, 54
자慈 · 비悲 · 희喜 · 사捨 • 136
『장로게長老偈(Theragāthā)』• 348
『장로니게長老尼偈(Therīgāthā)』• 348

쟁기축제 • 42
적취설積聚說(ārambha-vāda) • 33
전도선언 • 67
전륜성왕轉輪聖王 • 41
전변설轉變說(pariṇāma-vāda) • 33
전한 무제 • 257
정(定) • 105
정량부正量部(Sammatīyas) • 115, 117
정진精進(vīrya) • 132
정토교 • 268
정토와 염불 • 184
정혜쌍수 • 194
제따(Jeta) • 73
제법무아諸法無我 • 91
제법실상諸法實相 • 168, 183
제석천 인드라(Indra) • 80
제행무상諸行無常 • 90, 251
제1 결집結集 • 123, 233
제2 결집 • 234
제3 결집 • 237
제4차 산업혁명(The 4th Industrial Revolution) • 392
제7식 마나스(manasvijñāna, 末那識) • 146
제8식 알라야식(ālayavijñāna, 阿賴耶識) • 147
조계종 • 287
조사선 • 194, 205
조선총독부 • 287
조주 • 218
존재하는 것은 오직 식뿐(唯識) • 251
종교 간의 갈등 • 324

종교 간의 만남 • 325
종자설 • 115
좌선 • 198
죽림정사竹林精舍(Veḷuvana) • 70
중관中觀(madhyamaka) • 138
중도(mijjhima paṭipadā) • 65, 90
중중무진重重無盡 • 175
즉심시불卽心是佛 • 218
즐거움(sukha) • 119
지止(Samatha) • 193
지계持戒(śīla) • 105, 132
지관쌍수 • 194
지눌 • 282
지엄智儼 • 166
지地·수水·화火·풍風 • 35
지地·수水·화火·풍風·공空·식識 • 155
지혜(paññā, 般若) • 105, 118
지혜를 통하지 않는 소멸 (apratisaṃkhyānirodha, 非擇滅) • 117
지혜를 통한 소멸(pratisaṃkhyānirodha, 擇滅) • 117
지혜의 완성(prajñāpāramitā, 般若波羅蜜) • 126, 132, 134
직관적 통찰(intuition) • 121
직지인심直指人心 • 202, 203
진공묘유眞空妙有 • 130
진여眞如(tathātā) • 176
집착과 번뇌가 남아 있지 않다는 확신(漏盡通) • 59
쭌다(Cunda) • 83

ㅊ

차연성此緣性 • 90
찬다까(Chandaka) • 45
챗봇(chatbot) • 402
천상천하 유아독존天上天下唯我獨尊
 • 85
천인사天人師 • 85
천존天尊 • 85
천중천天中天 • 85
천태사상 • 167
천태종 • 268, 282
천태지관天台止觀 • 172
천태 지의天台智顗 • 164, 267
청규淸規 • 269
『청정도론淸淨道論(Visuddhimagga)』
 • 239, 243, 289, 292
초기불교 • 242, 291
초전법륜경初轉法輪經
 (Dhammacakkappavattana sutta) • 65
촉지인觸地印(bhūmisparśamudra) • 60
출가 • 47
출세간 • 331
치유 • 339
칠엽굴 • 233
침류왕 • 278

ㅋ

카규파 • 305
카니시카(Kanishka) • 245

카슈미르 • 245
카스트(Cast) • 30
캄보디아 • 244, 290, 297
코끼리 • 77, 80
쿠샨(Kushan) • 245

ㅌ

타력신앙他力信仰 • 184
탐욕(貪)과 성냄(瞋)과 어리석음(癡)
 • 60, 96
태고종 • 288
태국 • 244, 290, 294
택멸擇滅(pratisaṃkhyānirodha) • 116
테라와다(Theravāda) • 78, 116, 240, 289, 291
통일신라 • 281
티베트불교 • 303

ㅍ

파간 왕조 • 293
파사현정破邪顯正 • 139
팔부중도八不中道 • 139
팔식八識 • 144
팔정도八正道 • 90
평정(upekṣaka) • 119
평화 • 389
표상表象(nimitta) • 122
표층의식(六識) • 108

ㅎ

해탈解脫(mokṣa) • 33
행위(kamma, 業) • 113
허공(ākāśa) • 117
헤브라이즘(Hebraism) • 19
헤이안(平安) • 298
헬레니즘(Hellenism) • 19
현수 법장賢首法藏 • 167, 267
현인들의 사슴공원인 녹야원鹿野苑
　(Isipatane migadāya) • 64
현장玄奘 • 259
형상의 세계 및 형상이 없는 세계에
　묶어 놓는 다섯 가지 속박(五上分結)
　• 96
혜초 • 281
화두話頭 • 214, 217, 219, 337
화두 참구법 • 217
화엄사상 • 174
화엄종 • 268
환경(environment) • 383
환생 • 309

활불活佛 • 309
회광반조 • 210
힌두교(Hinduism) • 152
힐링 • 339

4대 종파 • 305
4원소(四大) • 35
4위 82법 • 110
4차 산업 • 392
5부 니까야(nikāya) • 123
5비구 • 64
5위 75법 • 110
6대六 • 155
8대 성지 • 74
12연기 • 106

AR(증강현실) • 407
MR(융합현실, 혼합현실) • 407
Vastu(things, 爲) • 242
VR(가상현실) • 406

불교 입문

2021년 2월 22일 초판 1쇄 발행
2025년 1월 23일 초판 3쇄 발행

지은이 동국대학교 불교대학
발행인 박기련
발행처 학교법인 동국대학교 출판문화원

출판등록 제2020-000110호(1973. 6. 28)
주소 04626 서울시 중구 퇴계로36길2 신관1층 105호
전화 02-2264-4714
팩스 02-2268-7851
홈페이지 https://dgpress.dongguk.edu
이메일 abook@jeongjincorp.com
인쇄 대명프린텍

ISBN 979-11-973433-2-2 03220

값 22,000원

이 책의 무단 전재나 복제 행위는 저작권법 제98조에 따라 처벌받게 됩니다.